[英] 马丁·唐顿(Martin Daunton) 著
范泽思 李欣 译
范泽思 校译

公平税赋
1914—1979年英国税收政治

Just Taxes
The Politics of Taxation in Britain, 1914–1979

中国财经出版传媒集团
经济科学出版社
Economic Science Press

图书在版编目（CIP）数据

公平税赋：1914—1979年英国税收政治/（英）马丁·唐顿（Martin Daunton）著. 范泽思，李欣译. —北京：经济科学出版社，2017.8

ISBN 978-7-5141-8111-1

Ⅰ.①公… Ⅱ.①马…②范…③李… Ⅲ.①税收制度-财政史-研究-英国-1914-1978 Ⅳ.①F815.613.2

中国版本图书馆CIP数据核字（2017）第134304号

责任编辑：周胜婷　周国强
责任校对：刘　昕
责任印制：邱　天

公平税赋
1914—1979年英国税收政治

［英］马丁·唐顿（Martin Daunton）著
范泽思　李欣　译
范泽思　审校

经济科学出版社出版、发行　新华书店经销
社址：北京市海淀区阜成路甲28号　邮编：100142
总编部电话：010-88191217　发行部电话：010-88191522
网址：www.esp.com.cn
电子邮件：esp@esp.com.cn
天猫网店：经济科学出版社旗舰店
网址：http://jjkxcbs.tmall.com
固安华明印业有限公司印装
710×1000　16开　22.75印张　500000字
2017年8月第1版　2017年8月第1次印刷
印数：0001—3000册
ISBN 978-7-5141-8111-1　定价：68.00元
（图书出现印装问题，本社负责调换。电话：010-88191510）
（版权所有　侵权必究　举报电话：010-88191586
电子邮箱：dbts@esp.com.cn）

中译本序

　　税收伴随着国家的产生而产生，国家的财政职能才能因此实现。税收是财政收入的主要来源之一，取之于民，用之于民，更好地实现社会公平。作为决定税赋的重要因素，税收政策通常是各个政府的主要政策，制定税收政策的财政部门在各国政府中通常也占据着最重要的地位，在英国也不例外。唐顿先生的《公平税赋》讲述了1914~1979年间英国税收政策的变化。考虑到中英两国发展水平的差异，了解英国这段时期的财税历史对于理解中国现阶段的改革推进有一定的借鉴意义，这也是译者翻译本书的目的所在。

　　政策的制定总会受到政治体制的影响，本书中英国税收政策的变迁亦与英国政治体制息息相关。作为威斯敏斯特体系的发源国，英国以其独特的议会体系著称于世，并使这一体系遍地开花，对后世产生了深远的影响，同属英联邦的加拿大、澳大利亚、新西兰、印度等国的议会均为威斯敏斯特体系。威斯敏斯特体系的特点是单一选区的代表由多数票决定，带给后世的主要遗产便是事实上的两党制和执政党与反对党之间的对立。在威斯敏斯特体系的议会中，执政党和反对党分属议长左右两边的议席，一定程度上代表了政见的对立。现在的英国议会，左右两组议席之间各保留了一条红线，两红线间隔2.5米，据说中世纪时若两侧议员均拔出剑，这一距离正好使双方无法刺到对方。这说明，即使是英国这样的古老的民主国家，对于高居庙堂之上的议员来说，其政见的对立同样也会引发争执和强烈的冲突。这种冲突实际上反映了不同党派代表的不同利益之间的角逐。唐顿先生在本书中讲述的历史在一定程度上也是1914~1979年间英国各方利益间的角逐。透过书中对不同派别、不同阶层、不同政见的描写，我们甚至可以联想到英国议会首相质询及财政大臣宣布预算时议会中的有趣景象：发言者言之凿凿，立场坚定，很少退缩；执政党议员频频以"aye"应和本党派发言者；反对党议员则多以"no"喝倒彩，甚至不乏高声喧哗、扰乱秩序者；议长声嘶力竭地喊着"秩序"（"Order!"），呵斥起哄的议员们肃静下来……

　　英国议会辩论的精彩之处在于两派议员的唇枪舌剑、言之凿凿、不让分寸；类似地，本书的精彩之处在于观点的交锋。即便无法亲身聆听历史上英国政治家们针对税收发表的观点，我们也仍然能通过作者的描写，对历史上各方代表的利益窥见一斑，并在脑海中描绘不同政见者唇齿交锋的景象。

阅读本书，可以抓住以下两条线索：

1. 时任财政大臣的观点是英国税收在宏观上的短期变化的反映。

财政大臣（chancellor）是英国政府的二把手，对税收的制定有举足轻重的地位。因此，将时代特点和该时期财政大臣的观点和主要政绩结合起来，就可以从宏观上初步把握一段时期内英国税收的特点。比如，内维尔·张伯伦的第二次财政大臣任期（1931—1937）正是西方世界大萧条、法西斯势力在部分国家抬头之时。面对纳粹德国挑衅般的武装行动，他认为"利润增加很大程度上有赖于政府政策创造的条件，而且国防项目会直接带来国家开支，给公司以盈利的机会"，因此选择征收国防税①。

2. 食利者（rentiers）和工薪阶层（salary-and wage-earners）间的利益平衡是英国税收在基层的长期形势的反映。

当今社会，靠财产获利和靠出卖劳动力赚钱意义大相径庭，二者分别代表了有产阶级和无产阶级，而这两个定义在本书中一般以食利者和工薪阶层的形式出现。食利者的收入是财产性收入，即"非劳动所得"（unearned income），如房租收入和股息红利收入等。财产性收入通常是社会不公的反映，因此针对财产性收入的税收——产权税、资本税和资本利得税等通常是为了维护社会公平、进行转移支付的手段。但是食利者势力强大，对政治颇具影响，对于这些会薅其羊毛的税收通常会表示极大反对，因此关于产权税和资本税的讨论在本书中出现频率最高，个中道理与李克强总理在 2013 年"两会"记者会上的"触动利益比触动灵魂还难"的回答完全一致。工薪阶层的收入则是"劳动所得"，面临的税种通常是个人所得税，个税累进对于工薪阶层更加公平。对于这两个群体，有区别的税收政策正是税收政策促进社会公平并维持有效激励的工具。例如，在二战后的 1948 年，面临着严峻的通胀压力，英国时任财政大臣斯坦福·克里普斯考虑到私营企业仍将存在，于是采取了调控物价而非资本税的措施，从而既让工薪阶层享受到税收优惠，又避免了挫败企业的信心，没有减少高收入人群的税收，反哺不富裕的人群②。

---

① 见本书 146 页。
② 见本书 185 页。

中译本序

　　20世纪60年代末至70年代，整个西方社会陷入"滞涨"。相对于其他欧洲国家的工业，英国更加萎靡，经济更加糟糕，被称作"欧洲病夫"①。此时执政的工党政府仍然忌惮私人利润和高额收入，并未足够重视保守党先前提议的、提升英国积极性和包容性的税收政策，进而导致了代表新自由主义的撒切尔夫人政府的上台。本书以这段历史结尾，但是历史的车轮仍然前进，人们仍然在不断探索，如何找到合适的税收政策，从而既最大限度维护公平，又保持经济活力。撒切尔政府的减税政策一定程度上将英国带出了"滞涨"，摘掉了"欧洲病夫"的帽子；布莱尔政府的增税政策则在经济繁荣时期使英国能够投入更多资金用于社会福利。治国理政，自古以来绝非易事，许多问题都此起彼伏。本书中不同时期的税收政策大都逻辑清晰、有理有据，但最终仍然未避免让1979年前的英国陷入混乱之中。希望读者朋友能从本书译本中得到些许启发，理解国家的激励机制和对食利者利益的打击。

　　本书的翻译前后共经历了一年多，从2016年2月至2017年3月，是由侯旭鲲先生倡议并组织范泽思、李欣等人进行翻译的。每章的译者如下：李欣第一章，邱业峰第二章，范泽思第三、六~九、十一、十二章，郜斯嘉第四章，郭鹏飞第五、十章，并由范泽思进行全书的校对和统稿工作。特别鸣谢经济科学出版社对于本书出版的支持。

　　由于译者经验有限，译本中难免有缺憾，欢迎读者朋友们提出宝贵意见！

范泽思
2017年7月20日于北京

---

① W. D. Rubinstein. The British Industrial Decline (Review). Victorian Studies, 43.2 (2001) 348–350.

必须认识到，税收不再仅仅意味着增加财政收入，它还应当尽可能减少对私人和公共利益的干扰。税收具有重大的社会和经济影响，有意采用税收来实现社会和经济目标亦将十分重要，因此对税收的处理总会牵扯到其他因素；从财政方面考虑，税收问题有时甚至根本无法解决。对税收的财政考量和经济社会考量之间存在利益冲突，但是如果明白税收问题的复杂性，那么如何协调二者的冲突就更加重要。

——PRO, T171/427, 'Enquiry into the taxation of income: review of the field' (first draft, February 1950), A. Cockfield, Director of Statistics and Intelligence, Inland Revenue

税收对企业和资金供应的影响非常棘手……假设某种税收占国家财政收入的比例很高，而你又不得不继续提高这种税收，那么其结果不会对你有多少好处。尽管如此，社会公平与产业效率这两个目标确实是矛盾的。

——PRO, T171/427, Robert Hall to Edwin Plowden, 'Taxation enquiry', 18 May 1950

目　　录

图索引 …………………………………………………………… 1
表索引 …………………………………………………………… 2
前言 ……………………………………………………………… 5
缩略词 …………………………………………………………… 8

第一章　税收国家：简介 ………………………………………… 1

第二章　"英国应税能力的有限性"：1914~1918 年战争财政…… 30

第三章　"可怕的战后痼疾"：1918~1925 年债务和税赋 ……… 51

第四章　"对不同螺丝钉的纹路做出调整"：1920~1929 年
　　　　所得税改革 …………………………………………… 87

第五章　"现代政治的巨大冲突"：1929~1939 年再分配、
　　　　大萧条与绥靖政策 …………………………………… 120

第六章　"战争迫在眉睫"：1939~1945 年税制和
　　　　第二次世界大战 ……………………………………… 150

第七章　"税收的致命打击"：1945~1951 年工党与
　　　　国家重建 ……………………………………………… 165

第八章 "英国经济体系中一个最有害的障碍"：1951~1964年
保守党与税收 ………………………………………… 196

第九章 "充满活力的现代经济政策"：1951~1970年
工党与税收 …………………………………………… 240

第十章 反思税收政策：1964~1979年从机会国家到
企业社会 ……………………………………………… 259

第十一章 "难以变革的壁垒"：地方税务政策 …………… 293

第十二章 结语 …………………………………………………… 310

附录：1908~1983年英国财政大臣和首相名录 ……………… 318
参考文献 ………………………………………………………… 320

图 索 引

图1.1　1900~1993年公共支出总额（按当前市场价计算）占 GDP百分比 ·················· 2
图1.2　1900~1980年所得税标准税率 ·················· 13
图1.3　1900~1951年中央政府收入中所得税、资本税（包括国民社会保险税）及消费税的百分比 ·················· 13
图1.4　1913/1914~1978/1979财年中央政府国库净征缴收入结构 ·················· 14
图2.1　1900~1951年中央政府债务费用占总支出的百分比 ·················· 50
图4.1　皇家所得税委员会成立前后，育有三个孩子的已婚家庭实际面临的所得税税率 ·················· 88
图4.2　1903/1904、1913/1914、1918/1919财年，直接税与间接税占育有三个孩子的已婚家庭收入的比例 ·················· 101
图4.3　1918/1919、1923/1924、1925/1926财年，育有三个孩子的已婚家庭缴纳的税收（直接税或间接税）占国家收入的比重 ·················· 115
图5.1　1937/1938和1941/1942财年，育有三个孩子的已婚家庭缴纳的税收（直接税或间接税）占国家收入的比重 ·················· 143
图8.1　1913/1914~1956/1957财年，两孩家庭的现金收入（2000英镑）和实际等效收入（以1947/1948财年水平为标准）的税率，包括所得税和超额税 ·················· 237

表 索 引

表1.1 1900~1993年总公共支出（按当前市场价计算）占GDP的百分比 …… 2
表2.1 1914/1915~1918/1919财年政府收入（占净收入的百分比） …… 33
表2.2 1913~1937/1938财年联合王国/大不列颠及北爱尔兰联合王国总收入高于所得税免税额的人数 …… 35
表2.3 1913/1914~1929/1930财年直接税与间接税占比 …… 38
表2.4 1913/1914和1919/1920财年中央政府国库净征缴收入结构 …… 39
表2.5 1913/1914和1918/1919财年所得税补贴及税率 …… 39
表3.1 1913/1914~1930/1931财年债务占政府总收入的百分比 …… 52
表4.1 1918年和1920年完全劳动所得缴纳的所得税 …… 98
表4.2 1920/1921财年所得税结构 …… 98
表4.3 1928/1929财年中央政府国库净征缴收入结构 …… 118
表5.1 1913/1914~1931/1932财年直接税、间接税占国家收入的百分比 …… 148
表5.2 1938/1939财年中央政府国库净征缴收入结构 …… 149
表6.1 1937/1938~1947/1948财年英国个人收入所得超过个税起征点的人数 …… 153
表6.2 1945/1946财年中央政府国库净征缴收入结构 …… 159
表7.1 1939~1950年所得税和利润税 …… 166
表7.2 1950/1951财年中央政府国库征缴净收入结构 …… 166
表8.1 1950/1951~1974/1975财年国民医疗保险系统资金来源 …… 227
表8.2 1938/1939、1945/1946、1950/1951、1956/1957财年，两孩

　　　　　　家庭的不同现金收入和实际等效收入（以1947/1948
　　　　　　财年水平为标准）的税率，包括两种收入缴纳的所得税和
　　　　　　超额税 ·· 238
表8.3　1962/1963财年中央政府国库净征缴收入结构 ······················ 239
表10.1　1962年英、法、德三国税收占国民生产总值（GNP）的
　　　　　　百分比与税收构成 ··· 262
表10.2　1955/1956、1965/1966、1979/1980财年育有两个孩子的已婚夫妇
　　　　　　家庭缴纳的所得税 ··· 267
表10.3　1976年英、法、德、美四国所得税结构 ······························ 290
表10.4　1969/1970、1978/1979、1988/1989财年中央政府国库净征缴
　　　　　　收入结构 ·· 291

前　　言

　　尽管这是本内容独立的书，不过它也可看作我先前对税收政治研究成果——由剑桥大学出版社于 2001 年出版的《信任利维坦——1799—1914 年英国税收政治》（Trusting Leviathan: The Politics of Taxation in Britain, 1799—1914）的续篇。由于政府收入占国民生产总值（GNP）的比例从拿破仑战争时的 23% 降至 19 世纪晚期的约 10%，《信任利维坦》主要关注税收在英国受到遏制的过程，解释了税收先是受到遏制、随后变成国家治理的正当手段并为人们接受的过程。拿破仑战争后，税收成为政治争论的中心议题，而辩论的中心则是税收归宿（incidence of taxes）和利益分配。一些英国维多利亚时代早期和中期政治家，特别是皮尔（Peel）和格莱斯顿（Gladstone）等人，成功地让税收不再受到争议，而是将其打造成英国自由和稳定的象征，从而成为一个"正常"的话题。1900 年前后，布尔战争（the Boer war）和社会改革消耗了英国的经济资源，一些问题又重新冒出来，但是在第一次世界大战时英国的财政体系仍然比大多数其他主要国家更加灵活、争议更少。一战的爆发使英国的税收水平又回到了拿破仑战争时期的历史高峰，此后这一水平也一直延续，由此引发了巨大的变化，这正是本书的主题。

　　本书的研究基于《信任利维坦》，但我希望这本书能吸引不同的读者。《信任利维坦》中对"漫长的 19 世纪"的研究最能引起历史学家的兴趣，而《公平税赋》（Just Taxes）这本书则不仅吸引历史学家，还会吸引任何关注当前财政政策和国家作用扩大等议题的人。20 世纪 90 年代税收的善恶、形式和高低等问题十分突出，正因如此，税收才应该是政治家们商讨的中心议题，不应粗暴地拒绝就税收进行认真的讨论。20 世纪早期政治家们的观点或多或少地为人知晓，因此也许现在的政治家们希望听到不同的观点。这本书在论述时也借鉴了一些不同的观点。对"漫长的 19 世纪"的研究提出的中心思想是，政治家们如何建立起国家和纳税者之间的信任感？

　　一种方式是应当实现公正无私和平衡，尽可能保证税收免受社团或行业利益冲突的影响。实现这一点，有必要对"缴税能力"（ability to pay）的定义进行细微的改变，让公众感受到税收体系的公平性。1914~1979 年，税收体系经常与人们对社会的规范定义的分歧联系在一起。说白了，是否应当用税收创造公平，从而使之满足道德所需或者实现某种形式的经济增长？或者税收是否应该用于刺激积极性和进取心？如何实现经济效率和社会正义之间的平衡？尽管"老工党"（'old Labour'）和撒切尔夫人对这些问题存在明显分歧，但是本书探讨了许多中间立场——或许可以为当前对同样问题的争论提供一些历史背景。

在这里需要提一下这两本书间的联系。这两本书的完成都承蒙相同的资金和学术支持。努菲尔德基金会（The Nuffield Foundation）授予我"社会科学研究奖金"（Social Science Research Fellowship）。这一丰厚的奖金让我得以花一年时间在全国收集材料。我非常感谢那些给我提供帮助的档案保管员们和图书管理员们，特别感谢如下机构的档案保管员们和图书管理员们："公共档案办公室"（Public Record Office）、华威大学（University of Warwick）的现代档案中心（Modern Record Centre）、曼彻斯特（Manchester）的工党档案（Labour Party Archive）、博德利图书馆（Bodleian Library）的保守党档案（Conservative Party Archive）。在本书的写作过程中，我得到了由"人文科学研究理事会"（Humanities Research Board），现在名为"艺术与人文科学研究理事会"（Arts and Humanities Research Board）资助的额外公休假。不过，英国学术界的质量把关和研究评估非常重要，我理解这反映了对学术的负责态度，虽然这减慢了本书写作进度。我还要感谢约翰·莫利尔（John Morrill）和大卫·卡纳丁（David Cannadine），他们两人建议我撰写一本税收方面的小书，不过后来按照他们的理解，所谓的一本小书变成了两大本书。朗文出版社的安德鲁·麦克勒南（Andrew MacLennan）和希瑟·麦克卡勒姆（Heather McCallum）、剑桥大学出版社的理查德·费舍（Richard Fisher）、伊丽莎白·霍华德（Elizabeth Howard）和索菲·里德（Sophie Read）出于理解和关心，帮助我联系一家又一家出版社。我还要感谢剑桥大学的同事们，他们为我营造了富有挑战性的学术环境，特别是彼得·克拉克（Peter Clarke）、亚当·图泽（Adam Tooze）和西蒙·茨雷特尔（Simon Szreter）。感谢罗德尼·洛（Rodney Lowe）提供的宝贵意见，特别是他对20世纪五六十年代内容的初稿所提出的建议。在澳大利亚国立大学（Australian National University）帕特里克·特洛伊（Patrick Troy）鼓励了我，让我度过了人生地不熟的难关。后来我还与洛有多次讨论，同样对此表示感谢。我从乔治·佩登（George Peden）的著作中获得了有关财政部的大量材料，从理查德·怀廷（Richard Whiting）那里得到了有关工党和税收的大量资料。他们最近出版的书中也有部分相同的材料，我希望有了不同的兴趣和方式，我们可以更丰富地描绘20世纪英国的经济和社会政策。彼得·曼德勒（Peter Mandler）对本书的评论同样帮助巨大。在此，我还要感谢琳达·兰德尔（Linda Randall）的精心编辑，感谢奥瑞尔·格里菲斯-琼斯（Auriol Griffith-Jones）提供的精彩索引。约翰·范怀（John van Wyhe）快速地将参考文献制作出来，并对细节作了逐一审查。为出版这两本书我从克莱尔（Claire）那里借了一些钱，目前由于手头紧迫，尚无法还债。

缩 略 词

CPA　保守党档案（Conservative Party Archive）
CRD　保守党研究部（Conservative Research Department）
DNB　《英国传记词典》（*Dictionary of National Biography*）
EEC　欧洲经济共同体（European Economic Community）
EPD　超额利润税（excess profits duty）
FBI　英国产业联合会（Federation of British Industries）
GDP　国内生产总值（gross domestic product）
GNP　国民生产总值（gross national product）
ILP　独立工党（Independent Labour party）
LCC　伦敦郡议会（London County Council）
LPA　工党档案（Labour Party Archive）
LRC　劳工代表委员会（Labour Representation Committee）
LSE　伦敦政治经济学院（London School of Economics）
MRC　现代档案中心（Modern Record Centre）
NDC　国防费（national defence contribution）
NEDC　国家经济发展委员会（National Economic Development Council）
NHS　国民医疗保险系统（National Health Service）
NIB　国家投资委员会（National Investment Board）
PAYE　所得税预扣法（Pay As You Earn）
PRO　公共档案办公室（Public Record Office）
SDF　社会民主联盟（Social Democratic Federation）
SET　特定就业税（selective employment tax）
TUC　工会大会（Trades Union Congress）
VAT　增值税（value added tax）
WEWNC　战时紧急工人全国委员会（War Emergency Workers' National Committee）

第一章　税收国家：简介

"保守主义和社会主义政策之间分歧最明显的地方就在税收领域。保守主义者认为，高税收削弱了企业的积极性和进取心，把整个国家引向贫穷的深渊……与之相反，社会主义政策很少提及减税，多数社会主义者拥护高税收，因为高税收能够实现平等的目标。"

——Conservative party, *The Campaign Guide* 1959: *The Unique Political Reference Book* (London, 1959), p. 19

1979 年，保守党重新掌权，玛格丽特·撒切尔①（Margaret Thatcher）当选首相。他们在大选中获胜有很多原因，其中一个重要的原因是，人们普遍认为税收太高，公共部门规模过大且很不可靠。撒切尔政府开始实施企业私有化并出售政府公寓以改变这种现状；为了鼓励企业发展、保护其积极性，还主张降低整体税收水平，但成效平平。1979 年，税收占国内生产总值的比例为 49.5%，1984 年这一数据增至 49.9%；1989 年降至 41.1%，1993 年又回升至 46.8%②（见图 1.1 和表 1.1）。尽管减税总体上很难，但撒切尔夫人提出鼓励创业，提供刺激手段，让社会充满活力，从而改变了税制结构。税收体系得以重建，其标志是高额的所得税终于降低，从直接税转向间接税，对个人储蓄给予税收减免，允许提供私人福利。

---

① 玛格丽特·希尔达·撒切尔（Margaret Hilda Thatcher）1925 年生于格兰塞姆（Grantham），她的父亲是一个杂货商和地方官员。她在牛津上学，1954 年取得律师资格，专长为税法。1959 年当选为议员，1970～1974 年担任教育和科学部部长的秘书。在 1975 年当选保守党领袖、1979～1990 年担任首相之前，作为反对派她曾担任影阁财政大臣。[K. M. Robbins (ed.), *The Blackwell Biographical Dictionary of British Political Life in the Twentieth Century* (Oxford, 1990), pp. 394 - 8.]
② R. Middleton, *Government versus the Market*: *The Growth of the Public Sector*, *Economic Management and British Economic Performance*, *c1890 - 1979* (Cheltenham, 1996), p. 91, and *The British Economy since 1945*: *Engaging with the Debate* (Basingstoke, 2000), p. 77.

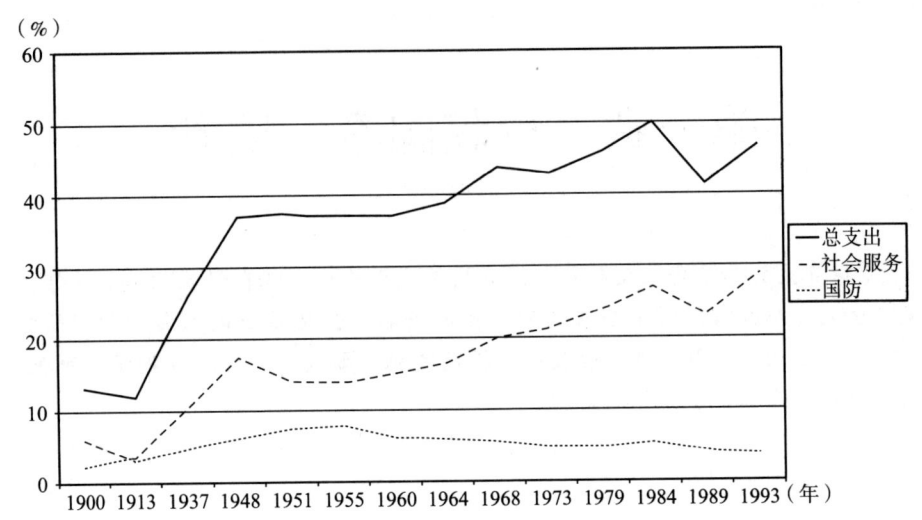

图 1.1　1900~1993 年公共支出总额（按当前市场价计算）占 GDP 百分比

资料来源：R. Middleton, The British Economy since 1945: Engaging with the Debate (Basingstoke, 2000), p.77.

表 1.1　1900~1993 年总公共支出（按当前市场价计算）占 GDP 的百分比（%）

	总计	社会服务	国防
1900	13.3	2.3	6.0
1913	11.9	3.7	3.1
1937	26.0	10.5	4.9
1948	37.0	17.6	6.3
1951	37.5	14.1	7.6
1955	37.0	13.9	8.0
1960	37.1	15.1	6.3
1964	38.9	16.5	6.1
1968	43.9	20.2	5.6
1973	42.9	21.2	4.8
1979	45.9	23.9	4.7
1984	49.9	27.1	5.4
1989	41.4	23.1	4.2
1993	46.8	28.8	3.8

资料来源：R. Middleton, The British Economy since 1945: Engaging with the Debate (Basingstoke, 2000), p.77.

第一章 税收国家：简介

当然，一些批评人士担心撒切尔政府的政策会造成社会分化，进而产生不平等，越来越多的英国人可能感到自己受到了排斥。的确，撒切尔政府试图废除产权税并实施工资税，以此大规模改变地方政府财政的做法也是其垮台的原因。这一尝试本来旨在废除每家每户按照房产价值缴纳房产税的做法，变成让每位居民都缴税，培养他们对社会服务的成本意识，让选民和地方政府议员选民们承担一定的财政责任。然而事实证明，这一措施由于过于超前而无法实现，导致了撒切尔政府的倒台。即便如此，自从劳合·乔治①一战前试图颁布土地税而不成后，撒切尔夫人的政策首次改革了税收体系②。与此同时，工党开始意识到，进行改革最好不要只涉及税收。工党提出的预算设想也是工党输掉 1992 年大选的部分原因，因为这份预算给了保守党以口实来指责工党只盘算着"征税和消费"③。其结果是工党拒绝就税收体系进行认真的讨论，担心一旦公民们认为自己希望增税，政治后果将非常严重。

后来又如何了呢？许多英国选民似乎更希望政府在教育和医疗领域投入更多，同时支持某些政府开支，但是总体上反对政府支出。1970 年一项民意调查显示，92% 的受访者希望政府在养老金和社会服务上有更高、更稳定的投入；但是 65% 的受访者认为，应优先考虑削减税收④。对此，1997 年工党政府推出了所谓的"隐形税"，不断依赖间接税，获得了可观的财政收入。2000 年，反对高价燃料的"纳税人暴动"揭示了财政制度的僵局。高额所得税因撒切尔政府而不再合理；现在，间接税也遭到了人们的抵制。政治家们如何应对这种困境，如何调解增加开支的需求与对提高税收的反对之间的矛

---

① 大卫·劳合·乔治（David Lloyd George, 1863—1945），出生于曼彻斯特。他的父亲是一名老师，于 1864 年去世，他由母亲和在卡纳封郡做鞋匠的叔叔抚养大。他在 1884 年取得律师资格，1890～1945 年是自由党议员。1905～1908 年间担任贸易部大臣，1908～1915 年为英国财政大臣，1915～1916 年为军需大臣，1916～1922 年担任首相。[*Dictionary of National Biography*（*DNB*），*1941–50*，ed. L. G. Legg and E. T. Williams（London，1959），pp. 515–29；Robbins（ed.），*Biographical Dictionary*，pp. 270–4.]

② 关于劳合·乔治和土地问题，见 A. 奥菲尔（A. Offer），《财产和政治——1870—1914 年英国的土地所有权、法律、意识形态和城市发展》（*Property and Politics, 1870–1914: Landownership, Law, Ideology and Urban Development in England*），剑桥，1981 年。关于撒切尔夫人和工资税，见 D. 巴特勒（D. Butler）、A. 阿多尼斯（A. Adonis）和 T. 特拉韦尔斯（A. Travers），《英国政府的失败：工资税政策》（*Failure in British Government: The Politics of the Poll Tax*），牛津，1994 年。

③ 关于 1992 年大选，见 D. 巴特勒和 D. 卡瓦纳（D. Kavanagh），《1992 年英国大选》（*The British General Election of 1992*），贝辛斯托克，1999 年，特别在 252 页，255～256 页，268 页；I. 克鲁（I. Crewe）和 B. 格罗斯-绍克（B. Gross-chalk）编著，《政治交流：1992 年大选活动》（*Political Communications: The General Election Campaign of 1992*），剑桥，1994 年，特别在 188～189 页。

④ 至于民意调查数据，见 R. 洛，《1945 年起英国福利状况》（*The Welfare State in Britain since 1945*）（第二版，贝辛斯托克和伦敦，1999 年），第 97 页，引用了 P. 泰勒-古比（P. Taylor-Gooby），《舆论、意识形态和国家福利》（*Public Opinion, Ideology and State Welfare*），1985 年，伦敦，第二章。

3

盾,是未来的一个难题。戈登·布朗(Gordon Brown)2002年的预算也许象征着一个改变。要想了解这些提到的争论,应当了解一战以来英国财政体制的历史。

此书成书的一个目的是理解撒切尔政府改革财政制度的背景,同时推测为何税收水平遭到了广泛的批评,税收形式尤甚。批评声不光来自支持自由市场和企业私有化的右派保守党人,还包括一些激进左派的杰出经济学家们。例如,来自左派的批评詹姆斯·米德(James Meade)[①] 主持的直接税委员会提交的报告,以及由约翰·凯(John Kay)和默文·金(Mervyn King)于20世纪70年代末对英国税收体系的大型研究,都包含了对撒切尔政策的批评。两份研究都认为英国财政制度前后矛盾,很多原则都相互抵触。"没有人会故意推出这样一个制度,事实上也没人这样做。虽然可以从历史角度解释其来龙去脉,但这并不意味着这个制度是合理的,而是证明:就算每个决定都非常合理,它们拼凑起来也可能十分荒谬"[②]。但是对于这种现象为什么出现,约翰·凯和默文·金都没有解释原因:二人希望政策始终如一,因此不论是什么原因造成政策朝令夕改,这种现象本身就不合理。提到这些的目的是通过详细分析财政制度来理解英国税收制度是如何变成当年那个样子的。理解1979年"英国病"的根源,就需要理解当时的政治、经济和社会背景对税收的影响。1979年的税收制度受到了很多影响,如不同的意识形态、选民的考量、经济结构和形势变化、军事必要、战略必要等。对税收的分析将形成一条线索,贯穿20世纪的英国历史,让我们理解英国如何为战争和福利而征税,以及政党如何打造选举人联盟。

由于我希望阐释清楚撒切尔夫人改革税收制度的根源,因此这本书涵盖的历史事件一直持续到1979年。本书内容从1914年一战逼迫税收水平增长1倍开始(税收水平在二战前一直保持一战爆发后的水平不变),这对总结战前财政制度的主要特点大有帮助。明白了这些特点,1914年之前人们可以接受当时的税收制度、一战后税收水平居高不下的现象就得到了解释,并且还有

---

① 詹姆斯·爱德华·米德(James Edward Meade, 1907—1994)曾就读于牛津大学,1930~1937年担任赫特福德学院的教员;1938~1940年间为驻日内瓦的国际联盟经济处工作,1940年进入内阁办公室的经济处,1946~1947年担任经济处主任。之后他进入学术界,担任伦敦政治经济学院贸易学的教授。1957~1968年一直担任剑桥大学政治经济学教授。1975~1977年间他担任英国财政研究院院长。1977年荣获诺贝尔经济学奖。[*Who Was Who*, vol. ix: 1991-5 (London, 1996).]

② J. A. Kay and M. A. King, *The British Tax System* (Oxford, 1978), pp. 1, 238-41, 246; Institute for Fiscal Studies, *The Structure and Reform of Direct Taxation: Report of a Committee Chaired by Professor J. E. Meade* (London, 1978).

助于理解就算已经进入了20世纪为什么财政部都仍然坚守其传统反对革新①。总之,这次财政立宪旨在避免人们认为某一群体税负过重,从而创造公平感和平衡感,从而让针对税收的争论不再是英国政治的重心。对社会的描述也更多集中在道德层面,如闲置财富和积极财富、奢侈和节俭、躺着赚钱和通过劳动赚钱、过度消费和健康消费。

公平感和平衡感也要求政治家们树立廉洁可信、诚实公正、节俭谨慎的君子形象②。这不仅应用于大臣们,也适用于下议院议员,因为议员们需要检查公共开支、长期监督政府部门。为了监控政府开支、保证财政收入按计划使用,必须制定一套严密的统计流程。税收有其特殊用途,不能允许人们以实物抵押税收(质押),所有的税收收入都应存入一个统一基金账户中。一旦选择以实物抵押税收(质押),开支总会逼近财政收入允许的最高水平;相反,通过分配中央资金,可以杜绝挪用预算,尽可能防止预算消耗殆尽,更好控制财政开支。为实现这一点,议会将通过投票,给各项社会服务分配资金;若产生财政盈余,则用这部分资金减少国债。因此接下来的问题是如何减少巨大的国债压力。在19世纪早期,许多激进派和保守党的批评家都将债务视为一个威胁,因为债务给生产压上了重担,不事生产的食利者和社会精英却从中获利,破坏了社会秩序。19世纪晚期,虽然国家因筹备"战争资金"而债务累累,但人们并不以之为负担,而认为这是爱国主义自豪感的源泉。英国人相信自己国家的信誉,因此在英国陷入危险时,国家可以轻易获得资金优惠。

在管理税收时,应该尽可能促进纳税人之间的合作,即使他们可能逃避部分税收。所得税的征收已最大可能地"从源头上"实现,所以银行在给储蓄者支付利息、给土地所有者支付地租后,会由税务机关对其净收益征缴税收。由于无法扣除交易利润的所得税,纳税人则可以作为评估者、收税者和专员参与税收体系管理。有人若企图破坏这种模式,便会受到人们的谴责。在实践中,有越来越多的专业顾问在纳税人和税收机关之间进行协调,这些专业顾问以那些与税收官员协商谈判的会计师为代表。若决策受到质疑并被带到法庭上提请裁决,它面临的将是一套具有高度的针对性、条款良多的判

---

① M. J. Daunton, *Trusting Leviathan*: *The Politics of Taxation in Britain*, 1799–1914 (Cambridge, 2001).

② P. Harling and P. Mandler, 'From "fiscal-military" state to laissez-faire state, 1760–1850', *Journal of British Studies* 32 (1993), 44–70; P. Langford, 'Politics and manners from Sir Robert Walpole to Sir Robert Peel', *Proceedings of the British Academy* 94, 1996 *Lectures and Memoirs* (Oxford, 1997), pp. 118–23.

例法，而不是诸如应对贬值的方法、如何界定不必纳税的慈善机构这样的一般原则。然而，一些可能发生徇私舞弊现象的交易则损害了税收体系和国家对其的信任，此时税收准则会取消对该类交易的减税待遇。例如，对1853年的人寿保险费和1909年的向非独立子女提供的税收补贴都基于一般的准则而制定，其合理性在于其具有较高的道德准则，让风险承担者有能力保障其亲属的安全，承担家庭责任。由于预算会详尽地呈现给公众，并要获取政府的信任才能通过，因此下议院议员不能为他们的选民或特定交易谋取特权。

先前，政府在建立税收和投票权之间的联系时非常谨慎，防止有的选民为了一己私利而投票支持提升国家开支的措施，却使其他纳税人的负担加重。1867年后，由于选举的财产资格认证和所得税起征点的相关性愈加显著，公民权和缴纳所得税间的联系变得更加密切。第二次和第三次所得税改革法案仅仅削弱了但没有完全废除这种联系。许多技术娴熟的工人仍然对政府开支保持警惕，强调自己更应当依赖自己，而不应依赖国家福利；许多技术一般的工人直到1918年第四次改革法案后才拥有投票权。19世纪90年代到20世纪初，社会观念不断改变，英国工会大会（TUC）和工党敦促让再分配形式和政府行为更加积极，但是公民权和税收之间的关系直到一战后才完全断绝[①]。

1860年以前，政府大力鼓励自由贸易，但是由于税收的目的是创造财政收入而不是保护国内生产商、亦非扭曲资源分配形式，间接税仍然具有十分重要的地位。结果是，一小部分商品开始面临关税和消费税，大多数商品则被定义为非必需品，甚至是毒害人类精神的麻醉品，因此缴纳间接税并非必须。随后掀起的主张国内特惠税的运动本可以保护英国生产商并保证财政收入，但却因1906年自由党赢得大选而最终失败。随后的所得税改革以及一战带来的需求则让提高直接税成为大势。

19世纪末期，税收整体水平占国内生产总值的百分比不断下降。会计实践、选举人和所得税纳税人的身份以及间接税适用范围的收紧，都抑制了政府开支。四个因素限制了政府开支。第一，从19世纪40年代起的经济增长增加了财政收入，更加可能出现减免税收。第二，原先英国作为宗主国承担了所有国防开支和帝国扩张的成本，现在大英帝国的其他殖民地或领地也要

[①] P. Thane, 'The working class and state "welfare" in Britain, 1880–1914', *Historical Journal* 27 (1984), 877–90; H. C. G. Matthew, R. I. McKibbin and J. A. Kay, 'The franchise factor in the rise of Labour', *English Historical Review* 91 (1976), 733–52; A. E. P. Duffy, 'New unionism in Britain, 1889–90: a reappraisal', *Economic History Review* 2nd ser. 14 (1961), 306–19.

第一章 税收国家：简介

承担一部分。第三，英国没有被卷入大型战争，从军事策略和军事科技的角度看，英国并不需要维持大规模的常备军或海军，不必在研发上不断投资，因此英国国防开支并不高。过去的战争导致的国债有所减少，除了因克里米亚战争而发行过小额债券外，不需要发行新的债券。第四，平民消费需求的乏力使得大部分开支都来源于地方政府而不是中央政府。迈克尔·曼恩（Michael Mann）的话来说，这些因素使全球都发生了税收减免，实属空前，尤其是在英国[①]。19世纪末，地方和中央政府的开支下降到国民生产总值的9%。

这一看法的内在逻辑是，税收不应改变社会的格局，而应遵循等比例原则，从每个人那里征收比例基本相同的所得税。为确保体系的总体平衡，可以实施多种的税收，例如，考虑到人们还需要为房产缴纳地方税，应主要对私人财产而不是房产增加遗产税。这一看法认为应防止所得税成为累进税。每个人都应通过缴税而承担责任并对社会做出贡献，这是关键。

维多利亚女王时代/格莱斯顿时代的财政宪法大体上使税收和国家具备了可信任感和合理性。但是从19世纪90年代起，财政体制的各种疏漏逐渐显现，引发了一场关于财政体制未来格局的辩论，辩论一直持续到第一次世界大战爆发前。公民权利的扩大和工人组织观念的逐步改变加大了改革压力。1890年左右所谓的"新工会主义"浪潮发生后，英国工会大会中非熟练技工组成的工会影响逐渐增强，因此社会普遍认为国家和税收应当更积极地进行再分配[②]。在某种程度上，这代表了国家遏制政策的成功，消除了不当得利，带来了税收体系的可信度与合理性。这不啻为一种霸权话语，尽管这种说法可能只是为了说明现状的合理性、防止有人因倡导公平公正而引发剧烈动荡。但是，这不光约束了国家税收，还约束了政治家自己，因为政治家不能让公众认为自己的说法只是一种欺骗，必须仔细斟酌自己的表态，从而显得不偏不倚。这也意味着工人组织和羽翼初丰的工党希望构建一个他们认为公平的国家财政体制，或者至少能够凭借议会实施改革。从1906年起，特别是从1910年自由党政府更加依赖下议院的支持开始，工党议员对再分配的支持导致在对财政体系的讨论中出现了更多再分配的声音。

这一点可能会导致更多人要求提高平民开支。当然，本书不再重提福利

[①] M. Mann, *The Sources of Social Power*, vol. ii: *The Rise of Classes and Nation States, 1750–1914* (Cambridge, 1993).

[②] Duffy, 'New unionism'.

7

支出如何演变以及社会政策如何成为"高阶政治"的核心①。但是必须注意到，与许多其他国家相比，英国及其公民社会的现存制度使中央政府的税收更加重要②。比如在美国，联邦政府插手内战抚恤事务，人们因此质疑这种用利益赢得选票，获得团体内部利益的"民主荫庇"（patronage democracy）。联邦政府负责福利开支会导致徇私和浪费而不是提高效率③。而且，大公司的出现以及美国人对工会的反对，都源自工会内部管理层级的愈加强大，有时候也和老板提供的福利有关。相比而言，英国工会和社会福利体系力量很弱。在英国，中央政府的开支不会引起众多雇主和工会的关注，尽管雇主们对于国家福利持有不同意见，有的认为国家福利推高社会开支，有的则积极支持国家提供社会福利。许多小企业的内部管理层级力量弱小，无力提供福利，即使他们反对以兰开夏郡棉花工厂事件为代表的国家支付福利的行为，但是由于企业本身并不具备提供其他福利的能力，所以他们反对的意义也就不那么大了④。

尽管如此，有两个地方的确有能力支付福利，其中之一就是地方政府，它可以通过《济贫法》、学校董事会和市政公债提供福利。19世纪后期，地方开支比中央政府开支增长更快：1850~1890年，中央政府开支的实际年平均增长率为1.5%，而地方政府开支则为2.9%⑤。许多政治家倾向于将责任下放给地方，让地方政府负责福利开支，中央政府因此不再处理任何由福利导致的争端，将其交由对纳税人负责的地方精英处理。不过，到了1900年，问题逐渐浮出水面，地方税基愈发僵化，成为累退税，英国政治弥漫着紧张的气氛⑥。1906年之后，鉴于中央税收更丰富，开支由财政部统筹更容易，因此福利开支的责任逐渐由地方政府转向中央政府。其他国家的情况则有所不同。比如在德国，地方各州的地方所得税收入更多，超过了德国中央政府。尽管英国的地方政府继续提供许多福利服务，中央政府也同样开始寻求其他

---

① J. Harris, 'The transition to high politics in English social policy, 1889 – 1914', in M. Bentley and J. Stevenson (eds.), *High and Low Politics in Modern Britain* (Oxford, 1983), pp. 58 – 79.

② M. J. Daunton, 'Payment and participation: welfare and state formation in Britain, 1900 – 51', *Past and Present* 150 (1996), 169 – 216.

③ T. Skocpol, *Protecting Soldiers and Mothers: The Political Origins of Social Policy in the United States* (Cambridge, Mass., 1992).

④ R. Hay, 'Employers and social policy in Britain: the evolution of welfare legislation, 1905 – 14', *Social History* 4 (1977), 435 – 55; H. F. Gospel, *Markets, Firms and the Management of Labour in Modern Britain* (Cambridge, 1992).

⑤ Middleton, *Government versus the Market*, table 3.1, p. 90.

⑥ J. Bulpitt, *Territory and Power in the United Kingdom: An Interpretation* (Manchester, 1983).

机构的帮助。工会和互助会获得了"官方批准的社团"的地位，从而参与管理国家福利，国家则较少参与。自助机构参与国家福利分配后，工党随即敦促其进一步发展。福利分担制度的问题在于其累退性，所有人缴纳相同的福利分担比例，富人给穷人的再分配比例很有限。工党意识到，国家虽然只分摊了有限的福利却能够因此控制"官方批准的社团"，因此不再要求让这些民主自助社团继续提供福利，而是要求实施国家凭借税收分发福利。相比而言，德国俾斯麦的福利制度反对工会，这一思想影响了德国工人，让他们更忌惮国家插手福利①。

同时，军事开支也面临着更大的压力。诚然，英国成为军事大国的一个先决条件就是保证人口或"大英帝国种族"（imperial race）的健康，所以针对平民的开支与军队开支互相关联②，福利开支因此需要用来保障人民的健康。另外，军事战略和技术的性质也在发生改变，这尤其体现在海军军备竞赛上。南非布尔战争的爆发给税收带来新的压力，国内普遍支持英国的帝国扩张主义，军事对政策制定的影响也愈加深刻。政策和技术的进步也要求英国将科技和战争更紧密地联系起来，人们不再笃信科技就应该致力于维护和平，意识到科技是"战争国家"的基础。随着大英帝国的政治形势逐渐改变，将国家开支成本转向帝国的边缘国家更加困难，像印度就很难同意承担这部分成本③。

为了应对财政体系面临的重重压力，政府推出了关税改革和帝国特惠制。该政策旨在通过征收进口税提高财政收入，同时在保护英国市场的情况下，将工人的工资维持在较高水平，稳定就业，从而解决社会问题，并将殖民地和英国本土的经济相互捆绑在一起④。自由党（和工党）需要找到一个可以替代自由贸易的财政政策，从而改革所得税，使财政机制更加先进。而选民

---

① Daunton, 'Payment and participation', 177–9; E. P. Hennock, *British Social Reform and German Precedents: The Case of Social Insurance, 1880–1914* (Oxford, 1987).

② 这里参考了大量文献，首先是 B. 塞梅尔（B. Semmel），《帝国主义和社会改革：1895—1914 英国的社会帝国主义思想》（*Imperialism and Social Reform: English Social-Imperial Thought, 1895–1914*），伦敦，1960年。

③ H. C. G. Matthew, *The Liberal Imperialists: The Ideas and Politics of a Post-Gladstonian Elite* (Oxford, 1973); D. Edgerton, *England and the Aeroplane: An Essay on a Militant and Technological Nation* (Basingstoke, 1991); F. Turner, *Contesting Cultural Authority: Essays in Victorian Intellectual Life* (Cambridge, 1993), chapter 8; C. Dewey, 'The end of the imperialism of free trade: the eclipse of the Lancashire lobby and the concession of fiscal autonomy to India', in C. Dewey and A. G. Hopkins (eds.), *The Imperial Impact: Studies in the Economic History of Africa and India* (London, 1978), pp. 35–67.

④ E. H. H. Green, 'Radical conservatism: the electoral genesis of tariff reform', *Historical Journal* 28 (1985), 677–92.

们更加关注的重大变革，即名为税收的政治文化，反映了社会从等比例缴税逐渐向按照纳税能力缴税的变化。这一政策的极端情况是，收入所得和财富都将全部用于再次分配，推动公平。很多工党人士认为，只有当工资水平高、国内经济繁荣之时，自由贸易才是可取的；反之，如果社会充满了穷困的体力工作人士，他们就根本无力购买商品，只能生产用于出口的廉价商品①。推动自由贸易的一大优势在于促进财富再分配，还有可能打击"社会创造的财富"，如土地升值和因社会共同的努力导致的工业利润提高。但是政府并不必向这一激进的、社会主义化的方向发展，因为这可能不利于笼络人心，会疏远有产者与来自自由党的中产阶级。谨慎地选择再分配水平才是合理的。财政部和国内税收局的官员开始意识到收缴更多税收的唯一方式是实施累进税。在目前的单一所得税税率体系下，收入低于个税起征点的低收入人士可以享受免税待遇。但是，一些收入并不多的中产阶级却会因为收入略高于个税起征点就要面临高昂的边际税率，而且只要所得税税率上升，他们就会受到影响。因此，在不丢失大批选票的前提下实现财政收入增加的方式，只能是对高收入人群征收额外的附加税；如果可能，还需要对需要供养家庭的中产阶级降低所得税水平。这种累进式所得税政策还受到了新古典主义经济学主要学者的支持，改变了讨论中的"驳斥语境"，所以若仍然有人反对再分配，他们必须证明再分配会损害自由和效率②。

因此，自由党对税制进行了改革，还实施了区别性补贴、累进式补贴和儿童补贴，本书便从这个时期开始写起。第一次世界大战给英国财政体制压上了沉重的负担，在拿破仑战争后尚属首次。但是与其他欧洲国家相比，英国对战争的反应在很多方面都更加出色，例如英国成功收获了对税收的高赞成率，赋予了税收以合理性；1914年以前还实施了税收体系改革，因此和其他参战国相比，英国的财政体系更加高效。德国直到1913年才实施全国性的所得税，法国于1914年才实施所得税，但是两国并没有因此创造可观的财政

---

① F. Trentmann, 'Wealth versus welfare: the British left between free trade and national political economy before the First World War', *Historical Research* 70 (1997), 70–98.

② 请见唐顿《信任利维坦》第六章和11章中的讨论。对于新古典主义经济学代表学者阿尔弗雷德·马歇尔（Alfred Marshall）的观点，见J. K. 惠特克（J. K. Whitaker）编著的《经济学家阿尔弗雷德·马歇尔的往来信件》（*The Correspondence of Alfred Marshall, Economist*），选自《接近结束 1903—1924》（*Towards the Close, 1903 - 1924*）第三卷，剑桥，1996年，231–234页；还有A. C. 庇古（A. C. Pigou）编著，《阿尔弗雷德回忆录》（*Memorials of Alfred Marshall*），伦敦，1925年，443–444页。"驳斥环境"的概念来自S. 科洛尼（S. Colloni），《自由主义和社会学：1880—1914年 L. T. 霍布豪斯和英国政论》（*Liberalism and Sociology: L. T. Hobhouse and Political Argument in England, 1880 - 1914*），剑桥，1979年，9页。

第一章 税收国家：简介

收入。战后，由于偿债压力等问题，征税对于大多数欧洲国家来说非常困难①。经济学家约瑟夫·熊彼特（Joseph Schumpeter）战后担任奥地利财政大臣，他认为征税的后果就是"税收国家陷入危机"②。然而在英国，虽然一战后税收水平居高不下，但是人们仍然支持税收体系，税收的合理性仍在。"税收国家的危机"和它的解决手段十分引人瞩目，与拿破仑战争后英国国内的紧张局势和一战后其他欧洲国家内部的紧张局势形成了鲜明的对比，并且产生了持久的重大影响。19世纪英国在稳定税收体制方面的成功是一战后英国奇迹的部分原因，即如何使人们认为税收和国家意味着"公平"和"中立"。也正因为成功维持了财政稳定和税收的政治合理性，没有遭遇其他欧洲国家那样的危机，政治家和官员们感到十分自豪，而且英国的财政体制也成了一种可以令国家引以为傲的成就。这种成就可谓是维多利亚时代或格莱斯顿时代财政体系达到的巅峰，实现了公平、中立和平等。当然，这一说法在限制了政治家的同时，也令左翼势力得以对税收和国家加以利用，带来了巨大的影响。政策实施到中期，税收水平的提高促进了福利开支水平的上涨，从而减弱了20世纪30年代大萧条对经济社会的冲击。一战后英国成功解决了"流动债券"问题，稳定了英国财政。相比金本位引发的激烈争论，解决"流动债券"问题这一例子实际上被人们严重忽视，因而值得我们投入更多的时间研究③。虽然英国能够维持中央政府税收处于高位，但是国家和福利的形式也受到了影响，促进了地方提供福利向中央提供福利的转变，税收资金相对于福利分担时期有所增加④。20世纪30年代，关于绥靖主义的讨论占了主流，但是当时有必要考虑恩养才能继续让人民支持税收政策。鉴于当时税收水平已经很高，是否还能征得更多的资金来改良军事装备⑤？纳税人可能拒绝缴纳更多税款并不是税收政策理想的结果，这反映出英国没有实力或意愿打仗。

---

① N. Ferguson, 'Public finance and national security: the domestic origins of the First World War revisited', *Past and Present* 142 (1994), 141 – 68; J. M. Hobson, 'The military-extraction gap and the wary Titan: the fiscal-sociology of British defence policy, 1870 – 1913', *Journal of European Economic History* 22 (1993), 461 – 506; C. Maier, *Recasting Bourgeois Europe: Stabilization in France, Germany and Italy after World War I* (Princeton, 1975).

② J. Schumpeter, 'The crisis of the tax state', in A. Peacock, R. Turvey, W. F. Stolper and E. Henderson (eds.), *International Economic Papers IV* (London and New York, 1954), pp. 5 – 38.

③ S. Solomou, *Themes in Macroeconomic History: The UK Economy, 1919 – 1939.* (Cambridge, 1996).

④ Daunton, 'Payment and participation'; for another view, on the Treasury desire to shift to contributions, see J. Macnicol, *The Politics of Retirement in Britain, 1878 – 1948* (Cambridge, 1998).

⑤ G. C. Peden, *British Rearmament and the Treasury, 1932 – 39* (Edinburgh, 1979).

这一现象的长期后果变得愈加严重。第二次世界大战标志着税收水平进一步提高，福利也愈加依赖税收收入。税收水平正在影响收入分配，减轻了不公平，但这是否会导致积极性降低、经济增长放缓？许多历史学家认为二战期间形成的共识导致英国接受了以高开支和高税收为特征的凯恩斯主义和福利国家的概念。然而，共识在当时有多强大，现代人并不能清晰领会①。从20世纪50年代末起，人们开始激烈质疑税收对积极性的影响以及公平的必要性，这一问题也就成了英国政治的中心议题。这个共识可能源于经济和政治环境的限制，而不是意识形态认同。一方面，认识这种共识需要我们提出解决方案；另一方面，我们还要有所行动，避免管理措施适用期限短的问题，应当制定并实施新的战略。在罗德尼·洛看来，20世纪50年代共识可能只是逃避解决问题的结果，既可能源于政治家们缺乏魄力，也可能源于政府部门的疲软②。由于两党制的一个本质是互相对抗，因此在20世纪六七十年代的政权交替期间，政策前后不一，双方没有统一贯彻。结果，一度被看作稳定之源、国之骄傲的英国财政体系现在似乎陷入僵化，使英国经济增长落后于其他国家。英国财政体系的失败招致了广泛的批评，官员和政治家们将目光投向了其他国家，以期求得解决方案。

英国20世纪以来的税收情况参见图1.2~图1.4。

---

① 对于这一共识，见R. T. 麦肯齐（R. T. Mackenzie），《英国的政党》（*British Political Parties*），伦敦，1965年，他支持事实上的观念趋同，尽管用词不同。D. 卡瓦纳和P. 莫里斯，《从艾德礼到撒切尔的政治共识》（*Consensus Politics from Attlee to Thatcher*），牛津，1989年，还有D. 卡瓦纳，《撒切尔主义和英国政治：共识的结束》（*Thatcherism and British Politics: The End of Consensus?*），牛津，1987年，称1945年到1970年代的共识基于混合经济、充分就业、工会作用、福利国家、外交政策和国防政策，即使英国政党对立，这一共识仍然持续到了20世纪70年代。另一个有关政党对立牺牲共识的观点，请见S. E. 芬纳（S. E. Finer），"政治对立和选举改革"（Adversary politics and electoral reform），选自其主编的《政治对立和选举改革》（*Adversary Politics and Electoral Reform*），伦敦，1975年，3-32页。他认为两党之间的分歧只能让左翼或者右翼上台执政，无法确保中间立场，所以即使两党间微弱的选票差距也会加重政策改变的影响。另一个关于政治对立和选举改革的观点更加复杂，见A. M. 甘布尔（A. M. Gamble）和S. A. 沃克兰（S. A. Walkland），《1945—1983年英国的政党制度和经济政策：研究政治对立》（*The British Party System and Economic Policy, 1945-83: Studies in Adversary Politics*），伦敦，1984年。他们不认为政治对立只是损害政策的连续性；而认为，达成共识的代价是罔顾大多辩论议题、牺牲了一些对于少数议题的常见争论。在他们的观念里，正是那些没有经过讨论的领域才会发生政策失败，比如当年两党一致认为税收基础过于狭窄等本应引发激烈讨论的议题。关于对整个共识的怀疑，见B. 皮姆利特（B. Pimlitt），"达成共识的神话"（The myth of consensus），出自L. M. 史密斯（L. M. Smith）编著的《英国的形成：伟大的回响》（*The Making of Britain: Echoes of Greatness*），伦敦，1988年，129~141页。关于争论的概述，见D. 卡瓦纳，"战后共识"（The postwar consensus），选自《20世纪英国历史》（*Twentieth Century British History*），第二册，1992年，175~190页。这些观点将在后面的章节里提及。

② R. Lowe, 'Resignation at the Treasury: the Social Services Committee and the failure to reform the welfare state', *Journal of Social Policy* 18（1989），524.

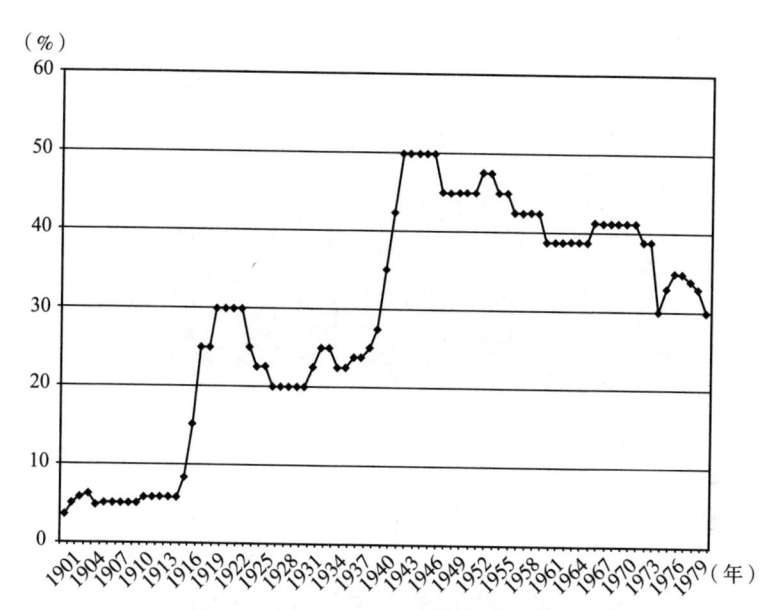

图 1.2　1900～1980 年所得税标准税率

资料来源：B. R. Mitchell, *British Historical Statistics*（Cambridge, 1988）, p. 645.

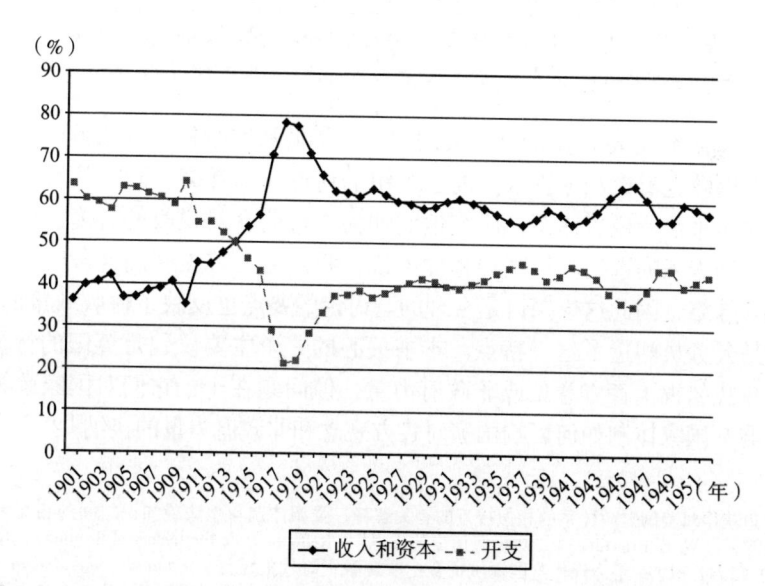

图 1.3　1900～1951 年中央政府收入中所得税、资本税（包括国民社会保险税）及消费税的百分比

资料来源：London and Cambridge Economic Service, *The British Economy: Key Statistics, 1900–70* (London, 1971), p. 112.

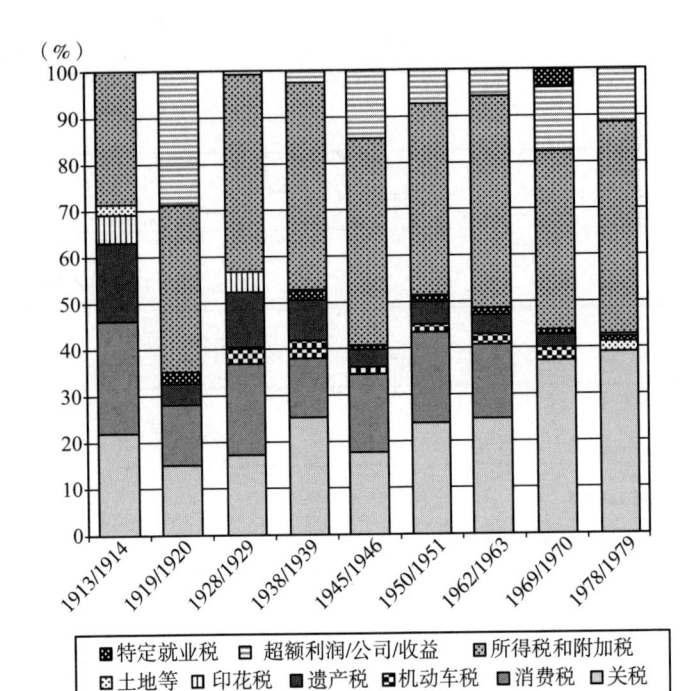

图 1.4　1913/1914～1978/1979 财年中央政府国库净征缴收入结构

资料来源：见本书表 2.4、表 4.3、表 5.2、表 6.2、表 7.2、表 8.3 和表 10.4。

当前，研究主要涉及税收政策的制定，因此研究分析高度依赖中央政府的记录，并以政党辩论和劳资双方高层组织的讨论作为补充。研究从官员和政治家们的视角来看待税收体系，研究他们如何看待公众对税收的态度，以及探讨税收收入和未来的选情。从某种程度上说，我们需要首先明确这段时期税收政策的主要脉络，因此这样探讨是合理的。讨论的要点也反映了税收政策的特点，而且正是公务员塑造了这一特点。本书关心的一个主要议题是英国的特征。这并不意味我忽视了各方意见或非政府力量，但问题在于：它们对国家政策有多大的影响？国家体制如何影响国家对各方观念和非政府力量的接纳[①]？

[①] 想获得对美国财政体系的相似接近的有关解释，强调体制与想法或知识之间的相互影响，见 W. E. 布朗利（W. E. Brownlee），"对税收历史的反思"（Reflections on the history of taxation），出自其本人编著的《1941—1995 年为现代美国提供资金：便捷融资时代的沉浮》（*Funding the Modern American State, 1941 - 1995: The Rise and Fall of the Era of Easy Finance*），剑桥，1996 年，3～36 页，这与有两个关于现代国家比较性发展的观点相对准：由 M. O. 费纳（M. O. Furner）和 B. 萨波尔（B. Supple）编著，《国家和经济知识：美国和英国的经历》（*The State and Economic Knowledge: The American and British Experience*），剑桥，1990 年，由 M. J. 莱西（M. J. Lacey）和 M. O. 费纳编著，《英美的国家和社会调研》（*The State and Social Investigation in Britain and the United States*），剑桥，1993 年。

第一章 税收国家：简介

英国税收的确定需要遵循保密原则，严格地将利益集团排挤在外。而在美国，总统无权强制国会接受预算，任何预算必须由参众两院详细修订，这与英国的情况形成了鲜明反差。在美国，政治家们通过支持税收体系修正案来保护各种地方利益和群体利益，结果是税收体系中免税条款很多，反常现象十分常见。虽然立法权和行政权相互独立，双方可以根据既定规则办事，但是预算无法通过并不会导致政府倒台或重新选举，只会导致行政部门瘫痪，而参众两院议员们为了弄到竞选经费和继续连任则更加关心满足本区选民的需求。在英国情况则大相径庭。财政大臣要与他的下级阁僚进行磋商，之后由财政部和税务部门的主要领导在保密情况下起草年度预算。因此，美国财政部的官员前后连续性不强，反之英国的官员拥有极大的权利，这不仅体现在其个人职业生涯，也体现在其部门的气质上，而这一气质早在格莱斯顿创立其财政体系时就已经形成[①]。英国财政部的官员基本上会本能地以"这违背了1829年关于国家债务的规定，而我国正是因为这样的规定走向了繁荣并被其他国家瞩目"为由驳回财政大臣提出的一切新奇方案。由于大多数财政大臣执政时间较短，缺乏专业知识，因此提建议的大臣通常会占上风除非财政大臣要么很勇敢、很博学，要么很顽固、所知甚少。一些财政大臣则的确曾经否决过财政部的建议，坚持认为财政部的传统并不是不可侵犯的，环境都在改变，过去的传统并非一成不变。例如，温斯顿·丘吉尔（Winston Churchill）[②]于1924~1929年间担任财政大臣时，曾凭借其人格力量和机敏的政治眼光改革了财政体制；还有二战之后工党政府的财政大臣休·道尔顿（Hugh

---

[①] S. Steinmo, 'Political institutions and tax policy in the United States, Sweden and Britain', *World Politics* 41 (1988–9), 329–72; T. Skocpol, 'Bringing the state back in: strategies of analysis in current research', in P. B. Evans, D. Rueschmeyer and T. Skocpol (eds.), *Bringing the State Back In* (Cambridge, 1985), pp. 1–16; M. O. Furner and B. Supple, 'Ideas, institutions, and state in the United States and Britain: an intro-duction', in Furner and Supple (eds.), *The State and Economic Knowledge*, pp. 3–39.

[②] 温斯顿·伦纳德·斯宾塞·丘吉尔（Winston Leonard Spencer Churchill, 1874—1965），曾就读于哈罗公学和桑赫斯特英国皇家军官学校，后入伍并担任战地记者。1900年他担任下议院统一派（Unionist）议员，后因反对关税改革，于1904年转向自由党。1906年他成为殖民地议会次官；1908~1910年间他担任贸易委员会主席，1910~1911年间担任内政大臣，1911~1915年间担任英国海军大臣（first lord of the Admiralty）。1915年成为兰开斯特公爵郡大臣，后辞职再次加入军队。1917~1918年间回到政府担任军需大臣，1918~1921年间担任陆军大臣和空军大臣，1921~1922年间担任殖民地大臣。1922年他离开下议院，1924年重返下议院，一直从政到1964年。1924~1929年间他担任英国财政大臣，1931年他因印度事件而退出保守党。1940~1945年、1951~1955年他担任英国首相。[*DNB, 1961–70*, ed. E. T. Williams and C. S. Nicholls (Oxford, 1981), pp. 193–216; Robbins (ed.), *Biographical Dictionary*, pp. 98–102.]

15

Dalton)①,他在财政方面的学术造诣超越常人,这让他足以不依赖财政部进行独立思考。但是这样的财政大臣非常少见。

官员和大臣们可能会收到来自英国工业联合会(FBI,后改名为 Confederation of British Industries)、工会大会等协会派来的代表团或提交的意见文书,但是并不会与这些协会进行讨论。这些协会可以表达自己的意见和关切,但他们最多只会得到一般性保证或原则性声明。官员和大臣们不会说出他们的关切,也不会在提案中暗示自己将会改变税收体系。确实,就连内阁也只有在预算交由下议院审议时才能对预算有所了解,而此时内阁基本上无法对预算进行大规模的修改。有些主管开支的部门即使提交了有关建议,也基本上被排除在讨论之外,无法影响征税方法。议会对预算的支持是一个"信任"问题,若预算无法赢得议会的支持,则可以重新进行议会选举。19世纪这种情况的确发生了很多次,但1914年以后一次也没发生过。出于党纪和自身利益的原因,很少在任的议员会对预算案投反对票,而在美国,国会两院的大多数议员可能和总统来自不同的党派,持有不同政见。因此在英国,财政体系减少了"互惠立法"出现的机会,让人们很少能够给予某些群体以减税或免税待遇;但是也正因为这样,政府也很少认真讨论新的财政提案②。

因此,英国的自主性很强,管理风格非常稳定,不受外界影响,这一点在财政部以及税收部门的官员那里体现地尤其明显。有人认为这个解释忽略了1945年以来英国政治走向社团主义(corporatism,即把社会纳入集权国家的指挥下的实践)的事实,这是不对的。一战以后,不同方面的利益通常由机构组织来表达,二战后更甚,国民经济发展委员会(NEDC)和物价与收入委员会的成立更是标志着这种现象达到了顶峰。政府官员就这一点不断与全国教师联合会和英国医学协会等大型机关的领导们进行争论。在曼泽尔(Manzer)看来,"培养稳定的关系,通常离不开决策中心的利益,而政府作用却在很大程度上因技术细节或微小的改动而受到了束缚"。曼可尔·奥尔森

---

① 爱德华·休·约翰·尼尔·道尔顿(Edward Hugh John Neale Dalton, 1887—1962),是乔治王子(后来成为乔治五世)随行牧师的儿子,曾就读于伊顿公学和剑桥大学国王学院。1914年他取得律师资格并参加了一战。战后进入伦敦政治经济学院经济系,1920~1936年间担任准教授(reader)。他的《公共财政的原则》(Principles of Public Finance)于1923年问世,区分了学术中立和党派争论;他的其他主要出版物是关于收入平等的。1924~1931年和1935~1959年间他担任下议院工党议员。在战时联合政府中,1940~1942年他担任经济战务大臣,1942~1945年间担任贸易委员会主席。在战后的工党政府中,1945~1947年他担任财政大臣,1948~1950年间担任兰开斯特公爵郡大臣,1950~1951年担任城乡规划大臣。(*DNB*, 1961-70, ed. Williams and Nicholls, pp. 266-9.)

② Steinmo, 'Political institutions and tax policy', and *Taxation and Democracy: Swedish, British, and American Approaches to Financing the Modern State* (New Haven, 1993).

(Mancur Olson）称，这会导致"分利联盟"体系陷入很难逆转的僵化局面。而且，一些政府部门会相互攀比，倾向于在商讨预算的"竞标会"上为特定利益群体争取更多开支，导致开支直线上涨，迫使政府在利益群体同意的情况下出台措施，产出更多资源。这也就解释了为什么在20世纪五六十年代，当充分就业现象导致了通货膨胀之时，政府非常希望得到工会大会的许可，从而限薪上涨。而且，由于在这方面政府需要工会的支持，因此对于保守党政府来说，给予利润和高收入者以税收减免变得更加困难。与美国国会的"互惠立法"现象不同，英国的问题是一些身处不同利益集团中的社团主义者在努力撮合预算上的"交易"①。

一些历史学家称，由伦敦金融城的利益控制的财政掌握着最强大的力量，这种利益的表达方式则是大众文化和财政部官员与金融城银行家们的社会背景②。财政部官员和银行家们表明立场时则慎之又慎，因为银行和金融城正处在一个复杂的利益平衡点上，需要让银行业与财政部之间互相怀疑。除了金融城，最强大的两个机构是英国工业联合会和工会大会。这两个机构可以对经济施加直接的影响，例如征收公司利润税、鉴定财产贬值、对不同的收入所得制定所得税起征点从而影响盈利能力、投资和回报，以此表明其真实的、

---

① 关于对社团主义的解释，见 S. 比尔（S. Beer），《现代英国政治：集体主义年代的政党和压力集团》（*Modern British Politics: Parties and PressureGroups in the Collectivist Age*），伦敦，1982年，和《英国与自身的对抗：集体主义的政治矛盾》（*Britain Against Itself: The Political Contradictions of Collectivism*），伦敦，1982年。在两本书中，比尔支持社团主义的存在，但是这种存在形式无法达成一致意见，因为所有的政党都依赖磋商和自愿妥协。（详见《英国与自身的对抗》，64~66页）。亦见 K. 米德尔玛斯（K. Middlemass），《工业社会的政策：从1911年起的英国》（*Politics in Industrial Society: The British Experience since 1911*），伦敦，1979年，和《力量、竞争和国家第一卷：1940—1961年寻找平衡的英国》（*Power, Competition and the State*, vol. i: *Britain in Search of Balance*, 1940 - 61），贝辛斯托克，1986年。米德尔玛斯通过"社团倾向"解释英国历史——社团倾向即一种倾向，工业协会、工会、财政机构和政府都互惠互利，避免公然的冲突（见《力量、竞争和国家》，1页，344 - 347页）。"分利联盟"阻碍政策改革的想法是 M. 奥尔森提出的，见《集体主义行动的逻辑：公共商品和群体理论》（*The Logic of CollectiveAction: Public Goods and the Theory of Groups*），马萨诸塞州剑桥，1965年。还有《国家的兴衰：经济增长、滞胀和社会僵化》（*The Rise and Decline of Nations: Economic Growth, Stagflation and Social Rigidities*），纽黑文和伦敦，1982年。很多讨论与社团主义及其影响有关，见例如 A. 考森（A. Cawson），《社团主义和福利》（*Corporatism and Welfare*），伦敦，1982年；T. 史密斯（T. Smith），《社团经济的政策》（*The Politics of the Corporate Economy*），牛津，1979年；J. T. 温克勒（J. T. Winkler），"社团经济：理论和管理"（The corporate economy: theory and administration），选自 R. 斯凯斯（R. Scase）编著的《工业社会：阶级、分裂和控制》（*Industrial Society: Class, Cleavage and Control*），伦敦，1977年，43 - 58页。对于政策形成的案例研究，见 R. A. 曼泽尔，《教师和政治：1944年以来英国和威尔士全国教师工会在制定国家教育政策中扮演的角色》（*Teachers and Politics: The Role of the National Union of Teachers in the Making of National Educational Policy in England and Wales since 1944*），曼彻斯特，1970年，第1页；H. 埃克斯坦（H. Eckstein），《压力集团政治：英国医学会的案例》（*Pressure Group Politics: The Case of the British Medical Association*），伦敦，1960年。

② 最重要的是，P. J. 凯恩（P. J. Cain）和 A. G. 霍普金斯的《大英帝国：1688—1914年创新与扩张》（*British Imperialism: Innovation and Expansion, 1688 - 1914*），伦敦，1993年。

实质性的态度。这些机构必须发出自己的话语,将原本可能分裂的群体团结起来,并搞清楚自己代表什么方面的利益。以英国工会大会为例,它长期将"劳动力"定义为养家糊口的男性,而忽视了女性对家庭补贴的需求、无业者和退休职工对提高福利的需求[1]。同样的,英国工业联合会主要代表了大企业和上市公司。小公司或家庭公司的需求更有可能由英国商会协会(Association of British Chambers of Commerce)代表。

社团主义者的解释有其缺点。利益群体的确重要,但是通常应由高级官员和资深政治家来判断什么是合理的,什么是可信的。但是,关于什么是"合理的"或"可信的",保守党和工党的政治家们有不同的定义。通常,保守党更加支持英国工业联合会,工党则更支持英国工会大会。因此,政党的交替上台导致政策缺失连续性,企业面临的政策时常改变。政治家和官员们非常清楚不同协会和利益团体的需求,但是政策并非通过与各团体的直接协商而制定,官员们积极参加政治讨论也不一定会影响政策。财政部的官员长期以来笃信财政系统应当遵循"中立"立场,也明白国家需要财政收入,因此他们非常不愿意屈从于来自利益群体的压力。不受利益群体的影响对财政体系的合理性至关重要。不同的利益群体对国家需求的见解不同,因此政治家和官员们要做的不只是在利益群体之间充当中间人促进生意。正因如此,利益群体不得不通过政党和议会表达他们的意见,而在欧洲的一些其他国家,第一次世界大战之后由于代表利益群体的社会机构运转失败,国内不可避免地出现了社团主义现象[2]。无论何时,英国最强大的社会机构都不能强制达成协议,政府非常清楚这些机构并不能代表所有的工人或商人[3]。

---

[1] S. Pedersen, *Family, Dependence, and the Origins of the Welfare State: Britain and France, 1914 – 45* (Cambridge, 1993); Macnicol, *Politics of Retirement in Britain*.

[2] 对于一战后其他欧洲国家社团主义者的解决方案,见梅耶(Maier),《重铸欧洲的中产阶级》(*Recasting Bourgeois Europe*);关于英国社团主义的失败,见 J. 特纳,"一战中'组织有序的商业'的政策"(The politics of "organised business" in the First World War),选自特纳本人编著,《商人和政治:1900—1945 年英国政治中商业活动的研究》(*Businessmen and Politics: Studies of Business Activity in British Politics, 1900 – 45*),伦敦,1984 年,48 – 49 页,和 C. J. 诺丁汉(C. J. Nottingham),"重铸英国的资产阶级? 一战后的英国"(Recasting bourgeois Britain? The British state in the years which followed the First World War),出自《国际社会史评论》(*International Review of Social History*),第 31 期,1976 年,244 – 247 页。

[3] 参见,例如 D. 马尔什(D. Marsh)和 W. 格兰特(W. Grant),"三党制:现实还是神话?"(Tripartism: reality or myth?),出自《政府和反对党》(*Government and Opposition*),第 12 期,1977 年,194 – 211 页,关于英国工业联合会或工会大会未能成功对与国家达成的三方协定提供鼎力支持;和 D. K. 斯陶特(D. K. Stout),"收入政策和对立体制的代价"(Incomes policy and the costs of the adversarial system),选自 S. E. 芬纳编著的《政治对立和选举制改革》(*Adversary Politics and Electoral Reform*),伦敦,1975 年,117 – 140 页,关于工会大会未能就收入政策成功促进协议的达成。

第一章 税收国家：简介

政治家和官员们没有简单地对工业、工人、财政的要求进行回复或裁决，他们更关心英国的真正需求。一战结束后，英国工业联合会、工会大会或金融城都请求政府让自己代表国家利益，但是由于政治家和官员们无法平衡这些机构间的利益平衡，因此没有批准它们的请求。除此之外，他们必须回应中低阶级纳税人的愤怒。这些纳税人抨击了"浪费"现象，怨恨战争期间工人和"获取暴利者"都获得了利益，侵蚀了自己的社会地位。但是，因为当时政治忠诚度（political allegiance）正在改变，一旦人们感到某些企业或劳工组织受到了特别对待，后果将不堪设想，例如如果将巨额税赋转移到持国债靠股息生活的食利者身上，社会形势将会不再稳定。通常，工业就是大发战争财的人，他们压榨下层中产阶级（lower middle class）、工人和"公众"。相似的，劳工组织可能被批评是自私甚至奸诈的组织，损害了诸如领退休金者群体等无组织团体的利益。欲继续这些讨论，我们需要搞清楚另一个特性：如何区分劳动和非劳动所得，以及积极财富和闲置财富。从直觉上来看，并没有理由规定应当对投资所得缴纳更高比例的税，无论在19世纪还是现在都不应该。甚至有人认为应当对投资所得缴纳更低比例的税，或者靠收入积攒的存款不应承担纳税责任，这样才能刺激人们将投资用于实现经济增长、国内自给自足和"大众资本主义"。更高的投资所得税于1907年实施，因为投资所得虽然也是通过积极努力得来的，但它终归不是劳动所得，而且就像寄生虫一样从企业人士那里吸走租金和利息。问题的关键是如何明确表达这种身份特性，因为它可能通过区分不同形式的财产而将一些中产阶级人士与其他人对立起来。在另一方面，如果食利者这一概念还包括丧偶人士和退休人士，便很难将食利者一词说成是有害于社会的寄生虫。这些身份是在战后政治讨论中建立出并争取到来的，讨论涉及了浪费和生产，以及积极和闲置财富。身份的定义是可变的，政治家们试图在战争结束后构建和塑造自我认知，正如他们对现存物质利益的反应一样。诚然，政治家们可能有必要称自己不受英国工业联合会、工会大会或金融城的影响，以显示他们并不对利益群体低头，并且人们可以信任他们可以代表"公众"。"公众"一词正是他们为了自己的政治目的而定义的术语。尽管"真正的"实质性意见很重要，但是政治家们和各政党不仅需要回应已经存在的利益群体，还要通过语言表达来定义和塑造一些身份特性[1]。

---

[1] 关于此过程的分析，请见 R. 麦基宾，《阶级意识形态：1880—1950 英国的社会关系》（*The Ideologies of Class: Social Relations in Britain, 1880 - 1950*），牛津，1990 年。

由于政治家们更多的是为他们工作的官员们更关心维持政府收入和财政稳定,所以要定义特定的身份,只对选举优势斤斤计较是不够的。来自在野党的政治家可能认为减税或鼓励抗税很有吸引力,但只有目光短浅的政治家们才会采取这种策略,因为当他们再次执政时根本不可能轻松地征收税金,必然面临反抗。一战末期,这一点对于资深政治家们来说非常明显,对于更加民粹主义的政治家和大众媒体来说则可能不是这样。对于谨慎小心的在职公务员来说,这一点的影响最为明显。当然,他们的谨慎可能发展成保守主义,并拒绝面对新环境做出改变;他们可能将现状定义成"自然的事情"而不是由于历史的偶然带来的结果。然而,这些官员的确反对来自有组织的利益群体的片面言辞。财政部官员多疑、饱经世事又极其自信,在考量英国工业联合会、工会大会或金融城的要求后,他们完全可以断言一战后只有工业可以支付更高的税收——虽然这不是期待中的结果。资历深的内阁阁员们认同这个观点,认为征税应当尽量减少争端。官员们和大臣们也很关心财政的稳定性。如果战后不能偿清国债利息,英国政府的财政会和德国财政一样,失去人们的信赖[1]。英国政治家和官员们不再简单地听从金融城有关财政偿付实力的要求;不如说,他们忙着保持自己相对于金融城的独立自主。因此,国家或国民的需求可能阻止简单地接受"自私的"利益群体的要求。

到了20世纪50年代后期,严重的问题开始浮现。财政部里一些资深人士认为,目前的财政体系损害了经济表现,需要将其彻底改变。但是政府的结构导致了对财政体系进行彻底的审查十分困难。尽管政治家们交换了自己的意见,但是他们总是不愿付诸行动,部分原因是,在财政体系的改革中不可避免地有失败者和成功者,在选举人的立场上也很难证明其正当性。也有意见表明,任何对财政政策的调整都可能导致疏远某些有组织的利益团体,这会对管理经济带来严重的后果。因此,怀着鼓励创业的目的而降低利润税或降低高额的所得税可能让工会大会不再控制工资上涨,进而可能导致通货膨胀、人力成本提高、出口市场竞争力减弱。不干涉可能是最好的方式,即使结果可能有害于经济增长。

关注税收体制中的平衡,这个观点既有其毋庸置疑的优点,也有其不足。例如,即使官员们强调政策连续性的重要性,但是这仍然可能使政策前后矛

---

[1] T. Balderston, 'War finance and inflation in Britain and Germany, 1914 – 18', *Economic History Review* 2nd ser. 42 (1989), 222 – 44; N. Ferguson, *Paper and Iron: Hamburg Business and German Politics in the Era of Inflation, 1897 – 1927* (Cambridge, 1995); Maier, *Recasting Bourgeois Europe*.

盾。财政部的官员会强调财政的稳定性和保密性，从而很可能转移议题，不再讨论财政政策；财政大臣上任时很可能已经想出了自己的解决方案并已指定好了顾问，从而从政府体系外汲取意见，例如1964年担任财政大臣的詹姆斯·卡拉汉（James Callaghan）① 就深受尼古拉斯·卡尔多（Nicholas Kaldor）② 的影响。特定就业税，一种对服务业征收的工资税，就不是在财政部内制定的，也没有征求雇主或工会的意见。这一变化出现的原因是党纪强大，具有"民选的独裁权"，没有在政府部门内部过多讨论，也没有面临下议院政府官员的抵制。因此，若政府换届，新政府可能出于不同的动机而实施自己的变革，因此财政体系丧失了连续性。其实，政党政治的对立性意味着即使在野党商讨的政策和政府类似，他们仍有可能攻击政府的建议。政府的更迭不会影响官员队伍的连续性，而且官员们也强调支持稳定的作用，但是鉴于他们的非政府特点以及他们需要为不同的政府工作的事实，他们通常会扮演负面角色。他们会声称变革是不可能的或后果不堪设想，从而维持现状，而不是提出系统性的改革手段以更好地确保稳定。即便一些财政部的官员的确发现了这些问题，但是由于不同的财政大臣不断改变现状、实施的改革与先前措施格格不入，官员们不光鲜有机会去改变财政体系，还遇到了一系列挫折。因此这导致了一种荒谬的现状，即虽然公务员队伍组成较稳定，但共识很难达成，政策仍然前后不一。

这些讨论和思考大多发生在政府和公务员体系内，与此同时，反对党也会和党派研究部门及智库重新思考政策。政治家和公务员需要解读英国公众的意见，这正是英国财政政策的特点。这里提到的问题实际上是他们如何看待公众反应以及下次的投票结果可能如何，而不是公众的真正观点和选民的

---

① 詹姆斯·卡拉汉（James Callaghan）1912年出生于朴次茅斯，他的父亲在朴次茅斯的海军中服役，并在卡拉汉还很小的时候去世了。1929年他加入了国内税收局，在税务官协会中积极工作。1945年他成为了下议院工党议员，1947年起担任交通运输部大臣政务次官，1950年为海军部的政务次官兼财政秘书。1964年他担任英国财政部大臣，1967年英镑贬值发生后调至内政部。1974年他成为外交大臣，1976~1979年间担任英国首相。[Robbins (ed.), *Biographical Dictionary*, pp. 78–81.]

② 尼古拉斯·卡尔多（Nicholas Kaldor, 1908—1986）出生于布达佩斯，他的父亲担任德国驻匈牙利公使馆的顾问。他在布达佩斯接受教育，曾就读于柏林大学和伦敦政治经济学院。1932年他成为伦敦政经学院的教师，1947年辞职之后到欧洲经济委员会日内瓦总部的研究与策划部担任主任。1949年他担任剑桥大学国王学院的经济学教职，1966年被提升为讲师，1975年退休。二战期间，他参与编纂贝弗里奇报告，该报告研究关于社会保险和充分就业；二战后，他成为法国的规划总专员（Commissariat general du Plan）和其他国际咨询公司的顾问。1951年他被任命为皇家所得税和利润税委员会的成员。他曾为发展中国家提供税收建议，并于1964~1968年、1974~1976年间担任财政部大臣的专人顾问，1969年担任卫生和社会保障部的顾问。1974年他成为终身贵族，并凭借其地位抨击货币主义和撒切尔的经济政策。[*DNB*, *1986–90*, ed. C. S. Nicholls (Oxford, 1996), pp. 240–1; Robbins (ed.), *Biographical Dictionary*, pp. 238–9.]

真实反应。在理想情况下,国家应当考虑研究纳税人对国家的态度是反对还是拥护。另外,各种社会机构的固有身份特性并不完全是追求利益;利益和自身身份会以诸如税制讨论等形式围绕着政治过程而建立。大卫·卡南迪恩(David Cannadine)指出,英国政治家对社会有其独特的观点,他们认为自己的任务就是将自己对人民的观点强加于人民[1],税收无疑是其中的重要一块。很明显,对税收政策的阐释必须建立在分析党派的社会政治观点的基础上,说明其观点如何和其他解释、党派如何建立社会的政治特性,以及选民对此的反应相结合。当前的研究无望完成这一艰巨任务,只能在现存税制的基础上建立财政政策。政治家们出于自身考量,以自认为可行的方法解释税收,这正是当前研究考虑的解释方式。类似的,政治家和官员们采取了这种思考问题的方法,评估自己如何利用(或不利用)各方观点,而不是调查人们对税收的看法、经济学家和政治学者对公平、激励、经济增长得出的理论,以及政策制定者的文章。人们关心的是,英国可以接受多少新观点(这一点在官方记录中有所记录),以及影响政策制定的政治结构和政治程序。

　　随着社会经济结构、国家意识、国家形态的变化,财政体系也在变化。皮特·林德特(Peter Lindert)指出,中位选民(median voter)的收入和收入中位数的差值显示了社会亲和力('social affinity'),这一力量十分重要。他认为如果中位选民的收入接近收入中位数而不是远低于收入中位数,让这些选民支持税收再分配会更难[2]。选举权变化的重要之处即在于此。1832年以后,选民大多相对富裕,拥有房产,中位选民的收入远高于收入中位数,他们不太可能支持将税收用于社会再分配。1918年后,选民包括了所有成年男性和部分女性,但是中位选民的收入却远低于收入中位数。很多保守党人士对此心急如焚,认为再分配税丧失先前的吸引力将带来严重的后果。但是,就业体系的变化降低了严重后果发生的可能性,尤其是20世纪50年代之后,白领工作替代了体力劳动成为劳动主力,专业的管理型中产阶级影响了收入分配和对社会亲和力的认识。虽然办公室职员的工资可能并不比熟练的体力工作者高,但更加重要的是工作者的身份认同,而这一问题已经不属于税收研究领域。无疑,身份认同感和物质性自利(material self-interest)受到了通胀和税收起征点的影响。随着物价和收入的增长,一部分本不需缴纳所得税

---

[1] D. Cannadine, *Class in Britain* (London and New Haven, 1998), p. xi.
[2] P. H. Lindert, 'The rise of social spending, 1880 – 1930', *Explorations in Economic History* 31 (1994), 1 – 37, and 'What limits social spending?', *Explorations in Economic History* 33 (1996), 1 – 34.

第一章 税收国家：简介

的人也需要缴纳所得税了，原本就需要缴纳所得税的人则需要缴纳更多的税，这导致了人民的严重不满。更高的实际收入还会改变人们对国家福利标准的态度。二战之后，很多中产家庭认为既然自己支付了医保、教育、养老金等费用，国家就应将税收以福利形式发放。这导致了人们认为社会更加团结，穷人因此受益[1]。但是，如果国家福利不足、不够可靠，那么人们会很快改变看法，正如70年代，富裕的中产家庭开始支持私有化改革，更加灵活地满足自身需求。另外，人口状况也会影响税收观念，比如20世纪后期，英国人口老龄化，年长者主张更优厚的社会拨款，但这推高了政府支出，年轻人和努力工作的人们则要承担更重的税负[2]。

经济和人口结构的变化对政治家束缚很大，但他们并没有决定采取措施。凝聚感是一种政治家可以控制的文化或社会现象，因此政治文化和建立身份认同十分重要。这一点在一战后十分明显：工党试图联合工人阶级、白领等较富裕的中产阶级，以对抗食利者和囤积"闲置"财富的人；联合政府则反对这一策略，称一切财产所有者与工人利益相对立。虽然经济和社会结构已经发生变化，社会态度也与以往不同，但是政治家们或许还未改变政策以应对这些变化。无疑，20世纪70年代体力劳动者的地位有所衰落，英国社会变成了更加富裕的消费者社会，但与此同时，工党并没有适时调整其税收政策。还需要考虑的是，是否应当让社会听到各方利益的诉求和不同的身份认同。工会工人在选民中的比例逐渐下降，年长者为数更高，但是在对政策的影响上，年长者并不能和工人相提并论[3]。政治进程总会缓解经济和社会结构的影响。

因此，本书从国家和政治进程展开研究，关注政策制定和财政体系变化中的政治文化、观点、经济和社会结构。最重要的是，本书对财政政策的研究是研究英国国家构成的一种方法，不光包括研究官员和政治家之间的关系，还包括他们对利益团体和政治家诉求的看法，这对于理解英国有重大的意义。征税亦是国家获得资源并良好运转的关键。而且，无论财政收入来自地方还是中央，抑或来自公司税还是个人所得税，税收的来源都影响英国的结构。

---

[1] P. Baldwin, *The Politics of Social Solidarity: Class Bases of the European Welfare States, 1875–1975* (Cambridge, 1990).

[2] 尼尔·弗格森（Niall Ferguson）将这一后果描述为"代际游戏"（generation games）；见《金钱纽带：1700—2000年间现代社会金钱和权利》（*The Cash Nexus: Moneyand Power in the Modern World, 1700–2000*），伦敦，2001年，214–221页。

[3] 关于两战期间的养老金领取者组织，见麦克尼科尔：《英国的退休政策》（*Politics of Retirement in Britain*），第167, 174–175, 185, 311–322页，关于国家养老金大会（National Conference on Old Age Pensions）、国家老处女协会（National Spinsters' Association）和国家养老金协会联合会（National Federation of Old Age Pensions Associations）。

23

扶贫法案虽然高度依赖地方房产税，但这并不会导致不可靠的地方利益群体控制财政支出。让财政部加强对税收的控制可以使财政收入渐渐上涨，还能保证财政收入受到可靠力量的把控。1929年的预算标志着中央政府明显加强了对开支的控制，导致政府高度依赖累进式所得税以分发福利。这很容易招致质疑：这是否会打消积极性？广大纳税人承担了福利成本，因此是否会降低雇主使用劳动力的效率？要求雇主分摊部分福利或对其征收工资税是否会让雇主更加关心劳动力成本，鼓励生产力发展，从而对收入最高的纳税人群体减税，鼓励他们的积极性？60年代英国经济发展乏力加重了人们的担忧，因此这一时期讨论的主题也变成了税收来源，不再是先前的税收水平或福利支出。

接着是人们如何认识财政体系对经济的影响。20世纪60年代，在关于现代化的讨论中，一个关键主题就是税收和经济增长的关系。二战之后，保守党认为高额税收打消了积极性而且打击了经济增长，因此只有允许一定程度的不平等存在，经济才能高效发展，让每个人受益。工党政治家则反对这一点，强调税收应当创造公平，不应让利润促进经济增长。换言之，对税收的讨论展开了一个更大的问题，即如何规范地看待社会和人类受到的激励。以上提到的观点构成了本书的脉络：税收是否应当通过激励人们获得收入，从而刺激经济增长、生产力发展，并为广大人民谋求福利？财政体系是否应当促进公平，以让公平成为社会的基础，打造伦理社会？税收体系导致的争论是：何种程度和意义的积极性或公平才能建立合理的英国经济社会体系？在20世纪，积极性和公平间的平衡对形成财政体系的影响远大于19世纪时期。

20世纪有关税收的中心议题是如何定义分配公正，这一议题在一战后就出现过[1]，但是那时税率很高，用于再分配的税收更多，讨论问题十分仓促。A. C. 庇古[2]、F. A. 哈耶克（F. A. Hayek）[3]还有约翰·罗尔斯（John Rawls）

---

[1] Daunton, *Trusting Leviathan*.
[2] 亚瑟·塞西尔·庇古（Arthur Cecil Pigou, 1899—1959）曾就读于哈罗公学和剑桥大学国王学院。大学期间他攻读历史和道德学。1902年他成为国王学院教员，1908~1943年间担任经济学教授。[*DNB*, 1951-60, ed. E. T. Wilson and H. M. Palmer（London, 1971）, pp. 814-17.]
[3] 弗里德里希·奥古斯特·冯·哈耶克（Friedrich August von Hayek, 1899—1992）生于维也纳，曾就读于维也纳大学。1931~1950年间他担任伦敦经济政治学院经济学教授。1950年他迁至芝加哥，1969年迁至弗雷伯格。1974年他获得了诺贝尔经济学奖。他所著的《通向奴役之路》（*Road to Serfdom*, 1944年）是其最受欢迎的作品，丘吉尔曾在1945年的选举中用该书警示计划经济的危险；该书也受到了撒切尔夫人的关注。哈耶克反对凯恩斯主义和政府对经济的干预；人称货币主义之父。[*Who Was Who*, vol. ix, p. 242; D. Crystal（ed.）, *The Cambridge Biographical Encyclopaedia*（2nd edn, Cambridge, 1998）, p. 430.]

等经济学家和政治学者在讨论时非常老练,常常达不成一致意见,不过政治家们都明白他们做出的努力。杰出的工党财政大臣兼学者休·道尔顿对讨论亦有所贡献。但是辩论中出现的经济观点却常常高度取决于政治局势、经济现状和政治进程。保守党政治家认为提供税收减免天经地义,然而很多人都认为保守党在50年代无奈接受的税率是有害的。若为了防因利润税疏远和工会的关系而降低高昂的税收,工人就会主张更高的工资,引发通货膨胀,因此变革税收体系显得难如登天,对既定的经济管理方式是一大威胁。这一难题到了80年代才被撒切尔夫人打破。相比而言,很多工党成员都认为,激励积极性和实施自由市场不会为社会带来公正。在战后的英国政坛几乎不可能就这一问题达成共识,即使能达成共识,它也至多是社会环境的产物而不是看法的统一。

再分配是否公正还引发了罗尔斯等学者的辩论。他们的辩论较为抽象。罗尔斯认为,个人都被无知蒙住了双眼,不知道自己在社会中的地位,如果想避免成为最贫困的阶级,只能期许最贫困阶级的规模受到控制。这反映出,为实现较高水平的公平而实施税收减免反而会妨碍经济增长,让每个人都陷入贫困[①]。相反,历史学家更倾向于提出疑问:在特定时刻、特定情形下的特定人群如何明确自己的权利和义务?这也是本书研究税收的目的:思考分配公正如何在某一特定政策领域中的变化、如何在税免和公平中达成平衡。本书接下来将详尽地展示这些讨论的结构及其复杂性、讨论如何随着时间推移而变化,以及如何被经济社会结构和政治、选举时的考量、意识形态和学术发展所影响。

各种讨论贯穿了本书,关注这些讨论的几个主要内容将大有裨益,其中一个是"如何定义平等和平等是否可取"。20世纪80年代,工党提出,从伦理角度看,公平要么是实现社会主义共同体的前提,要么是实现经济效益的可行方式[②]。高收入和大笔财富大多是垄断者获得的超额收入(租金)而不是对冒险和才智的奖励,可能会被看作由社会创造的财富。这种财富可能不会提高社会其他成员的福利,而可能会通过再分配补贴穷人。但是税收也面临着"数额不够"的批评,一些工党政治家们也强调,公有制能有效带来社会创造的财富。然而,右派人士和其他人士批判公有制导致了经济体系高度

[①] J. Rawls, *A Theory of Justice* (Oxford, 1972).
[②] N. 艾里森(N. Ellison)在《平等主义思想和工党政治:退步的观点》(*Egalitarian Thought and Labour Politics: Retreating Visions*)(伦敦,1993年)中解释了工党对公平的不同看法。

僵化、官僚化、集权化。当然，也有一些工党党员同意保持一定程度的竞争和积极性，仅将一小部分行业收归国有，剩下的归自由企业管理。这样，可以通过税收制度收走超额利润，并严格限制遗产继承。

政治家不光关心公平，还讨论了计划经济的可行性，这意味着市场可以作为分配工具。经济自由主义者认为市场可以带来自由和效率，其他人则不同意这一点。工党国家计划委员会成员的建议最为极端：希望取消市场；很多人则不同意这一极端做法，但也不觉得是竞争导致了奢靡和低效[1]。有的人则对市场存有偏见，比如20世纪20年代独立工党（ILP）认为公平分配收入能让消费者更有选择地购买商品，表现自己的身份；同时营造一个好的环境，让工人们也能展示自己的个性[2]。这一看法消失后，经济规模论和唯理生产论（productive rationalism）受到了强调。虽然这可能意味着公有制，但它与私人企业并不矛盾，因为经营这些私企的都是关心企业长期发展的技术型、管理型精英。哈耶克等一些右派经济学家认为经济规划者只有用价格信号才能有效分配资源。米德等一些社会民主左派经济学家也同意这一点，认为大部分工业应当私有化，用价格分配商品，用税收消除超额利润[3]。事实上，税收可以影响资本市场的行为，防止由社会创造的财富出现，并以更高效的方式分配资源。一些工党党员希望让经济规划者或国有企业负责资本分配；还有一些工党党员则希望保持大部分经济的私有状态，因为他们认为如果投机者和金融家控制了投资，由社会创造的财富就只会导致暴利和奢侈消费。相反，大型公司的经理人由于不光获得了净利润，其缴税额还低于股东所缴额度，因此他们应当对此做出决策。20世纪20年代凯恩斯指出，大型公司的所有权更加分散，职业经理人则像公共机关一样掌握了公司的控制权，他们制定长期策略而不是为股东谋求最大利益[4]。大型企业的优势包括打造品位、控制成本、创新产品、操纵那些愿意牺牲自由和更喜欢个人消费的消费者。五六十

---

[1] "国家计划委员会成员"（Gosplanner）这一说法是詹姆斯·米德用来形容一些工党政治家的：见J. 汤姆林森（Tomlinson）："经济规划：20世纪40年代的辩论和政策"（Planning: debate and policy in the 1940s），选自《20世纪英国历史》（*Twentieth Century British History*），第三册，1992年，151－174页。

[2] N. Thompson, 'Hobson and the Fabians: two roads to socialism in the 1920s', *History of Political Economy* 26（1994），203－20.

[3] 汤姆林森：《经济规划》；亦见J. E. 米德：《效率、公平和财产所有制》（*Efficiency, Equality and the Ownership of Property*），伦敦，1964年，这本书延续了其早期对价格作用的关心：用最有效的方式分配商品，以及如何给人们分配酬劳。

[4] J. M. Keynes, 'The end of laissez-faire', reprinted in his *Essays in Persuasion*（London, 1931），pp. 314－15.

年代，针对私人企业转为大型企业的现象，J. K. 加尔布雷斯（J. K. Galbraith）得出了更加悲观的结论①。不过大型企业的合理高效也有其积极的一面，相较小企业来说它们能更有效地应对价格信号和新型科技。二战之后，工党通过有效利用净利润鼓励大企业发展。保守党在 1958 年以前同样实行这一策略，顺应了这一潮流。

无论这一策略是否带来了丰厚的成果，效率都是一个未解决的问题。爱德华·希思（Edward Heath）②指出，在资源分配中注重效率会把更多资源划拨给成熟的企业而非新兴公司，结果并不是适者生存，而是大者生存（survival of the fattest and not the fittest）③。20 世纪 50 年代的根本问题是税收体系是否会阻碍减税和其他变革，并伤害社会最穷苦的群体和收入处于平均水平的公民。虽然高度抽象的罗尔斯式社会契约被无知蒙住了双眼，但这并不是问题所在；真正成问题的是，在一些大选活动期间，翻来覆去的问题只是具有一定社会地位的人会因税收而受到什么冲击。由于英国社会认为，极度贫困者陷入贫困的原因是他们自己无用，反而让其他公民承担了更多社会责任，因此极度贫困者不应受到其他公民的帮助。这样一来，选民并不会询问自己上缴的税收和福利准备金是否真正惠及了那些最穷苦的人，也不关心自己是否会成为极度贫困者。社会态度决定于各种环境因素，正如我们注意到的，收入分配表现为中位选民的收入相比于平均值是高还是低，这影响了人们的政治看法。经济环境也会影响社会态度。经济不安感，或者近来的经济不安感，可能使人们倾向于转移自己的收入以防范风险；经济安全感和经济繁荣会让人们倾向于选择个人福利，如私立医疗保险或私立养老保险。换言之，

---

① J. K. Galbraith, *The Affluent Society*（London, 1958）, and *The New Industrial State*（London, 1967）.

② 爱德华·希思（生于 1916 年），是一位木匠兼建筑工人之子，曾就读于牛津大学。大学期间他反对绥靖政策；二战期间他在陆军部队服役。他曾担任公务员、记者，后于 1950 年成为保守党下议院议员。1951～1959 年间他供职于执政党办公室，1959～1960 年间担任工党大臣，1963 年间担任掌玺大臣（是英国进入欧洲经济共同体的首席谈判代表）。1963～1964 年间他仕贸易委员会主席期间他废除了不得低价转售商品的规定。1965 年他成为党首，负责对政策进行深度研究；他为自由市场计划而参与 1970 年的大选。1970～1974 年间他担任首相，采取了之前曾一度反对的法定收入和干预企业政策。1973 年他成功使英国加入欧洲经济共同体，但是却在 1974 年打算打击工会时输掉了两次大选。1975 年撒切尔夫人接任了其保守党党首职位并采取了很多希思的经济政策，但是及其反对英国继续发展欧盟共同市场。[Crystal (ed.), *Cambridge Biographical Encyclopaedia*, p. 432; Robbins (ed.), *Biographical Dictionary*, pp. 194 – 8.]

③ 见 K. 阿罗（K. Arrow）：" 组织的工作事项 "（The agenda of organization），选自《组织的局限性》（*The Limits of Organization*），第三章，纽约，1974 年。大型公司需要特定的程式或工作事项以方便企业内部沟通，但是阿罗担心，这种程式或工作事项也会让无法于这一程式相融的新信息难以成为程式中的一部分。

每个人对自己的风险总量和资源转移的限制有不同的看法。国家医保体系会让社会每个成员享受同等的福利水平。这样，社会中最贫困的人便拥有了支付能力，而更富裕的人则倾向于选择不包括某些群体的私立保险体系，以谋求更高的福利。类似的道理同样适用于国有和私有养老金体系。随着越来越多的人获得报酬和福利较好的工作，他们可能拒绝国家福利，这会损害最贫困者的利益[1]。

政府的辩论主要集中在福利体系对生产效率和生产积极性的影响。1906年温斯顿·丘吉尔是政府中的自由派，1924～1929年又是当时保守党政府的财政大臣，他提出鼓励竞争应当以提供社会政策的"安全网"为前提，避免政策失败后发生灾难性后果。他担心，如果不鼓励竞争，社会主义者就会打击资本主义社会体系。丘吉尔打击财产继承，还致力于为活跃的企业减轻债务。1951～1955年丘吉尔担任首相期间，很多保守党党员担心用高额税收支撑福利体系会伤害生产积极性，损害自给自足的现状，让体系不再可靠。而在20世纪50年代末关于"经济现代化的需要"的大规模讨论中，有一种说法是也许改革后的税收体系不会阻碍经济增长。但是问题的根本在于，假设这确实不会打破现存的利益和力量间的平衡，如何才能实现这一点。保守党出于其原则可能倾向于鼓励生产积极性，相信市场分配资源的效率。但是，当时几乎没有保守党党员提出彻底的变革以改变高税收制度。很多人认为降低高收入者的所得税或削减利润税会导致严重的政治争端，显得保守党是一个富人俱乐部，和工会只会越来越疏远。如果满足充足就业，工人组织可能会主张更高的时薪，导致成本推动型通胀（cost-push inflation），出口市场竞争力丧失。一种对策是让国家充满机会，并让人人都能接触到这些机会。这样，福利可能不再源于直接税，而是由雇主承担，以鼓励雇主提高用工效率，通过采取间接税，降低高额的所得税和利润税；但是同时，至少应当在经济增长加速之前，对可能承受高间接税负担的穷人分发福利。然而，20世纪70年代初期这整套改革措施最终失败。保守党1979年再度掌权后，通过提供税收减免、扩大收入分配、让资本市场充满活力等对策，推动了个人投资和福利体系，打造一个创业国家，而未纳入这个新体系的人则不能享受福利。当工人因失业而失去议价能力时，这一策略是可行的，能严格控制通胀。

---

[1] 关于这些问题，见 P. 约翰逊（P. Johnson）："从扶贫法案到贝弗里奇的措施：英国风险、再分配和社会福利"（Risk, redistribution and social welfare in Britain from the poor law to Beveridge），选自 M. J. 唐顿编著：《过去英国的慈善机构、私利和福利》（*Charity, Self Interest and Welfare in the English Past*），伦敦，1996年，225－248页；鲍德温：《社会团结的政策》（*Politics of Social Solidarity*）。

第一章 税收国家：简介

本书以撒切尔政府对财政体系进行的重大改革作为结尾，但是财政体系的问题仍未消失。本书在对20世纪70年代末期财政的研究中，批评了财政体系的反复无常，这种研究直至当今也像本书首次出版时一样有意义。2000年9月反对燃料税的抗议显示，虽然很多选民希望政府加大卫生和教育投入，但是间接税自有其局限性。工党政府不愿称高额燃料税是合理的环保税，也不提出一种全面的税收体系改革。鉴于对政府开支的支持力度日渐减弱，对税收的反对日益增强，一种可能的对策便是质押，为某种特殊目的的税收争取选民支持从而增加开支——但这正是格莱斯顿（Gladstone）如此反对这一说法的原因。[①] 同时，欧洲税务一体化这一爆炸性事件也迫使了英国财政政策改革。财政政策终于提上了日程，若能说明现存体系如何变化，将有望为讨论提供新信息。

[①] 查尔斯·肯尼迪（Charles Kennedy）2000年9月致自由民主党大会的信。

第二章 "英国应税能力的有限性"：1914～1918年战争财政

> 是否应当诉诸贷款或税收？……思考这一大问题应结合现实和未来。真正意义上的政治家会对他们治下社会的内外部危险进行估测。一场持续性的战争会导致社会混乱、社会毁灭和内部革命。事实上，战争所涉及的政府通常担心自己的国民因无法忍受生活的悲惨和物资的缺乏而揭竿而起，因此放弃了对征服和名誉的追求，选择结束战争。人们的忍耐是有限的，他们无法一直忍受政府导致的经济惨状。
>
> ——F. W. Hirst, *The Political Economy of War* (London and Toronto, 1915), p. 150

不到两年，赫斯特的可怕预言就在俄国的十月革命中得到了证实。多数参战国经历了一战后，随着债务负担、战争补贴负担、重建资金负担一齐袭来，其社会问题便激化了。就德国而言，战败赔偿就是一个巨大的难题。从某些方面来看，英国在1914年以前为战争所做的准备优于欧洲其他参战国。在过去的一个世纪中，英国国债下降了，国家的贷款安全也有所保障，尽管在布尔战争中有一定的开支，但是在1887～1913年间英国国债仍然降低了5%。而在其他国家，法国国债上升了39%，德国国债上升了153%。1913年，英国国债占国家净产值的比例为27.6%，而同时期法国和德国的数据则分别为86.5%和44.4%。英国的偿债成本很低，而且通过伦敦资本市场可以依据特惠条款轻易获得贷款。这在1914年7月债券收益的不同中有所反映，如法国债券的收益增长了0.6%，高于英国债券；德国债券约增加了0.7%。这反映了市场对这三个国家财政政策和金融稳定状况的评估[1]。

英国的所得税历史悠久。一战前财政大臣通过实施累进税制度增加了财政收入。相较而言，在德国，所得税最初是由各州单独征收。当时，各州对自己的财政收入斤斤计较，而且反对德意志帝国征收统一的所得税。德意志帝国的军事经费来自对进口和国内消费征收的间接税，这使社会民主党有机

---

[1] N. Ferguson, *The Pity of War* (London, 1998), pp. 126–35.

第二章 "英国应税能力的有限性": 1914~1918年战争财政

会狠抓累退税制问题。1912年社会民主党赢得大选后,为了增加军事开支,和其他党派一起实施了德意志帝国新所得税。但是新所得税使各州纷纷担心自己会失去权力,并且在当时想大幅增加开支也十分困难。尽管在联邦制的法国,中央和地方的关系没有那么复杂紧张,但是改革仍然很难进行。19世纪,直接税占法国财政收入的比例有所下降。这些直接税面向财富和收入所得征收,但它们因没有与时俱进而没能有效刺激经济增长。然而,由于人们不光忌惮社会主义式的财富再分配,还处于自利心态保留了直接税的低税率并且对国家抱有敌意,因此1896年、1907年和1911年的税收改革努力全部失败,这说明了实施新的所得税十分困难。改革措施最终于1914年7月通过,但是直到1916年1月才真正实施,因此法国还未成功改革税收体制就卷入了一战[①]。

在第一次世界大战之前,德国的军事和工业实力都很强,但是财政不振,以至于其国防支出预算导致了严重的政治和社会压力。英国由于经历了财政改革,财政实力更强,能以更优惠的条件借贷。当然,自由党的税制改革引起了尖锐的政治冲突:如1909/1910财年税收体制的危机和1914年预算通过遭遇困难[②]。保守党解决财政难题有他们自己的方法——关税改革。但是英国的改革争论较欧洲其他国家而言没有那么激烈,毕竟对国家而言所得税的存在是毋庸置疑的;并且实际上财政部内部普遍接受对所得税的关键改革。一战时,英国税收政策实际上和德国一样不恰当,所以英国在战前具有的经济优越性在战时并没有那么明显。在战争期间,德国经济学家罗伯特·克瑙斯(Robert Knauss)预测英国将凭借税收来支付20%的战争额外开销,而在德国这一数据仅为6%。鲍尔德斯顿(Balderston)认为这种差异被夸大了。在他修订的预测中,26.2%的英国政府全部开支来自税收收入,在德国为16.7%(包括帝国政府和各州政府)。值得关注的是两国依赖贷款的相对差异:相对于英国,德国的资本市场更难吸收贷款,因此德国面临更大的通胀压力。导致此差异的部分原因是英国能够从国外贷款,而且伦敦的资本市场吸纳流动

[①] Ferguson, *Pity of War*, chapter 5, and 'Public finance and national security'; Hobson, 'Military-extraction gap'; J. von Kruedener, 'The Franckenstein paradox in the inter-governmental relations of imperial Germany', in P. - C. Witt (ed.), *Wealth and Taxation in Central Europe: The History and Sociology of Public Finance* (Leamington Spa, 1987), pp. 111 - 23.

[②] B. K. Murray, *The People's Budget, 1909/10: Lloyd George and Liberal Politics* (Oxford, 1980); B. B. Gilbert, 'David Lloyd George: the reform of British land-holding and the budget of 1914', *Historical Journal* 21 (1978), 117 - 41.

债券的能力更强,这对战后经济恢复很重要①。当然,在一战中英国对贷款的高度依赖和它在先前战争中对贷款的抵制形成了强烈反差,这也说明了大臣和官员们变得更加明智了。

在一战爆发之时,英国财政部呈致劳合·乔治一系列关于先前战争财政的备忘录,备忘录显示"早年英国的惯常做法是通过增加税收以支付战争费用"。R. G. 霍特里(R. G. Hawtrey)② 1917 年指出,在 1793~1815 年的英法战争中,47.1% 的总支出来自税收,1815 年上升至 86.6%。在克里米亚战争中,52.6% 的总支出来自税收③。1914 年劳合·乔治的第一份战争预算显示出,在一战中政府对贷款的依赖程度显著高于英法战争和克里米亚战争时期。尽管劳合·乔治提高了税收水平,但是弥补大部分赤字仍然需要通过借款,因此后来他因为过于谨慎和对贷款的过度依赖而受到了批评。劳合·乔治的做法是首次与财政先例和准则的背离,而且持续时间较久,那么如何才能理解这一做法呢?

一方面,这种做法反映了一战爆发后英国的政治环境。在 1914 年最后一份和平时期的预算中,劳合·乔治本计划严厉打击土地和巨额财富,但是由于阁僚们更加谨慎,他不得不放弃这份预算④。即使这样,由于他创造性地利用财政体制以寻求政治意识形态,他获得了实至名归的良好声誉。保守党党员和部分自由党党员却对劳合·乔治作为财政部长的可靠性表示了怀疑。他针对日后评论的小提议也因此被保守党领袖安德鲁·博纳·劳(Andrew Bonar Law)⑤ 批判

---

① Balderston, 'War finance and inflation', 222 - 44; the estimate is from R. Knauss, *Die deutsche, englische und französische Kriegsfinanzierung* (Berlin and Leipzig, 1923), pp. 175 - 6.

② 拉尔夫·乔治·霍特里(Ralph George Hawtrey, 1879—1975)曾就读于伊顿公学和剑桥大学三一学院,并且在剑桥大学当选成为一名使徒。1903 年他成为公务员,1904 年进入财政部工作。1919 年他被任命为财务主管顾问,这个职位是财政部给经济学家安排的最对口的工作,他在这个位置上一直干到 1947 年。1928~1929 年间他在哈佛担任经济学客座教授,并且从 1947~1952 年间他担任皇家国际事务协会(Royal Institute of International Affairs)的国际经济学教授。[*DNB*, 1971 - 80, ed. R. Blake and C. S. Nicholls (Oxford, 1986), pp. 391 - 2.]

③ 1990 年稍早的备忘录重新出版:国家档案局 T171/106 和 T172/954,"1793—1886 年对海军和军事行动的融资"(The financing of naval and military operations, 1793 - 1886),J. 布拉德伯里(J. Bradbury),1900 年 2 月 12 日;T171/149,"皮特的战争税"(Pitt's war taxation),拉尔夫·乔治·霍特里,1917 年 9 月 23 日;克瑙斯,《战时财政》(*Kriegs finanzierung*),175 - 176 页。关于一些早期的辩论,参见唐顿的《信任利维坦》,124 页。

④ Gilbert, 'David Lloyd George', 138 - 9.

⑤ 安德鲁·伯纳·劳(1858—1923)出生于加拿大,其父是一位长老会牧师的;他在格拉斯哥长大,后在当地从事银行业和钢铁贸易。1900 年他进入议会工作,1911 年成为反对党领导者。他强烈反对爱尔兰自治。1915 年他在联合政府中担任殖民地国务大臣。1916 年乔治五世请他组阁,但是并未得到阿斯奎斯(Asquith)和劳合·乔治的支持。后来他在劳合·乔治政府担任财政大臣和下议院领袖。1919 年初他不再担任财政大臣,但继续担任掌玺大臣和下议院首领。由于健康原因,他于 1921 年辞职,但 1922 年联合政府倒台后担任保守党首相,直到 1923 年。[*DNB*, 1922 - 30, ed. J. R. H. Weaver (London, 1937), pp. 483 - 92; Robbins (ed.), *Biographical Dictionary*, pp. 255 - 8.]

第二章 "英国应税能力的有限性"：1914~1918 年战争财政

为"在征税道路上走得太远，导致了'激烈的争议'"。在博纳·劳看来，"慎重考虑是最容易征集大量税收的方法。我认为公众还没有准备好接受这一高昂的税率，即使这是有必要的。在我看来，要征收这么重的税会严重影响贷款流。"[①]

在 1915 年，劳合·乔治延续了自己的政策，直到当年夏天竞选结束前都坚持"观望"。他强调应当约束经济政策。由于脆弱的财政信心不应该受到威胁，任何推高税收水平的做法都可能导致严重的后果。劳合·乔治认为，金本位的自动调整可以控制通胀，因此借款引起的通胀压力不是大问题，更加危险的是通货紧缩。但是考虑到战争将至可能带来的通胀压力，这种看法显得十分奇怪。但是在 1914 年和 1915 年初，人们预计战争会使贸易中断、失业者增加、工人阶级收入下降。可能发生的间接税收入下降可以通过对收入较低者征收所得税来弥补，但是实施这一计划很难，最终并未实行[②]。一战时期政府收入见表 2.1。换言之，战争初期经济十分脆弱，有的政策可能刺激经济但也可能使经济下行趋势恶化，劳合·乔治对这样的政策十分谨慎。这个阶段中，没有人提议说应该提高税收水平，从而控制通胀，并将资源转移到政府手中，达到"恢复正常"的目的。

表 2.1 1914/1915~1918/1919 财年政府收入（占净收入的百分比）

财年	税收	其他收入[a]	借款
1914/1915	29.7	5.8	64.5
1915/1916	19.3	3.1	77.6
1916/1917	23.3	2.7	74.0
1917/1918	22.8	3.5	73.7
1918/1919	30.5	4.1	65.4

[a] 邮政署（Post Office），来自印度等殖民地的缴纳额。
资料来源：J. C. Stamp, *Taxation during the War* (London, 1932), appendix iv, p. 249.

---

① 上议院档案室博纳·劳的论文集，BL37/4/28，博纳·劳致阿斯奎斯（Asquith）的信，1914 年 11 月 16 日。
② PRO, T171/97, Nathan to Hamilton, 3 Aug. and 9 Sept. 1914, D. Shackleton, National Health Insurance Commission to C. F. G. Masterman, 3 Nov. 1914, 'Criticisms on a pro-posed scheme of raising an income tax from those who at present are exempt, by methods similar to or in association with the raising of the income on the national insurance fund', C. F. G. Masterman, 3 Nov. 1914; T170/12, Lord St Aldwyn's memorandum on Sir M. Nathan's income tax proposals; T170/12, copies of notes sent to the chancellor of the Exchequer: possible increases of existing duties, L. N. G. 21 Aug. 1914; T171/114, 'Income tax: proposals for lowering the limit of liability', 30 Apr. 1915; G. C. Peden, *The Treasury and Public Policy, 1906–1959* (Oxford, 2000), chapter 3.

在任何情况下，战争的花销都不应过高。出于三方面的考虑，英国加入战争时采取了"有限责任"的策略。首先，法国和俄国直接承受陆上战争的破坏，而英国只需要准备充足的资金和军需品来预防两国经济崩溃。与此同时，英国海军还会封锁德国，摧毁其经济。其次，政府害怕财政制度的破坏导致经济崩溃。最后，人们认为战争短期内就会结束，于是英国只打算调动经济的一小部分，从而在战争胜利之前保证尽可能减小战争对经济的破坏。劳合·乔治最初的战争预算正是这些设想的反映，但很快设想破裂，英国的封锁并未毁灭德国经济，因此英国政府不得不组建了大型的大陆军队[①]。这场战争不同以往，带有很强的财政政策色彩。

劳合·乔治很快认识到有必要全面调动经济物资。1916年当他担任国防部长时，他倡导创建一支强大的军队以赢得战争胜利，即使国家破产也在所不惜。然而，接任他的英国财政大臣雷金纳德·麦肯纳（Reginald McKenna）[②]对劳合·乔治的战略持相反的看法，导致了内阁的分裂。基于英国作为"协约国集团的经济动力源"在战争中提供资金和弹药的事实，麦肯纳反对征兵，倾向于拿破仑战争时代的"长期战争政策"[③]。他的经济政策旨在限制劳合·乔治的野心。最重要的是，在其1915年的预算中，他提出了一系列措施，试图缓和政府与纳税人间的矛盾，减少纳税人对政府的反对。

尽管如此，所得税税率仍然增加了，所得税最高免征额从£160降到了£130，再加上当时通胀严重、工资不断上涨，需要缴纳所得税的人越来越多了（见表2.2）。但是育有子女的已婚夫妇则可以获得儿童津贴，因此税赋反而减轻了。反之，税赋的增长大多压在了单身男性及无孩夫妇身上。间接税水平增加，并且为了节省外汇储备、减少奢侈品消费，英国不得不违背自由贸易原则对进口车辆和电影征收税赋。但是在该年预算中，超额利润税相对于战前水平有所上涨，达到了50%，麦肯纳希望以此显示牟取暴利者受到了打击，从而减轻社会矛盾。预算对财政的影响是有限的，税收占总开支的比例本应从17%上升到21.6%，而这一水平仍然远低于拿破仑战争时期的水

---

① D. W. French, *British Economic and Strategic Planning*, 1905–15 (London, 1982), pp. 51, 74, 83, 85, 98, 119.

② 雷金纳德·麦肯纳（1863—1943）出生于伦敦，是一位公务员的儿子。他曾就读于剑桥大学圣三一学院，1887年取得律师资格。1895~1918年间他是下议院自由党议员，1905~1907年间在财政部担任财务秘书，1907~1908年间任教育委员会主席，1908~1911年间担任英国海军大臣，1911~1915年间担任内政大臣，1915~1916年间担任财政大臣。1917年起他担任美联银行主管，1919~1943年间任美联银行行长。（*DNB, 1941–50*, ed. Legg and Williams, pp. 551–5.）

③ D. W. French, *British Strategy and War Aims*, 1914–16 (London, 1986), pp. 120–1, 244–9; D. W. French, *The Strategy of the Lloyd George Coalition* (Oxford, 1995), pp. 3–5.

平。虽然税收持续增加,但它仅仅占飞涨的战争费用的一小部分,战时财政大臣也因"处理预算问题时三心二意"受到了后来历史学家的严厉批判①。

表 2.2　　1913~1937/1938 财年联合王国/大不列颠及北爱尔兰联合王国
总收入高于所得税免税额的人数（千人）

财年	完全免税	需要纳税	总人数
1913	70	1130	1200
1917/1918	1520	2956	4476
1919/1920	3900	3900	7800
1922/1932	2700	2375	5075
1930/1931	2900	2200	5100
1937/1938	6000	3700	9700

资料来源：PP 1921 xiv, 64*th Report of the Commissioners of Inland Revenue for the year ended 31 March 1921*, p. 114; PP 1929 - 30 xv, 72*nd Report of the Commissioners of Inland Revenue for the year ended 1928/29*, p. 74; PP 1938 - 9 xii, 82*nd Report of the Commissioners of Inland Revenue for the year ended 31 March 1939*, p. 57.

麦肯纳财政政策的基础是战争财政的一个新原则,这一原则同样用于战争的剩余阶段,即"正常年"（normal year）。在 E. V. 摩根看来,"这一原则是公共财政历史上最强大的原则",明显显示了与先前政策的背离②。麦肯纳称,源于永久税收的财政收入（除去超额利润税等临时税收外的收入）应该用于偿还贷款利息和偿债基金,以及以战前水平支付和平时期的开支。因此,基于正常年意味着战争开支大多来自贷款的看法,麦肯纳跳出了格莱斯顿的传统财政原则,即应当尽可能用税收来支付开支。用于战争开支的税收应当限制在几种特殊的税收中,特别是超额利润税③。麦肯纳的政策仅仅将财政清算的日期推后了一些,但政策却具有充分的理由。一方面,"正常年"与麦肯纳"战争将旷日持久"的假设是相一致的。另一方面,"正常年"的基础是对国家的应税能力进行政治评估。他认为国家的税收已经到达极限：

> 不能让人们普遍认为国家就应当付出牺牲……我知道有人……但是大多数英国人就连维持目前的战时生活质量都十分困难,更别提战前的

---

① E. V. Morgan, *Studies in Financial Policy, 1914 - 25* (London, 1952), pp. 94 - 5; also French, *British Strategy*, p. 122, for McKenna's aim. On the budget, PRO, CAB37/134/14, 'War taxation', R. McKenna, 10 Sept. 1915.
② Morgan, *Studies*, pp. 92 - 3.
③ *Parliamentary Debates, Commons*, 5th ser. 81, 4 Apr. 1916, cols. 1054 - 6.

生活水平了，我不知道有些提议提高税收的人是否知道这一点①。

和平时期税收体制理应遵守平等的原则，并保持不同阶层、收入群体间税赋的公平，这正是麦肯纳的思想。当然，麦肯纳的说法在某种程度上是虚伪的，因为国家依赖贷款和通胀已经导致了利益和社会阶层的强烈扭曲，这一情况已随着战争的持续而导致了巨大的困难。

基本上，财政部接受了麦肯纳的逻辑，而战时在财政讨论中占主导地位的约翰·布拉德伯里（John Brabury）②却并没有持续支持传统的财政政策。布拉德伯里认为附加税对增加财政收入的作用"基本上可以忽略"，提高所得税反而会减少可用于偿还贷款的财政收入。他并不认为增加税收就能够满足正常年份的税收要求，因为"我们现在已经接近应税能力的极限了"。因此重要的是要尽可能地接近正常年份的税收要求，"考虑到将来我们还需要借贷，这有利于维护我们的信用"。布拉德伯里关注到英国的平民消费在增加，这给英国的出口增加了压力，不利于从美国那里购买物资。二战时的对策是征收税收，消除过度的平民消费，将更多的生产力用于战时物资和出口上，同时控制通货膨胀。布拉德伯里的方法有所不同，他认为通胀是减少消费和为战争提供物质资源的最佳方式。通胀会侵蚀真正的收入并且减少城市消费。布拉德伯里相信，只要战时利得税创造公平感，人们就能够接受通胀的负面作用③。

但是布拉德伯里的希望很快破灭了。由于通货膨胀恶化，工人迫切希望增加工资，对战争牟利者的愤恨不断累积，劳资关系不断恶化。布拉德伯里轻松接受通货膨胀是不合时宜的，这并没有使政府更容易获得资源，却使其不得不支付更高的价格以与消费者竞争。对贷款的依赖也导致战后政府偿债

---

① 摩根，《研究》，92–93页；M. E. 肖特（M. E. Short），"个税政策：1917～1931年英国的预算制定"（The politics of personal taxation: budget-making in Britain, 1917–31），博士论文，剑桥，1985年，第9页；《议会辩论，下议院》，系列五，81，1916年4月4日，第1055卷；关于他认为战争将旷日持久，见弗伦茨的《英国战略》，120–121页。

② 约翰·斯万维克·布拉德伯里（John Swanwick Bradbury, 1872—1950）出生于柴郡，是一位石油商人的儿子，先后就读于曼彻斯特文法学校和牛津大学布雷齐诺斯学院。1896年他进入殖民办公室工作，后进入财政部。1905年他成为阿斯奎斯的私人秘书，1908年成财政部本局的一个领导。他起草了1909年预算，规划了医疗保险机制的财政，1911～1913年间担任保险专员。1913～1919年他担任财政部的联席常务官员，负责财政事务。1919年他离开财政部，担任赔偿委员会（reparation committee）的代表；1925～1929年间他担任食品委员会主席，同时代表政府担任波斯石油公司主管。1929～1931年间他担任麦克米兰财政与工业委员会委员；他在反对备忘录中主张严格控制公共支出。（DNB, 1941–50, ed. Legg and Williams, pp. 98–9.）

③ PRO, CAB37/126/12 and T171/110, 'The war and finance', J. Bradbury, 17 Mar. 1915; T171/138, budget 1917/18, J. Bradbury, 13 Apr. 1917; also see T172/274 for one dissenting voice in the Treasury in 1919; T170/84, J. Bradbury, 6 Jan. 1916.

第二章 "英国应税能力的有限性"：1914~1918年战争财政

压力极大。根据后来二战后期的经验，麦肯纳和布拉德伯里当时的政策也同样不合适，虽然这样讲有点"事后诸葛亮"的意味。不过，当时二人的政策同样面临着巨大的批评，尤其是来自乔治·佩什（George Paish）[1]和约翰·梅纳德·凯恩斯（John Maynard Keynes）的[2]。这两位强调应当利用税收或强制储蓄来减少消费。凯恩斯担心相比更加封闭的德国经济，通胀对开放式的英国经济更加具有灾难性。德国政府能够通过增加信贷获得商品和劳动力，并且能在不出现经济危机的情况下实现价格上升。相反，在经济开放的英国，消费力的增加会导致进口增加或出口减少，并严重影响国际金融。因此，凯恩斯提出，低工资者不会借贷也不受间接税影响，为了消除他们的过剩消费能力，应对生活必需品征税[3]。佩什和凯恩斯的请求受到了银行家代表的支持，后者称应当增税以削减消费，并应使战争开支的1/3都来自税收。布拉德伯里对此进行评价时，语气充满了讽刺和鄙夷："英国人民居然首次要求财政部加大自己的税赋，财政大臣对此肯定高兴坏了……但是他一步也不能走错，因为如果他可以为了增加财政收入而课太高的税，他就会继续控制开支"[4]。这是麦肯纳和财政部都在努力避免的。

从某种程度上说，这种解释是一种政治的权宜之计。任何旨在消除消费

---

[1] 乔治·佩什（1867—1957）1881年起担任《统计学者》职员，1900~1916年担任共同主编。1906~1908年间他是贸易委员会铁路账户与统计分会的成员，1914~1916年间担任财政大臣和财政部的顾问。（Who Was Who, vol. v: 1951-60 (London, 1961), pp. 843-4.）

[2] 约翰·梅纳德·凯恩斯（1883—1946）出生于剑桥，先后就读于伊顿和剑桥大学国王学院。1906~1908年间他工作于印度事务办公室，1908年返回剑桥担任经济学讲师，1913~1914年间担任皇家印度金财政和货币委员会（Royal Commission on Indian Finance and Currency）成员。1915年他加入财政部，1919年他供职于和平会议，但后来因战后赔偿问题而辞职。他与自由党有合作，以1929年提出的公共工程和改革的建议为代表；1929~1931年间他曾就职于财政和工业委员会。他的《就业、利息和货币通论》（General Theory of Employment, Interest and Money）于1936年问世。1940年他重返财政部，1944年在布雷顿森林会议中担任领导角色，该会议奠定了战后财政体系。（DNB, 1941-50, ed. Legg and Williams, pp. 452-7.）

[3] 关于乔治·佩什，公共档案办公室T171/110，"大英帝国的财政"（The finance of Great Britain），乔治·佩什，出版日期不明；CAB37/134/12和T170/85，"内阁文件：本财年财政前景"（Cabinet paper on financial prospects of this financial year），J. M. 凯恩斯，1915年9月9日；T170/73，"通货膨胀的意义"（The meaning of inflation），J. M. 凯恩斯，1919年9月15日；亦见《约翰·梅纳德·凯恩斯的收集文学》（The Collected Writings of John Maynard Keynes），第十六卷，《1914—1919年活动：条约和凡尔赛》（Activities 1914-1919: The Treaty and Versaille），E. 约翰逊（E. Johnson），伦敦，1971年，117-128页；T171/116，"对肉类征税"（A tax on meat），J. M. 凯恩斯，1915年9月2日。注意其后章节凯恩斯在二战期间提出的建议。

[4] 公共档案办公室T170/88，"关于继续征税的建议"（Suggestions for further taxation）。哈姆斯沃恩（Harmsworth）上交的提议中包括了这一点，并由财政部的哈特利·威瑟斯（Hartley Withers）提交给劳合·乔治；它提出的将所有的税收提高一倍，并对每英镑的超额收益征收50%或75%的超额利润税。

力的机制都必然应用于"众人消费的商品,而不是少数人消费的奢侈品"①,并会很快产生严重的政治问题。对必需品征税,一种方法是"广泛而科学地征税",但这又会再次引燃自由贸易和关税改革之间的矛盾,而这一矛盾在战前政治中已经十分突出,并且让自由党人放弃自己坚持已久的信念是极其困难的。尽管麦肯纳在1915年实施了一些进口税,但是这些税只适用于一些特殊的商品,实施的目的也只是定量供应进口奢侈品,而不是将生产力转移至政府。事实上,麦肯纳(或许并非诚心诚意地)声称他实施这些税收仅仅是为了显示保护性政策的局限性,认识到关税既不能减少进口,也不能产生更多的财政收入,希望他们的失败"能作为一个教训,揭示在英国征收关税是不可能的"②。不过他的表态可能并不真诚,可能只是为自己明显违背自由贸易原则而找的合理化解释。麦肯纳的确需要为其做法找一个理由,但是他的做法却受制于极具争议性的贸易政策。财政部明白,消除"购买力过剩"只能通过实施广泛的进口商品从价税(ad valorem duty)或销售税来实现。但是,由于当时通胀严重,征收进口税可能导致劳资关系恶化,很难得到不同方面的一致肯定,实施这两种方式的可行性受到了质疑,因此两种措施都未被采用③。最终,直接税在财政体系中占了更大的比重(见表2.3和2.4)。

表2.3　　　　1913/1914~1929/1930 财年直接税与间接税占比(%)

财年	直接税	间接税
1913/1914	57.5	42.5
1919/1920	75.1	24.9
1924/1925	66.9	33.1
1929/1930	64.2	35.9

资料来源:PRO, T171/232, 235, and IR113/42.

---

① PRO, T171/117, 'Memorandum on the suggested increase of customs and excise taxa-tion', H. V. R., 28 Aug. 1915; T171/126, 'Memorandum on the possibility of increasing the revenue from customs and excise duties', Aug. 1915; T171/130, 'Taxation aimed at reducing expenditure: suggestions by the Board of Customs and Excise', Dec. 1915.
② 丘吉尔学院的档案,麦肯纳 MSS5/10,蒙德(Mond)致麦肯纳,1915年10月4日,f.7.。蒙德阐述并反对了麦克纳的观点,认为两种进口关税都会得罪自由贸易者,而且由于蒙德等人不支持麦肯纳的关税,他们的失败将不会对关税改革者产生什么影响。
③ PRO, T171/130, H. F., 14 Feb. 1916; T171/139, G. R. Hamilton to E. W. Hamilton, 9 Mar. 1917; LNG (Customs) to J. Bradbury, 12 Apr. 1917; Bradbury to Byrne, 7 Apr. 1917; 'Proposal to tax all retail purchases with certain exceptions', 12 Apr. 1917.

第二章 "英国应税能力的有限性"：1914~1918年战争财政

表2.4　1913/1914和1919/1920财年中央政府国库净征缴收入结构（%）

税种	1913/1914	1919/1920
所得税和附加税	29.0	35.9
超额利润税/军需税	—	28.9
遗产税	16.7	4.3
印花税	6.1	2.3
房屋税	1.2	0.2
土地税/土地价值税	0.9	0.1
关税	21.8	14.9
消费税	24.3	13.4
总计	100.0	100.0

资料来源：PP 1914 L, *Finance Accounts of the UK for 1913 - 14*, pp. 20 - 1; PP 1920 xxvii, *Finance Accounts of the UK for the year ended 31 March 1920*, pp. 16 - 17.

为了控制消费，将多余的所得转移至政府，还可以采用另一种间接税，即对低收入者征收直接税。战争时期通货膨胀严重，将所得税免征额从￡160降低至￡130会使更多下层中产阶级和工人阶级需要缴税，这可以使收入高于个税起征点的人数增长6倍以上，实际政府收入增长3.5倍。在1919/1920财年，有780万人的收入高于所得税起征点，其中349万人的收入处于新旧标准之间，而只有98万人真正有义务缴纳税收。很多低收入者都能得到不同种类的补贴，因此主要的税收负担由靠单份收入为生的家庭或单身者承担。即便如此，更多的人的收入达到了税收局的要求。纳税人支付的税率较以往也有所提高，从1913/1914财年的5.8%升至1918/1919财年至1921/1922财年之间的30%（见表2.5）①。

表2.5　1913/1914和1918/1919财年所得税补贴及税率

	1913/1914	1918/1919
税收起征点	￡160	￡130
标准税率	5.8%	30%

---

① PP 1921 xiv, 64*th Report of the Commissioners of Inland Revenue for the year ended 31 March 1921*, tables 67 and 68, pp. 550, 552; *Appendices to the Report of the Committee on National Debt and Taxation* (London, 1927), appendix xiv, 'Income tax and supertax structures (1919 - 20) relating to various classes', pp. 128 - 9; Short, 'Politics of personal taxation', pp. 93 - 147; B. O. Mallet and C. O. George, *British Budgets, Second Series, 1913/14 to 1920/1* (London, 1929), pp. 320 - 33, 395 - 401.

续表

	1913/1914	1918/1919
对劳动所得的税率下调	收入在£160~£2000，3.8%	收入在£130~£500，11.3%
	收入在£2000~£3000，5%；£3000超过按标准税率算	收入在£500~£1000，15%
		收入在£1000~£1500，18.8%
		收入在£1500~£2000，22.5%
		收入在£2000~£2500，26.3%
附加税	若超过£5000，对£3000以上的部分加征2.5%的附加税	超过£2000，阶梯式征收
		至£2500的部分，5%
		至£3000的部分，7.5%
		至£4000的部分，10%
		至£5000的部分，12.5%
		至£6000的部分，15%
		至£8000的部分，17.5%
		至£10000的部分，20%
		超过£10000的部分，22.5%
减税		收入在£130~£160，£120
	收入在£160~£400，£160	收入在£160~£400，£120
	收入在£400~£500，£150	收入在£400~£500，£100
	收入在£500~£600，£120	收入在£500~£600，£100
	收入在£600~£700，£70	收入在£600~£700，£70
儿童补贴	收入在£160~£500，每孩£10	收入在£130~£800，每孩£25
		收入在£800~£1000，给第二个及更多孩子每孩£25
妻子补贴	无	收入在£160~£800，£25
对不能独立生活的亲属的补贴	无	收入在£160~£800，£25

资料来源：PP 1921 xiv, 64th Report of the Commissioners of Inland Revenue for the year ended 31 March 1921, pp. 532 – 3, 540 – 1, 571.

扩大所得税征收范围，对更多低收入者征税，意味着所得税可能失去其广泛的合法性与群众认可。由于体力劳动者领取的周薪数额不稳定，向低收

第二章 "英国应税能力的有限性"：1914～1918年战争财政

入群体征税更加困难。显然，若采取按年征税的方式，工薪阶层将面临严峻的支付压力；而若采取分期征税的方式，困难则在于估测扣税额，年终再作出调整。从1842年开始，来自地方中产阶级的专员们是管理所得税的主要人群，这样政府更容易赢得商人、专业人士等纳税人的认可。但是这种方法也让当地的精英阶层得以评价彼此，维持认可度，还给予当地老板（或者他们的合伙人）在财政体系中凌驾于工人之上的力量。工会官员和雇主们会反对一切限薪的主张，因为他们认为这会威胁他们与劳动力之间的关系，并加大管理负担。解决方法是直接从工人那里收税，并且将工人代表纳入行政管理的队伍当中。但是，人们不遵守政策也成了一个问题，英国南威尔士的矿工不愿纳税就是一个代表性例子。1917年，南威尔士的矿工工会提出，由于当时社会处于通胀时期，为了减少对工人的需求，希望恢复先前的个税起征点£160。在总共71000名矿工中，大约有8000人拒绝填写纳税申报单，并且撤回了当地派出的收税员，这种现象在不止一个煤矿中发生。1919年，南威尔士矿工联合会（South Wales Miners' Federation）支持为税收问题而进行罢工。诚然，国内税收局和财政大臣可能会声称，用于儿童补贴的税收大多由有支付能力的单身人士支付。他们还需要向人民显示：所有的阶层都对国家的需求做出了贡献。事实上，战后这一问题基本上不复存在，这得益于有义务缴纳所得税的纳税人人数有所减少[①]。

工党称开支应当由经常收入（current income）来支付，但是同时工党支持格莱斯顿的传统财政观念，这导致了一些问题：应该征收什么样的税？工党认为不应当通过对工人阶级征税来消除过剩的消费力，而这一看法正好与凯恩斯的合理假设相矛盾，即对工人阶级征税正是消除过剩消费的方式。相反，工党认为应当将战时利得税提高至80%，管控工业，防止巨额私人利润出现[②]。

---

① PRO, T172/504, income tax: deputation from the Miners' Federation of Great Britain to the chancellor of the Exchequer, 29 Aug. 1917; T172/982, E. E. Nott - Bower and N. F. W. Fisher to chancellor, 20 Aug. 1917; G. R. Stenson, inspector of taxes, to chairman, Inland Revenue, 19 Aug. 1917; G. R. Stenson to deputy chairman, Inland Revenue, 7 Sept. 1917; income tax abatement: deputation from the South Wales Miners' Federation to the chancellor of the Exchequer, 20 Sept. 1917; G. R. Stenson to Verity, 3 Dec. 1919; T172/1000, deputation from the Triple Alliance to A. Chamberlain, 4 July 1919; PP 1920 xviii, *Report of the Royal Commission on the Income Tax*, pp. 211 - 13; Modern Record Centre, University of Warwick (MRC), TUC MSS 292/411/3, confer-ence at Treasury, 4 Dec. 1915; R. C. Whiting, 'Taxation and the working class, 1915 - 24', *Historical Journal*, 33 (1990), 895 - 916.

② J. C. Stamp, *Taxation during the War* (London, 1932), pp. 52 - 5, summarises Labour views in the Commons debate on the excess profits tax.

1916年，拉姆齐·麦克唐纳（Ramsay MacDonald）[①] 提出应当对巨额收入征收累进税、提高土地价值税、增加巨额财产的遗产税、征收累进式资本税，并将铁路、矿产、船舶、银行和保险收归国有[②]。同时，战时工人全国委员会和工会大会提出征收兵役税（conscription of wealth，对不服兵役者征收）或按年征收资本税，这也成了工党战后政策的基础。

这一政策起源于1915年，工会领袖本·蒂里特（Ben Tillett）[③] 是一战的坚定支持者，呼吁只让那些为国自愿上战场的人们白白为国捐躯是不公平的，还应当"让富人缴纳兵役税"。他表示："土地贵族都心甘情愿地让其后代和工业阶级并肩战斗，这种精神非常高贵。但是资产阶级却舒服地躲在家中，不必经受战火的威胁，他们远不如在战场上抵抗战火的人们优秀。[④]" 1916年实施的兵役税照应了蒂里特的说法，导致要求对"囤积的财富"征收兵役税以用于战争开支。这样的政策可以"防止巨额借贷，让后代不必为此缴纳利息，避免国家工业在国内和国际上丧失竞争力，阻止贸易萎缩，防止人们陷入贫穷。[⑤]"即使士兵们冒着九死一生活着归国，他们也不一定能找到工作，但是有钱人则坐拥自己的财富积累，是他人牺牲的既得利益者，这就是该政策的社会基础。如果让工人阶级缴纳更多税收，却反而以此维持食利者的闲置财富保有量，只会加重社会不公。一位工会代表告诉财政大臣："战争贷款

[①] 詹姆斯·拉姆齐·麦克唐纳（James Ramsay MacDonald, 1886—1937）出生于洛西茅斯，是一个农夫的私生子。长大后他担任小学教师，之后搬到布里斯托加入了社会民主联盟（Social Democratic Federation, SDF），后来去伦敦工作。1888~1891年间他是一位自由党候选人的私人秘书，并且继续参加社会民主联盟活动。1886年和1894年他分别加入费边社和独立工党（ILP）。他娶了一位著名科学家兼慈善家的女儿，这使他实现了财务独立，获得了与上层中产阶级的联系。1900年起他作为工人代表委员会（Labour Representation Committee）的秘书，1912~1924年担任该委员会财务主管。1906~1909年间他担任独立工党主席。1906~1918年间他担任下议院工党议员，1911年起在议会担任工党党首。他反对战争并辞去了党首职位。1918年他失去了议员席位。1922年他重返议会，1924年成为党首和首位工党首相，1929~1931年间再度担任首相。后来在组建全国政府时导致了工党的分裂。[*DNB*, *1931–40*, ed. L. G. Wickham Legg (London, 1949), pp. 562–70; Robbins (ed.), *Biographical Dictionary*, pp. 277–81.]

[②] *Report of the Annual Conference of the Labour Party 1916* (London, 1916), p. 135.

[③] 本·蒂里特（1860—1943）是1887年码头工人工会的创始人，直到该工会在1922年并入运输和普通工人工会（Transport and General Workers' Union）前他一直担任该工会的秘书。1889年他领导了伦敦码头工人罢工，1910年他与人合作共同创立了国家运输工人联合会（National Transport Workers' Federation）。1917~1924年和1929~1931年间他担任下议院工党议员。1921~1931年间他担任英国劳工联合会总理事会的成员。(*DNB*, *1941–50*, ed. Legg and Williams, pp. 884–6.)

[④] 'Mr Ben Tillett's warning', *Times*, 26 July 1915, cited in R. Harrison, 'The War Emergency Workers' National Committee, 1914–20', in A. Briggs and J. Saville (eds.), *Essays in Labour History*, *1886–1923* (London, 1971), p. 219.

[⑤] Harrison, 'War Emergency Workers' National Committee', p. 247; PRO, T172/639, copy of TUC resolution, Birmingham, Sept. 1916.

第二章 "英国应税能力的有限性"：1914~1918年战争财政

完美地减轻了资产阶级的外部负担，但丝毫不为压榨穷人而羞耻。它让资产阶级及其后代不必通过必要的努力就可以维持现存地位，这在将来的一百年内都会是这样。①"1919和1923年工党在竞选运动中的中心议题就是按年征收的资产税（capital levy）：若一次性对超过£1000或£5000（起征点正是需要讨论的问题）的个人资产征收累进式资产税，总共可以征得30亿英镑左右的税收，这样只需要再偿还1.50亿磅的债务，之后就可以降低税收，增加社会开支②。

这一提议产生的背景是战争时期人们痛恨战争获利者和通货膨胀，支持战前工党打击财富积累和社会创造财富的努力。这个提议的基础是19世纪初大卫·李嘉图（David Ricardo）对于土地问题而提出的租金（rent）的想法：例如，若地租上涨，一些农民去开垦贫瘠的不毛之地，给地主缴纳完租金后，他们的盈利也只是一般水平；一些农民若耕种更肥沃的土地可盈利更多，但是地主则会提高租金要求。这种正常收益与高收益间的不同就是经济学意义的租金，或李嘉图租金，而这种租金并不是农民或地主的劳动所得③。19世纪末，西德尼·韦伯（Sidney Webb）④ 拓展了租金的定义，使之包括了利息、薪酬、利润和土地，认为在这些领域租金理论同样适用，从这些租金中获得收益的就是食利者。通过计算最不熟练的工人的工资，可求得正常工资水平。在正常工资水平以上，持有小额的资本是允许的，但任何高于这一水平的就

---

① PRO, T172/167, deputation from the TUC Birmingham to the chancellor of the Exchequer, 9 Feb. 1917; *Labour Party: Report of the Nineteenth Annual Conference*, *1919* (London, 1919), pp. 146 – 9, 155.

② PRO, T172/167, deputation from the TUC Birmingham to the chancellor of the Exchequer, 9 Feb. 1917; *Labour Party Annual Conference*, *1919*, pp. 146 – 9, 155; *Report of the Twenty – Third Annual Conference of the Labour Party*, *1923* (London, 1923), pp. 177, 213 – 16; Labour Party Archive (LPA), JSM/FIN/23, G. D. H. Cole to A. Henderson, 28 May 1919; JSM/FIN/44, Labour Party Advisory Committee on Trade Policy and Finance.

③ D. Ricardo, *On the Principles of Political Economy and Taxation* (1817), ed. P. Sraffa (Cambridge, 1951).

④ 西德尼·詹姆斯·韦伯（Sidney James Webb, 1859—1947）出生于伦敦，其父是一名公共会计师，其母是一名理发师。他曾就读于伦敦大学伯克贝克学院和伦敦城市学院。1875~1878年他在金融城担任银行职员，1878~1891年担任公务员。1885年他取得律师资格，并加入费边社。1892~1910年他是伦敦市议会（London County Council）的议员。1892年他娶了一个富有的工业家的女儿玛莎·比阿特丽斯·波特（Martha Beatrice Potter, 1858—1943）。他们著有《工会主义的历史》（*History of Trade Unionism*, 1894），《工业民主》（*Industrial Democracy*, 1897）和英国地方政府的历史。1895年他们成立了伦敦政治经济学院，1909年起草了皇家委员会对穷人的法律的少数派报告，1915~1925年西德尼担任工党领导并且起草了《工党和新的社会秩序》（*Labour and the New Social Order*, 1918）。1920~1929年他担任下议院工党议员，后被封为上议院贵族。1924年他担任贸易委员会主席，1929~1931年他担任海外领地和殖民地的国务秘书。[*DNB*, *1941 – 50*, ed. Legg and Williams, pp. 935 – 40; Robbins (ed.), *Biographical Dictionary*, pp. 411 – 14.]

是租金。尽管部分工作者获得较高收入的部分原因是其个人能力,但是资本回报率的变化则是机会、机遇带来的,是一种未付出等量劳动的"不劳而获"。在资本主义社会,许多所得是不符合道德标准的,而且一些人还可以只消费商品和服务而不生产等量的商品或服务。一些技能处于稀缺地位也是社会的原因,例如律师收入较高是由于语法学校或大学中位置有限,限制了成绩差的学生数量[1]。韦伯对租金的定义是一种"评估每个人的财富和收入的检验方法","将人们的动机由公共服务变成了自我丰富……这让'靠坐拥财产而生存'成为和因奢靡而导致的贫穷一样令人羞耻的事情"。一方面,社会上存在一些可悲的寄生阶层,他们"虽然坐拥财富,但不从事工作,尸位素餐,生活荒淫,狂妄自大,对社会毫无贡献,破坏了社会的文化和道德水平"。"社会中的人在发挥自己的作用的同时,应当满怀致富的激情"这一不合道德的病态思想影响了过去三百年的西欧,而这些寄生阶层仍然执迷其中。另一方面,一些人确实为社会做出了贡献,食利者夺走的租金理应分配给这些人。从道德上说,政府应当收走非劳动所得和财富,将其充作国家的集体财产而非个人资产[2]。

19世纪,政治家关注如何实现税收体制的平等,这被社会理解成根据支付的能力而区别性征税。当然,对能力的定义并非一成不变,最开始政府认为所有人的税率应当相同,后来政府则认为收入越高的人缴纳的所得税应当更多。20世纪,工党又一次改变了公平的定义,提出了财富分配和收入分配的公平以及资本主义经济制度应遵守的道德。因此政府开始关注如何用公平理念和财政体系改变社会结构。工党面临的问题是,在多大程度上税收可以克服资本主义竞争的缺陷,以及能否重新构造整个经济社会结构。工党内部普遍认为政府应当收回非劳动所得或社会创造的财富,将其返还给社会,并且使报酬水平符合工作量。但工党内部则在改革在多大程度上适应私有制经

---

[1] S. Webb, 'The rate of interest and the laws of distribution', *Quarterly Journal of Economics* 2 (1887 – 8), 200, 208, and 'The rate of interest', *Quarterly Journal of Economics* 2 (1887 – 8), 472. See also Thompson, 'Hobson and the Fabians', 203 – 20. For the development of Fabian notions of Rent, see for example Fabian Society, *Capital and Land* (Fabian Tract 7, London, 1888); *English Progress Towards Social Democracy* (Fabian Tract 15, London, 1890); *The Unearned Increment* (Fabian Tract 30, London, 1891); *The Difficulties of Individualism* (Fabian Tract 69, London, 1896); *Socialism and Superior Brains* (Fabian Tract 146, London, 1909); and S. and B. Webb, *Problems of Modern Industry* (London, 1898), p. 472.

[2] D. M. Ricci, 'Fabian socialism: a theory of rent as exploitation', *Journal of British Studies* 9 (1969 – 70), 105 – 21; also W. Wolfe, *From Radicalism to Socialism: Men and Ideas in the Formation of Fabian Socialist Doctrine*, 1881 – 9 (New Haven, 1975); S. and B. Webb, *A Constitution for the Socialist Commonwealth of Great Britain* (London, 1920), pp. xii, 80, 350 – 1.

第二章 "英国应税能力的有限性": 1914～1918年战争财政

济上有不同意见：在自由市场内，是否应当用税收使分配更加公平；还是应该通过税收体系建立新的社会秩序，代替自由市场和资本主义？工党内部无法对这一问题给出清楚的回答，对此的讨论一直持续到20世纪末。

在1901年劳工代表委员会第一次年度会议上，所有候选人都要经历一个由独立工党动议的考验：让个人拥有资本不可避免地会导致垄断，"让个人控制资本对于公众的消费福利是一个灾难，这限制了社会和人们的政治自由，尤其会伤害工业自由和工人的经济状况"。独立工党提出的解决方法是，"需要使土地和资本的公有制成为英联邦这个工业社会的基础，在生产场所实行合作生产制度，替代当前的逐利式竞争性生产"，从而变个人垄断为生产资本公共控制制度。具有马克思主义性质的社会民主联盟（SDF）对此还增添了一个条件，即候选人应该承认"阶级战争是工人阶级政治行动的基础"[1]。1909年，一位接受了工党的价值理论的下议院独立工党议员提出"劳动者是一切财富的来源，集中在私人手中的财富都是靠克扣过去几代工人的工资而积累的，应该将这些财富积累转移至国家财政部"[2]。这种说法将工党描述成站在公众和财富的对立面的特殊利益集团，可能导致工党被边缘化。工党若想成功，就应当塑造自己反对奢靡和剥削的形象，将自己打造成国家利益的捍卫者。但正因如此，政党的政策充满了矛盾。

工党尝试在1906年年会中解释其税收政策：用于支付社会改革成本的税收应不再对"辛勤工作的阶级"征收，而应对"租金、利息等社会创造的财富"征收，这样才能将原本来自大众财富中一切非劳动所得重新返还给社会。独立工党的这一决定，而且还同样提倡更进一步提议，税收有利于将资本和土地变成公众所有。1909年当工党要求召开特别会议，更准确地解释税收政策时，出现了类似的矛盾。菲利普·斯诺登（Philip Snowden）[3]指出：

> 每个改革问题在根本上都关于财富分配的正当性和公平性。不管是

---

[1] *Report of the First Annual Conference of the Labour Representation Committee, 1901* (London, 1901), pp. 20 – 1.

[2] *The Labour Party: Ninth Annual Conference, 1909* (London, 1909), appendix ii, 'The incidence of taxation', report of conference, p. 109.

[3] 菲利普·斯诺登（1864—1937）出生于约克郡的西区，是一名纺织工的儿子。他成长的社会环境充满了激进的卫理工会徒，他们高度欣赏格莱斯顿和自由激进主义。斯诺登最开始担任小学教师和保险业务员，1886年他加入了消费税局。他被消费税局开除后，1903～1903年和1917～1920年他活跃在独立工党，并担任党主席。1906～1918年他担任布莱克本选区的下议院议员；他反对一战，提倡通过协商获得和平和征收一次性的资产税。1918年他失去了下议院的议席。1922年他重返国会，担任了头两届工党政府的财政大臣，后担任掌玺大臣。他一向致力于自由贸易。[*DNB, 1931 – 40*, ed. Legg, pp. 822 – 5; Robbins (ed.), *Biographical Dictionary*, pp. 378 – 82.]

社会改革的含义，还是社会主义者提出的社会主义，目的都是让财富生产者能得到他们创造的财富，并为自己生产财富的过程而感到愉悦。目前，财富生产者创造的一部分财富正被夺走，这是不公正的。我们应当实施社会改革，让财富生产者能得到那部分他们应得的财富，并为自己生产财富的过程而感到愉悦……欲实现这一目的，税收工具将是我们的得力手段。

"无所事事的富人"直接导致了社会贫困，以及不劳而获的寻租、利息和利润。这是否意味着应当打击所有私有财产和资本主义？拉姆齐·唐纳德非常在意这种担心，称工党的根本目的是"对寄生者收税，而非有所付出的人们"。在他看来，富人的存在本身不是问题，问题在于财富到底是通过劳动挣来的，还是通过别人的劳动获得的：

> 我们希望将那些不事生产的社会寄生虫和生产者、服务者区分开来，严格注意那些没有劳动却坐拥良多财产的人，尽可能将他们的财产分给那些付出了更多劳动但是所得较少的人们……工党的目的就在于尽最大努力缓解这种工业社会中的财政压力。

这种方法没有简单地区分工人和资本，而是区分了"靠他人的劳动度日"的寄生者和生产者，从而将劳动力的群体利益变成了更广泛的公众利益，与食利者相对立。然而，这种"联合生产者以对抗食利者"的说法号召性并不强。这是因为，生产者通常会保护财产，他们担心工党的说法只是为了摧毁私人所有制，因而更加拥护保守党。这样一来，工党反而疏离了生产者。可见，工党改革或摧毁资本主义的希冀和私有财产之间的紧张对立是无法解决的[①]。

一次性征收资产税则有可能实现工党1909年立下的决心，即"税收应当将非劳动所得的财产增量用于公众，因此应当对非劳动所得征税，防止私人继续拥有巨额资产"[②]。资本税的提出也是工党和独立的自由党人不同于先前的联合政府的原因。资本税不只是获得财政收入的方法，同时也站在情感和道德的角度，用来打击非劳动所得的财富和那些躲在舍命保家卫国的战士身后、在家享受安宁的牟取暴利者。正是因为拉姆齐·唐纳德等很多工党党员都反对战争，这种说法给了"工党没有爱国之情"的批评当头一棒，因此极

---

① *Labour Party Annual Conference*, 1909, appendix ii, 'The incidence of taxation', report of conference, pp. 104–8.
② P. Snowden, *Labour and National Finance* (London, 1920), p. 41.

第二章 "英国应税能力的有限性": 1914~1918 年战争财政

具吸引力。不过,工人的罢工、提高工资水平的要求破坏了战争形成的低工资水平,因此工党同时也面临着"自私地为工人争取利益"的指责。对这种指责的一种回应方式是,强调工人为了战争胜利而付出的牺牲也是爱国的表现,他们的道德水平显然高于其他自私的社会成员[①]。

因此,三种关于战争税的不同看法都互不相容。麦肯纳的"正常年"概念受到了批评。理由有两方面。佩什和凯恩斯认为税收应该把消费者的过剩消费力转移给政府,这意味着获得了额外购买力的工人阶级将要承担更高的税收。该方法可以控制通货膨胀和提供战争所需的资金,因此该方法具有经济价值,但在政治角度却说不通。工党则称应当使用税收来改造经济和社会架构,要对资本、盈利和巨额收入提高税收水平。最终,在一战期间,新实施的主要的税收只有一种:超额利润税。

超额利润税旨在为战争提供特殊开支,而不是偿还债务,因此在政府讨论"正常年"概念时并未对超额利润税加以讨论,而且还希望超额利润税在战争结束后能够消失。最初,财政部不愿意对超额利润征收税收,因为财政部固执地认为1914年以来一直实施的税收体系是公平的,平衡了所有阶层和利益群体的利益,因此对这一体系的任何改变都是对这一中立体制的扭曲。不同的人们,不论其收入水平或收入种类,都要缴纳所得税。财政部因此称对战争利润征税的唯一合理化解释就是,在战争中盈利的人都具有"承担税收的特别能力"。在讨论利润税的初期,财政部认为利润税不适合英国国情:制造过程和贸易过程产生的盈利是利润所有者通过劳动辛辛苦苦得来的。财务部为战争利润做了一个类比,说明战争利润盈利者并非具有"承担税收的特别能力":社会突然出现了对普通贸易的商品需求,形成了短期的类垄断形势,因此产生了巨额利润,直到利润水平由于市场正常运转而降低[②]。这一看法的基本假设是可以让市场分配资源——但这一方法在战争期间又严重站不住脚,因为战争期间不可能产生竞争,更不必提"依靠战争'大发横财'"在政治上还是一个敏感词汇。

出于政治和财政等原因,不久后超额利润税政策便重新启动。海军部出于战争需要,开始征用船只,这导致了贸易个体承担了更高的船运费用;而

[①] 关于劳工与爱国主义,见 P. 沃德(P. Ward),《红旗和米字旗: 1881—1924 年英国风格、爱国主义和英国左派》(*Red Flag and Union Jack: Englishness, Patriotism and the British Left, 1881 - 1924*),伍德布里奇,1998年,第7、8章;哈里森,《战时工人国家委员会》,217 - 224 页。

[②] PRO, T171/121, 'Memorandum on proposals for special taxation of incomes which show an increase during the war', 13 Apr. 1915.

为了安抚他们的情绪,若有的船主可以大量盈利,他们就具有了支付税款的"特殊能力"。类似的,由于政府未能成功控制面包价格,民怨、不满、愤怒、反战情绪和闹事的念头随即风起云涌,尤其是那些"利润是由工人创造的"的言论更加煽动了这些情绪。有人认为,"公司老板们因战争大发横财,还把这些钱都塞进了自己的腰包",防止这种看法导致劳资关系继续恶化是十分必要的。当时,如果一名医生可以要价高昂而他的同事却要服兵役,那么这位医生就和军火制造商一样都因战争而盈利。基于这种情况,最初的提议就是对一切有所增加的收入征收特殊的战时附加税。但是从政治角度看,这种方式并不合理,而且该税仅针对公司(包括私营公司)或个人的贸易活动。随着50%的超额利润税出台,无论是相比战争爆发前三年水平有所增长的利润,还是相对于战前水平增长6%的资本,都成为了这一超额利润税针对的目标①。

并非所有的人都相信超额利润税的公平性,正如财政部秘书对此的批评:"这种税很特殊,是一种对所得增长征收的高额税收"。他认为,军火企业在和平时期利润很少,只有战时才能获得高额回报,这些企业在和平时期做了先期投资,因此当国家陷入战乱、有军火需求时,它们才能扩大生产,对他们征收惩罚性税款非常不合理②。而且,征收超额利润税不光涉及获得了超额利润的公司,还涉及了不断发展自身贸易、利润不断提升的企业,对于后者,它们的利润增长非常合理③。但是这些疑虑并未受到理会。财政部解释道,由于市场和提高物价是政府用于配给稀缺物资的主要方式,所以征收超额利润税是自然而然的。正如布拉德伯里主张的那样:"只要商品的生产和销售仍主要由私企来进行,那么战争带来的巨额利润注定催生大量的贸易和工业。如果这些贸易和工业不归国家管理,那就只能通过征税来解决诸如此类的战争盈利。超额利润税与通胀和自由市场一道管控战时经济,同时也抑制了不当盈利导致的社会动荡"④。

---

① PRO, T171/121, 'Taxation of war profits', E. S. Montagu, 27 Apr. 1915; 'Taxing war profits', H. Withers, 16 June 1915; 'Proposed excess profits tax', [H. Withers, undated]; Acland to chancellor of the Exchequer, 29 Apr. 1915; 'Taxation of war profits: prelimi-nary memorandum', E. E. Nott – Bower and N. F. Warren Fisher to chancellor, 18 June 1915; CH to chancellor, 16 June 1915. The various complaints are covered in Stamp, *Taxation during the War*, pp. 39 – 42: the milling firm of Spillers and Bakers made a profit of £89,352 in 1913 and £367,868 in 1914, which was taken up by Philip Snowden.
② PRO, CAB37/128 no. 3, 'Proposed taxation of war profits', F. D. A., May 1915 (financial secretary), which is also at T171/121, F. D. Acland to chancellor of the Exchequer, 29 Apr. 1915.
③ PRO, T171/121, 'Memorandum on proposals for special taxation of incomes which show an increase during the war', 13 Apr. 1915.
④ PRO, T170/105, 'Profiteering', J. Bradbury, 12 Dec. 1916.

第二章 "英国应税能力的有限性"：1914～1918年战争财政

1916年初，麦肯纳在与征兵支持者的斗争中落败。"1916年年末英国会赢得战争"并未实现，导致了自由党首相阿斯奎斯倒台、麦肯纳辞职，劳合·乔治成立了新的联合政府。战争的性质也因此改变。因为英国面临的双重压力推高了战争的花费：一是兼有协约国金主和经济中心的地位；二是要组建一支能与欧洲大陆匹敌的军队①。财政政策或许理应立即改变，拒绝麦肯纳"正常年"的财政方案，大幅提高税收水平。但是，调整的空间也受限于新政策的其他特点。当时维持国内对战争的支持是至关重要的，同样重要的还有保持国家经济的"持久力"②，这意味着政府不得不展示积极姿态，控制牟取暴利的行为，保护工人家庭免受高税收的困扰。政治上对税收系统的限制与政府的财政需求之间产生了矛盾。由于需要维持公众的支持，政府需要提高税收体系的累进程度；但就提高来自工人阶级的税收收入或者移除集中在工人阶级的过剩购买力而言，保护工人阶级利益的目的决定了这一政策将无法实施。结果就是，在急剧变化的情形之中，政府继续执行了"正常年"的政策③。

战争结束后的情况亦需要全面考虑。当时的税收已经高居拿破仑战争以来的最高水平，甚至高过1914年一战爆发时的水平。不仅税收水平上升，直接税收与间接税收的比例也在变化。1913/1914财年，所得税和附加税占到税收总收入的27%，而在1925/1926财年，这一比例达到了43%④。战争爆发前，许多评论家已经感到了直接税收上升的趋势——收入税、附加税和遗产税已经达到了上限。事实上，自由贸易导致了政治困难和工人阶级消费能力萎靡，使直接税的上升趋势更加明显。与此同时，和高税收一样突出的问题是巨额的债务。政府放弃了克里米亚战争时期制定的、并在布尔战争中继续实行的战时财政政策，严重依赖贷款。而且，早在1917年长期借贷时就开始向流动债券转变，而流动债务必须在战争结束后立即偿还，除非政府能够再次借款或者将短期贷款转变为长期贷款。这笔流动债务对战后财政稳定十分危险，有可能造成金融市场瓦解或者信用崩溃。1914年3月31日，未偿还的内债数额为6.948亿英镑；截至1919年3月31日，该数据达到61.421亿英

---

① French, *British Strategy*, pp. 244 – 9; French, *Strategy of the Lloyd George Coalition*, pp. 3 – 5.
② French, *Strategy of the Lloyd George Coalition*, pp. 6 – 7.
③ French, *Strategy of the Lloyd George Coalition*, p. 208, on Mond's opposition to 100 per cent EPD which would remove capital needed for postwar reconstruction; Bonar Law sided with him and kept EPD at 80 per cent. See PRO, CAB24/34/GT2851; CAB23/4/WC305; CAB24/38/GT3253; T171/147, 150, 151, 154; CAB23/16/WC359A.
④ 摩根，《研究》(*Studies*), 98 – 99页；摩根提供的数据与本书表2.4中的不同。

镑，其中包含了14.12亿英镑的流动债券。利息支付占政府收入的比例从战争结束后的1/4上升到了1924/1925财年的40%之多[①]（见图2.1）。债务和向食利者的转移支付造成的政治困境从1915年之后就困扰着英国，也困扰着1918年后的其他欧洲国家。那么英国政治家是如何应对的呢？

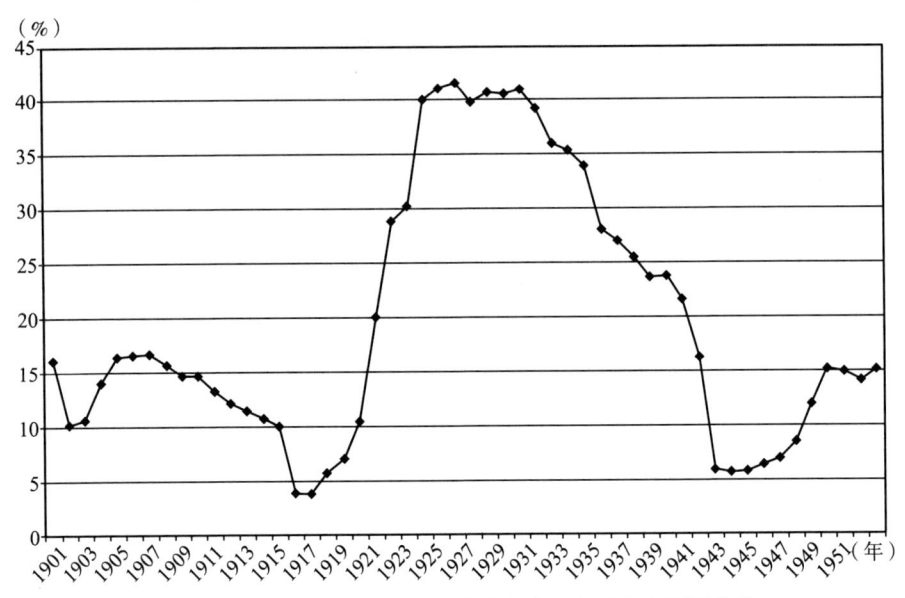

图2.1　1900～1951年中央政府债务费用占总支出的百分比

资料来源：B. R. Mitchell and P. Deane, *Abstract of British Historical Statistics* (Cambridge, 1962), pp. 398-9.

"正常年"的前提假设是：战后经常性支出会回到战前水平。很快，来自人民的广泛压力以及战后的紧张形势将会检验这一假设是否站得住脚。战后政策的核心议题是：可以将税收水平降低多少？偿债的优先级如何？对于企业大量征税是否阻碍经济恢复、影响社会成员福利水平？国家债务会不会阻碍经济重建，成为穷人和生产者的负担，并使食利者获利？是不是应该再次调整直接税与间接税的比例？上述关于分配公平的议题在战争结束后正是决策者面对的棘手问题。

[①] Morgan, *Studies*, pp. 115, 117.

第三章 "可怕的战后痼疾"：1918～1925年债务和税赋

……债务和税赋如同一条浸水的巨毯，贯穿于新企业创造新财富的整个过程中。
——Winston Churchill to Otto Niemeyer, 20 May 1927, in M. Gilbert, *Winston S. Churchill*, Volume V, Companion Part I, Documents：The Exchequer Years, 1922 – 29 (London, 1980), p. 997

……财政的核心任务之一是消除战争债负，推倒这一由资本主义金融和财政手段打造的可怕的战争痼疾。
——Hugh Dalton, *Labour Party*：Report of the 27th Annual Conference, 1927 (London, 1927), p. 246

债务和税赋是战后政治的核心，对财政结构造成了极大的压力。第一次世界大战之后，最紧要的政治问题之一与拿破仑战争后的状况类似，是如何在依靠纳税人和保证英国合法性的前提下支付军费并清偿巨额债务（见表3.1）。拿破仑战争后，纳税人不再拥护国家，英国政府合法性岌岌可危。维多利亚时代中期这一问题得到了解决，到了19世纪晚期，政府依靠发行代表英国财政信用的国债，保证了英国的自由，在短期内筹集了大量财富，使英国免于危机。[①] 然而在一战结束前夕，国债则代表了挥霍，给生产力铐上了枷锁，无所事事者却从中获利，巨额债务险些让19世纪早期的恐慌死灰复燃。1918年后，政治辩论中常常出现"打击食利者"的说法，称食利者像寄生虫一样抽取着企业资源，占用了政府本应发给贫困群体的福利。这一辩论在1918年第四次改革法案后应运而生，对提升社会的政治忠诚度十分重要，反映了工党蒸蒸日上，自由党日渐式微，党派体系重新组合的现象。

[①] Daunton, *Trusting Leviathan*, pp. 119 – 123.

表3.1　　　1913/1914~1930/1931 财年债务占政府总收入的百分比（%）

财年	占比	财年	占比
1913/1914	9.7	1921/1922	28.7
1917/1918	26.9	1924/1925	39.1
1919/1920	24.8	1930/1931	34.2

资料来源：B. R. Mitchell and P. Deane, *Abstract of British Historical Statistics* (Cambridge, 1962), pp. 394 – 5, 398 – 9.

在大部分战后讨论中，时常见到对积极的生产者和消极的食利者，冒险者和寄生者的对比。人们不断讨论这些字眼的准确含义，由此形成了战后十年内英国政治的最大断层。政客们不仅制定政策满足固有利益群体的需求以笼络人心（他们的利益是由各种组织代表的），而且还试图用一种备受争议的途径对利益群体下定义。争议主要体现在如何界定"生产"与"有用的企业"。工党称，这一方法能为工人、中产工薪阶层和工业家创造共同利益，联合积极的劳动力、资金、体力和脑力劳动者来对抗不事生产、从不冒险的食利者。这本身也许并非像保守主义、自由主义那样是一种纲领，而是站在党派立场上，对具体的个人利益的关注。因此工党需要证明劳动力的利益就是大众的利益。[1] 保守党则认为，一切资本和不动产都是中产工薪阶层的共同利益。中产工薪阶层自力更生，受人尊敬，但战火却夺走了他们原本优渥的生活水平和既得利益。他们与工人阶级组织相对，后者主张高薪和高福利，并且正逐渐摧毁中产阶级。在各党的观点中，群体承担的税负可以明确两党支持者的身份，并就"真正"利益提出直接具体的问题。

了解历史的工党成员都不希望拿破仑战争后的偿债历史再次上演。F. W.

---

[1] 关于对此问题的解释，见 J. 汤姆普森，"1870–1914 年英国舆论观点"（The idea of "public opinion" in Britain, 1870–1914），剑桥大学博士论文集，1999 年。关于保守党称"只代表党派利益的工党却自称代表国家或公众利益"，见 R. 麦基宾编著，"阶级和传统智慧：英国保守党和两战间期公众"（Class and conventional wisdom: the Conservative party and the "public" in interwar Britain），选自其《阶级意识形态：1880—1950 年英国社会关系》（*Ideologies of Class: Social Relations in Britain, 1880 – 1950*），牛津，1990 年，259–283 页。更多请见 P. 威廉姆逊（P. Williamson），《斯坦利·鲍德温：保守党统治和国家价值观》（*Stanley Baldwin: Conservative Leadership and National Values*），剑桥，1999 年。亦见 D. 贾维斯，"20 世纪 20 年代英国保守主义和阶级政治"（British Conservatism and class politics in the 1920s），选自《英国历史评论》，第 111 期，1996 年，59、82 页。

第三章 "可怕的战后痛疾": 1918~1925年债务和税赋

派斯克-劳伦斯（F. W. Pethick-Lawrence）[1]认为，偿付利息耗尽了英国的生产力，并认为大卫·李嘉图的观点可以防止英国重蹈覆辙：征收一次性的资本税，偿清债务，使企业和厂商无需向消极的食利者支付巨额税赋[2]。不过，拿破仑战争中的英国财政仍有其他可取之处，即财政大臣要谨慎明智地管理国家财政，坚持使用偿债基金、平衡预算、赎债来减轻国家债负。这一方法是维多利亚时代英国政治风气的核心，保证了国家信用，代表了英国的国家特性和自由，为危急时期提供了战争资金。虽然更为传统且精明的解决方式是保持税收处于高水平，逐步降低负债水平，保持财政体系的稳定。不过，人们常常认为这一政策虽然维护了财政利益，但却牺牲了企业和工人阶级的利益，会造成社会紧张、政治动乱和经济衰退。这说明，至少在战后硝烟仍然弥漫之际，仍然可以选择不够传统的财政手段，放弃偿债基金和平衡预算，推行减税政策，刺激经济复苏，重塑英国国际贸易地位，巩固税收基础。

辩论还涉及进一步收紧战后经济政策，即回归金本位，保证国际经济稳定。这一政策通过降低物价和工资来恢复战前汇率，通过固定政府贷款利率和降低物价，切实为政府证券持有者提高收益，但这也会提高偿债成本。虽然1925年温斯顿·丘吉尔同意恢复预算中的金本位，但是他仍然嗅到了货币贬值政策将要带来的危机。他明白，降低工资水平会导致"劳务纠纷加剧"：食利者地位上升，而行业利润缩水。这是否是政治或者经济复苏的理想结果？丘吉尔担心，未来十年的政治手段会使先前良政的成果灰飞烟灭，并使创造新财富的力量与以债券所有者为代表的老牌富人陷入激烈的竞争。丘吉尔最关心的问题是，英国处境相较德国更加不利，因为在德国，政府债务因1923年的恶性通胀而大为缩水，国家拒绝偿还国债，进而扫除了食利者。通胀使政府和企业偿债成本降低，不必因支付给食利者和银行家债券利息而头疼[3]。

---

[1] 腓特烈·威廉姆·派斯克-劳伦斯（Frederick William Pethick-Lawrence，1871—1961）曾就读于伊顿公学和伦敦大学三一学院（1897~1903）。1899年他获得律师资格后，在伦敦东区从事社会工作。1900年他继承家产。1901他年成为自由工会候选人并成婚。他将妻子的姓氏"派斯克"冠于自己的姓氏前。夫妻二人都主张赋予妇女选举权。他支持工党，一战期间他坚定地反对战争，并于1917年凭借"谈判，寻和平"的主张成为候选人。1923~1931年他成为下议院工党议员，其中1929~1931年担任财政大臣。1935年他重新成为下议院议员。1945年他荣升上议院勋爵，并于1945~1947年担任印度国务大臣。（*DNB*, *1961-70*, ed. Williams and Nicholls, pp. 835-7.）

[2] F. W. 派斯克-劳伦斯（F. W. Pethick-Lawrence），《国债》（*The National Debt*），伦敦，1924年，46页。关于李嘉图，见R. O. 罗伯茨（R. O. Roberts），"李嘉图公共债务理论"（Ricardo's theory of public debts'），《经济学刊》（*Economica*），出版商不详，第9期，1942年，257-266页；罗伯茨强调，李嘉图认为在政治上该建议并不可行。

[3] Gilbert, *Churchill*, V, *Companion I*, pp. 996-9, W. S. Churchill to O. Niemeyer, 20 May 1927.

英国工业联合会也担心德国工业家们在偿债时采取避税手段,以低利率(甚至是负利率)投资抢占国外市场。因此,英国虽然赢了一战,却在贸易上栽了跟头①。当时的前景使丘吉尔陷入了绝望:

> 大英帝国,里里外外,债负日益沉重,税收难以承受,贸易愈加恶劣,失业人数攀高,国内怨声载道。与此对比,德国没有内债,战争赔款下降,税收负担较轻,贸易日益扩大,国家重新富强,人民生活和乐。英国虽然打赢了一战,还维持了财政传统性,但却陷入了窘迫;德国虽然在战争中惨败,还可耻地拒偿债,却因此欣欣向荣。二者反差巨大,十分罕见。这一反差很容易导致民主派选民产生不切实际的想法②。

丘吉尔担心,本来致力于打击闲置财富的努力,由于债负沦为社会主义者的工具,变成对资本主义及其勾当的全面打击。

丘吉尔有充分的理由强调国家债务,进而制造政治紧张气氛,使工党面临选票难。但他将英德两国进行对比是否正确,目前尚不明晰。尽管一些历史学家也像丘吉尔那样认为德国的恶性通胀有利于减轻债负和削减战争赔款,但这无疑打乱了德国的政治情势,削弱了人们对财政体系的信任,使德国在面对经济萧条压力之时不再游刃有余。凯恩斯指出,货币贬值减少了社会的积极分子上交的财富,减轻了国家债负。这意味着德国的债务几近清零,法国的债务减少了七成多,意大利的债务更是减少了3/4。然而这一结果代价高昂,扰乱了国家社会和经济秩序,储蓄额较低的人们被迫背负了不公正的债负,资本家和工业家却免于一劫。凯恩斯认为,一次性资产税应更好地分散债负,但这也会带来政治问题:工业家情愿货币贬值,因为货币贬值完全不影响他们,但这会使低储蓄者产生恐慌情绪。结果是,国家宁愿货币贬值带来不公和灾难,也不愿考虑科学征税③。恶性通胀虽然减轻了债负,消灭了食利阶层,但也同时耗尽了储蓄银行(savings banks)和自愿结合的团体(voluntary associations)的财富,沉重打击了中产阶级。尼尔·弗格森认为,储蓄

---

① PRO, T172/5-7, excess profits duty: deputation from Central Council of Controlled Firms and Federation of British Industries to the chancellor of the Exchequer, 18 June 1917; T172/903, 'Federation of British Industries: peace aims', 12 Dec. 1918 and 30 Jan. 1919; T172/1193, deputation to Sir Robert Horne, chancellor of the Exchequer, from the FBI and Association of British Chambers of Commerce, 21 Apr. 1921. See R. P. T. Davenport - Hines, *Dudley Docker: The Life and Times of a Trade Warrior* (Cambridge, 1984), especially chapter 7.
② Gilbert, *Churchill*, V, *Companion I*, pp. 997-9.
③ J. M. Keynes, *A Tract on Monetary Reform* (London, 1923), in *Collected Writings of John Maynard Keynes*, vol. iv (London, 1971), p. 58 and chapter 2.

第三章 "可怕的战后痛疾":1918~1925年债务和税赋

者省吃俭用,却惨遭恶性通胀洗劫,养肥了靠借贷而生的人;私有财产受到侵犯,资产价值面临着彻底洗牌;债务人用贬值的货币偿还债务,败坏了法律合约;小企业、专业人士和公务员的利益受损,削弱了文明社会的组成机构;大企业主身败名裂,有产者的保守主义联盟很难出现(在英国同样如此);最重要的是,恶性通胀在清偿国家债务的同时,必然吞噬私人储蓄。人们进而认为这不利于德国的政治权威。个中原因不言自清,"一个无法阻止货币崩溃的国家……一定会丧失权威,不配继续存在。[1]"

不过,从另一个角度看,英国既打赢了战争,也获得了财政稳定,这是因为英国政治家和官员可以为了赢得长久稳定而做出艰难抉择。战后政治的中心议题包括防止国家关系交恶,保障英国政府的合法性;就税赋达成一致意见;维持财政体系稳定。英国财政系统更加稳健,国家仍然拥有合法性,这与德国的情况完全不同。弗格森说过,对公共支出,尤其是社会福利、国防建设的政治需求与对税赋的政治包容之间的差异,是长期困扰德国的一大问题。一战前,德意志帝国通过对工人阶级征收间接消费税为军国主义提供了经济基础,但财政资源却无法满足帝国应尽的政治义务,败坏了德国的财政,而且这些问题还在一战后继续恶化。导致德国政府无法控制支出的原因,不是战争赔款,而是因国内超支导致的财政赤字和债台高筑。"税务道德"土崩瓦解,金融市场无力吸收政府债券[2]。相反,即便局势严峻,英国也仍然保障了其财政体系及其合法性。虽然英国战后缩减了重建计划和支出的规模以平衡预算,但是战后财政政策并非旨在节省开支。与德国不同,英国控制了开支,将税率维持到较1914年更高的水平,增加了社会政策方面的开支,避免败坏税收道德,消除税收的紧张对立,恢复英国政局的稳定。丘吉尔在财政部任职时推行的政策在一定程度上减轻了税赋矛盾,财税体系收入的增加也为大萧条时期政局及社会的稳定打下了基础,打消了丘吉尔的恐惧。丘吉

---

[1] 弗格森,《纸张和钢铁》(*Paper and Iron*),18、365、418-419、419-433页。他转而支持C. 布列夏尼-图罗尼(C. Bresciani-Turroni)对恶性通胀的批判,其观点见《通货膨胀的经济原理:战后德国货币贬值研究》(*The Economics of Inflation: A Study of Currency Depreciation in Post-War German*),M. E. 赛尔斯(M. E. Sayers)译本,1937年,伦敦。这一观点与 K. 劳尔森(K. Laursen)和 J. 皮德尔森(J. Pedersen)在《1918—1923年德国的恶性通胀》(*The German Inflation, 1918-23*)(阿姆斯特丹,1964年)的观点相左。关于财政稳定,见H. 詹姆斯(H. James),"1931年德国银行业危机起源"(The causes of the German banking crisis of 1931),选自《经济历史评论》,第二册,系列三十七,1984年,68-87页;及《德国大萧条:1924—1936年政治与经济》(*The German Slump: Politics and Economics, 1924-36*),牛津,1986年。

[2] 弗格森,《纸张和钢铁》,25、91-92、274、277、278-280、319、369、446、451页。有关战后意大利状况,见D. J. 福尔西斯(D. J. Forsyth),《自由派掌控下意大利的危机:1914—1922年意大利财政政策》(*The Crisis of Liberal Italy: Monetary and Financial Policy, 1914-1922*),剑桥,1993年。

55

尔的成就在于他依靠战后的财政稳定打造了一批保守派有产者[1]。虽然单凭财政稳定不能恢复社会稳定和政府合法性,但它却是实现社会稳定和政府合法性的重要一步。财政体系是国家政策的资金来源,对国家与公民的关系至关重要。实现社会稳定和政府合法性,必须为财政体系松绑。

一次性征收的资产税和工党

工党为解决战争开支和战后债务提出一次性征收的资产税,这是工党在1919年和1923年大选中提出的中心措施。这种资本税的好处是应用方式多,可以用于对抗资本主义和接受社会主义。按照该方式,国家不需要将上缴的资产售出,而是通过持有资产或者将其投入企业或者当地政府,以逐步将财产私有制改造成社会公有制。但是,起初工党主要争取不受该方式影响的新自由派。一战之前,工党在自由主义兴盛的领域几乎毫无建树,强有力的积极联盟也限制了工党的规模。然而,于爱德华七世年间成立的自由党联合政府最终于1916年瓦解,新自由主义的力量被削弱,工党因此有机会斧正自由派的激进政策。在战乱剥夺了人们自由的情况下,工党提出自己应当承担自由党未竟的使命——"保护自由"。征收一次性资产税可被看作是对新自由主义的"道德改革",反映了生活自给自足、道德水平可靠的公民们"扫除社会经济痼疾"的愿望。征收一次性资产税会导致所得税降低,食利者和闲置资金所有人会面临更沉重的负担,但却可能获得老牌激进联合政府中自由派的支持。工党成功将本党打造成了现代自由主义政党,基于温和的道德改革,与爱德华七世年间激进派对不劳而获的痛恨和格莱斯顿支持者对偿债道德的强调均不矛盾,因此工党战后的发展远超战前[2]。改革团结了温和派和激进派,使工党在与其他党派的竞争中占了上风。为争取更多选票,工党要做的不只是改革。一旦区分资方和劳工方,工党就难免被指责持有"派系主义"和"支持特殊利益"。工党在征收一次性资产税时仍称劳动力的利益是大众的

---

[1] 有关更多20世纪20年代保守派对阶级政治的观点,见贾维斯,"英国保守主义"(British Conservatism)一文。他指出,保守党不再畏惧庞大的工人阶级,他们对政治有了更加多元的理解,这吸引了工人阶级中的特定群体,包括家庭主妇、低储蓄者和受外国进口影响的工会成员。

[2] 关于道德改革,见P. F. 克拉克(P. F. Clarke),《自由派和社会民主派》(*Liberals and Social Democrats*),剑桥,1978年,5、15页。他认为道德改革旨在扫除因社会环境而导致的个人性格和责任方面的缺陷;亦见D. 坦纳(D. Tanner),《1900—1918年政治风云与工党》(*Political Change and the Labour Party, 1900–18*),剑桥,1990年,317–318、347–348、365–372、381–383、415–417、426–430、441–442页。

第三章 "可怕的战后痼疾"：1918～1925年债务和税赋

利益，因此工党既代表了生产资金，也代表了反对食利者剥削的劳动力，为普罗大众发声，反对私自囤利。这其中包括了对不动产属性的争论。

一战前，各党在土地问题上存在分歧。自由党将财产分成两类，第一类是能产生财富、具有投资价值的工业财产、商业财产和金融财产，第二类则是与第一类财产相对立的不动产。自由党的做法可以吸引反对地产主贵族作派的城市房主及其租户，联合了城市利益群体，还吸引了心怀不满的苏格兰、威尔士和爱尔兰农民。在这一点上，矿工和矿主的利益都同样反对坐收渔利的地产主。高昂的厂房地价打击了工人和企业主赖以为生的工业，因此防止租金上涨能够使贸易繁荣自由，缓解贫困、失业等社会问题，征缴税收以提供社会福利。这一策略既能制衡工党，又可以替代之前的税收改革。保守党则称，因为土地所有者为矿主和房主提供了采矿权利和建筑用地，所以打击土地就是打击一切不动产，他们应当同心协力，以免遭受针对私有制的极端攻击。关税带来的收入会使国内市场会更加繁荣，对于工业家、农学家和工人来说均是如此。然而，尚不清楚自由党和保守党能否获得既得利益派的拥护，只能通过这种形成不同身份认知的尝试而试着打造利益群体[1]。

战后工党抨击国家债务，试图一步步打造一套全新的社会身份认知。他们说，征收债务利息就是把人的血汗钱转手交给不事生产的食利者，并会为了向个人提供服务和奢侈品，而对有价值的劳动进行不合理的分配，挪用了来自财富生产、高产企业融资和有价值贸易的财富，阻碍了战后复苏的进程。征税则有利于偿还债务，为新兴、有活力的企业生产降低税赋，刺激工业发展，让经济焕发活力，更具优势，在世界贸易中更具竞争力[2]。因此资本税是生产的手段之一，它有利于商品和服务，而非商品利润或财富。只有依靠生产才能恢复那些被战火吞噬的物质财富，增加国内的可用商品和服务供应，使之与人类文明时代相契合[3]。这一做法会将工业和中产阶级从供养食利者的高额税赋中解脱出来，团结工人阶级、商店店主、拥有专业技能的中产工薪

---

[1] 关土地的观点交锋，见奥弗尔（Offer），《房产和政治》（*Property and Politic*）。关于土地改革是阻碍繁荣，是资产阶级对私人市场的干预这一观点保守党如何回应，见 M. 弗德（M. Fforde），《1886—1914 年的保守主义和集体主义》（*Conservatism and Collectivism*, 1886 - 1914），爱丁堡，1990年，104、133 - 158 页。关于关税改革，见格林"激进派保守主义"（Radical conservatism）一文以及《保守主义争端：1880—1914 年间英国保守党的政治、经济和意识形态》（*The Crisis of Conservatism: The Politics, Economics and Ideology of the British Conservative Party, 1880 -1914*），伦敦，1995 年。

[2] Pethick - Lawrence, *National Debt*, p. 61；Short, 'Politics of personal taxation', pp. 63 - 4, 38, 89 - 90；Snowden, *Labour and National Finance*, p. 55.

[3] S. Webb, *National Finance and a Levy on Capital: What the Labour Party Intends* (Fabian Tract 188, London, 1919), pp. 2 - 3.

阶层和收入不高的商人①。工党认为，靠财富积累而不劳而获的人倾向于高所得税，因为这样税赋会分摊到其他人群身上；相反，征收一次性资产税，降低所得税则有利于提升工薪和商业利润。因此，一次性资产税促进阶级合作，含辛茹苦赚钱养家的中产阶级和"智力发育不全者、婴孩的母亲、儿童、贫民窟居民、血汗行业工人等一切工薪阶层"间的合作即是一例②。

　　起初，该政策得到了主要经济学家的支持，他们认为"仅靠征收一种税来减少巨额负债而免于在将来支付债息，或者慢慢偿债却不得不在多年内面临高利息，哪一个更符合国家利益"是一个实际问题。正如庇古所说，选择资本税并不是选择"红色革命"（red revolution）③。一战爆发后，财政部、国内税收局和财政大臣都十分关心税收问题。但是，由于不可能进行财富普查，放宽资产限制以征税亦会带来诸多严重后果，进而扰乱资本市场，把战争贷款挪作他用，因此财政部、国内税收局和财政大臣都不敢罔顾富人的反对情绪向富人征税。一些支持征税的人提出的解决方式则是让政府获得股份和债券，但该做法并不能带来直接的购买力，无法获得作战资料。财政部认为，募集自由公债（voluntary loan）几乎不会导致混乱，不会损害公信力，能更有效地筹钱④。

　　从实用主义的角度看，反对战时征税完全是可以理解的。同时，如果希望公众继续支持战争，政府就必定征收战后税收。1917年，财政大臣向英国工会代表大会作出保证，只要社会上的富裕阶层还能缴税，就绝不会让工薪阶层替国家偿债。这意味着，这一在战时转变而成的激进税赋体系依然会维持。不论是保守党、自由党还是社会主义者组建政府，富人纳税的比例相较拿破仑战争后一定会升高。布拉德伯里（Bradbury）说，绝不允许本应由食利者缴纳的税

---

① F. W. Pethick-Lawrence, *A Levy on Capital* (London, 1918), p. 77.
② Pethick-Lawrence, *Levy on Capital*, p. 77; *Labour Party Annual Conference*, 1923, pp. 177, 213-16.
③ A. C. 庇古，《一次性资产税和战争财富税》(*A Capital Levy and a Levy on War Wealth*), 12、32、43页，及"减少战争债务的一种特殊税收"(*A special levy to discharge war debt*), 刊于《经济期刊》，第28期，1918年，143、156页。亦见《约翰·梅纳德·凯恩斯作品集》(*The Collected Writings of John Maynard Keynes*) 第十七卷，《1920-1922年条约重订及重建工作》(*Activities, 1920-22: Treaty Revision and Reconstruction*), E. 约翰逊 (E. Johnson) 编著，伦敦，1977年，271页。他认为新兴企业和公司是积极的社会成员、工人阶级和商人收益的来源，1921年的一次性资产税会从将一部分新兴企业和公司的税赋转移到不劳而获的既得利益者身上。亦见公共档案办公室 T170/125，布拉德伯里，1918年2月21日。
④ PRO, T171/167, E. E. Nott-Bower and N. F. Warren Fisher to chancellor, 9 Feb. 1917; Nott-Bower and Fisher to chancellor, 6 Nov. 1917; 'Memorandum', O. Niemeyer, 10 Nov. 1917; 'Conscription of wealth', J. Bradbury, 12 Nov. 1917.

第三章 "可怕的战后痛疾":1918～1925年债务和税赋

赋转移到间接税上,以使大众放心①。布拉德伯里对政治形势的评估反映了其对于战后形势的建议,转而实行先前较温和的税赋机制也变得不大可能。

诚然,财政部最初倾向于战后一次性征税。在布拉德伯里看来,这和与富裕阶层相对的工人阶级无关。对于房产主来说,该问题事关选择一次性缴纳高额税赋还是长期缴纳所得税②。财政部采取了工党的意见,对战后的财富征收税赋,刺激生产,减轻创办企业的压力,友好对待个人劳动所得和新型储蓄投资。最重要的是,尽快偿清债务的目标不会改变:

> 食利者会遭人嫉妒,备受打击;对于拥有其他资金的人,一旦有公众认为他们挪用了资产而满足食利者的目的,他们就绝不可能从中全身而退。富人要承担大部分的国家债务,一开始缴税可能类似于调整记账方式,但这种税将一直导致不安和误会。如果这种税收最终取消,富人会获得长期的政治优势③。

但是,财政部很快发现,选择一次性征收资产税还是个人所得税确实与工人阶级密切相关;对于有产者,这一选择也具有高度的实际意义。但是至少,这一选择能调整固定资金和流动资金比例,也是走向社会主义的一步,而非保护私有财产免于侵犯。人们的收入不足以一次性支付过高的税赋,因此需要售卖资产。乐观派认为资源应当不受阻碍地流动,让人们售卖不动产以偿付债务,让持有政府股票的人获得收益并购买不动产。实际派认为,鉴于投资滞后性和投资人不同偏好可能导致的严重后果,不动产突然变现会打乱资本市场和信贷④。因此,一种显而易见的解决方案是:国家依靠纳税人上缴的土地或股份,参股一部分国有公共服务,日后亦可通过赎买将股份全部收归国有;抑或将其出售,使之成为完全的私人财产⑤。当时,集体主义者坚

---

① PRO, T171/167, deputation from the TUC etc., 14 Nov. 1917; 'Conscription of wealth', J. Bradbury, 12 Nov. 1917.

② PRO, T171/167, deputation from TUC Birmingham to chancellor, 15 Feb. 1917.

③ 公共档案办公室 T171/167, 未签署及未更新的备忘录:"财富税"(Conscription of wealth); T171/167, J. 布拉德伯里,"财富税"(Conscription of wealth), 1917年11月12日;亦见 IR63/47, J. C. 斯坦普,"房产税对资本的经济影响"(The economic effect of estate duties upon capital), 1914年6月25日。该文章顾及了房产税对财富积累的影响,认为无法说明房产税对潜在固定资金的降低程度大于对所得税的降低。不过,在长远看来,房产税可能是有好处的,因为房产税可以避免财富的过度积累,通过增加消费稳定生产。当然这种好处十分有限。

④ Pigou, A Capital Levy, pp. 46 - 7, and 'A special levy', 149 - 50; see also S. Arnold, 'A capital levy: the problems of realisation and valuation', Economic Journal 28 (1918), 157 - 66.

⑤ Pethick - Lawrence, A Levy on Capital, p. 73; Harrison, 'War Emergency Workers' National Committee', pp. 249, 251.

59

定致力于偿还债务,但是偿债意味着承担财政责任,暗含着社会主义革命的意味。工党欲建立生产者联盟,但工党并没有足够的能力扩大公有制。韦伯认为,应当严格区分用于偿债并有利于流动资产而征收的一次性资产税,并提议推进公有制,但是他的想法很难实现。毕竟,只有防止个人挪用不劳而获的收入,才能保证国有化和税收的合理性。虽然韦伯如此提议,但是,作为支持煤矿国有化的桑吉委员会(Sankey Commission)中的一员①,他在1919年表示,要杜绝任何非劳动所得收入增值,使政府能轻松地从任何经济成分那里分得一杯羹,并享受人口和财富增长带来的好处。

因此,反对征收一次性资产税的人认为它的作用不只限于帮助反对食利者的生产者。他们认为,一次性资产税刺激消费,不利于工业投资。他们质疑食利者和生产者、非劳动所得收入和劳动所得收入间的区别:为什么靠自己储蓄养老的人们需要缴税,而那些领取国家养老金的退休公务员和在职律师们却无须缴税?而且,一次性资产税往往和所得税并行,它并非用于偿债,而是用于社会各项支出,将富人的财富转移给穷人。因此人们批评这种狡猾的做法以破坏金融市场的稳定运行为代价,暗中将财富充公,是用欺诈的手法实现社会主义②。与之相反,保守党则称自己与大地主和国债投资者具有相同的特点,将自己塑造成捍卫整体财富的形象。但韦伯表示反对,他认为这一做法极其自私:那些本该由富人群体承担的税金,却让丧夫者、仅靠微薄的年金为生的人和含辛茹苦用养老金购置政府股票的人们承担③。虽然韦伯强调,工党希望通过减轻中产阶级的税负以进一步保障中产阶级的财富,但中产阶级对此存疑却并不在意料之外。一次性资产税或许使新自由派加大了对激进联盟的支持,但不久后,当工党真正开始组建政府时,一次性资产税却

---

① 斯诺登,《劳动和国家财政》(*Labour and National Finance*),37页;《1916年工党年会》(*Labour Party Annual Conference, 1916*),135页;亦见《1918年工党年会和延期会议的会议报告》(*Report of the Annual Conference of the Labour Party and the Adjourned Conference, 1918*),伦敦,1918年,133-134页;《1919年工党年会》(*Labour Party Annual Conference, 1919*),146-149、155页;韦伯(Webb),《国家财政》(*National Finance*),4、13、19页。有关韦伯对于在国有化改造之外另向富人征税的观点,见哈里森,"全国战时紧急工人委员会"(War Emergency Workers' National Committee),249-252页;和J. M. 文特尔(J. M. Winter),《1912—1918年英国舆论及政治:社会主义和来自战争的挑战》(*Socialism and the Challenge of War: Ideas and Politics in Britain, 1912-18*),伦敦,1974年,214页。

② H. 考克斯(H. Cox),《一次性资产税的真实目的》(*The Capital Levy: Its Real Purpose*),国家工会协会,出版日期不详,书中多处及第68页。1923年沃尔道夫·阿斯托尔(Waldorf Astor)对贾维斯的"英国保守主义"(British Conservatism)第82页的评价,是保守党人靠税收说明工党损害了工人阶级和富人阶级的利益的好例子。

③ Webb, *National Finance*, p. 14.

第三章 "可怕的战后痼疾":1918～1925年债务和税赋

成了一种麻烦①。一次性资产税让人怀疑工党的可信度和资产的安全性。于是,工党反对食利者的言论不了了之。

但是这一切都事出有因。国内税收局和财政部担心,一旦对资产估值,人们会再次强烈抵制劳合·乔治对地产税估值的政策,导致财政政策可能无法得到同意和履行②。事实上,人们认为,征收一次性资产税说明国家和纳税人(或换言之,债权人)的关系已经破裂。德国1913年通过的威尔拜特拉格(Wehrbeitrag,向资产和分红征收国防税收)办法就缘起无法偿清的贷款。在英国,人们愿意接受贷款,而税收只会伤害政府的公信力③。相似地,法国人认为,由于政府无法直接征税,而且科学征税发展缓慢,所以政府才提议征收资本税④。国内税收局称,政府选择征收一次性资产税是孤注一掷,因为民众既不同意直接征税,也不相信借钱给政府的安全性。目前尚不清楚一次性资产税是否会带来高额的年净储蓄,因为若对资产放任不管,日后所得税和遗产税的收益都将减少。英国净储蓄额已从最初估计的1.15亿～2亿英镑直降到区区4200万～5000万英镑,这很难平息资本市场的动荡。英国工会代表大会和工党认同这些估值,因此之所以政府继续支持一次性资产税,是因为除了征收一次性资产税可以打击财富继承和私有制,还因为可以降低税收,减轻企业负担⑤。征收一次性资产税也不再是出于务实的审慎心理,而是变成了社会主义式的威胁。

鉴于形势,工党领袖认为应当暂避资本税的锋芒。1923年大选期间工党

---

① Short, 'Politics of personal taxation', pp. 87 – 9, 248 – 9.
② E. Cronin, *The Politics of State Expansion: War, State and Society in Twentieth – Century Britain* (London, 1991), p. 83; PRO, IR75/110, 'The proposal of a capital tax with ref-erence to its practical aspects' and 'General capital levy: note by the Board of Inland Reveue on the special difficulties introduced by the prevalence in this country of settle-ments and trusts', 19 May 1919; PP 1920 xix, *Report from the Select Committee on Land Values*, 'Evidence given by Mr Percy Thompson, a commissioner of Inland Revenue, on the general position of the land values duties and the valuation under part I of the Finance (1909 – 10) Act, 1910', Sept. 1919, p. 783.
③ 见公共档案办公室T171/167,对于1913年德国国防征税,应财政大臣要求完成的报告;有关德国战前面临的难题,见弗格森,"公共财政和国家安全"(Public finance and national security),161页。
④ PRO, T171/167, Board of Inland Revenue, proposed capital tax in France, 15 Mar. 1919.
⑤ 关于起初的高估值,见斯诺登,《劳动和国家财政》(*Labour and National Finance*), 76 – 78页; H. 道尔顿,《解释一次性资产税》(*Capital Levy Explained*),伦敦,1923年,33页;工党,《劳动力和战争债务政策说明:通过对敛财行为征税偿付战争债务》(*Labour and the War Debt: A Statement of Policy for the Redemption of War Debt by a Levy on Accumulated Wealth*),伦敦,出版日期不详,11页。关于重新估值,见 J. C. 斯坦普,《对当下财政和政府问题的研究》(*Studies in Current Problems in Finance and Government*),伦敦,1924年,250 – 270页;现代记录中心 TUC MSS 292/411. 27/4,英国工会代表大会常委会和工党执行委员会,联合研究信息部,1925年3月"有关一次性资产税导致的年净储蓄的说明"(Note on net annual saving arising from a capital levy),及1925年3月"对委员会关于一次性资产税问卷调查的初步解答"(Draft answers to the committee's questionnaire upon the capital levy)。

61

保证只有在当选后，才会在组建政府时与财政部商讨征收一次性资产税的可行性，从而避开了资本税问题。1924年工党承诺建立国家债务和税收委员会（Committee on the National Debt and Taxation），这也使国王相信工党是上台组阁的合适党派。该委员会由科尔温爵士（Lord Colwyn）担任会长，审议提案的速度很慢，避免了资本税的实施。最终委员会于1927年提交了报告。多数派报告不同意对土地征税，因为这会导致低净储蓄额，引发政治纷争；少数派报告提出的累进式所得税则成为了日后工党的政策，即收入越高税率越高，并对一年500英镑以上的非劳动收入另征附加税。如果想通过征收一次性资产税获得与征收附加税相同的税收，就需要对所有价值1万英镑的房产课税，而且还需要借助新的行政手段和复杂的估值方式。因此相比一次性资产税，征收附加税更加实际，更加容易操作。但人们对于财政收入的使用仍然存在分歧，无法决定究竟将其用于减少债务和税收以剪除不事生产的"寄生虫"，还是用于发展社会事业。工党在1928年的一项计划中表示，附加税是最接近实现劳资双方付出平等的方法，因此它吸引了"生产者联盟"，包括蓝领、白领、教师、医生、店主和知识分子等，他们都反对拥有大量非劳动收入的人①。

20世纪20年代中期，选举权扩大，工党进一步发展，但同时国家债务成为负担，一次性资产税却又无法实施，这都让政界人士左右为难。如果无法根治问题，政府必须努力保证税收体系的公正性，以防人们认为盈利方式不正当，让食利者和国家债务继续受到无穷无尽的打击。一战期间，英国工会

---

① 《1925年工党第25届年会报告》（*The Labour Party: Report of the 25th Annual Conference, 1925*），伦敦，1925年，266–70页；《1926年工党第26届年会报告》，伦敦，1926年，267–268页；《1927年工党年会》（*Labour Party Annual Conference, 1927*），伦敦，1927年，244–255页及附录10："关于房产及投资附加税的备忘录"（Memorandum on the surtax on income from property and investments），330–331页；肖特，《个税政策》，246–251页；T. 琼斯（T. Jones），《白厅日记》（*Whitehall Diary*），第一卷：1916–1925年，关于K. 米德尔玛斯，伦敦，1969年，260页，1923年12月20日T. 琼斯致J. 钱塞勒爵士的信；M. 考林（K. Cowling），《1920—1924年工党的影响：现代英国政治开端》（*The Impact of Labour, 1920–24: The Beginning of Modern British Politics*），剑桥，1971年，364页，选自斯坦福德姆（Stamfordham）于1923年12月28日和1924年1月1日致乔治五世的信；P. 斯诺登，《自传》（*An Autobiography*），第二卷：1919–1934年，伦敦，1934年，595页；芭芭拉·伍顿（Barbara Wootton）曾是英国工会代表大会和工党组建的联合研究所的成员，自称曾写过一份少数派报告并使人们关注低收入群体面临的高税赋问题，并对间接税赋进行了批判。虽然征收一次性资本税的判例得到了承认，她却没有推动该例的实施，而是提议对投资收入收取特别费用，并建议采取休·道尔顿的里尼亚诺方案（Rignano scheme），《在这个并非由我创造的世界：B. 伍顿的自传性反思》（*In a World I Never Made: Autobiographical Reflections*），65–66页；关于大选前有关征一次性资本税的讨论，见《1923年工党年会》（*Labour Party Annual Conference, 1923*），213–216页；D. 马昆德（D. Marquand），《拉姆齐·麦克唐纳》（*Ramsay MacDonald*），伦敦，1977年，475–477页；工党，《劳动力与国家：对劳工政策及计划的声明》（*Labour and the Nation: Statement of the Labour Policy and Programme*），伦敦，1928年，37页。

第三章 "可怕的战后痼疾"：1918～1925年债务和税赋

代表大会和国家战时紧急工人委员会得到承诺：债务将由富人而非穷人承担，任何对该承诺的违背都会威胁财政体系的合法性，使工党加大对食利者的打击。一战结束后，所得税率高昂，英国政坛危机四伏，从政者只有两个选择：一是联合工人和权益受到损害的中产阶级，以对抗获得暴利者；二是发动民粹主义暴动，扫除一切不利于团结工人阶级的官僚式挥霍和社会开支。由于这两种选择会给劳工更多批判国家债务的理由，不利于社会重建和社会稳定，因此当时的联合政府想寻求第三种选择。进一步讲，一战之后亟须保持财政稳定，政府需要支付债务利息，并偿付短期流动债务。如何才能在既不征收一次性资产税又不背离纳税人的条件下保持财政稳定呢？

反对所得税和控制流动债务

一战结束后，纳税人比例空前提高，所得税率位居史上最高水平，人们难以遵守并拥护现行税制。国家不得不免除了工人的大多税赋，工会也要求恢复战前实际税收起征点，即使这意味着政府收入水平下滑，达到不同利益群体间所谓的税收公平。中产阶级可能无法理解为什么工人们获得了更高的薪水却不必缴税，而薪水未见提高的中产阶级却要承担更重的税额。但是，1918～1919年间政府提高了儿童津贴并且为已婚妇女划拨了津贴，进而抑制了主张恢复战前实际税收起征点的需求。最终，政府提高了育有三个以上子女的已婚夫妇的税收起征点，将更多的税赋则转移到了周薪至少3英镑的单身男士身上[1]。工党领导人为避免让没有家庭负担的高收入工人从中得利，并没有将起征点彻底恢复至先前的水平[2]。不论如何，工会对所得税的任何反对都是适得其反的，只会导致间接税收的转移或者社会开支的削减。这也会使民粹主义者继续反对由传媒大亨诺斯克里夫（Northcliffe）[3]和罗斯米尔（Ro-

---

[1] Whiting, 'Taxation and the working class', 898; PRO, T172/504, income tax: deputation from the Miners' Federation of Great Britain to the chancellor of the Exchequer, 29 Aug. 1917; T172/982, E. E. Nott - Bower and N. F. Warren Fisher to chancellor, 20 Aug. 1917; income tax abatement: deputation from the South Wales Miners' Federation to the chancellor of the Exchequer, 20 Sept. 1917; T172/1000, deputation from the Triple Alliance to Austen Chamberlain, 4 July 1919.

[2] Snowden, *Labour and National Finance*, pp. 101 - 3.

[3] 阿尔弗雷德·查尔斯·威廉姆·哈姆斯沃斯（Alfred Charles William Harmsworth, 1865—1922），诺斯克里夫子爵（Viscount Northcliffe），生于爱尔兰一位落魄律师的家庭。他当过记者，并与其兄于1887年在伦敦创立了联合出版社。他因其《每日邮报》（*Daily Mai*）（1896年创立）和《每日镜报》（*Daily Mirror*）（1903年创立）以及致力于平民主义运动而吸引了广大中低阶级。1908年他主管《泰晤士报》（*The Times*）。1918年他担任宣传部长，主管对敌宣传。[*DNB*, 1922 - 30, ed. Weaver, pp. 397 - 403; Robbins (ed.), *Biographical Dictionary*, pp. 327 - 8.]

63

thermere)① 造就的"鸡肋"。民粹主义者的说法针对的是无所事事的官僚、获利于战争者和不守信用的德国人,这些食利者导致了那些受人尊敬且兢兢业业的中产阶级长期受到压迫。诺斯克里夫1919年致罗斯米尔的信中的观点道出了很多选民的心声:"如果我可以做出选择,我不愿拿我终身辛劳上缴的超额利润税和附加税来供养那些德国佬。我不相信德国人真的像他们自称的那样缺钱。"② 同时,选民们还反对那些自私的、与朴素负责的白领阶层格格不入的工会人士,因为对于那些工会人士,简朴和责任几乎一文不值。

罗斯·麦基宾(Ross McKibbin)称,爱德华时代英国中产阶级的恐慌和梦魇都在战后几年内变成了现实,工人阶级人心惶惶,担心最底层的人使财产、礼仪和宪法灰飞烟灭③。1918年选举权覆盖到了社会底层的人,工会心存不满,对一次性资产税的需求上升,这些因素都催生了罗斯米尔和诺斯克里夫所说恐慌情绪。这种情绪是由反铺张联盟(Anti-Waste League)推动的,工党因此获得了对抗食利者的新话语策略。反铺张联盟于1921年内赢得了3次补缺选举。联合政府因而担心自己是否失去了中产阶级的选票。劳合·乔治警告奥斯丁·张伯伦(Austen Chamberlain)④,"我们必须商讨解决方式,否则我们南部和北部的选票会分别被反铺张联盟和工党抢走。"⑤政府处境极为艰难,因为只有维持高税率才能偿清债务并提供战后重建(如大规模建设住宅和增加学生受教育年限)资金。减少土地问题可以让坚决反对铺张的群体满意,但也会背离工人阶级组织,让工党的主张更有说服力,即保护食利者的利益是建立在牺牲广大人民利益的基础上的。因此,战后维稳无比艰难。

---

① 哈罗德·悉尼·哈姆斯沃斯(Harold Sydney Harmsworth, 1868—1940),罗斯米尔子爵(Viscount Rothermere)曾是国内税收局的职员,之后凭借其财政领域的专业知识与其兄合伙经营公司。他1916年担任皇家军队服装部(Royal Army Clothing Department)总监,1917~1918年担任航空部部长(air minister)。他于1922~1932年掌控了新闻业。(DNB, 1931–40, ed. Legg, pp. 400–2.)
② Quoted in C. J. Wrigley, Lloyd George and the Challenge of Labour: The Post–War Coalition, 1918-22 (Hemel Hempstead, 1990), p. 188.
③ R. McKibbin, Classes and Cultures: England, 1918–51 (Oxford, 1998), p. 67.
④ 约瑟夫·奥斯丁·张伯伦(Joseph Austen Chamberlain, 1863—1937)是约瑟夫·张伯伦(Joseph Chamberlain)之子,内维尔·张伯伦(Neville Chamberlain)的同父异母哥哥。他曾就读于拉格比公学剑桥大学三一学院。1895~1900他以自由工会成员身份成为议院议员,1895~1900年担任海军大臣,1900~1902年担任财政部财政秘书,1902~1905年担任邮政大臣,1903~1905年担任财政大臣。一战期间他重新出山,在1915~1917年间担任印度国务大臣,1918年战时内阁成员,1919~1921年间重新担任财政大臣,1921~1922年间担任保守党领袖,1924~1929年担任外交大臣,1931年担任海军第一指挥。[DNB, 1931–40, ed. Legg, pp. 163–8; Robbins (ed.), Biographical Dictionary, pp. 89–92.]
⑤ Quoted in A. McDonald, 'The Geddes Committee and the formulation of public expenditure policy, 1921–22', Historical Journal 32 (1989), 650.

第三章 "可怕的战后痼疾": 1918～1925年债务和税赋

巨额的战后流动债务正威胁着财政稳定,因此财政问题的核心并不仅仅是平衡税收和社会开支。短期内,由于到期的债券无法续期,政府不得不向英格兰银行借钱,导致贷款增加,购买力上升,物价和工资陷入恶性增长。国库券持有者们(银行、市场、某些投资者们等)则得以随时要求政府发行新债券,通货膨胀因此卷土重来①。财政部认为,流动债务问题十分严重,要想尽快降低负债,必须维持高税收。财政部还认为,目前通货紧缩的整体趋势有利于稳定物价,如果不采取通货紧缩的措施,一旦通货膨胀发生,国家就会愈加离不开通货膨胀,最终导致国家经济崩溃。在德国,流动债务需求不足导致了货币超发、恶性通胀、经济动荡以及债权人和债务人社会关系的根本变化②。基于对流动债务风险的切实评估,财政部倾向于采取控制措施以防止过度通缩打击生产。

防治恶性通胀和经济危机的代价是一部分流动债务变成了长期债负,且负债水平在1921~1923年持续增长。1924年丘吉尔担任财政大臣时,担心防治恶性通胀和经济危机的政策因仅仅有利于伦敦金融城,且让民众认为财政压榨了生产者,而招致批评。然而,相较金融城和财政手段对财政部和政策的控制,流动债务是一个更加复杂的问题。虽然金融城和财政部都认为流动债务极其危险,但二者的对策却完全不同。1920年英格兰行长提议,在未来3年中额外征收所得税和附加税以削减流动债务,同时纳税人也有权选择一次性上缴③。这一观点受到顶尖的结算银行、伦敦证券交易所(Stock Exchange)、伦敦商会(London Chamber of Commerce)和承兑银行委员会(Accepting Houses Committee)的支持,但是在政治家看来,该提议十分不成熟。若财政部渴望切实消除流动债务的危害并且从金融城那里夺回其高于国家的财政权力,这无疑是小菜一碟,因为政府政策的形成受到利益群体的复杂影响,包括愤愤不平的反奢靡活动家、仇恨食利者的一次性资产税支持者和希

---

① 奥斯丁·张伯伦联合会和英国商务协会表达了担心:见公共档案办公室T172/1164,1920年5月5日,英国商务协会主席代表团和英国工业协会;摩根(Morgan),《研究》(*Studies*),112－121页,140－156页;T171/202,1924年3月24日,"赤字安排",(Budgeting for a deficit) B. P. 布里吉特(B. P. Blackett);PP 1920 vii,《(战时)财富增值特别委员会的报告》(*Report from the Select Committee on Increases of Wealth* (*War*)),B. P. 布里吉特的论据,Q. 1533,及1920年3月"财政部财政总管B. P. 布里吉特备忘录:通货紧缩和对战时财富增值的建议税收"(Memorandum by Mr. B. P. Blackett, Controller of Finance in H. M. Treasury: deflation and the proposed levy on war time increases of wealth),370－373页;亦见公共档案办公室T171/211,《赤字安排》,B. 布里吉特,1921年11月23日。
② Balderston, 'War, finance and inflation', 238－40, 224; Ferguson, *Paper and Iron*, pp. 17－27.
③ PRO, T172/1105, 'Memorandum for the information of the chancellor of the Exchequer', 12 Apr. 1920; Montagu Norman to Austen Chamberlain, 17 Apr. 1920.

望免交营业利益税的工业家。

战争财富税和盖迪斯（Geddes）减税措施

联合政府起初倾向于用战争财富的增值税取代一次性资产税。这一做法让劳工不再要求对一切财富征收一次性的税收，让削减利润所得税成为可能，消除了流动债务的危害。劳合·乔治认为发战争财者是对国家的极大威胁，而征收战争财富增值税则可以平息人们对发战争财者的声讨，团结专业人士、低收入者和工人阶级，甚至还可以让原本反对社会主义的军官们开始讨论向来被看作异想天开的"布尔什维克主义"[1]。奥斯丁·张伯伦认为，征收战争财富税会保障整体的财产，"战争财富的增长不仅是一个关于税收的大问题……它们导致的偏见也对资本造成了威胁。[2]"因此，对战争财富征税是一种保守的战后重建手段，而不是对财富进行再分配的激进方式。赫伯特·塞缪尔（Herbert Samuel）[3]解释了征收战争财富税的原因：

---

[1] Wrigley, *Lloyd George and the Challenge of Labour*, p. 238, from PRO, CAB23/15, WC606A, 5 Aug. 1919.

[2] 伯明翰大学图书馆，奥斯丁·张伯伦论文集（Austen Chamberlain Papers）（AC）24/1/35，1919年10月31日A. 张伯伦致J.L. 加尔文（J. L. Garvin）的信。该观点被莱格里引用，《劳合·乔治和工党面对的挑战》（*Lloyd George and the Challenge of Labour*），第237页。亦见其1920年3月10日对英国如果工业协会的评论："我认为，如果不向这部分急剧增长的财富课税，对其他辛苦挣来的钱就不妙了。"议会文件1920 vii，《（战时）财富增值特别委员会的报告》（*Report from the Select Committee on Increases of Wealth（War）*），"对战争财富征收税务的可行性及有关该税务的征收形式的备忘录"（Memorandum on the practicability of levying a duty on war-time wealth with suggestions as to the form which such a duty might take），297 – 305页，1919年11月；"国内税收局委员会有关征收战争财富税的计划说明"（Note by the Board of Inland Revenue on the possible effects of a war levy upon businesses），332 – 333页，1920年；"国内税收局委员会关于战争税收对商业的可能影响的说明"（Note by the Board of Inland Revenue on the possible effects of a war levy upon businesses），340 – 342页，1920年3月；"国内税收局委员会受（战时）财富增值特别委员会要求为收缴战争税而防治资产估值可能性做的说明"（Note prepared by the Board of Inland Revenue at the request of the Select Committee on Increases of Wealth（War）as to the possibility of avoiding valuation of capital for the purposes of a war levy），346 – 349页，1920年3月。关于内维尔·张伯伦（Neville Chamberlain）的评论"支精神失常的人踩支持征税"，见伯明翰大学图书馆，《内维尔·张伯伦论文集》，（NC）18/1/242，内维尔致希尔达·张伯伦的信，1920年2月1日。其中他提到了凯恩斯。

[3] 赫伯特·路易斯·塞缪尔（Herbert Louis Samuel, 1870—1963）是一名银行家的儿子。1877年他继承了家产，与另一个银行家家庭联姻。他曾就读于大学学院学校（University College School），后进入牛津大学贝利奥尔学院深造。他为新自由主义的创立做出了贡献。1902～1918年他成为下议自由党议员，并从1905年起担任副国务卿，办公地点在其官邸，1909年担任兰开斯特公爵郡大臣，1910年担任邮政大臣，1914年担任地方政府委员会主席，1915年担任邮政大臣和兰开斯特公爵郡大臣，1916年成为内政大臣，劳合·乔治任首相后他选择了辞职。1920～1925年，他担任巴勒斯坦高级专员。1929～1935年再次成为下议院自由党议员，支持英国政府。1931～1932年担任内政大臣。[*DNB*, 1961 – 70, ed. Williams and Nicholls, pp. 918 – 22; Robbins（ed.）, *Biographical Dictionary*, pp. 366 -7.]

第三章 "可怕的战后痼疾":1918~1925年债务和税赋

税收的首要目的是实现社会利益而非财政利益。只要工人阶级认为战争带来了可观的财富,他们就绝不会满足。战前的贫富差距无法使社会稳定。战争让各阶层都自发地为国家做出任何牺牲,不光加深了贫富差距,还增加了社会不稳定因素。诚然,上缴的税金总额目前还无法预计。但即使额度不大,社会不满情绪也可以不再蔓延[1]。

战争财富税打击了那些在战争中大发横财的人,但是专业人士、中产阶级和工人阶级不再受苦,这有利于恢复战前社会结构、战前物价、各类财富的相对价值,防止物价飞涨,减少国家经济和金本位恢复进程中的阵痛。因此,政府没有听从金融城的要求选择高额的直接税,而是凭借战争财富税消除了流动债务的威胁。征收战争财富税与继续维持超额利润税相比也是更好的方式,因为在经济下滑、利润下跌时,征收超额利润税不会产生财政收入。

1920年,(战时)财富增值特别委员会(the Select Committee on Increases of Wealth (War))提出征收战争财富税会带来5亿英镑的财政收入。虽然国内税收局的预计数据为10亿英镑,但是奥斯丁·张伯伦决定将战争财富税水平缩小为原先水平的一半,既避免了因拖延支付导致摩擦,也不会使人民普遍缩减开支,防止人们认为税收体系不公正。因此,1920年6月张伯伦提出对战争财富征收增值税,并将该超额利润税从60%直减到40%,即使当时完全可以预计到这一超额利润税最终将被取消。但是,张伯伦也清楚,银行、商界和证券交易所对超额利润税的抵制会使推进超额利润税的进程更加复杂。张伯伦告诉他的姐姐(或妹妹):"事实上一次性资产税对银行、商界和证券交易所非常有利,但是即使这些机构最终发觉一次性资产税并无害处,它们也无法撑到这一天,因为它们会因忌惮资本税而陷入瘫痪。正因如此,我才没有征收一次性资产税。"因此,张伯伦并非全心全意地支持征收战争税,而且制衡工党的野心和对金融城的忌惮让他左右为难:

> 我对目前的资金危机状况一清二楚。这是我们党首次因反对资本而进行联合。人们对巨额的既得利益存在偏见,这一偏见威胁着一切资本。所有专业人士和中产阶层亲眼见证着乡村新富的铺张行为,感到富人赚钱的速度过快,而大众则越来越穷。一个明智的税收政策也会引发人们的不解和忌惮。金融城一向忌惮政府政策,但这次他们的恐惧程度着实

---
[1] Quoted in Wrigley, *Lloyd George and the Challenge of Labour*, p. 237, Samuel to Runciman, Newcastle University Library, Runciman Papers, box 2, 13 Oct. 1919.

把我镇住了。如果超额利润税引发一系列失败,责任都要归咎于我们。很难想象5亿的超额利润税竟然会引起灾难性的后果。如果我们不采取行动,社会主义基础就会在英国扎得更深,把更多的人推向共产主义。我承认,我对金融城这种不理智的恐惧抱有担心。①

而当经济大萧条来袭,高利率的紧缩手段眼看就要带来严重的经济问题时,张伯伦更是转而反对征收战争税②。这种立场变化是经济形势变化导致的,而非单单顾及金融城的态度。它还转变了财政部和内阁对战时税收的态度。

丘吉尔是唯一一位强烈主张征收一次性资产税的内阁成员。他主张采取政治手段,建立一个"民主平台",让社会主义者那种"政府对信托、财阀和奸商过于手软"的说法不攻自破,让曾经保家卫国的勇士们建立"深厚的友谊"。无法获得工薪阶层的支持对资本来说十分危险:"既要依靠道理说服而不是武力强迫维持选民的大量支持,还要维持资本主义制度,想要兼顾这两者十分困难。如果我们无法用道理使之信服,金融城担心的灾难就会降临。"换言之,丘吉尔并不与金融城亦步亦趋,而是用行政手段维持稳定。其他内阁成员关心的问题则是,工业集团对税收和对资本遭受打击十分忌惮。阿尔弗雷德·蒙德(Alfred Mond)③指出,"为了获得上等阶层的支持而疏远中产阶级,就是丢掉重要的选票来源,是一个巨大的政治错误"。劳合·乔治认为,最好发起一项积极的运动,强调英国已经做到了维持富人和穷人之间的

---

① PRO, T171/177, deputation to the chancellor from the Association of British Chambers of Commerce and the Federation of British Industries, 5 May 1920; Birmingham University Library, AC5/1/164, Austen Chamberlain to Ida Chamberlain, 27 May 1920, in R. C. Self (ed.), *The Austen Chamberlain Diary Letters: The Correspondence of Sir Austen Chamberlain with his Sisters Hilda and Ida, 1916 – 37* (Royal Historical Society, London: Camden 5th ser. 5, 1995), pp. 134 – 5; Birmingham University Library, AC25/4/24, Cabinet 31 (20) conclusion 5, 2 June 1920.

② Birmingham University Library, AC5/1/165, Austen to Hilda Chamberlain, 6 June 1920, in Self (ed.), *The Austen Chamberlain Diary Letters*, pp. 135 – 6; PP 1920 vii, *Report from the Select Committee on Increases of Wealth (War)*, evidence of B. P. Blackett, Qq. 1546 – 7, 1631, and J. C. Stamp, Qq. 3169 – 70; Hopkins, Q. 1391; R. McKenna, *Post – War Banking Policy: A Series of Addresses* (London, 1928), p. 24, referring to the memorandum to the Select Committee on Increases of Wealth (War); Short, 'Politics of personal taxation', pp. 36, 68 – 84; House of Lords Record Office, Bonar Law Papers, BL99/1/45, George Younger to A. Bonar Law, 21 May 1920.

③ 阿尔弗雷德·蒙德(Alfred Moritz Mond, 1868—1930)是德裔,其父路德维格·蒙德(Ludwig Mond)是一名化工厂厂主。阿尔弗雷德·蒙德曾就读于切尔滕纳姆学校、剑桥大学和爱丁堡大学。1894年他取得律师资格,1895年进入父亲的公司工作。他主张工厂与工党进行协调合作;其父的公司与1926年成为了新帝国化学工业有限公司的一部分。1906~1923年及1924~1928年他担任下议院自由党议员,1916~1921年见担任第一工业专员,1921~1922年担任卫生部大臣。一战后他支持保护主义和帝国经济联盟;1926年他转投保守党,后支持犹太复国运动。[*DNB*, 1922 – 30, ed. Weaver, pp. 602 – 5; Robbins (ed.), *Biographical Dictionary*, pp. 304 – 6.]

第三章 "可怕的战后痼疾"：1918~1925 年债务和税赋

平衡，而且富人的税率比其他国家高：

> 重要的是让选民们认为我们不是一个区分阶级的政府。只有在各阶级之间实现平衡，并且乐意直面反对意见，本届政府才能拥有威信……诚然，专业人士，小食利者和小产权主将不再支持我们。然而如果我们秉持公正，无所畏惧，我们一定会让他们信服我们……我们绝不能认为我们搞的是资本家式阴谋。但是资本税只会搅乱贸易，别无他用①。

人们反对战争财富税，因此平衡税务体系不应该依靠战争财富税，而且我们的政府并不搞阶级阴谋。担忧平等和公正只会让反食利者的言论不了了之。这正如拿破仑战争之后，财政体系既不平等也不公正，它只是将穷人和生产者的钱转移到富人和食利者的钱包里，因此备受人民批判。

反对战争财富税不利于解决联合政府的政治难题。一方面，出于（战时）财富增值特别委员会的考虑，工党提出的一次性资产税一直得不到认可，而反对战争财富税则会让工党一次性资产税的主张夺取上风。另一方面，战后依然存在超额利润税，这引发了反奢靡运动和民间对工业的失望。正如张伯伦所见，超额利润税不是财政收入的可靠来源，但目前也尚无它法②。1919~1920 年间，各行业能否偿清债务，征收利润税是否可以为防止另一种税（如间接税收或一次性资产税）的实施而争取缓冲时间，对这些问题人们都没有确定答案。工业家一般都不愿承认利润税是维持国家稳定的关键。例如，英国工业联合会认为人们不能放心地把制定预算的权力交给从政者和公务员，而金融和经济专家们则应当组成一个独立的委员会来确定国家的"纳税能力"，进而保护工业和保存用于财产续期的资金。③ 虽然政府并不会把权力让给社团主义组织，但是如果政府组建一个委员会来审议政府开支并商议节支，财政部和内阁就能更好地管理经济，以防政府被批"铺张浪费"。④ 1921~1922 年间，某委员会见面商议国家开支事宜。该委员会的主席是埃里克·盖

---

① Birmingham University Library, AC25/4/11, Austen Chamberlain to Sir John Anderson, 15 Mar. 1920; AC34/1/109, CP 1319, 'Levy on war wealth: memorandum by chancellor of the Exchequer, Austen Chamberlain, 20 May 1920'; AC25/4/24, Cabinet 31 (20), conclusion 5, 2 June 1920, and AC25/4/25, Cabinet 32 (20), 4 June 1920.
② Birmingham University Library, AC5/1/164, Austen Chamberlain to Ida Chamberlain, 27 May 1920, in Self (ed.), *The Austen Chamberlain Diary Letters*, pp. 134–5.
③ PRO, T172/1164, R. P. Nugent to D. Lloyd George, 5 July 1920.
④ PRO, CAB27/71, FC23, 22 July 1920, ff. 137–9.

迪斯爵士（Sir Eric Geddes）①，他在铁路行业工作的经历受到了各行业的认可。"盖迪斯减税"让人相信奢靡之风会得到遏制，防止民粹主义者质疑税收体系，甚至整个国家。

推动减税需要准确的判断。如果减税额度过大，工党的一次性资产税措施就会占上风，不利于政府维护社会稳定。如果减税额度过小，"反奢靡"运动就无法平息。减税（内阁愿意选择的措施）可以提高储蓄，减少国家债务（财政部愿意选择的措施）并联合中产阶级投票者。基于"在下一个'正常年'中，社会福利方面的实际开支会与1914年相同"的假设，"正常年"的说法有利于财政部争取开支节省，而偿债的成本则会用将来50年的普通税收支付。财政部坚持"正常年"的说法，重点解决负债问题，并且控制社会福利开支。肖特博士（Dr. Short）说，正常年说明了控制开支上限的标准，这一标准将永不过时②。事实上，"正常年"并没有实现，社会开支仍然远高于1914年的水平；它顶多控制了开支的进一步增长，保证在工作重心发生变化时也能偿付债务。虽然正常年说法的影响只是通过了一个不堪一击的平衡法案，但是铺张浪费受到了控制，而且没有大幅度削减社会福利供给，大多数储蓄则用于减税而非偿债③。"盖迪斯减税"不仅代表了金融城和财政部的胜利，而且还是对多方考虑的协调。虽然没有人完全心满意足，但是所有人的利益都受到了考虑。即使问题并没有完全解决，也起码受到了控制。政府需要采取措施，挺过眼前的艰难险阻，回归和平，这一切都有赖于征税商业利润税。

工业和税收负担

虽然政府保证超额利润税是战时的一种特殊税，但是战后超额利润税依

---

① 埃里克·坎贝尔·盖迪斯（Eric Campbell Geddes，1875—1937）生于印度，其父是在印度工作的土木工程师。他在爱丁堡大学和牛津大学军事学院求学；他在美国从事过铁路工作，在钢铁厂做过工，后来回到印度经营一片林地，也做过铁路总管。1906年他加入了东北铁路公司，1914年升迁成为副总经理。1915年，他成为了弹药公司的副总裁。1916～1917年担任战时剧场的运输总监管，1917年担任海军指挥。1917～1922年他是下议院工团主义议员，1917～1918年担任第一海军上将，1919～1921年担任交通大臣，期间他实行了铁路合并。重归商界后，他成为了皇家航空公司和邓洛普橡胶公司的董事长。（DNB, 1931-40, ed. Legg, pp. 310-11.）

② Short, 'Politics of personal taxation', pp. 28-9.

③ 麦克唐纳，"盖迪斯委员会"（Geddes Committee），672页。关于工党对于减税并支持征收资本税的观点，见工业大会全体理事会全国联合会、工党及下议院工党议员执行委员会，《劳动力和国家"经济"》（Labour and National 'Economy'），伦敦，1922年，7页。

======第三章 "可怕的战后痼疾": 1918~1925年债务和税赋

然存在,因为政府很难放弃占中央政府财政收入36%的这份收入(净收入2.84亿)①。战争结束后,高昂的超额利润税遭到了来自社会各界的批评,称该税打压了生产积极性,减少了扩大生产和战后商业竞争的资金。英国工业联合会称税收最终将由工业和生产方承担。在其他中立国或英国的敌对国,战争税收和战争利润储备都较低,因此英国的工业与之相比处于弱势。这会导致"工业生产停滞状况不断加剧,非常可能导致经济完全崩溃,劳资双方都无法免受灾难。"英国赢了战争,却无法保证市场稳定;税赋会打击生产积极性和生产效率,这对谁都不利②。英国工业委员会也认识到了这一问题,批评道"对生产征税以获得财政收入的做法是不合适的,这是对资产的蚕食,使工商业的资源枯竭,阻碍贸易复苏",无法逃出"贸易衰退、国家收入减少、失业率升高"的恶性循环③。麦肯纳强烈支持英国工业协会的观点,认为这严重超出工业的纳税能力,进而严重损害了"节俭态度、商业企业和急需的资金发展"④。

但是,牟取暴利现象并不严重,因此英国工业协会的看法完全属一面之词。一战之前(1910~1914),被抽样公司的投资回报额(按当今价值算)是8.2%。这一数据在1915~1920年上升至17.0%,在1921~1924年又跌至6.3%。被抽样公司使用的一部分资金是定息贷款,因此资本回报率较高,分

---

① PRO, T172/507, EPD: deputation from Central Council of Controlled Firms and FBI to chancellor of the Exchequer, 18 June 1917; T172/903, 'Federation of British Indus-tries: peace aims', 12 Dec. 1918 and 30 Jan. 1919; T172/1193, deputation to Sir Robert Horne, chancellor of the Exchequer, from the FBI and Association of British Chambers of Commerce, 21 Apr. 1921; Mallet and George, *British Budgets*, pp. 328-31 and table xx.

② PRO, T170/105, 'Notes on the subject of "profiteering" during the war', R. V. N. Hopkins, 12 Dec. 1916; T171/141, EPD: note by the Board of Inland Revenue, 21 Dec. 1916; T172/903, FBI, peace aims, 12 Dec. 1918 and 30 Jan. 1919.

③ MRC, FBI MSS 200/F/3/E4/1/1, 2 and 3, deputations to the chancellor of the Exchequer from the FBI, 7 Feb. 1919, 10 Mar. 1920 and 10 Dec. 1920; MRC, FBI MSS 200/F/3/E4/1/6, R. Nugent to R. Horne, 26 Apr. 1922; MRC, FBI MSS 200/F/3/E4/1/6, Nugent to chancellor, 26 Apr. 1922; PRO, T171/151, E. E. Nott-Bower and N. F. Warren Fisher to chancellor, EPD: proposal to increase the rate from 80 per cent to 100 per cent, 27 Dec. 1917, and War Cabinet: excess profits levy, note by Bonar Law, 7 Jan. 1918, circulating a memorandum by J. C. Stamp; T171/168, 'Points for discussion with the chancellor of the Exchequer: memorandum for the deputation of 18 June 1917'; Briden Scott, FBI, to Gower, 2 Oct. 1918; T171/176, A. Chamberlain to A. Bonar Law, 11 Mar. 1920; T171/177, 'Note in anticipation of the joint deputation from the Association of British Chambers of Commerce and the FBI', Inland Revenue, 3 May 1920; deputation to the chancellor of the Exchequer from the Association of British Chambers of Commerce and the FBI, 5 May 1920; T171/190, P. Rylands to chancel-lor, 10 Feb. 1921; T172/1432, report of proceedings at a deputation from the National Union of Manufacturers to the prime minister, 11 July 1922; T172/1205, deputation to the chancellor of the Exchequer from the FBI, 16 Feb. 1921.

④ McKenna, *Post-War Banking Policy*, pp. 19, 35, 49-51.

别为10.1%、28.8%和6.9%。这些数据让人们更加坚信一战期间工业牟取了暴利。但是,如果考虑通货膨胀和税收水平,股本资本的回报率便远没那么高了。战争期间,股本资本的真实回报率实际上更低:1910~1914年保持在10.0%,而1915~1920年降至8.7%,1921~1924年更是降至3.1%。这些数据正是英国工业协会真正顾虑的事:从战争中牟取暴利几乎不现实,征收利润税则会将剩余利润转变成股本资本。由于回报仅为战前水平的1/3,公司继续发放红利会导致平衡局面的崩溃。相应地,从一战前到一战后时期,资金积累很少,严重损害了英国工业的竞争性[1]。

英国工业委员会有若干可能的政治解决方案。一是如果德国不能满足盟国需求,就绝不许其削减内债,让德国为战争付出代价[2]。财政部认为相较英国,一战期间德国公司享受了更好的税收待遇,因此大型工业企业得以积累现金储备。财政部认为这有利于德国公司在战后处于强势地位,积累财富储备,维持战后生产,保障工资和分红水平,改变海外市场,与背负沉重税负的英国相竞争[3]。为了优化英国企业的税收待遇,英国工业委员会和麦肯纳认为,削减政府开支和降低税收水平可以刺激经济复苏,有利于偿还债务。若调节物价水平,必须通过刺激生产和增加商品供给来实现。英国工业委员会认为,来自生产过剩的新资金是维护贸易的基础。公共开支和高额税收会在一定程度上抵消生产过剩,剩下的很少一部分则用于储蓄和补贴工厂折旧,行业和商贸的力量渐渐耗尽,贸易复苏遥遥无期。过度税收让行业丧失复苏动力,这一手段不破除,就无法打破贸易萎缩、国内收入减少、失业率升高、国家财政负担变重等恶性循环。

在英国工业委员会看来,国家需要减税并严格控制支出,以此降低生产

---

[1] A. J. Arnold, 'Profitability and capital accumulation in British industry during the trans-war period, 1913-24', *Economic History Review* 52 (1999), table 3; S. N. Broadberry, 'The impact of the world wars on the long-run performance of the British economy', *Oxford Review of Economic Policy* 4 (1988), 25-37.

[2] PRO, T172/903, FBI, peace aims, 12 Dec. 1918 and 30 Jan. 1919; also T172/1432, report of proceedings at a deputation from the National Union of Manufacturers to the prime minister, 11 July 1922.

[3] 例如,公共档案办公室 IR63/80, E. E. 诺特-鲍尔和 N. F. 沃伦·费舍致财政大臣的信,1917年7月11日;超额利润税:将超额利润税由80%提至100%的建议;超额利润税:J. C. 斯坦普对于将超额利润税从80%提至100%的建议的说明,1917年12月27日。有人认为,80%的超额利润税已经超出其最大产出能力,危害工业产出。公共档案办公室 T171/151,"对当前德国对超额利润采取的措施的说明"(Resume' of the present German practice in connection with excess profits), H. 赫斯特,1918年1月10日;IR64/41, N. F. 沃伦·费舍和 H. P. 汉密尔顿致财政大臣的信,1919年3月15日,及法国战争利得税备忘录,1919年3月15日。

第三章 "可怕的战后痼疾"：1918~1925年债务和税赋

成本，让人们省下积蓄①。委员会提出，为实现经济稳定，不必再拘泥于的死板经济理论。相比于让工业不堪重负，预算赤字和推迟偿付偿债基金尚可接受。有一点是必须的：在未来3~5年的周期内，要保证工业不衰落，就绝不能把资金撤出工业，资金要从其他来源筹集。为达到偿债和平衡预算的目的，减税是最重要的手段，这样才能减轻工业负担，提升国内购买力，刺激经济复苏。最重要的是，英国工业协会认为，降低所得税会从心理上激励纳税人，这样国家才能合理地通过调整商品税收等方式征收间接税②。但是一旦实行间接税，国家支出就会下降，很难受到工人阶级的拥护，让一次性资产税看上去更具吸引力，损害人们对财政的信心，流动债务因此危机四伏。

但是国内税收局和财政部并不为这些请求所动。他们认为，不同纳税者基于公平原则纳税是至关重要的，纳税的额度和条件受到法律的严格约束，自由裁量权是绝对忌讳的，因此两部门拒绝对工业让步，认为这是"税收分配不公"③。无论如何，他们都不相信这会超出工业的纳税能力，也不相信资金出现短缺。财政部认为"各社会群体中，只有工业才更可

---

① 麦肯纳，《战后银行业政策》，19、35、49－51页；肖特，《个税政策》，153－159页；有关英国工业协会，见现代档案中心，FBI MSS 200/F/3/E4/1/3，财政大臣备忘录（草案），1920年12月10日代表团；MSS 200/F/3/E4/1/6，英国工业协会主席致财政大臣的信，1921年12月19日，及英国工业协会主席R. T. 纳根特（R. T. Nugent）致财政大臣，1924年2月27日；亦见MSS 200/F/3/E4/1/8，税收政策，英国工业协会致财政大臣的备忘录，1924年2月27日，亦见T171/234，1924年2月29日O. 尼迈耶（O. Niemeyer）的评论，R. G. 霍特里（R. G. Hawtrey）作，1924年3月3日，国内税收局委员会的说明，1924年3月3日。见J. 斯坦普，《财富和纳税能力》，伦敦，1922年，123－127、136－137页，关于1920年麦肯纳向国家工业联盟提交的说法"国家税收过重，工业投资空间被严重挤压"。麦肯纳认为储蓄和工业资金贬值水平仅仅为战前的五分之一，而斯坦普认为该数据是五分之四。不过，斯坦普并不持乐观态度，他担心生产和物价的下降会吞噬生育产品，导致了资金和国家财富几乎没有增长。
② Sir John Harmood-Banner, *Parliamentary Debates*, 5th ser. 128, 19 Apr. 1920, col. 121; MRC, FBI MSS 200/F/3/E4/1/2, deputation to chancellor of the Exchequer, 10 Mar. 1920; meeting of 6 May 1920 to discuss deputation to chancellor of the Exchequer; MSS 200/F/3/E4/1/3, draft memorandum for the chancellor of the Exchequer (deputation of 10 Dec. 1920); deputation from FBI to chancellor, 10 Dec. 1920; MSS 200/F/3/E4/1/4, deputation to the chancellor of the Exchequer, 16 Feb. 1921; president of FBI to chan-cellor, 10 Feb. 1921; PRO, T171/177, deputation to the chancellor of the Exchequer from the Association of British Chambers of Commerce and the Federation of British Industries, 5 May 1920; T171/190, P. Rylands, FBI, to chancellor of the Exchequer, 10 Feb. 1921; T172/1205, deputation to the chancellor of the Exchequer from the FBI, 16 Feb. 1921; T172/1244, deputation to Sir Robert Horne, chancellor of the Exchequer.
③ 公共档案办公室T171/141，重建委员会（Reconstruction Committee），通过国内税收减免（remission of internal taxation）鼓励工业发展：一，国内税收委员会致财政大臣的备忘录，E. E. 诺特-鲍尔和N. F. 沃伦·费舍，1916年8月30日，财政大臣认为应当取消国内税收减免政策；二，1916年9月27日会议纪要。

能拥有偿债的特殊能力"。虽然财政部的奥托·尼迈耶（Otto Niemeyer）[①]发现英国税收显著高于他国，认为减税或许能刺激贸易。但是他也坚持认为，采取减税措施的前提必须是保证税收收入总体增长，而不是推迟支付偿债基金。英国工业协会提出应当减税以刺激生产和就业，为投资提供储蓄，奥托·尼迈耶不同意这个说法。财政部的意见是，减税对储蓄影响有限，而较快速的偿债则能更有效地提升储蓄。若通过征税还债，财富会通过回报率更高的政府债券还给投资者。而高额税收会抑制消费，财富则流向债券持有人，让他们重新进行投资，从而增加储蓄和国家的资金来源。财政部最终称征税者有必要强制工业资金流通，选择高额税收和偿债这种节俭措施。霍特里（Hawtrey）称英国工业委员会的目标最好通过尽可能多地削减开支和增加税收来实现，以提升偿债速度，让财富进入投资市场[②]。

最重要的是，财政部认为偿债资金对于财政稳定至关重要，而且在和平时代不应借钱消费。巴希尔·布莱吉特（Basil Blackette）[③]认为："当今，外国政府无法或不愿通过课税来用于政府支出是导致大多经济和财政问题的主要原因（包括目前英国经历的贸易萧条）"[④]。尼迈耶指出，1815年后国家债务的减少让英国政府贷款和信用重获信心，巩固了战时借款的基础，保护了

---

① 奥托·厄恩斯特·尼迈耶（Otto Ernst Niemeyer, 1883—1971）生于伦敦的一位德国商人之家。他先后在圣保罗中学和牛津大学贝利奥尔学院求学。1906年他进入财政部工作，1922年成为财政审计官。1925年他对回归黄金本位表示支持，1927年离开财政部，入职英格兰银行，担任顾问。1938~1952年担任执行总裁。(*DNB, 1971-80*, ed. Blake and Nicholls, pp. 631-3.)

② PRO, T170/125, 'Reconstruction finance', J. Bradbury, 21 Feb. 1918; T171/190, 'Note on possible methods of replacing part of the revenue now drawn from the excess profits duty', 17 Dec. 1920; T171/202, 'Budgeting for a deficit', B. P. Blackett, 24 Mar. 1922; T171/214, Niemeyer to chancellor, 20 Mar. 1923; 'Sinking funds', Niemeyer to chan-cellor, 23 Jan. 1923; T171/222, budget memorandum by Niemeyer, n. d.; T171/226, Niemeyer to chancellor, 24 Jan. 1924, 10 Mar. 1924, 2 Apr. 1924; T171/234, note by O. Niemeyer, 29 Feb. 1924; FBI memorandum on taxation, R. G. Hawtrey, 3 Mar. 1924, and note by the Board of Inland Revenue, 13 Mar. 1924; T172/1237, memorandum by the Revenue Boards on a merchants' sales tax, 4 Mar. 1922; T172/1262, Chamberlain to Cecil, 2 Aug. 1920, and Cecil to Chamberlain, 3 Aug. 1920; IR74/231, CP3649, Cabinet: industry and the weight of taxation: memorandum written by the Board of Inland Revenue in consultation with the Board of Customs and Excise, Jan. 1922.

③ 巴希尔·费罗特·布里吉特（Basil Phillot Blackette, 1882—1935）出生于加尔各答，父母都是传教士。他先后求学于马尔堡学校（Marlborough）和牛津大学大学学院；他1904年入职财政部，1913~1914年担任印度皇家财政委员会（Royal Commission on Indian Finance）的秘书，1917~1919年担任英国财政部驻华盛顿代表，1919~1922年担任财政部财政审计员，1922~1928年在印度威瑟罗伊委员会（Viceroy's Council）担任财政委员。1929年他成为了英格兰银行的主管。加入德比尔斯综合矿产（De Beers Con-solidated Mines）后，1929~1932年他担任皇家及国际传媒公司（Imperial and International Communications Co.）董事长。1931年经济危机发生后，他转而支持计划货币、英镑区和赤字财政等观点，而1922年他的经典观点是反对赤字财政。(*DNB, 1931-40*, ed. Legg, pp. 83-4.)

④ PRO, T171/202, 'Budgeting for a deficit', B. P. Blackett, 24 Mar. 1922.

第三章 "可怕的战后痛疾"：1918～1925年债务和税赋

英国的自由。财政稳定决定于：

> 英国如何分配财政收入（采用减债措施）。对于国家来说，最危险的事是无法通过征税来用于各项开支。目前很多欧洲国家公共财政面临的危险很大程度上源于政府无力或不愿将税收用于财政支出[1]。

一旦英国放弃预算平衡，其他国家就缺少了模仿的榜样，因此"短时间内无法使全球公共财政重归稳健"。控制支出也符合工业的利益：如果放松支出管控而帮助工业，那么其他领域也会要求放松支出管控。财政部认为，保持偿债基金和减少通过征税而偿债对于工业的长期发展是有好处的，因为若债务偿清，工业会更具竞争力，而且杜绝强制贷款或征收一次性资产税[2]。

一战结束前夕，国内税收局提出取消超额利润税，并向超出一定水平的已使用资金（capital employed）征收统一的累进利润税。这说明英国不再固执己见，不再将公司视为"不纳税的一群人"，避免引起公司对税收的抵制；而将采取美国的方式，将公司看作享有权利的纳税实体[3]。征收战时超额利润说明公司被当作纳税的实体——在约西亚·斯坦普（Josiah Stamp）[4]看来，这种变化应当长期持续。他认为公司盈利得益于社会支出和商业环境，因此即使公司的每一成员都已缴税，公司也需额外缴税[5]。他举的例子与 J. A. 霍

---

[1] PRO, T171/214, 'Funding pensions', Niemeyer to chancellor, 9 Feb. 1923.

[2] PRO, T171/202, 'Anti–Mond', O. Niemeyer?, n. d.; 'Budgeting for a deficit', B. P. Blackett, 24 Mar. 1922; T171/214, Niemeyer to chancellor, 20 Mar. 1923; 'Sinking funds', Niemeyer to chancellor, 23 Jan. 1923.

[3] K. K. Kennan, *Income Taxation: Methods and Results in Various Countries* (Milwaukee, 1910), pp. 280–2; PRO, T171/178, 'Report to the Board of Inland Revenue on the excess profits taxes imposed in Canada and the USA, with special reference to the imposition of a tax on business profits in the United Kingdom', G. B. Canny and W. F. Atkins, Jan. 1920; H. B. Spaulding, *The Income Tax in Great Britain and the United States* (London, 1927), pp. 35–6, 86–93; G. S. A. Wheatcroft, 'The tax treatment of corporations and shareholders in the United States and Great Britain', *British Tax Review* (1961), 41–61.

[4] 约西亚·查尔斯·斯坦普（Josiah Charles Stamp, 1880—1941）生于伦敦，父亲是一名店主。1896年他进入国内税收局，成为一名年轻的职员。1911年他获得了伦敦政治经济学院的经济学在职学位，1916年又获得了理学博士学位。1916～1919年他是国内税收局的助理秘书，1919年他成为了诺贝尔工业（Nobel Industries）的秘书兼主管。1926年成为伦敦、中土及苏格兰铁路公司（London, Midland and Scottish Railway）的董事长。1919～1920年他是皇家所得税委员会（Royal Commission on Income Tax）的成员，1924～1927年任国家债务和税收委员会（Committee on National Debt and Taxation）成员，1928年成为英格兰银行的主管，1930～1941年供职于担任经济顾问委员会。他是达韦斯（Dawes, 1924）和扬（Young, 1929）德国偿债委员会的英国成员。（*DNB, 1941–50*, ed. Legg and Williams, pp. 817–20.）

[5] PP 1920 vii, *Report from the Select Committee on Increases of Wealth (War)*, Q. 3133.

布森（J. A. Hobson）①类似，后者对用于生产要素的"成本"（不应征税）和"多余的"或"不必要的支出"（可以专门支付税收）做出了区分。按照该方法，在房地产或无线电产业中，投机倒卖获得的1000英镑中超额盈利量大，而劳动获得的1万英镑中没有超额盈利。但是，所得税仅与收入相关，并不包含超额盈利，因此第二种情况的边际税率较第一种更高。斯坦普同意霍布森的观点，即"征收利润税能更好盈利并且不需要支付成本"。特别是，对利润征收累进税才能真正打击牟取暴利者，而且不会让一般的公司丧失积极性②。

考虑到人们认为对资产征收利润税要强于征收百分之百的超额利润税或一次性资产税③，财政部和国内税收局起初愿意对利润征收累进税，这是很实际的。1919年，奥斯丁·张伯伦将超额利润税降至40%④，认为调整后的利润税不再繁重，对工业更公平。因此，官员们被要求对美、加两国的利润税机制（在一定比例以上）撰写报告。他们的回应十分保守，强调确定资本的困难之处，以及该做法对生产力和效率的负面作用。他们至多承认在当前的非常时期，"常规税和永久税达到了上限，在实行的过程中较为公平"。在极端情况下，征收利润税更加受人支持：第一，获利者需要缴税，为财政收入

---

① 约翰·阿特金森·霍布森（John Atkinson Hobson, 1858—1940）生于德比（Derby）的一个报社业主之家。他求学于德比学校和牛津大学林肯学院。毕业后直到1887年他教经典后来他担任学校外请讲师，直到1897年。他在《工业心理》（The Physiology of Industry, 1889）中提出了消费不足的观点（同A. F. 穆莫里（A. F. Mummery）一道），呼吁累进税制。他受到了罗斯金（Ruskin）的影响，1898年写了一篇有关罗斯金的研究报告和一本关于科布登（Cobden）的书。他希望将垄断企业收归国有，规范工业；一些个体企业有自己的品位和技艺，体现消费者和生产者的个性，对于这些个体企业则予以保留。他相信消费过少会导致储蓄过多和资本外逃到帝国主义。自由贸易带来的收入只有在国内进行重新分配才能保证国家和平。（DNB, 1931-40, ed. Legg, pp. 435-6.）
② 关于霍布森对于二者的区分，见唐顿，《信任利维坦》，344-346页。他在《国家债务和税收委员会议召开前搜集的证据细节》（Minutes of Evidence Taken before the Committee on National Debt and Taxation）（共两卷，伦敦，1927年）（第一卷，Qq. 1555、1578-1649页）中对该说法做出了更细致的说明。关于斯坦普，见J. C. 斯坦普，"关于当今国内财政商业利润的特殊税收"（The special taxation of business profits in relation to the present position of national finance），选自《经济期刊》（Economic Journal），第29期，1919年，411-427页，"资本税和'支付能力'"（Taxation of capital and "ability to pay"），选自《爱丁堡评论》（Edinburgh Review），第20期，1919年，及斯坦普载于公共档案办公室IR75/109的备忘录中的"从理论及学术方面谈一次性征收的资本税"（The levy on capital in its theoretical and academic aspects）。A. A. 米切尔（A. A. Mitchell）的"一次性征收的资本税"（A levy on capital）一文（载于《经济期刊》，第28期，1918年，268-275页）中讨论了判断个人能力的方法（实际收入，资本化收入或资金）。他认为，实际收入是判断个人能力的最好方法；他还讨论了估值问题，以及发生在1910年估值中的"一败涂地"。亦见A. 胡克（A. Hook），"资产税和债务偿付"（A tax on capital and redemption of debt），选自《经济期刊》，第28期，1918年，167-175页。
③ PRO, T171/151, 'Proposed compulsory limitation to dividends: note by J. C. Stamp, 9 February, 1919'; T171/162, N. F. Warren Fisher and H. P. Hamilton to chancellor of the Exchequer, 30 Nov. 1918; Stamp, 'Special taxation of business profits'.
④ MRC, FBI MSS 200/F/3/E4/1/1, deputation to the chancellor of the Exchequer, 5 July 1919.

做出贡献；第二，利润税并非针对个人，不会直接加在个人身上；第三，也是最重要的，中下层群众和工人阶级认为资产回报过多，使利润税获得了舆论支持。因此征收利润税在短期内是可行的。一些工党人士支持一次性资产税，保持某些利润税则会缓解这种压力，这也是中产阶级遏制暴利行径的一种方式，同时也是工业改革超额利润税的一种渠道。但是国内税收局在报告中不同意永不征收公司税[1]。

工业家并不完全信服，他们认为推出的任何新税都要用于一切行业，包括农业和不征收超额利润税的行业[2]。然而，一旦扩大税收，将更难判断所得税的增加。由于它包括了劳动所得收入，不利于判断税款的增加，与"现代的公平税收目前主要由支付能力决定"的说法相悖。最重要的是，这无法消除资金持有者对超额利润的反对[3]。因此，1920年4月的预算采取了一种新的公司税，这样有限责任公司需缴5%的利润税。但这仍然无法平息公众对战后繁荣时期利润奇高的不满，因此只要存在超额利润，超额利润税率就会保持在60%。当利润回到战前水平，无法通过超额利润税产生财政收入，那么企业利润税则可能被保留。企业利润税的存在理由有两点：一是，公司有义务为合法收益缴纳一定的税收；二是，缴纳税收是实现社会总体公平的方式。公司为留存利润按所得税标准税率缴税；在分红时持股人应当支付附加税。私人合伙企业需要为利润分配或留存利润支付附加税[4]。即使在当时政治高压下，张伯伦也拒绝屈从于自私、高傲、不断对其施压的工业家，敦促工业家

---

[1] PRO, T171/178, 'Report... on the excess profits tax imposed in Canada and the USA'; 'Memorandum by the Board of Inland Revenue as to the arguments which might be adduced for and against a tax on profits of corporate trading bodies, with suggestions as to the form which such a tax might take, February 1920'.

[2] PRO, IR63/84, A. Chamberlain to Fisher, 5 Feb. 1919; T172/1164, deputation to the chancellor of the Exchequer from the FBI, 10 Mar. 1920, also in MRC, FBI MSS 200/F/3/E4/1/2.

[3] 公共档案办公室T172/1164和现代档案中心，FBI MSS 200/F/3/E4/1/2，代表团，1920年3月10日；公共档案办公室T172/1164和T171/177，英国商业协会和英国工业协会代表团致财政大臣A. 张伯伦的信，1920年5月5日；T171/177，"在英国商业协会和英国工业协会代表团之前提交的说明"（Note in anticipation of the joint deputation from the Association of Chambers of Commerce and FBI），1920年5月1日。英国工业协会对自己被迫在超额利润税和战争税中二选其一一事表示了抱怨；认为可以采用统一税：见现代档案中心，英国工业协会MSS 200/F/3/E4/1/2，英国工业协会主管致莱兰得，1920年4月23日。

[4] PRO, T171/176, A. Chamberlain to A. Bonar Law, 11 Mar. 1920 (also in House of Lords Record Office, Bonar Law Papers, BL98/8/6); T171/178, 'Memorandum... as to the arguments which ought to be adduced for and against a tax on profits of corporate trading bodies'; 'Note by the Board of Inland Revenue on alternative methods of securing a yield of revenue comparable with that offered by the existing EPD of 40 per cent'; Austen Chamberlain in *Parliamentary Debates*. 5th ser. 128, 19 Apr. 1920, cols. 96, 98 – 9; T171/190, 'Note on possible methods of replacing part of the revenue now drawn from the Excess Profits Duty', Inland Revenue, 17 Dec. 1920.

们记住，弥漫全国的危机情绪正在威胁着工业家们的资本。工业发言人不情愿地承认，超额利润税更加安全，战争财富税只会搅乱信贷市场，提高税收，可能导致最严重的财政灾难。一位来自格拉斯哥的商人说："人民与超额利润税水火不容，但倘使只能从超额利润税和一次性资产税两者之间选择，那么即使是对该税反对最甚者也不会支持一次性资产税，转而选择超额利润税。①"

超额利润税和公司利润税只是解决战后危机的短期之计。相较于对销售征收的普遍间接税，虽然利润税也会招致企业主的反抗，但利润税仍然是更佳的选择。财政部长罗伯特·霍恩（Robert Horne）② 承认，"公司税是一种从美国引进的坏税。但是我继续征收该税，是因为征收公司税的第一个人旨在获得财政收入。③"霍恩与英国工业协会有所交流，他承认目前税收已超过工业的纳税能力。温斯顿·丘吉尔、E. S. 蒙塔古（E. S. Montagu）④ 和阿尔弗雷德·蒙德同意他的观点，他们认为，英国工业协会提出的"大幅削减支出以降低所得税征收"的建议会威胁社会改革进程，把政局拱手让给工党操控。似乎，只能通过暗度陈仓的方法才能削减所得税并维持支出水平：明面上侵吞偿债资金，实则掩盖财政赤字⑤。只要掩盖财政赤字，霍恩的施政措施就不会受到注意；而当经济复苏，财政出现盈余之时，预算的传统性也就受到了

---

① House of Lords Record Office, Bonar Law Papers, BL99/1/15, Younger to Law, 21 May 1920; 99/1/26, H. Macgeorge to Law, 31 May 1920; see also 99/1/17, P. Woodhouse to Law, 22 May 1920, on the same assessment by Lancashire businessmen.

② 罗伯特·史蒂芬森·霍恩（Robert Stevenson Horne, 1871—1940），生于斯特灵郡一个牧师家庭。他先后在爱丁堡的乔治·沃斯顿学院和格拉斯哥大学求学，后于 1896 年成为一名辩护律师。一战时期，他和吉德斯一道参与铁道、材料和劳工管理。他 1918~1937 年担任下议院统一派议员。1919~1920 年担任劳工大臣，1920~1921 年担任贸易委员会主席，1921~1922 年担任财政大臣。他后来成为苏伊士运河、劳合银行和 P&O 的总监，正式踏入商界；他是缅甸公司和大西方铁路公司的董事长。[DNB, 1931 – 40, ed. Legg, pp. 444 – 5; Robbins (ed.), Biographical Dictionary, pp. 215 – 17.]

③ 公共档案办公室 T172/1427，英国商业协会代表团致财政大臣罗伯特·霍恩的信，1922 年 2 月 14 日；亦见 T172/1319，国内税收局委员会与英国工业协会代表团致财政大臣的信，1923 年 1 月 30 日。

④ 埃德温·萨谬尔·蒙塔古（Edwin Samuel Montagu, 1879—1924）是一位著名金融家的儿子。他在剑桥大学三一学院求学，1906~1922 年担任下议院自由党议员。1906~1910 年间担任阿斯奎斯的私人秘书，1910~1914 年担任印度国家议会副秘书长，1914~1916 年担任财政部财政秘书，1915 年担任兰开斯特公爵郡大臣，1916 年担任军火大臣。1916 年 12 月他辞职，后来于 1917 年开始担任印度国务卿，直至 1922 年。[DNB, 1922 – 30, ed. Weaver, pp. 607 – 10; Robbins (ed.), Biographical Dictionary, pp. 306 – 7.]

⑤ 公共档案办公室 T172/1164，R. P. 纳根特致 D. 劳合·乔治的信，1920 年 6 月 5 日；英国工业协会代表团致奥斯丁·张伯伦，1920 年 12 月 10 日。例如，国家生产联合会（National Union of Manufacturers）敦促吉德斯委员会削减 1923 年的预算支出；T172/1432，国家生产联合会代表团致首相的收入报告，1922 年 7 月 11 日；亦见 T172/1427，英国商业协会代表团致财政大臣罗伯特·霍恩的信，1922 年 2 月 14 日。

第三章 "可怕的战后痼疾": 1918～1925 年债务和税赋

维护①。最终,1923 年他的继任者斯坦利·鲍德温(Stanley Baldwin)② 将公司利润税降至 2.5%,并且预见了公司利润税的最终消亡。他曾对下议院议员说"每个人都认为公司利润税是一种坏税,它对于企业和工业是一个格外沉重的负担。③"最终于 1924 年,斯诺登在第一份工党预算中彻底废除了公司利润税。

公司税不受英国财政政策欢迎的原因是它违背了财政的基本原则:公司只是代理商,并不是纳税实体。在美国,公司税没有让社会反对大公司或联邦税收。与之相反,人们认为美国的所得税体系最为公平。虽然战后工业直接背负了巨大的财政负担,财政大臣仍然认为"公司利润税并不是正常税收",只要环境允许,现存的财政体系就是合理的。更加不可思议的是,工党反对公司税,并且摒弃了霍布森的"附加利润税"说法。工党认为目前需要在财富完成积累后对其征税,而不是打击产生财富的收入④。在道尔顿看来,相比于其他资产所有者,合资公司的普通持股人尤其反感利润税。在这种情况下,征收利润税极不利于鼓励企业承担风险。公司利润税和工党的策略"对非劳动所得征税,企业需承担税收"相悖⑤。一味抱着征收一次性资产税的空想只会导致征收公司利润税的实际措施在二战结束之前都不会出现在财政议程中,对公司税的反对则意味着英国财政机制无法向企业盈利课税。虽然征收所得税是一种累进税,但是企业盈利才是不平等收入的主要源头,不征收公司税并没有推动平等。

---

① Short, 'Politics of personal taxation', pp. 151, 166 - 86; PRO, T171/202, memorandum by the secretary of state for India, E. S. Montagu, 9 Dec. 1921; memorandum by the minister of health, A. Mond, 'Reduction in Taxation', 30 Mar. 1922; Churchill to Horne, 30 Mar. 1922; T171/203, Hopkins to Grigg, 31 Aug. 1921; T171/205, Horne to G. V., 29 Apr. 1922; House of Lords Record Office, Lloyd George Papers, LGF/37/1/26, Mond to Lloyd George, 1 July 1921.

② 斯坦利·鲍德温(1867—1947)是一铁器铸造商的儿子。他先后在哈罗公学和剑桥大学三一学院求学,后加入家庭企业,1908～1937 年任下议院保守党议员。1916～1917 年担任博纳·劳的国会私人秘书,1917～1921 年担任财政部财务秘书之一,1921～1922 年任贸易委员会主席,1922～1923 年担任财政大臣,1923～1924 年和 1924～1929 年担任英国首相,1931～1935 年担任枢密院议长,1935～1937 年间再次担任首相。1919 年,他将自己 20% 的资产变现,解国家战争债负之困。(*DNB*, *1941 - 50*, ed. Legg and Williams, pp. 43 - 51; Robbins (ed.), *Biographical Dictionary*, pp. 30 - 3.)

③ U. K. Hicks, *The Finance of British Government*, *1920 - 36* (London, 1938), p. 238; *Parliamentary Debates*, 5th ser. 162, 16 Apr. 1923, col. 1740.

④ R. C. Whiting, 'The Labour party, capitalism and the national debt, 1918 - 24', in P. J. Waller (ed.), *Politics and Social Change in Modern Britain: Essays Presented to A. F. Thompson* (Brighton, 1987), p. 148, citing LPA, JSM/FIN/50.

⑤ 《议会辩论》,系列五,141,1921 年 4 月 25 日,233 卷,172 卷,1924 年 4 月 29 日,1606 - 1607 卷;唐顿,《解释一次性资产税》(*Capital Levy Explained*),41 页。在该阶段并未考虑通过股价上升所得的资产收益。对租金的担忧和社会创造的价值主要集中在非劳动所得上,而非遗产税或国有化导致的资产潜在价值。二战结束后,所得税率极高,人们开始通过转让股票获取收益这种不需缴税的方法避税,而非依靠股票分红获利,这引发了人们的担忧。1947 年,唐顿开始对股票分红征收更高额的税收以降低流转率。

间接税

  维持高额税收和保证债务清偿不一定意味着征收利润税或所得税。在英国工业协会看来，维持高额税收和保证债务清偿意味着征收间接税[①]。一战期间，政府间接税收入大大下降，1913/1914 财年间接税收入比例是 42.5%，而 1919/1920 财年则降至 24.9%。虽然超额利润税被叫停，征收公司税意味着直接税趋势的一大逆转，但是以 1929/1930 财年为例，间接税仍然占到了政府收入的 35.9%（见表 2.3）。很多工业家和所得税纳税人都认为他们负担过重，而间接税纳税人缴税比例并不合理。1922 年，里奥·艾默里（Leo Amery）[②] 呼吁展开对社会主义的对抗，旨在颠覆现存的"抑制各阶层的节俭行为，以及颠覆整个资本主义或直接税过高的个人主义经济体系"。他的解决方式是马上削减所得税，征收关税或对生产和流通的各个环节征收销售税。在艾默里看来，这种政策符合民众利益和心理，是一件值得不断为之努力的事[③]。但是 1923 年的大选说明，这种保护主义并不受欢迎。一战后，人们认真地对新征间接税的措施考虑了两次，并对三种间接税的优点进行评估：一是零售流转税；二是对商品从原料到终产品过程中的每一环节都征收流转税；三是在商品从制造商和批发商流通到零售商或顾客的过程中对卖主征收销售税[④]。每种税都很难得到一致同意，都面临着来自税务局当局的反对。

---

  ① 例如，公共档案办公室 T171/190, P. 莱兰得致财政大臣的信，1921 年 2 月 10 日，及 T172/1205 英国工业协会代表团致财政大臣，1921 年 2 月 16 日。
  ② 里奥波德·查尔斯·毛里斯·斯坦特·艾默里（Leopold Charles Maurice Stennett Amery, 1873—1955）生于印度，其父是印度公务员。他曾就读于哈罗公学和牛津大学贝利奥尔学院，后成为牛津大学万灵学院（All Souls）董事。1899~1909 年担任《泰晤士报》记者，并取得律师资格。他支持关税改革和征税，反对地方自治。1911~1945 年担任下议院议员。服役期满后他成为战时内阁的政治部长；1919 年他成为议会殖民部副部长，1921 年在海军系统担任议会和财政秘书。1922~1924 年间担任海军第一大臣，1924~1929 年担任殖民地大臣。后来他转投商界，支持丘吉尔重振军备的意见，但是反对其印度自治的观点。1940~1945 年他担任印度国务大臣，期间他寻求民族主义者的支持，但却受到了丘吉尔的阻挠。二战后，他依旧对帝国优惠关税制度表示支持。[*DNB*, 1951–60, ed. Williams and Palmer, pp. 16–19; Robbins (ed.), *Biographical Dictionary*, pp. 9–12.]
  ③ Birmingham University Library, AC24/4/1, L. S. Amery to Austen Chamberlain, 26 Jan. 1922.
  ④ PRO, T171/203, 'Possible increase of existing customs and excise taxation: note by the Board of Customs and Excise', 20 Jan. 1922; IR74/245, 'New Taxation Sub–Committee II to consider (a) separately (b) in conjunction an individual expenditure tax and an annual tax on capital of individuals in supplement to or part substitution for the income tax'; 'New Taxation Sub–Committee G, to examine suggestions arising in any quarter not covered by the other sub-committees and to explore any proposals which seem worthy of consideration'. PRO, T171/203, 'Note of interview with the chancellor of the Exchequer, 29 August 1921', R. V. N. Hopkins, 30 Aug. 1921.

第三章 "可怕的战后痼疾"：1918～1925年债务和税赋

如果政府为给经济降温而征收流转税，那么物价会因此上升，而压在穷人身上的税负则更加不公平。国内税收局认为，储蓄能力较低的家庭本身就很难承受应税产品的价格，而征收流转税则会让他们承受更重的负担，有悖于让每家每户免交直接税的政策。而且，这种做法涉及85万零售商，税款征收易招致反对，破坏目前政府和零售商的关系[1]。对商品生产和流通的每一个环节征税会招致更多的类似批评，导致更多问题。最显著的矛盾是：如果不征收保护性或补偿性关税，就会导致进口商品享有大过国产商品的不公平优势；但是不撤销关税又不利于出口。因此，当其他征收流转税的国家早已实行保护性措施时，英国还在为流转税的利弊争论不休[2]。由商人上缴销售税会简化征税过程，因为销售税仅征收一次，而且只针对大型批发商和制造商征收，并非针对小店主。这样，进口商品在零售的过程中将和国产商品站在同一起跑线竞争，而出口商品则免缴税收，使销售税易于落实，有些类似于二战中采用的购置税[3]。即便这样，也有反对观点认为销售税与英国税收体系受到的高度认同相抵触。反对间接税的观点认为，在英国直接税具有合法性，在其他不那么富裕的国家间接税则是必然。国内税收局的工作效率让英国公众对避税行为不再吞声受气，还减少了财政管理中的不公平。国内税收局对此引以为豪[4]。

对一切或很多商品征收销售税在其他欧洲国家很常见，这种税可以在生产和流通过程中一次性征收，也可以对生产和流通过程的每一环节分别征收。1917年德国对销售行为征收的印花税仅仅产生了很少的财政收入，因此1918年转而征收流转税（*Umsatzsteue*），这种模式对生产和流通过程的每一环节分别征税。流转税对于西德中央财政极其重要；事实上，西德联邦政府并没有征收直接税，过半的财政收入都来自流转税。大型企业的所有生产环节都在本公司完成，因此能够受利于流转税，而小型生产商则必须在每个环节中不断买入卖出。在法国，小型生产商在每个环节中不断买入卖出的现象比德国的多得多，给法国政治造成了困难：法国政府于1917年推行的印花税遭遇了和德国一样的命运，产生的财政收入甚少。1920年，法国转而对大多商品征

---

[1] PRO, T171/176, 'A tax on turnover: memorandum submitted by the Board of Inland Revenue with the concurrence of the Board of Customs and Excise, 10 November 1919'. On the reconsideration in 1922, see T171/204, 'Note by the Revenue Boards: tax on turnover', H. P. Hamilton and P. Thompson to chancellor, 18 Jan. 1922, and 'Notes by the Board of Inland Revenue on turnover and sales taxes abroad'; T172/1237, 'Memorandum by the Revenue Boards on a tax on turnover', 18 Jan. 1922.

[2][4] PRO, T172/1237, 'Memorandum by the Revenue Boards on a tax on turnover', 18 Jan. 1922.

[3] PRO, T172/1237, 'Memorandum by the Revenue Boards on a merchants' sales tax', 4 Mar. 1922.

收2%的流转税（taxe sur le chiffre d'affaire），对奢侈品调高税率，对食品免税。流转税本来对政府收入十分关键，但是由于是累退税，有利于大型企业，因此备受争议。因此，在法国有人甚至支持用一体化来提高效率。就连那些致力于废除该税的激进分子和社会主义者在1924年掌权后，有限的操作空间也让他们束手束脚。虽然他们保留了流转税，但也新增了指定产品的生产税。这使税收体系复杂化。1936年人民阵线成立了新政府，除了对小手工业者免税外，对生产还要一次性征税。新征收的生产税（taxe à la production）1954年之前一直实行，但它并没有产生足够的财政收入；法国于1939年重新开始征收交易税（taxe sur les transaction）。法国的税收结构在1919~1939年仍然处于高度分裂状态，直到1954年增值税（taxe sur la valeur ajoute）征收时才有所变化。这也是欧共体实现税收一致的基础[1]。

财政部和税务局担心销售税会导致社会经济关系的紧张局面。征收销售税意味着工薪阶层的缴税税率低于企业，而国内税收局不能接受这一情况。由于很多税赋将从消费者转移到生产过程上，因此人们同样怀疑间接税是否有助于工业发展。销售税只对那些工会力量弱、工资没有上涨的行业才有减负作用。但是，"英国的劳工组织强于国家和雇主，这一对比强于除不征收流转税的澳大利亚外的其他国家"。高物价会导致工薪阶层要求提高工资，实际上把负担转移到了产业资本上，加剧了工业生产分工中的矛盾。如果劳工胜利，工业就必须承担税收；如果劳工失败，实际工资会减少，生产力下降，下滑的税收无法弥补产出损失。因此无论劳工是否获得成功，工资纠纷都会导致生产成本增加。此外，工资有所提高和工资无法提高的工人（失业、退休人员和固定利率收益人）之间也会产生不公平。税务局的结论是，对于各行业来说，接受现行税种（只有当其盈利并且成本未提高之时）要强于选择间接税[2]。

国内税收局最终发现，企业并无理由抱怨，而且由于其他备选方式受到了极大反对，利润税才是解决战后危机的最佳方法，但这不意味着利润税是完美的。虽然征收所得税更加"科学"，更符合人们的支付能力，但是只要所

---

[1] J. F. Due, 'Sales taxes in western Europe, II', *National Tax Journal* 8 (1955), 300 – 21; C. S. Shoup, *The Sales Tax in France* (New York, 1930), pp. 3 – 4, 7 – 37, 354; Maier, *Recasting Bourgeois Europe*, pp. 466 – 506; F. M. B. Lynch, 'A tax for Europe: the introduction of value added tax in France', *Journal of European Integration History* 4 (1998), 67 – 87.

[2] PRO, T172/1237, 'Memorandum by the Revenue Boards on a tax on turnover', 18 Jan. 1922; 'Memorandum by the Revenue Boards on a merchants sales tax', 4 Mar. 1922; IR74/231, 'Industry and the weight of taxation'.

得税上升，哪怕数额不大，对于广大的体力工作者等低收入者来说这都是十分沉重的负担。与此相比，利润税的好处则在于人们并不确定最终的税额[1]。由于存在对战争财富税和一次性资产税的反对声音，社会对其他税种的需求有所增加。由于战时实施了劳工福利，想在战后增收间接税十分困难。一旦打破这一福利，人们就会质疑战后财政格局是否合法，国家是否公平。因此必须采取措施，对工薪阶层和中产阶级痛恨的牟取暴利行为进行打压。而实现方式就是在解决流动债务问题和恢复财政收入之前，保持超额利润税和公司税。

维持财政体系

一战结束后，英国历史进入一个重要阶段，虽然并比不上1931年经济危机那般受关注。事实上，一战后人们不再讨论政策，而是重建财政体系，这些讨论很大程度上决定了1931年人们拥有的选择[2]。这一时期以一次性资产税需求急剧增加为标志。由于一次性资产税需求的急剧增加有可能改变英国社会，中产阶级对一次性资产税充满仇恨，进而引发了反奢靡运动和对劳工收益的不满。罗斯·麦基宾称，20世纪20年代中期达成的解决机制让工人阶级继续受压迫，中产阶级则因此受益，两战间期的政治经济对中产阶级的利益非常有利[3]。他的说法并不完全正确。尽管一次性资产税受到遏制，税收收入仍比战前水平的两倍还多，而且直接税还进一步受到青睐。当然，政府财政收入的很大一部分增量用于偿还国债，但社会福利的支出也有所上涨。对所得税的依赖意味着税基相对狭窄，容易受到选举压力的影响，所以社会需要创建一个激励机制，以确保高额所得税不会导致重大选票丧失。因此，有必要减少一些中产阶级的所得税，特别是对那些收入微薄、需要养育后代的家庭。1919～1939年的政治经济在很大程度上维护了中产阶级的利益，而且并没有牺牲工人阶级的利益。大罢工停止后，工资不再下降，物价下跌也真正让有工作的人们受益。举例而言，德国货币市场未能吸收短期政府债务，于是遭遇了巨额通胀和经济萧条；而英国政府则谨慎处理流动债务，进而避

---

[1] PRO, T171/190, 'Note on possible methods of replacing part of the revenue now drawn from the Excess Profits Duty', Inland Revenue, 17 Dec. 1920.
[2] A point well made by S. Pedersen, 'From national crisis to "national crisis": British politics, 1914 - 31', *Journal of British Studies* 33 (1994), 327 - 8, 332.
[3] McKibbin, *Clases and Cultures*, pp. 54, 59 - 60, and 'Class and conventional wisdom'.

开了德国的厄运①。

明显夸大财政部经济管理手段的复杂性和其对实现公平的关注,这是很危险的。尽管如此,财政部和政府并没有仅仅听从金融城的意愿而打击生产行业,或是听从中产阶级的意愿而打击工人阶级。"重铸英国的中产阶级"过程中的一个主要特点是成功保持了国家合法性和高税收的合理性,这一成果来之不易。反观欧洲,欧洲社团主义不断与立法机关之外的利益集团订立契约,导致了选举产生的代表、议会、政党和职业官员间权力的错位②。相反,英国采取议会制政府,企业组织不得不加入而不是拒绝政党制度。通过政治言论或资料表现的利益仍是议会考虑的问题。面对来自战争和战后调整的压力,英国的反应是"政府将照顾到所有重大的经济和政治利益,决心达成全国共识"。来自工厂和劳工的压力团体代表向财政大臣提出了他们的方案,得到了财政部和国内税收局的仔细考虑。然而,制定政策和批准政策的政治家不得不听取极具权势的职业官员的提议,正是后者决定着对外界压力的反应,而财政部和国内税收局并不参与政策制定。与社团主义者协助订立契约不同,这一主张过程强调现存体制的形成是自然而然的,推崇中立和公平,用另一种方式表达了对合法性、合宪性丧失的担忧③。英国有其自主利益,如解决流动债务问题以维持财政稳定。在面对来自金融城、工业家、工人组织或中产阶级等强有力组织对"奢靡"的反对时,英国也要有能力实现其目标。

应该如何对结果进行评判?应当注意到,没有任何利益群体享受优惠待遇或遭受不公的刁难,因此即使税收增加,人们也能接受税收体系和国家的合法性。其结果是,大量的税收仍然会转移给失业群体,大萧条期间的福利体系也可能会更优厚。但是其结果是否像财政部和国内税收局所说的那样公平呢?一个根本不平等的制度可能会被同意,遏制本来可能于1918年扩大的选举权。麦克尼科尔(Macnicol)认为,财政部成功地控制了大众民主对资本主义社会秩序的威胁,把用于社会福利而征收的税收变成了民众缴纳福利④。在这种情况下,若一次性资产税未能成功实施,现存的收入水平和财富分配将保留。这一政治决定类似于工党利用一次性资产税使社会更加平等。

不过,财政部和国内税收局的做法并不仅仅是为了抑制变革而宣传虚假

---

① See Balderston, 'War finance and inflation', 238 – 40, 224.
② Maier, *Recasting Bourgeois Europe*, pp. 4, 8 – 10, 580 – 1.
③ This approach is found in Turner, 'The politics of "organised business"', pp. 48 – 9, and *British Politics and the Great War: Coalition and Conflict, 1915 – 18* (New Haven and London, 1992), p. 369; McDonald, 'The Geddes Committee', 648, 673 – 4; Nottingham, 'Recasting bourgeois Britain?', 244 – 7.
④ Macnicol, *Politics of Retirement in Britain*, pp. 3 – 6.

第三章 "可怕的战后痼疾"：1918～1925年债务和税赋

的公平。毕竟1914年以来，国民收入分配已出现重大变化，朝着有利于劳工的方向发展。战时工资差异缩小，低收入群体因此受益，工人消费面临的间接税也并未大幅上涨。战争时期，工人收入越高，上缴的所得税就越多，但战后国家调整了所得税起征点，取消了大部分间接税。令人惊讶的是，战争结束后，却并未撤消帮扶贫困群体的收入再分配方案①。尚不清楚抑制变化是否完全符合资本和中产阶级的利益。另外，对实际公平和道义公平的区分也是需要的。税收局关心的是如何通过平衡各方利益以实现实际公平。从另一方面讲，由于税收体系可能被当作政治手段，损害税收体系的合法性，使征税变得更困难，税收局并不期望使用税收体系改变社会不公局面而实现"道义公平"。官员们认为，英国财税体系获得的高度认同能让政治家获得财政收入从而制定公共政策，维持这种认同十分重要。战后协商让财政体系免于成为矛盾之源，让英国得以施展身手而不是束手束脚。最终，英国在1919～1939年维持了其支出水平，而且几乎没有受到反对，法、德两国则与其大相径庭。但是我们也应当注意，财政部和政治家们对财政体系合法性和稳定性的基本看法；而美国的安德鲁·梅伦（Andrew Mellon）则试图让财政部不要代表任何党派，并给予企业优惠政策，允许其繁荣发展②。但是英国工业协会对经济效率的担心并不受关注，这一问题反而在二战后空前突出。工党呼吁对主要经济结构进行变革，但并没有扭转战时收入分配公平化的趋势。分配公平的新标准则在后来的战时和战后辩论中出现了。

官员和政治家们主要关心财政和政治稳定，期待消除流动债务的威胁，抑制工党的一次性资产税措施和民粹主义的反奢靡运动。政府采取的政策旨在权衡两种相冲突的方式，避免表现出对某一方面利益的明显偏向。普遍征收销售税意味着把工人辛苦挣来的钱全都交给了食利者，让工人蒙受灾难，因此增加一次性资产税可以减轻工人的负担。一次性资产税亦可减轻投资人的税收负担，但是这对有产者不利，可能导致他们联合起来进行反抗。在关于分配的辩论中，生产者的定义是辩论的核心。如果个人将自己定义成自身努力被食利者和被动资本蚕食的生产者，那么对资本积累的高额税收会促进

---

① C. 法恩斯坦（C. Feinstein），《1855 – 1965年英国国民收入、支出和产出数据表》（*Statistical Tables of National Income, Expenditure and Output of the UK, 1855 – 1965*），剑桥，1972年，T44。1913年，工作创造的收入占国民生产总值的54.7%，1920年则增至65.5%。同时，贸易毛利则从15.4%降至11.8%，租金总11.7%降至4.3%。

② W. E. Brownlee, 'Economists and the formation of the modern tax system in the US: the World War I crisis', in Furner and Supple (eds.), *State and Economic Knowl-edge*, pp. 428 – 31, and *Federal Taxation in America: A Short History* (Cambridge, 1996), pp. 60 – 6.

产生激励因素和增长点。但是他们也可能将自己定义为饱受资产税之苦的资产所有者。政治家们需要用自己的说辞和对社会的一套规范定义来确定这些可能的身份认同。虽然辩论源于人们对稳定的关注，但随后人们还讨论了不同财政体系对激励因素和经济增长的影响。

　　经济运行重点依靠稳定高效的公众财政。官员们对经济的运行自有看法，认为如果财政关系受到威胁，国家无法以优惠利率借到贷款，那么社会信心就会丧失，经济就无法有效运转。他们明白财政稳定对于经济复苏的重要性，因此他们强调应该偿还国家债务。因此，英国得以避免遭受巨额通胀和经济萧条的命运。官员们的看法还导致了20世纪20年代通缩政策的出台，以及靠高税收偿债的做法。财政部通过分析投资证明了其政策的合理性：减少国家债务，让投资者受益，他们进而会将钱投入工业债券。因此，高税收和工业复苏具有一致的利益，尽管工业集团并不一定同意这一说法。在下一章中我们会谈到，1924~1929年温斯顿·丘吉尔创造性地凭借财政体系应对难题，以在利益团体之间达成平衡，使它们推动经济发展。前任自由党领导人选择将不事生产的富人一棒打死，而丘吉尔明白这种做法只会让财富遭受更大打击，因此他改变税收体系，使之有利于相对富裕的人和养育子女的中产阶级家庭，并且把丧夫者纳入保障金体系。

第四章 "对不同螺丝钉的纹路做出调整"：1920~1929年所得税改革

改革的需求在战前就十分急迫，而今更是势在必行。1914年以来税收大幅增长，超出理想预期。税收对国家未来的发展极其重要，在国民负担空前沉重的今天，应当公平征税；与此同时，要对个人税收做出合适的选择，因为人们在很长时间内都必须承受税收所带来压力和负担。

——PP 1920 xviii, *Report of the Royal Commission on the Income Tax*, p. 107

除了政治压力，没有任何明确的理论能够支持"支付能力"这一原则。尽管如此，支付能力仍可能会成为推行失业救济的重要手段……支付能力原则在逻辑上能够达到的结果是，依靠经验原则给予某些阶层以隐形补贴。

——Lillian Knowles, PP 1920 xviii, *Report of the Royal Commission on the Income Tax*, p. 257

自1842年英国重新实施所得税以来，政府出于政治和财政原因对所得税进行了一些小规模调整。政府没有将所得税作为整体来考虑，而是将子女补贴等要素归为另一个基于税收减免的体系中。战争期间税率上升，越来越多人背上了税赋，改革势在必行。1919年，联合政府成立了一个皇家委员会要求委员会对自1842年以来实施的所得税进行第一场整体性调查。调查的主要提议最终变成了1920年的财政法案，明确了财政制度的正当性，让维持直接税地位和提高边际税率的政策获得人们的认可[①]。1924~1937年的财政支出弹性系数（1.64）要高于二战后的1951~1979年（1.24）。尽管政府向来强调节约开支与平衡预算，然而两战间期的财政支出弹性系数还是达到了历史新高[②]。20世纪二三十年代支出增长快于经济增长，因此该阶段财政部反复强调限制支出，主要意在向人们灌输谨慎与节约的思想[③]。当时的主要问题并

[①] 关于皇家委员会的最佳讨论，见肖特，《个税政策》，93-147页。
[②] Middleton, *Government versus the Market*, table 3.13 and p. 118.
[③] 关于限制开支的观点，见克罗宁（Cronin），《国家扩张政策》（*Politics of State Expansion*），13、87-92页。

不是怎样控制政府支出（正如像拿破仑战争之后那样），而是通过什么样的方法才可以在不激化政治矛盾的情况下将政府的税收和支出维持在如此高的水平。

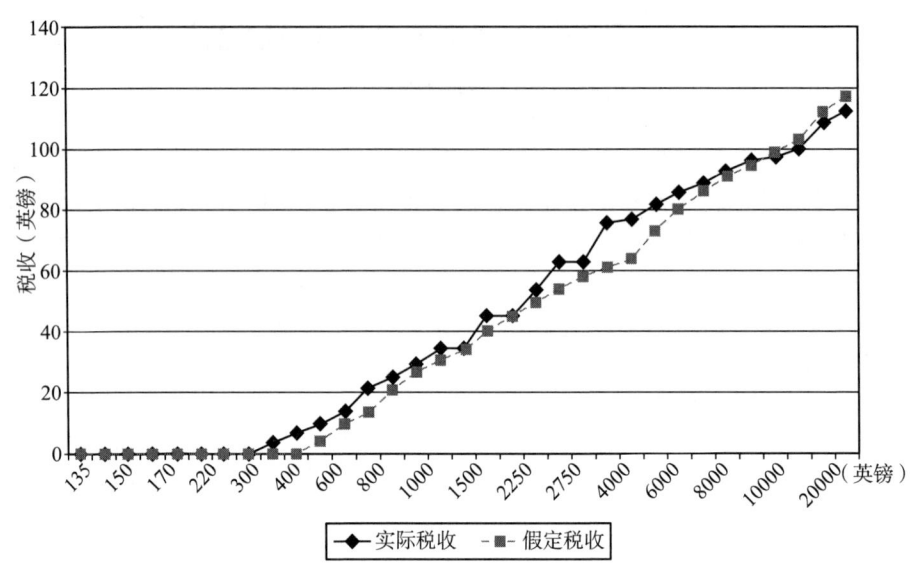

图 4.1　皇家所得税委员会成立前后，育有三个孩子的已婚家庭实际面临的所得税税率
资料来源：PP 1920 xviii, *Report of the Royal Commission on the Income Tax*, appendix ii, tables 3 and 6.

皇家委员会强调制度的连续性，提倡已经建立好的完善的制度，因为它在国家危亡时刻展现出了重要的价值。接受所得税是英国式自由的标志之一，"评价一项制度，应该根据最终取得的成果，而非基于理论的推测"。他们认为，为了消除制度和政策上的瑕疵，英国应该进一步"发展一条合理而谨慎的路线"，并在所有纳税人之间实现更加公平合理的税收分配①。皇家委员会所采取的策略是，首先消除对所得税基本结构的争议，以获得对高税率的普遍认可，并缩小讨论范围，只讨论边际税率问题。

尽管皇家委员会和联合政府急于通过呼吁公平和平等以建立财政制度的正当性，但是由于对"前后一致"和"差异"的定义根本无法做到完全客观，皇家委员会和联合政府的呼吁并不意味着税收制度能不偏不倚地对待不同阶级的不同利益诉求。各政党并不仅仅试图拉拢已有的社会或经济利益群体，同时也在定义新的利益群体，而税收正是其用于定义利益群体的主要工

---

① PP 1920 xviii, *Report of the Royal Commission on the Income Tax*, p. 107.

第四章 "对不同螺丝钉的纹路做出调整": 1920~1929年所得税改革

具。当时，所有成年男性都拥有了投票权，党派结构不断变化，很多中产阶层选民选择脱离自由党，在这种时候，获得政治认同就显得极其重要。政客们试图通过回应公众对战争财富、谋取暴利及食利者等问题的关注，从而吸引不同的利益群体和身份认同不同的群体。同时，1918年之后家庭变得尤其重要。从1918年起，30岁以上的妇女若符合一定财产条件，就可以拥有投票权，而她们占到了所有新增选民的2/3。因此，保守党从最初争取工人阶级男性选民，转为争取整个家庭的支持，以获得家庭主妇（1918年获得选举权的女性普遍这样认为）以及她们丈夫（即纳税人）的投票。保守党人将自己塑造成抵御社会主义的堡垒和家庭神圣性的守护者——两种形象分别关系到家庭生活和1918年之后女性获得选举权。保守党将女性描述为家庭中权力的真正核心，不同于男性工会成员和罢工者的家庭"掌权者"，也不同于头脑清醒的反社会主义者。子女补贴和婚姻补贴让财政大臣将税收打造成为惠民制度，而首先受益的则是那些中等收入的中产阶级家庭——两战间期政治重组的中心[①]。正如皇家委员会成员莉莉安·诺尔斯[②]指出的那样，税收制度可能会给特权阶级提供隐形补贴。因此政治家们必须努力维持平衡，他们一方面想向特定集团做出让步，从而为自己的党派获取选举优势抑或使用自己的规则塑造社会，另一方面又必须设法维护社会对税收的总体认可，因为这对国家的合法性及财政收入十分重要。如果税收制度公然偏向某些利益群体，那么纳税人的缴税意愿便会降低，从而会对彼此甚至对国家失去信心。

如何维持人们对税收体系的认可并赞成税收制度，这是财政部和国内税收局的官员们更关心的。他们认为财政大臣们追求更多选票或意识形态的认同有一定冒险性，应该持更加谨慎的态度。诚然，政治家们（通常）都是同盟的缔造者，他们都想尽可能多地获得选举人的支持，因此政治家与公务员之间不一定有冲突。财政大臣往往能够意识到税收政策对选举和社会的影响是有限的。对特殊利益集团的公然妥协会使人们质疑政府是否在政治事务与不同利益阶层间保持中立，从而使政府更难让人们认可税收体系并增大征税难度，并且大大

[①] Turner, *British Politics and the Great War*, chapter 11; J. Lawrence, 'Class and gender and the making of urban Toryism, 1880–1914', *English Historical Review* 108 (1993), 629–52; D. Jarvis, 'Mrs Maggs and Betty: the Conservative appeal to women voters in the 1920s', *Twentieth Century British History* 5 (1994), 129–52, and 'British Conservatism'.

[②] 莉莉安·夏洛特·安·诺尔斯（Lillian Charlotte Anne Knowles，卒于1926年）先后就读于特鲁罗文法学校和剑桥大学格顿学院，1904年起历任伦敦政治经济学院经济史讲师及教授。1918年起她任讨论工人阶级生活成本上涨问题的部门委员会成员，1919~1920年任皇家所得税委员会成员。[*Who Was Who*, vol. ii: 1916–28 (London, 1929), p. 459.]

降低税收制度作为一项塑造社会形态的融资政策的效率。因此，公务员与政治家的区别就成了我们所强调的主要问题，而这种区别在20世纪20年代的选举改革中显得十分重要。丘吉尔（代表保守党）和斯诺登（代表工党）都有利用所得税重塑英国社会形态的雄心，也都想采用让特殊群体受益的方式来实现这一目标。财政部和国内税收局的官员则急切地想要使他们的计划更加温和，以防财政制度变得过于政治化。官员们自诩为财政现状的捍卫者，任何改变都会被他们解读为在搅乱来之不易的平衡。然而，社会结构会转变，人们对公平的认知也会产生变化，因此在这些官员的主导下，税收制度非常有可能滞后于时代或有失公正。官员们强调通过维持现状来获取公众对制度的认可，但这种做法很不灵活，恰恰可能是在自掘坟墓。精明的政客意识到，想要维持公众对高税率税收制度的支持，就必须调整不同利益阶层和社会阶级的税收，然而这样也可能会引起极大的争议，进而降低人们对政策的服从程度，甚至削弱国力。

"财政体系"的重新确立有赖于两点：第一，正如皇家委员会最初断言，所得税制度在各个社会阶级和利益主体间是公平的；第二，继任财政大臣愿意依据财政体系，以一种创新的方式进行管理，以获取重要社会群体的支持，同时也不疏远其他利益阶层。尽管征税会引起争议，但它不会破坏政治局面的稳定，捍卫了税收制度的正当性。因此，政府的财政收入得以提升，可以为社会提供比一战前更好的福利，而且税收制度几乎未遭到任何异议，既未丧失其合法地位，也没有失去民众的总体支持。

皇家所得税调查委员会：捍卫"财政体系"

皇家委员会面临的技术问题主要是：消除原有的累退税制度，对低收入者减税，对高收入者提高税收，区分劳动所得与非劳动所得，发放家庭责任补贴。结果是，所得税的累进程度过高，税赋增长和收入增长不成比例（见图4.1）。委员会本来意在使税收的累进程度适中，消除人们对"不公正"的不满，因此强调征收累进税的必要性，并避免税收累进程度过高带来政治问题。理查德·霍普金斯（Richard Hopkins）[①]的方法较为实际：从来自所得税

[①] 理查德·瓦伦丁·宁德·霍普金斯（Richard Valentine Nind Hopkins，1880—1955）曾先后就读于伯明翰爱德华六世国王学院和剑桥大学伊曼纽尔学院。他于1902年进入国内税收局，1916年进入董事会并于1922年成为董事会主席。1927年进入财政部，任财务总管，1932年升二等秘书，1942~1945年任常务秘书。将他编入《英国人名词典》的另一位财政部官员评价霍普金斯时说，他很看重自己专业的观点，但却坚持不肯透露国内税收局究竟能做到什么或纳税人所承受的极限在哪里。（*DNB*, *1951–60*, ed. Williams and Palmer, pp. 500–1.）

第四章 "对不同螺丝钉的纹路做出调整"：1920~1929年所得税改革

的财政（约 3.5 亿英镑）开始下手。他指出，只有针对不同收入段的人调整税率，"就像针对不同螺丝的螺纹一样"，消除引起人们不满的别扭情形，才能获得人们对高税率的认可。皇家委员会主张，一旦确定税收的累进程度，就不应总是变化。委员会意在尽可能将累进程度排除在政治争论之外，而将它变成"财政体系"不可或缺的一部分[①]。

僵化而单调的制度急需改变。为了评估改革计划，委员会制定了三项评价标准：是否切实可行；能否使税收的累进程度较为温和；是否明白易懂。只要将免税限额、劳动所得、家庭补贴纳入考虑，再计算个人的税赋责任，就可以使税收的累进程度较为温和。新的累进税率在 1920 年付诸实施，理论上来说与政治无关；但事实上，改变计算方式让财政大臣可以更加轻易地操纵补贴与福利。另外两个改变则更加具有争议性，至少在国内税收局的官员看来，税收制度的简洁性和可行性很少能一并实现。国内税收局的官员们认为，要想简化管理，最重要的是要从源头上降低所得税税率。换而言之，按照计划三（schedule C）征收政府公债的利率比按照计划一（schedule A）土地租金更加高效，而且纳税人不会觉得不舒服，因为人们拿到的是税后收入，而税收直接由英格兰银行或租户上缴给国内税收局。然而，由于当时采用的是单一标准税率，收入低于起征点的纳税人之后会获得退税，应缴纳附加税的人则会缴纳更多税收。国内税收局官员认为，附加税是另一种税，因此简化管理就不可能实现了。

造成混乱的另一大因素是评估多长时间内的收入。比如，计划一需要评估当年的不动产收入和房屋租金收入、评估前一年内的铁路利润以及评估前五年内煤矿的平均利润；计划四需要评估前三年内的贸易收入、制造业收入和工资收入的平均值；计划五（公职薪金）则需要评估当年的公职薪金。许多人的收入都分属不同计划，估值时间也不同，因此估值实施起来非常别扭。皇家委员会力求简化估值制度，1842 年，常规工资的所得税相对不太重要，计划五也继而包括了企业和有限公司中高管的薪金。而到了 1920 年，来自工资的所得税变得更加重要，区分计划四与计划五显得十分别扭，于是皇家委员会提议将所有公职人员、公共团体职员、企业员工以及个人的所得都划归计划五之，而只将商业公司和个体户的所得留在计划四中。与此同时，委员

[①] PP 1919 xxiii, Part i, *Royal Commission on Income Tax First Instalment of Minutes of Evidence*, evidence of R. V. N. Hopkins, Qq. 4072, 4232; PP 1920 xviii, *Report of the Royal Commission on the Income Tax*, pp. 106 – 7, 132 – 9.

会还提议,计划四提到的利润应只计算前一年的,而非前三年的均值①。皇家委员会的提议本可以有效地减轻所得税估值的复杂程度,但却遭到了极大的政治困难。

当时,在纳税人眼里,简化所得税的管理和人们对"浪费"的忌惮是分不开的。皇家委员会建议由国内税收局的员工来评估税收。1842年,当重新征收所得税时,许多相关管理工作都由外行的税收专员、收税员和评估员来担任,人们普遍认为这种做法是为了保护纳税人免受"盘问"②。但是皇家委员会指出,这样的制度对纳税人的保护是极其有限的,因为实际上绝大多数工作都是由国内税收局官员们来完成的,外行的税收专员们所做的仅仅是批准。这种说法有一定的道理。皇家委员会认为,如果税收专员在人们与国内税收局的争议中担任仲裁者,纳税人会获得更多实质性保护。然而,《1920年税收法案》恰恰与之背道而驰,这对于联合政府是一种解脱,因为采取三年收入均值的方法可以避免财政收入因收入大幅波动而大幅下降③。

国内税收局希望改变税收评估制度,因为他们意识到提高所得税率会诱使人们逃税和避税。在他们向委员会提供的证据中,国内税收局将合法避税与非法逃税归于同一类,并将其归因于自身缺少调查权限以及纳税人缺乏社会廉耻心。斯坦普担心1914年前得到改善的"税收诚信"问题会故态复萌。因此,国内税收局希望自己能获得更大的权力,以便查出不准确的收益情况,这也从侧面解释了为什么他们想改用一种更为专业的评估方案,而纳税人却对此非常抵制。一战期间,一些纳税人被指控在上报收益时不准确或有所作假,但是仍然存在多种合法避税方式。为了应对高税收,会计人员对税收法规的漏洞了解地愈加详细,并为纳税人提供更加精妙复杂的避税方式,如以家人名义转让或代管财产。这样,父亲就可以将一笔财产转到孩子名下,将其作为孩子的成长教育基金进行代管。由于代管收入是免税的,所以父亲用来抚养孩子的那部分钱不用交税,父亲的税收负担得以减轻。但是,由于财产并没有被永久转让,且代管可以随时取消,因此国内税收局认为,除非资产已被彻底转让,否则那部分收入仍应算入让渡人的所得并对其进行征税。

---

① 关于这场改革,详见肖特,"个税政策",第三章;议会文件1920 xviii,《皇家所得税委员会报告》,132-142、158-160、162-167、177-191、208-211、214-215页;议会文件1919 xxiii,《皇家所得税委员会第五期证据记录第二部分》(Royal Commission on Income Tax, Fifth Instalment of Minutes of Evidence),E. R. 哈里森,附录1,第12页。

② This is discussed in detail in Daunton, Trusting Leviathan, pp. 186-204.

③ Short, 'Politics of personal taxation', pp. 103, 114-19, 141-4, 146-7; PP 1920 xviii, Report of the Royal Commission on the Income Tax, pp. 177-91.

第四章 "对不同螺丝钉的纹路做出调整"：1920~1929年所得税改革

1922年，国家对此立法，但漏洞依旧存在，会计人员很快就开始传播规避约束的新方法。1927年，内阁委员会对避税行为进行了考虑，但他们决定不再对此采取进一步措施，而是仅仅要求国内税收局继续调查。1933年，国内税收局对避税行为更加关注，因此设立了委员会对此进行调查，并发现一年有大约800万英镑所得税和附加税的损失，而造成这些损失的主要来源有：为子女设立财产转让与代管（125万）、签立慈善协定（100万）以及购买外币储备（275万）。由于无法确定海外财产是真的用于贸易活动还是为了避税，税收局对利用外币来避税的行为几乎无计可施。而在慈善方面，1927年，关于收紧免税政策的提议失败，税收损失继续增加。1946年，政府出台规定：对慈善协定只免除所得税而不免附加税。至此，很难进一步打击避税行为，而且曾经被视作法规漏洞的方面也逐渐为人接受。直到1938年，一些关于财产转移和代管的政策才减少了人们避税的机会[①]。

丘吉尔在1924~1929年担任财政大臣期间，将注意力放在了税收制度其他方面的改革上。他持续向财政部和国内税收局施压，成功地简化了所得税和附加税。他坚持合并所得税与附加税，并且用统一标准评估来源不同的收入，以便在纳税人获得收入后尽快从他们手中拿到税收。他愤怒地指出，国内税收局认为当前的税收制度没有任何不妥，而且是"高效、易行的决定性保障"，因此想尽一切办法拒绝改革。但他忽视了一个事实：现行的制度"复杂到几乎没有纳税人能理解"。国内税收局认为所得税与附加税是完全不同的税种，它们的产生时间与累进或累退程度都不尽相同，但丘吉尔并没有耐心听这些，坚称"这种概念上的争论完全没有意义，重点是我们的制度会对纳税人产生什么样的影响，他们要缴纳不同明目的税收……而他们在一年内缴纳的总数是一定的。即使不同税收早已合并，但由于税收的来源有二，我依

---

① 关于慈善协定，见唐顿，《信任利维坦》，211-217页；及D. 斯托普福斯（D. Stopforth），"个体慈善契约——税收历史背景"（Charitable convenants by individuals-a history of the background to their tax treatment and their cost to the Exchequer），选自《英国税收评论》（British Tax Review），1986年，101-116页。关于避税，见斯托普福斯，"20世纪20年代所得税清算和避税"（Settlements and the avoidance of tax on income-the period to 1920），选自《英国税收评论》，1990年，225-250页；"20世纪20年代，播种反逃税制度的种子"（Sowing some of the seeds of the present anti-evasion system-the 1920s），选自《英国税收评论》，1985年，28-38页；"1922-1936年：避税者的美好时光"（1922-36: halcyon days for the tax avoider），选自《英国税收评论》，1992年，88-105页。文章对斯坦普的引用来自他的"现代发展曙光下的税收基本原则"（Fundamental Principles of Taxation in the Light of Modern Developments），1921年，伦敦，107页；关于避税的数据，见公共档案办公室T171/318。

然需要签不同种类的表格。①"

丘吉尔在他与国内税收局的争论中获得了来自所得税纳税人协会的支持，后者想要一套统一的评估制度，这样可以减少官僚数量，维持对地方的控制。而国内税收局首要考虑的是其他因素，认为一旦评估制度发生改变，所得税管理方法也要发生相应的变化。丘吉尔让所得税纳税人协会和国内税收局互相对立，之后就立即放弃了所得税纳税人协会，并将计划四和计划五下的评估工作交给检查员。这样，丘吉尔既实现了单一税制的目标，又成功削弱了外行管理的力量。即便是丘吉尔的个人秘书詹姆斯·格里格②也曾怀疑过这样的努力是否值得③。但是，也只有丘吉尔这样有血性和韧性的人才能如此坚定地推行自己的政策。

这样一来，地方专员同时担任国内税收局与纳税人之间的审判员，这种改变是英国政府体系改革的重要组成部分。先前，专员代表的是政府的利益，负责征税工作，因而纳税人可能并不希望见到专员们的出现。而现在，专员仍然负责征税工作，但还同时担任纳税人与国内税收局间的裁判员，与后两者相独立。尽管如此，纳税人却更愿意认为他们是国内税收局以及政府的一部分。在英国，像律师协会、医学总会等团体的代表团总是或多或少依赖于受它们管理的群体。可以说，一套更加独立的管理体系能给公民提供更好的保障④。然而，专制的官僚体系和政府机关之外的一些责任感低的群体却让独立的管理体系岌岌可危。

由于英国的管理体制更加集权化和官僚主义化，英国产生了另一项颇受国内税收局反对的改革：1942 年的"所得税预扣法"（Pay As You Earn,

---

① 肖特，《个税政策》，211 – 223 页；公共档案办公室 T171/255，1925 年 12 月 27 日温斯顿·丘吉尔在致理查德·霍普金斯的信中评论了 12 月 18 日国内税收局的报告；霍普金斯致丘吉尔的信，1926 年 1 月 5 日和 1926 年 2 月 19 日；1926 年 3 月 17 日的报告：所得税纳税人协会（Income Taxpayers' Society）关于简化所得税和附加税评估方式的建议，及丘吉尔的边评；国内税收局，"受委派考察简化所得税及附加税评估方式的委员会报告"（Report of a committee appointed to consider the simplification of the income tax and super tax），1926 年 10 月；霍普金斯致丘吉尔的信，1926 年 10 月 27 日。

② 波西·詹姆斯·格里格（Percy James Grigg，1890—1964）曾就读于剑桥大学圣约翰学院，1913 年进入财政部，1921 ~ 1930 年任五届财政大臣的个人秘书。1930 年他任关税与消费税委员会主席，1930 ~ 1933 年任国内税收局局长。1933 ~ 1939 年他任印度总督执行委员会财政官员，1939 ~ 1942 年任战争委员会常务秘书，1942 ~ 1945 年成为下议院议员及国务大臣。1946 年任国际复兴开发银行董事长。1947 年他进入帝国烟草公司，1959 年成为贝斯（Bass）啤酒公司的董事长。（DNB，1961 – 70，ed. Williams and Nicholls, pp. 460 – 2.）

③ P. J. Grigg, *Prejudice and Judgment* (London, 1948), p. 199; also PRO, T171/255, Hopkins to Grigg, 27 Oct. 1926; Short, 'Politics of personal taxation', pp. 216 – 17.

④ C. Stebbings, ' "A natural safeguard": the General Commissioners of income tax', *British Tax Review* (1992), 398 – 406.

第四章 "对不同螺丝钉的纹路做出调整"：1920～1929年所得税改革

PAYE），它允许雇主直接从月薪或周薪中扣除所得税。丘吉尔简化税制的做法旨在让国内税收局接受这样的事实，即那时大部分所得税已经不再像1842年那样来自土地及政府股票了。尽管从源头扣除所得税可以在最大程度上减轻税收给公众造成的紧张感，但它与雇佣模式的变化不再那么紧密联系，财政部和国内税收局对1842年原则的维护很可能威胁到人们对税收体系的认可。最重要的是，怎样才能在不给纳税人造成太大困难的情况下，于年底一次性从他们本就不高的收入中征收税款呢？

1915年，税收问题开始引发关注，因为那时免税限额被取消，所得税水平上升，而最先发生在蓝领群体。蓝领常常受到换工作和阶段性失业的打击，不可能在年底有余钱交所得税。对他们来说，按照三年内所得的均值缴纳所得税是不现实的。为了增大所得税征收范围，国内税收局又采取了每三个月一算的方法：在第一季度结束时，纳税人填写一张申请补贴的表格，其雇主向稽查员提供该纳税人的收入信息，稽查员算出征税额并上报国内税收局局长，税款由纳税人直接缴纳。鉴于纳税人的不满与管理上的难度，皇家委员会认为让雇主直接从工资中扣除税款是不现实的，因此更加推荐按季度缴税的制度。所得税预扣的难题随着体力劳动者在20世纪20年代不再面临税赋而消失，但二战期间大部分工薪阶层再次背上了税赋，所得税预扣的难题又随之出现[1]。在后文中我们将看到，这一问题最终随着所得税预扣法的实施而消失。

皇家委员会所面临的另一大极富争议的问题是对补贴水平与工资等级的修订。战争期间，所得税起征点由160英镑下调到130英镑，而如果考虑通货膨胀，战后的免税额应上升到250镑，这样才能与战前水平持平，但如果这样，340万纳税人中将有220万人被免税。这样的变化会严重威胁政府的财政收入，因此皇家委员会拒绝接受战前的起征点。最终，1894年英国将起征点确定在160英镑，不论纳税人的家庭情况如何（那时还没有家庭补贴）。随后，皇家委员会建议实行135英镑的个人补贴，其中已婚男性90镑，第一个孩子40镑，之后的孩子30镑。因此，所得税起征点比战前还低，单身纳税人仍然要纳税，真正受益的则是那些多个子女的已婚男性。尽管皇家委员会试图降低税制分级与政治的联系，但新的计算方法还是给了财政大臣极大的

---

[1] Short, 'Politics of personal taxation', pp. 104, 136–8; PP 1920 xviii, *Report of the Royal Commission on the Income Tax*, pp. 211–14; G. R. Carter and H. W. Houghton, 'The income tax on wages by quarterly assessment', *Economic Journal* 28 (1918), 30–42.

权力，他们可以自由地将减税优惠向婚育家庭倾斜①。财政制度开始让育有子女的夫妇受益，而这些家庭都以父权来定义。

尽管妻子可以选择将自己的财产与丈夫分开计算，但夫妻的收入还是会被加在一起，以个人收入来计算边际税率。人们显然可以提出反对，说虽然妇女拥有了财产权和投票权，但是这一税收制度依旧称"已婚妇女的收入应被视作与她共同生活的丈夫的收入"，否认了妇女应拥有平等的公民权利。然而，皇家委员会辩称，这种计算方法正是为了保障社会公平：如果将夫妻财产分开计算，那些富有的夫妇就能将他们的财产进行分割，使得每一份财产都不超过征收附加税的额度，从而将税收负担转移到贫穷的纳税人身上。皇家委员会在报告中称，这个问题考虑的是财政上的公正，而不是将妇女置于低人一等的位置：

> 将夫妇二人的收入一并计算绝不是看轻女性的落后观念……有关纳税能力的法律在税收方面非常重要，而纳税能力是相对已婚家庭的总收入而言的，所以我们要将夫妻的收入合在一起计算②。

但这种观点并不能说服所有人。

有人认为，应分别对夫妻二人的财产征税。莉莉安·诺尔斯认为，兄妹二人可能也会共同居住和负担开销，然而他们在征税时却不会被视为一体，因此皇家委员会报告中的论点是站不住脚的，夫妇俩也应像婚前那样被分别征税③。悉尼·韦伯则持另一种观点，即"以家庭为基础"。韦伯的出发点是，所有用于支撑家庭的收入都相当于同一笔花费，因此剩余可被征税的部分就会随家庭规模的不同以及需求的变化而改变。韦伯提出，整个家庭的收入应该除以家庭成员数，同时认为，如果在收入处于1500~2500英镑的中产家庭中，孩子仍在接受全日制教育，应该继续给其减税优惠。在韦伯看来，统一补贴并不会对中产阶级家庭的生育和养育子女过程提供帮助。韦伯的这些方案都被国内税收局和皇家委员会否决，他们还是采用了能为低收入家庭提供更多好处的统一补贴，因为这些家庭在抚养孩子方面承受着更重的负担。当然，对那些收入达不到最低税收门槛的家庭来说，养育孩子的负担

---

① Short, 'Politics of personal taxation', pp. 126-7; PP 1920 xviii, *Report of the Royal Commission on the Income Tax*, p. 135.

② PP 1920 xviii, *Report of the Royal Commission on the Income Tax*, p. 162; Daunton, *Trusting Leviathan*, pp. 218-22.

③ PP 1920 xviii, *Report of the Royal Commission on the Income Tax*, pp. 255-6.

===== 第四章 "对不同螺丝钉的纹路做出调整"：1920~1929年所得税改革

更加沉重，但直到二战后发放家庭补贴之前，这些家庭都没有得到国家的任何补助①。

1907年，自由党政府开始区分劳动所得税和非劳动所得税，而后者需要承担较高的税率，因为政府认为非劳动所得不受失业风险和健康状况的影响，也不需从中存储退休金。皇家委员会认为，劳动所得和非劳动所得的区分既是"合乎需要"又是"公平公正"的，而委员会中的多数人都赞同这一点，或者说他们认为这至少"十分有说服力……在公众看来，我们所考虑的这两种收入在税收责任方面是有明显的区别的。②"然而，也有少数人不赞同这种做法，因为在他们看来这是对特定财富的一种道德攻击。他们认为，劳动所得和非劳动所得之间的区别完全是人为设置的。为什么一个拥有棉花厂的商人的收入被视作劳动所得，从而承担较低的劳动所得税，而他在另一个工厂中所拥有的股份所得就要被视作非劳动所得而承担高税率呢？在资本重组时期，要不要对存款进行征税呢？他们指出，这样的区分实际上是在对节俭和自立的人征更多的税。"非劳动所得"来源中的很大一部分其实是人们为家属以及退休以后生活所预留的存款，而这些存款实际上正是劳动所得。为什么一个用自己丈夫的存款投资获得微薄收入的寡妇要比挣得很多的邻居付更多的税呢？这样说来，计算所得税的唯一标准应是收入的数量，而不是来源。所有合理的抱怨都指向已经扣除了遗产税的继承所得，甚至有声音说劳动所得的存款收入应该得到减税优惠，而这无论从经济上还是道义上都是有益的③。

当然，劳动所得与非劳动所得之间不可能泾渭分明，这种区分在19世纪50年代和60年代曾遭强烈抵制，但由于对地租的激烈反对，它终于在1907年被接受。战后，劳合·乔治为了得到保守党的支持，不得不放弃了自己战前计划的土地税。而由于战争债务和食利者的存在，支持区分劳动所得与非劳动所得的批评家更难赢得争论。人们会认为，一旦有人试图缩小两种税率间的差距，就是为了给持有国债者而获得非劳动所得的人以好处。想要维持稳定，就必须坚持区分制度，因为它被视作财政制度公正的标志，同时可以阻止对地产更加猛烈的冲击。对两种所得采取适中的税率差值是谨慎的保守派所采用的一种方法，这种方法更注重保障劳动所得，它被描述为"资本与

---

① PP 1920 xviii, *Report of the Royal Commission on the Income Tax*, p. 128.
② PP 1920 xviii, *Report of the Royal Commission on the Income Tax*, pp. 251-3.
③ Short, 'Politics of personal taxation', pp. 97, 122-6, 129-35; PP 1920 xviii, *Report of the Royal Commission on the Income Tax*, pp. 132-9, 158-66, 255-64; for Webb, see PP 1919 xxiii pt i, *Royal Commission on the Income Tax*, *Third Instalment of Minutes of Evidence*, Qq. 6885-8; J. A. Hobson, *Taxation* (London, Labour Party, n. d.), p. 5.

劳动合作创造收入的积极力量"。然而，区分制度调整是为了使小额非劳动所得受益，而这部分所得通常是从存款中提取的养老金。1907年，劳动所得面临了固定所得税率，对小额非劳动所得采取高于大额非劳动所得的税率，而那部分大额非劳动所得则更有可能是由遗产继承而来。皇家委员会接受了对这些小额非劳动所得的让步，并提出减免1/10劳动所得税。与此同时，"非劳动所得"变成了"投资收入"，他们用自己的说辞抹去道德上的耻辱[①]。这些调整被收录在1920年的财政法案当中，使除最低收入者外所有人的个人所得税都有所上升。不过，除最低收入者外，没有孩子的夫妇获得更多利益，而有三个孩子的夫妇则成为最大的受益者（见表4.1及表4.2）。

表4.1　　　　　1918年和1920年完全劳动所得缴纳的所得税

	单身人士		已婚无子女		已婚且有三个子女	
	1918	1920	1918	1920	1918	1920
£150	£3.38	—	—	—	—	—
税率（%）	2.3	—	—	—	—	—
£250	£14.63	£13.5	£11.31	—	—	—
税率（%）	5.9	5.4	4.5	—	—	—
£350	£25.88	£27.0	£23.6	—	£13.5	£14.63
税率（%）	7.4	7.7	6.6	—	3.9	4.2
£450	£45.0	£60.75	£39.94	£33.75	£31.5	£20.25
税率（%）	10.0	13.5	8.9	7.5	6.9	4.5

资料来源：M. E. Short, 'The politics of personal taxation: budget-making in Britain, 1917–31', PhD thesis, Cambridge, 1985, pp. 97, 127.

表4.2　　　　　　　　　　1920/1921财年所得税结构

标准税率	30%
劳动所得税收补贴	劳动所得的10%，但补贴最高不超过£200
个人补贴	已婚，£225
	其他，£135
	当妻子有劳动所得时，增加补贴，但补贴不超过£45

[①] Short, 'Politics of personal taxation', pp. 119–21; PP 1920 xviii, *Report of the Royal Commission on the Income Tax*, pp. 129–31; PP 1919 xxiii pt i, *Royal Commission on Income Tax, First Instalment of Minutes of Evidence*, appendix 7（b），historical note on differentiation, Board of Inland Revenue, pp. 172–3.

第四章 "对不同螺丝钉的纹路做出调整"：1920～1929年所得税改革

续表

标准税率	30%
16岁以下或接受全日制教育的孩子	第一个孩子，£36
	之后的每一个孩子，£27
税率	应税收入不超过£225的部分（扣除补贴之后），15%
	应税收入超过£225的部分，30%
附加税	超过£2000
	£2000～£2500　　7.5%
	£2500～£3000　　10%
	£3000～£4000　　12.5%
	余下部分，税率依次增加2.5%；收入超过£30000，税率维持在30%

资料来源：PP 1921 xiv, 64*th Report of the Commissioners of Inland Revenue for the year ended 31 March 1921*, pp. 529, 570.

计算不同社会阶级和不同收入阶层的最终税赋归宿有很大问题，因为税收很大程度上取决于课税商品的种类（尤其是烟酒）以及间接税的最终归宿。遗产税需要被转换为不同级别的年度非劳动所得税。当地房屋租金也必须纳入考虑。伯纳德·马利特（Bernard Mallet）[①]是第一个试着计算中央与地方税赋归宿的人，在他的计算中，他对所得税和非所得税进行了粗略的区分。他估计，在1903/1904财年，95万个总收入为7.5亿英镑家庭总共缴纳了8140万英镑的税，占国家总税收的61.3%。816万个家庭没有缴纳所得税，而事实上他们应当缴纳的税收是5120万英镑，占总税收的38.6%。他得出的结论很简单：纳税人缴纳10.8%的所得税，而其他家庭的平均税率是5.6%，这意味着收入较高的社会成员需要承受更重的负担[②]。马利特提供的数据是战前的政客们能够得到的最佳预测，意味着现存的财政制度已经足够先进了。然而，马利特并未得出不同收入最终的税赋，人们认为缺乏技能的工人阶级承担的税负过重，对马利特的数据提出批评。战前不久，伦敦政治经济学院的

[①] 伯纳德·马利特（1859—1932）是印度常任副大臣之子，先后就读于克里夫顿学院和牛津大学贝利奥尔学院。他于1882年进入英国外交部并于1885年调任财政部。于1897～1909年任国内税收局税收专员，1909～1920年任注册总局局长。1916～1918年任皇家统计学会主席，1929年任优生学会主席。[*Who Was Who*, vol. iii: 1929-40 (London, 1941), p. 894.]

[②] PRO, IR74/82, B, 'Incidence of public burdens', B. Mallet, Mar. 1902; IR74/83, 'Incidence of imperial revenue taxation (budget estimate for 1903/4) on income tax and non-income taxpaying classes respectively', B. Mallet, Jan. 1904.

R. H. 托尼①研究基金会（R. H. Tawney's research foundation）在一项研究中指出，间接税对于低收入者是累退税：对于周入 18 先令的家庭，总收入的 2.8% 用于缴纳食物税，若再加上烟酒税收这一比例则为 7.1%；对于周入 24 先令的家庭，这两项数据则分别是 2.1% 和 5.3%；对于周入 2 英镑的家庭，这两项则分别为 1.3% 和 3.2%。地方税和固定保险缴纳额则强化了低收入者税赋的累退性质。因此在这次自由党实施的财政改革中，穷人面临的税没有减少，富人则因为国家征收附加税并区分劳动和非劳动所得而缴纳更多税收，只有中产阶级确实是改革的主要受益人②。

第一次世界大战结束之际，赫伯特·塞缪尔对 1903/1904～1913/1914 财年的税收制度进行了分析（见图 4.2）。他根据收入水平来计算税赋归宿，这不仅为日后的计算提供了基础，也为政治家们评估政策的影响力提供了依据。他发现，在 1903/1904～1913/1914 财年期间，随着糖类税收的下降，工人阶级的税赋也有了轻微的减少，而收入在 2000 英镑以下的劳动所得税也有所减少。一战以前的十年间，高于 500 英镑的非劳动所得以及高于 2000 英镑的劳动所得都面临着更高的所得税，最高分别可达 18.1% 和 8.4%（8.4% 是劳动收入为 50000 英镑的人需缴纳的所得税税率）。一战期间，工人阶级和下层中产阶级的税率翻了一番，劳动收入为 1000 英镑的人需缴纳的所得税涨到原来的三倍，劳动收入处于 2000～5000 英镑之间的人需缴纳的所得税涨得更多。而 1918/1919 财年的税收体系具有了更多累进性质，但是例外之处是所得税曲线在劳动收入约为 200 英镑时出现了"凹陷"。正如塞缪尔所说，"英国税收制度在低收入群体间是累退的，从比例上说，收入最少的那部分人为国家财政收入做出了更大的贡献"。之所以会造成这样的现象，是因为工人阶级的很大一部分支出花在了糖、茶、烟、酒这类需缴纳间接税的产品上。塞缪尔没有指出的是，如果将间接税扩大到更多商品，就可以激发中产阶级消费额，

---

① 理查德·亨利·托尼（Richard Henry Tawney，1880—1962），出生于加尔各答，其父时任总统大学校长。他先后就读于拉格比市和牛津大学贝利奥尔学院。他于 1906～1908 年任教于格拉斯哥大学，1908～1914 年任职于工人教育协会并成为伦敦政治经济学院拉丹塔塔基金会主席。1915 年他开始服兵役，1917 年成为伦敦政治经济学院的一名讲师，1918～1921 年任贝利奥尔学院研究员，1920～1949 年历任伦敦政治经济学院讲师及教授。1919 年他成为皇家煤炭工业委员会成员，1912～1931 年任教育咨询委员会成员。他对教育和社会公平问题的思考对工党影响很大，尤其是他的书：1921 年的《物欲横流的社会》（*The Acquisitive Society*）以及 1931 年的《社会公平》（*Equality*）产生了极大影响。（*DNB*，1961–70，ed. Williams and Nicholls，pp. 994–8.）

② F. W. Kolthammer，*Memorandum on Problems of Poverty No.1*：*Some Notes on the Incidence of Taxation on the Working – Class Family*（Ratan Tata Foundation, London, 1913?）.

100

第四章 "对不同螺丝钉的纹路做出调整"：1920~1929年所得税改革

从而缓解税收体系的累退性质①。自由党与工党则反对保护措施，这意味着财政收入将非常少。如果能够对需求收入弹性很高的商品征税，那么税收的累退情况将大大减轻——这个说法已有所实践，即石油税。然而，温斯顿·丘吉尔从这些数据中得出了一个不同的结论：最需要帮助的是那些需要承担附加税而收入相对较低的人。

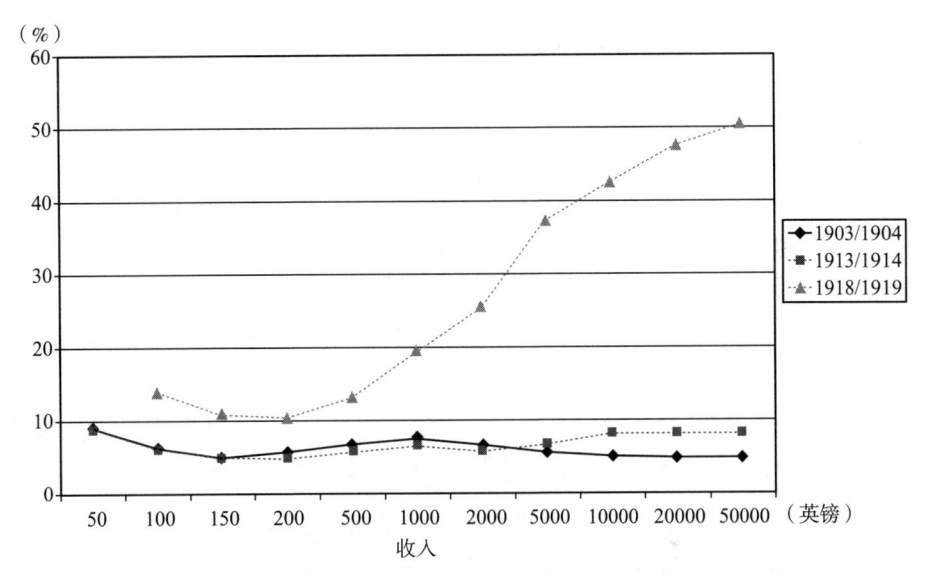

图4.2　1903/1904、1913/1914、1918/1919财年，直接税与间接税占育有三个孩子的已婚家庭收入的比例

注：不包括1918/1919财年地方税、保险缴纳或超额利润税。
资料来源：H. Samuel, 'The taxation of various classes of the people', *Journal of the Royal Statistical Society* 82 (1919), 176–7, 179.

当时的英国受战争债务影响，政治形势严重紧张，需要缴纳所得税的人越来越多，税收累进程度愈加变大，不同收入阶层间的税收差异也越发明显。在此情况下，皇家委员会和联合政府的首要目标就是重新建立财政制度的社会契约。皇家委员会消除了战前所得税制度给人们造成的一些"痛处"，但特别指出这种行为是一种实践，需要借助政治力量。由于男性选举权的普及以及财产资格的取消，政治权利与税收之间的联系变得微乎其微，而这正是格

---

① H. Samuel, 'The taxation of various classes of the people', *Journal of the Royal Statistical Society* 82 (1919), 143–82.

101

莱斯顿财政体系的核心,所以肖特建议在战后采取一种截然不同的税收制度。这条原则随着1867年迪斯雷利(Disraeli)扩大选举权范围和1885年第三改革法案出台而开始弱化,1918年被彻底废除。缴纳税收不再是政府保护私人财产权的必要前提,而是与福利政治息息相关①。现在需要担心的是,中产阶级纳税人会不会像其他欧洲国家那样奋起反抗过高的直接税。不过相比之下,由于政府一直致力于减轻选民的负担,并且保守党一直维系着选民的忠诚,英国的中产阶级依旧认可税制。最重要的是,丘吉尔很好地利用了这条既涉及财政又关乎选举的战略,并于1925年制定了新的财政体系。

1924~1929年财政大臣丘吉尔

1924年11月,工党少数派政府下台,保守党重新执政。在本届政府,温斯顿·丘吉尔被任命为财政大臣。丘吉尔1925年决定重拾金本位,这使他在任期内(1924~1929年)臭名昭著,但他在所得税改革上花了更多的时间和心血。虽然财政部以及国内税收局的官员们对他提出了警告,但丘吉尔依旧强烈认为,为了维护高税率财政制度的正当性,改革势在必行。正如丘吉尔的私人秘书詹姆斯·格里格所言,丘吉尔的预算与先前的财政政策保持了高度的一致。

  尽管外界有很多批评凯恩斯主义的声音,但降低失业率一直是丘吉尔的首要目标。20年的自由党生涯对他的影响显而易见,毕竟正是他在鲍德温的保守党政府中推行了缴纳养老金的方案。丘吉尔在其中无疑发挥出了他所有的才干,并且会反对一切严重背离自由贸易体系的政策②。

总之,丘吉尔旨在维系重要群体对政府以及保守党的忠诚,但前提是采取的关税制度是他本人不反对的。在自由贸易的议题上,他绝不因为自己属于保守党而放弃自己的原则,因此抛弃了保守党的立场而转而支持自由党。尽管工党领袖不赞同他,但不可否认的是,丘吉尔的成功,很大程度上维护了人们对某些高额税收的认可。丘吉尔抑制了财政部减支的想法,从而保住了政府开支在国民生产总值中所占的比重。他不仅维系了许多中产阶级选民的忠诚,还使英国社会福利体系仍然相对优厚。

丘吉尔在一战前是自由党政府的重要人物,支持打击非劳动所得并利用

---

① Short, 'Politics of personal taxation', p. 147.
② Grigg, *Prejudice and Judgment*, p. 194.

第四章 "对不同螺丝钉的纹路做出调整": 1920~1929 年所得税改革

税收来打破不生息的、依靠"掠夺"获得的资本积累。他的目标是利用现存的社会财富使社会更加积极且充满活力,由此以抵抗来自社会主义的冲击,而不是要取消资本主义和竞争①。这些"新自由主义"的政策与一些工党内部财政专家的设想很类似,后者希望通过征收一次性资产税来促进生产,并打破闲置财富的积累。然而,工党政治领袖与丘吉尔的立场上存在诸多分歧。菲利普·斯诺登(工党第一任政府财政大臣)和休·道尔顿(二战后工党财政大臣)更加关心社会公平以及政府拨款②。丘吉尔加入保守党时,出于"更加成熟的人生态度",③ 他放弃了对财富积累的正面攻击,转而采用一种更加温和的渐进式政策,通过调整税收制度来促进人们对个人目标的追求。

他认为应尽快清偿债务,因为"在一个成年人都拥有选举权的国家,高额利息是无法持久的"④。他同时坚持保留战后基于"通货紧缩、债务清偿、高额税收、偿债基金以及黄金准则"的经济政策。尽管这样做成功提高了英国信誉,加强了对汇率的控制并降低了生活成本,但丘吉尔意识到这些政策同时也恶化了贸易状况,并导致失业率大幅上升,从而使英国进入了一个艰难的时期。尽管纳税人已经作出了牺牲,但名义上的债务总额依旧在增加,生活成本的下降导致债券的实际价值也有所上升。丘吉尔非常担心"巨额税收和相当一部分靠股息生活的人",因为他们"在整个创造新财富过程中将会像一张浸水的巨毯":

> 财政部的政策和银行的做法明显是在袒护资产阶级特别是食利者的利益,这使得我们的国家在可预见的未来中不可能摆脱债务问题,当然,我应该为此接受批评……这样一项政策在伦敦金融城与银行家之间受到广泛的赞成,但这并不是应有的答案。当然,他们应该全力为债权人和公民谋求利益。他们会为此想尽办法,当一种方法不奏效时,就换另一种,而事实是,几乎所有的方法都已经用尽,而债务的高台却越筑越高。

丘吉尔急于将保守党定位为一个有效率与进取心的党派,并非常清楚保守党表示出对闲置财富和金钱利益的偏向可能带来的危险⑤。

---

① M. Gilbert, *Churchill's Political Philosophy* (Oxford, 1981), p. 43; W. S. Churchill, *Liberalism and the Social Problem* (London, 1909), pp. 336, 377-8.

② See, for example, P. Snowden, *Labour and the New World* (London, 1921); H. Dalton, *Some Aspects of the Inequality of Incomes in Modern Communities* (London, 1920), and *Practical Socialism for Britain* (London, 1935).

③ Gilbert, *Churchill, V, Companion I*, p. 297, Churchill to Lord Salisbury, 9 Dec. 1924.

④ PRO, T176/28, Churchill to R. V. N. Hopkins, 26 Jan. 1927.

⑤ Gilbert, *Churchill, V, Companion I*, pp. 924-5, Churchill to O. Niemeyer, 26 Jan. 1927, and p. 997, Churchill to O. Niemeyer, 20 May 1927.

1924年，丘吉尔向保守党同僚发出警告，要求改变那种家长式专断的财产评定方法，并督促建立一种更加积极先进的理论，即资本主义制度与财产私有制为社会文明提供了物质保障：

> 他们试着围堵那些"无所事事的有钱人"，不论他们是谁，不论他们身处何处，他们都可能冲击现存的资本主义制度以及资本主义自由，带来更多麻烦。国家试图抑制这一阶级的出现和发展，已有的遗产税制度就是一项明确的矫正。如果这些有钱人真的无所事事的话那他们将富不过几代人。此外，立法机关并不希望介入这件事①。

丘吉尔想通过进步的生产而非"掠夺"来创造繁荣，并不想采用工党的国有化和征收一次性资产税的做法。最重要的是，他需要出台一项既维护自由贸易，又促进工业复苏以及经济繁荣的政策。

丘吉尔对英国社会的展望在1925年第一份预算中初步成型，这种展望可被视作对财政政策的重述。他的目标是"缓和阶级矛盾，提倡合作精神，稳定国民生活"②。最初，这样的观点与重拾金本位的做法相矛盾，激化了劳资关系危机，引发了1926年的大罢工。在许多工会主义者看来，丘吉尔是一个阶级斗士，而非调解阶级关系的人。然而，一项更有建设性的政策指出，要实现社会和谐与政治稳定，必须使经济充满活力与竞争力，而高税收和来自工业的反抗无疑将对经济造成极大破坏，这就是丘吉尔反对罢工的原因。丘吉尔认为，合作与稳定的基础是降低积极财富的税率，增加遗产税，减轻相对富裕的中产阶级家庭的税收负担并扩大养老金发放范围。他大力鼓励并扶植资本主义经济的增长，从而促进社会融合。丘吉尔建立对英国社会未来的展望反映了他行事凭直觉、手笔大的特点。他的展望同时为保守党制定了竞选战略，这套战略直到1939年都对维持政治与社会稳定起到了重要作用。

相较于丘吉尔那抢眼的措施，鲍德温的领导方式更为低调。相比于制定某些特定的政策，鲍德温更关心如何将保守主义与他自己的国家价值观联系起来。一些历史学家认为，保守党实际上是在将工会与工党的利益置于与公众利益相对立的位置。更确切地说，鲍德温在攻击罢工者、社会主义者和知识分子的同时，还强调了工人阶级的自立和坚定，称他们无论党派，都有着同样的文化背景与民族特质，而正是这些特质让他们成为无私的奉献者。通

---

① Gilbert, *Churchill*, V, *Companion I*, pp. 297–8, Churchill to Salisbury, 9 Dec. 1924.
② Quoted in Gilbert, *Churchill's Political Philosophy*, p. 53.

=====第四章 "对不同螺丝钉的纹路做出调整": 1920~1929 年所得税改革

过这种方法,他占领了道德制高点,成功洗脱了自己那制造分裂的政客形象,获得了中间派的支持。鲍德温与丘吉尔的不同之处在于,他更强调人民与家庭和农村的关系而非与国家的关系,而他们的相同之处在于他们都宣称资本主义并非维护少数富人的财产所有权,而是一种公平民主的制度。在鲍德温看来,工业与贸易都是社会的产物,资本是由富人和穷人共同的储蓄形成的,"资本包含多少富人的金币,就包括多少民众的铜钱",资本是由互助会和基金会组成的。鲍德温强调,资本应该由全社会共同分享,而正确的政策应该是"大幅增加资本家的人数"。他认为,与其通过对剥削者征收高额税赋来收集社会资本,还不如让全社会都承受高税收,因为"它就像水一样,一层层渗透到社会的每个阶层,就能形成意想不到的效果",这样一来工人阶级就会像雇主与社团的小储蓄者一样关心税率问题。正如菲利普·威廉姆森所说,鲍德温的这些说法比纯粹的反奢靡运动要敏感微妙得多,因为他在急于维持政府支出的同时还试图制造出一种公平的感觉,以免失去工人阶级的支持。这种方法可以避免减支与减税可能造成的分裂。但是要将鲍德温的长篇言论变为现实,重任就落到了丘吉尔身上①。

如何偿还国家债务是一个重要问题。丘吉尔担心若财政部为了偿债而维持税收和财政盈余,政府就会陷入指责与声讨的浪潮中。他担心人们会指责政府宁可歌颂金融托拉斯也不考虑其他"社会、道德以及工业"利益。他认为,"相比于总是拿走财富创造者 1/4 财产的食利者,一个国家的发展更加重要"②。丘吉尔急于摆脱债务带来的政治危机,1924 年底,他给了财政部两个选择:一是下调债务利率,二是减少偿债基金。1927 年他又进一步提议——强制性低利率贷款。他告诉尼迈耶:"我非常不愿意看着债务越积越多,而只要我们发起一场经过严密讨论的政治运动,我们就可以成功摆脱债务积压的状况。③"

财政部的看法则截然不同,认为丘吉尔的政策并不适合英国国情。过去财政部就用过调整债息的方法,成功保持了财政制度的传统性,而且这一方法比征收一次性资产税更安全,所以他们欣然接受了调整债息的想法。可问题是,怎样才能让政府公债的持有人接受更低的利率?利用税收制度创造积极性是一种选择,就像道尔顿提到的那样,可以增收遗产税或提高非劳动所

---

① 威廉姆森,《斯坦利·鲍德温》(Stanley Baldwin),171、180-181、336、338-341、343、353、358 页;关于看待公众与工党之间分歧的其他观点,见麦基宾,《阶级意识形态》(Ideologies of Class),271、275、281-282、292-293、299 页。
② 公共档案办公室 T176/39,丘吉尔致 O. E. 尼迈耶的信,1927 年 1 月 26 日。
③ 公共档案办公室 T171/577,丘吉尔致 P. J. 格里格和 O. E. 尼迈耶的信,1924 年 11 月 26 日;T176/39,丘吉尔致尼迈耶的信,1927 年 1 月 26 日。

得税率，如有可能的话甚至可以将这些税变成20年内按年领取的养老免税债券。尽管此方案可以立刻创造受益，但是养老金发放期间会耗费更多的资金。惩罚性税收会迫使人们开始寻求新的资产形式，这也是困扰财政部的问题之一。法国在面临预算不平衡、流动债务巨大和高达8%的利率时采取了一些极端措施，而尼迈耶认为英国根本没有必要那样做。"我们并没有陷入绝望：我们不能使用那些面临绝境时才采取的极端措施，也没必要为自己招来如此大的风险。"另一种措施是，在保证平衡预算、维持偿债基金水平以及确保财政支出不上升的情况下，不时调控市场的债息水平。偿债基金的上升催生了一种特殊的短期税种。1925年，尼迈耶开始构想一种针对资本年度回报额而征收的税。

> 与其他社会成员相比，食利者得到的太多了。我一直在想我们可不可以制定一种针对食利者的税收，让他们有机会将资本转化为低利率债券。

尼迈耶的核心观点在于增加偿债基金。为了尽快解决债务问题并尽力避免一次性资产税这种会引发严重问题的财政措施，他认为在有必要的情况下可以征收一种新的税[①]。

随后，财政部否决了丘吉尔减少偿债基金的提议。19世纪时，只有一小部分强制性偿债基金被算入政府预算，而债务则用年底的预算盈余来偿还。1829年英国开始要求，任意一个财年末尾的预算盈余都不能带入下一年度，而要用来抵消国家债务。这也成为了一个确立的惯例。如果没有这条惯例，财政部担心在大选前不道德的财政大臣会为了推行减税措施而大量敛财，使整个税收制度变成一场大规模的舞弊，让税制会变得高度政治化，直接动摇财政制度的合法地位[②]。假定财政大臣在制定预算时实现了预算盈余而非增支或减税，那在财政部看来，用所有盈余去填补债务就显得十分重要。为了将这项惯例制度化，1923年，斯坦利·鲍德温明确承诺每年将偿还5000万英镑的债务。这样一来，要想平衡预算，就必须把这部分债务也纳入考虑[③]。尼迈耶认为，贷款一旦放出，偿债就成为一项明确的契约并且必须遵守。另外，政府为借债从投资市场吸收资金，致使股价大跌。因此，要想再借钱，就必

---

① 公共档案办公室T176/39，O. E. 尼迈耶，《转换》（*Conversion*），日期不详；尼迈耶致霍普金斯的信，1925年11月12日；尼迈耶致D. 维尔（D. Weale）的信，1926年3月13日；尼迈耶写给科尔温委员会的财政大臣的信，1926年11月22日；关于道尔顿的计划，见147–152页。
② 公共档案办公室T171/9，巴希尔·布里吉特对1909年财政法案的备忘录，1910年11月22日。
③ 公共档案办公室T171/578，F. 菲利普致R. V. N. 霍普金斯的信，1927年10月24日；亦见T171/579，关于显示债务水平这一技术问题的文章。

第四章 "对不同螺丝钉的纹路做出调整": 1920～1929年所得税改革

须接受更高的利率。他认为想通过财政盈余来偿债从而实现经济增长是不可能的,除非维持一定数额的偿债基金或者选择产生另外的债务,而这些债务必将吸走一大部分的国家储蓄①。财政部反驳说,由于这样做可以从政府贷款中放出资金,用于投资和恢复经济,因此用财政盈余偿债对国家工业是有益的。财政部的立场是维持一个较高的税收水平,并通过减支来提高偿债能力②。

内阁支出委员会与财政部的观点一致,认为政府应减少开支。委员会对政府的社会服务支出抱有"最严重的忧虑",担心这项支出最终会"成为一个严重的威胁"。给地方政府的拨款也是值得警惕的问题之一,委员会认为中央政府一直承担了固定比例的地方开支,但中央政府却对该开支缺乏足够的控制③。应对当时的财政状况,丘吉尔创造性地以"帮助那些努力且值得敬重的社会成员"为由,设立了一项新的丧夫者年金。为了让已婚有家庭的人们受益,丘吉尔还重新调整了所得税制度,形成了保守党选民的身份认同。

在处理经济复苏问题时,丘吉尔与财政部的观点截然不同。丘吉尔的首要措施是通过降低企业的所得税,高效地刺激企业的积极性,即使这样做会彻底颠覆财政部对"廉洁财政"的定义。丘吉尔想要推行自己的政策,就必须从财政部形成已久的约束中挣脱出来,其原因主要是经济停滞和大罢工严重影响了税收收入。值得担心的是,通过增加税收来填补赤字可能会拖累贸易复苏。尽管鲍德温坚持至少要留出5000万英镑用于偿还债务,但事实上,凭借其权力,财政大臣能够引发的财政赤字将比战前还严重。1914年以前,短期国库券(Treasury bill)在财年结束前就必须偿还,因此不能用于弥补财政赤字。类似地,筹款委员会(Ways and Means)的借款必须在财年结束后的三个月内偿还。战争期间,这些规定和限制暂时中止效力,而1919年的

---

① 公共档案办公室 T171/577,尼迈耶致财政大臣的信,1924年12月1日。
② PRO, T171/214, O. Niemeyer to chancellor, 20 Mar. 1923, and 'Sinking funds', O. Niemeyer to chancellor, 23 Jan. 1923; T171/222, budget memorandum, O. Niemeyer, n. d.; T171/226, O. Niemeyer to chancellor, 24 Jan. 1924, 10 Mar. 1924 and 2 Apr. 1924; T171/234, note by O. Niemeyer, 29 Feb. 1924, and R. G. Hawtrey, 3 Mar. 1924. On the Treasury view, see G. C. Peden, 'The Treasury view in the interwar period: an example of political economy?', in B. Corry (ed.), *Unemployment and the Economists* (Cheltenham, 1996), pp. 69 – 88, and G. C. Peden, 'The "Treasury view" on public works and employment in the interwar period', *Economic History Review* 2nd ser. 37 (1984), 167 – 81; P. F. Clarke, 'The Treasury's analytical model of the British economy between the wars', in Furner and Supple (eds.), *The State and Economic Knowledge*, pp. 171 – 207.
③ 公共档案办公室 CAB27/304,预算常务委员会,1926年12月7日;1927年4月5日; CAB27/305, CP54 (26),预算常务委员会,1926年2月9日第9次报告。

《战争贷款法案》（War Loan Act）给了政府规定债务问题以更大的自由①。丘吉尔将这份自由运用到了极致。他任财政大臣期间，国家债务的偿债速率明显下降。为了制造出在自己任期内预算达到了平衡的表象，丘吉尔创造性地使用了一些会计手段，而事实上他造成了财政赤字，进而获得了调整税收制度的空间。

1925年，财政部采取了用政府净支出值代替总支出值的计算方法，但这种伎俩明显无用。事实上，这一做法严重违背了格莱斯顿财政体系的原则，让财政部的形象一落千丈。弗雷德里克·利斯－罗斯（Frederick Leith-Ross）②指出，"这将成为英国财政史上极不光彩的一面，财政部为了安抚无知者的情绪，竟不惜抛弃格莱斯顿改革的基本原则。"他认为公共财政的基础在于将收入归入国库，担心计算预算"净值"意味着英国财政回到前维多利亚时期各部门各司财政的状况。利斯－罗斯强调了格莱斯顿体系一向严格控制支出，认真对待周期性支出，具有神圣不可侵犯性；它允许财政部灵活使用预算，而不是刻板地规定专款专用，对开支进行整体性的指导。正如利斯－罗斯所说：

> 与法国等欧洲大陆国家相比，英国在战后能快速恢复财政秩序，极大程度上要归功于这套正确有效的制度。欧陆国家在解决预算问题时选择了掩盖政府债务和赤字，试图达到表面上的预算平衡。但如果任何利用公共资源的行为都必须经过议会集体同意的话，掩盖事实就不可能了。这或许是这套制度行之有效的原因。

丘吉尔决定用政府支出净值来替代支出总值，实现了表面上减少政府支出的目标③。丘吉尔同时开始实施一系列增加自己收入的计划。他"洗劫"了一部分本应用于偿还国家债务的偿债基金④。他还利用国民健康保险基金的

---

① 关于1923年恢复偿债基金，见公共档案办公室T171/214，尼迈耶写给财政大臣的信：偿债基金，1923年1月23日；T171/578，F. 菲利普写给霍普金斯的信，1927年10月24日；关于偿债问题，见T171/584解释；肖特，"个税政策"，208－209页。1930年预算中恢复了战前的规定并取消了丘吉尔的预算自由。

② 弗雷德里克·威廉·利斯－罗斯（Frederick William Leith-Ross, 1887—1968）先后就读于泰勒商人学校和牛津大学贝利奥尔学院。1909年他入职财政部，1911～1913年担任阿斯奎斯的私人秘书，1920～1925年任英国赔偿委员会财政理事会代表；1925～1932年担任财政部副部长，1932～1946年任政府首席经济顾问，1939～1942年担任战时经济部总管。[*Who Was Who*, vol. vi: 1961-70 (London, 1972), p. 666.]

③ PRO, T171/582, Leith-Ross to W. S. Churchill, 13 Aug. 1927; Grigg, *Prejudice and Judgment*, pp. 196-7; on netting the budget, see T171/578, budget 1928, vol. 1, general and netting the budget which deals with ways of showing net expenditure.

④ Short, 'Politics of personal taxation', pp. 209-10.

======第四章 "对不同螺丝钉的纹路做出调整":1920~1929年所得税改革

盈余,在手里有足够的钱时去疏通关系,因而得以在1929年议会结束前宣布一项新的社会政策①。1926年,他又将目光投向了道路基金储备。这项基金非常反常,与财政部对质押的不信任背道而驰。该基金源于1888年的地方财政改革,当时为了避免地方机构频繁的拨款要求,中央政府将部分"分配收入"和牌照税交给了地方政府。马车牌照税是其中的一种,它在1909年被新的石油税和一项针对汽车发动机的税所取代。这部分收入被自由党政府用于设立道路发展基金,与此同时还有一部分代替马车牌照的税拨给地方政府。战争期间,石油税被上交国库。但是,弄清燃料到底是用于交通还是加热或照明十分困难,而且免除农民和渔民的石油税十分麻烦,因此1920年石油税被废除。与此同时,交通大臣与财政大臣达成了协议,只要交通部不向财政部要求取得道路建设资金,车辆税(少于给地方政府的固定拨款)就将存入道路基金。这样一来,道路基金的收入开始超过支出,渐渐积累了大量盈余。财政部对这种依靠质押换取收入的做法极为不满,称这项基金不受议会控制,会在修建宽阔道路上过分投资,让车主享受在路上高速行驶的快感,而与此同时整个英国工业却被税收压得喘不过气,各行各业都需要缩减开支。但是丘吉尔称,如果说车主们没有为国家财政收入做任何贡献,那简直是胡说八道:

> "谁说不论税收收入如何,不论国家多么贫困,我们都只用这部分收入来修路?为了增加税收,我们牺牲贸易;为了恢复经济,我们牺牲教育。我们甚至可能付不起维护舰队的费用,不过没关系,无论如何,我们收来的车辆税都只用于修路!……这种观点是十分荒谬的,它不仅是对议会权力的不尊,也是对基本常识的亵渎。"

当然了,车主们认为这项基金就是"他们的钱",因此基金中的任何结余都应用于减少车辆税。想要避免他们的抗议,可以采取划分税收的方法(至少名义上这样),将其分为"道路损耗税"和上交国库的"奢侈品税"。丘吉尔分别于1926和1927年从基金结余中拿走了700万和1200万英镑。1926年,他将1/3的私人汽车税归为奢侈品税。此外,他还提议对进口石油征税,说这不仅是可以鼓励国内煤矿开采,还可以促进道路交通和铁路交通的公平竞争。丘吉尔认为对机动车征收燃油税"从方方面面来说都十分合理,并且从长远来说有助于实现国家的最大利益"。相应的,他于1928年开始对石油

---

① 公共档案办公室CAB27/305,NE29,常务预算委员会(Standing Committee on Expenditure),国民医疗保险,财政大臣备忘录,1926年1月8日。

征税，给政府带来大量收入，从而减轻了地方工业的负担，而这也是1942年购置税实施前唯一有重要意义的间接税①。通过这些方法，丘吉尔成功地为自己创造了极大的自由，并能够通过调节收入税来实现经济复苏和政治稳定的目标。

不出意料，财政部的高官们对丘吉尔极富创意的计算方法十分震惊。正如英格兰银行的蒙塔古·诺曼（Montagu Norman）②所说，丘吉尔就是财政界的逃脱大师（escape artiste）布朗丁（Blondin）。丘吉尔本人也没有否认，称自己的1927年预算案是"好得不能再好的脱困方法"。就连首相本人也诚实地告知国王，丘吉尔的预算案"手段高超，极具智慧"③。问题在于，他的解决方法到底是精妙的演出，还是骗人的伎俩？究竟应为之喝彩，还是予以谴责？

丘吉尔着重强调了对税制的创造性改革。他深知，尽管财政部的方法非常符合"廉洁财政"原则，但却会疏离两个极其重要的利益群体，引起其他危机：纳税人与贫困和失业人群。维持目前的高税率，纳税人会愤愤不平；而如果减少政府福利支出，贫困和失业人群必将会艰难度日。财政部考虑的主要是偿还债务与财政稳定。而丘吉尔却意识到，政府及其财政制度的合法性更为重要，而财政部所考虑的那些不过是这个大问题的一部分罢了。如果人们对税收制度，尤其是高额的累进式所得税的认同感下降，这将从根本上损害财政部的战略，造成"合法化赤字"（legitimation deficit）。

---

① 《议会辩论》，系列五，194，1926年4月26日，1710–1715卷；205，1927年4月28日，94–95卷，1153–1154卷；216，1928年4月24日，854–859卷，861–863卷；公共档案办公室T171/250，内政大臣备忘录——内阁经济委员会——道路基金，1925年10月16日；道路基金备忘录，G. 巴斯托（G. Barstow），1925年10月30日；丘吉尔写给巴斯托的信，1925年10月30日；《温斯顿·丘吉尔》，1925年11月2日；财政大臣的口述备忘录，1925年11月20日；温斯顿·丘吉尔备忘录：道路基金，1925年11月22日；财政部备忘录：道路基金，财政大臣备忘录作序，1925年12月16日；常务支出委员会：道路基金，交通大臣的说明，1925年12月17日；常务支出委员会，1925年12月18日；常务支出委员会对CP54/26的报告；T171/251，备忘录：汽车税——道路基金；应用委员会（Application Committee）会议，1926年1月7日；丘吉尔致霍拉斯·汉密尔顿的信，1926年3月7日；巴斯托写给财政大臣的信，1926年3月9日，处理道路基金的方式；CP150（26），财政部及海关备忘录：机动车税。以上大多材料又可见于CAB27/305–6，常务支出委员会报告和备忘录。关于对机动车税的讨论，见T171/264；肖特，"个税政策"，210页。

② 蒙塔古·诺曼（1871—1950），其父为马丁银行（Martin's bank）行长，母亲的家族是布朗·施普莱（Brown Shipley）商行所有者。他先后就读于伊顿公学和剑桥大学国王学院，毕业后于1892年入职马丁银行，1894年进入纽约布朗·施普莱并于1907年成为行长。1915年他离职进入英格兰银行，后升任副行长并于1920~1944年任行长，也是英国第一任央行终身行长。他认为央行应具有独立性，并与其他国家央行之间建立紧密联系，同时为政府工作提供咨询和顾问。[DNB, 1941–50, pp. 633–6; Robbins (ed.), Biographical Dictionary, pp. 326–7.]

③ Short, 'Politics of personal taxation', p. 210, from T. Jones, Whitehall Diary, vol. ii: 1916–1930, ed. K. Middlemass (London, 1969), p. 98, entry for 28 Apr. 1927; and Baldwin to George V, in Gilbert, Churchill, V, Companion I, p. 986.

第四章 "对不同螺丝钉的纹路做出调整": 1920～1929年所得税改革

丘吉尔的创造性改革方案的出发点非常简明实际：大额遗产的遗产税是否应由当时的高水平下降到1919年遗产税刚提出时的水平？财政部认为"这完全没必要"，因为死亡时缴纳的遗产税"在心理上远没有每年交所得税那么繁重"，而且这项税收对刺激创业几乎没有什么影响。理查德·霍普金斯甚至建议减少所得税，然后提高中小额遗产的税率①。丘吉尔牢牢抓住了霍普金斯的想法并建立了一项政治原则，借此来帮助那些收入较低的附加税纳税人。尽管经历了战时通货膨胀，附加税起征点依然维持在战前2000英镑的水平，很多中产阶级家庭必须缴纳附加税。丘吉尔的出发点是，在维持现存税收水平，且不对100万英镑以上遗产征收更多遗产税的前提下，或多或少地将所得税和附加税负担加到最高收入群体的身上，然后他就可以提高1.25万～100万英镑遗产的税，从而获得每年1000万英镑的财政收入。遗产税经过了这样的修正后，人们继承到的财产不仅要面临高额的非劳动所得税，还要承受高额的遗产税，劳动所得受到了更好的优待。与靠投资获取收入的人相比，这项政策更受高薪脑力工作者的欢迎，诱导人们进行财富创造，而丘吉尔也可以声称自己"消除了对创业与节俭的阻碍"，并且"减轻了社会创新能力面临的压力"。在丘吉尔看来，直接对企业征税会导致人们的努力程度下降，从而减少社会储蓄，进而使所有社会成员蒙受损失。"毫无疑问，一个国家若面临最高的失业率，那么它征收的劳动所得税一定最高，有时甚至会全额征收，你确定这只是巧合吗？我很肯定这不是。②"因此，他称调整所得税和附加税是为了促进经济增长与激发经济活力。

遗产税带来的财政收入，丘吉尔本人创造性的财政经济，以及随之而来的复苏，让丘吉尔得以改革所得税和附加税。他的策略是"让最富裕的人面临最高的税收"。他认为减税政策应该集中于

> 各行各业都有处于中低阶层的附加税纳税人，尤其是专业技术人员、小型零售商以及企业家这些低收入的高级脑力工作者。而当这些人拥有了收入之外的资本收入，由于针对同领域的遗产税的增加，他们先前少缴纳的大部分附加税又会被用于纳税。这样，年收入在3000～4000英镑且没有额外资本收入的医生、工程师和律师获得的减税幅度最大；而靠价

---

① 公共档案办公室T171/239，霍普金斯致丘吉尔的信，1924年11月14日及1924年12月18日。
② 《议会辩论》，系列五，1925年4月28日，64-65卷、85-86卷；吉尔伯特，《温斯顿·丘吉尔》，第五卷，姊妹篇第一部，第466页；丘吉尔致乔治五世的信，1925年4月23日；公共档案办公室T171/239，丘吉尔致霍普金斯的信，1924年12月14日；T171/247, W. S. 丘吉尔，对业主组织全国会议代表团的评论，1925年3月4日。

值在 20 万~30 万遗产获取非劳动所得的资产所有者的减税幅度最小。与此同时，百万富翁们依然要承担已有的高额税赋。

丘吉尔同时致力于降低所得税标准税率，因为他想帮助那些低收入劳动者，尤其是那"许许多多必须要努力维持一定生活水平的'中产阶级劳动者'，他们是真正值得帮助的人"[①]。他这么做的目的在于拉拢中产阶级这个支持保守党的重要选民群体，与此同时巩固政府的合法地位并在高税率的情况下确保人们认同财政制度。

丘吉尔的目标十分明确，但执行起来也难免遇到技术困难。降低附加税会使富人阶级受益，必会遭到工党的批评。因为收入最高者的收入超出附加税起征点很多，仅仅减少附加税必将让他们成为最大的受益者，因此无论如何，丘吉尔都不会得到自己追求的效果。而在丘吉尔看来，这就是将所得税和附加税相结合、对税后收入征收附加税、推行单一税制的好处。这有助于那些收入略高于附加税门槛的人。然而霍普金斯意识到，这种方法会被视作一种暗中帮助富人的方法，因此依然可能受到工党的批判。他提出，如果要对附加税纳税人减税，那也应该给予大部分收入低于附加税门槛的"成功的专业技术人员以及情况相似的人"以相同的减税待遇，因此他提议恢复战前那种有利于劳动所得的分级税制。霍普金斯说，减税人群将从收入在 3000~4000 英镑的中低收入附加税纳税人扩展到收入在 500~1000 英镑的人，这很符合丘吉尔"减轻成功的专业技术人员和企业家负担"的想法。他提出的解决方法不仅较好地满足了丘吉尔帮助"高水平脑力劳动者"的目标，也避免了被批评为"只帮助富人"的政治风险。它的另一个优点是恢复战前的累进税制，有助于修复社会关系[②]。

丘吉尔声称他的提议将会实现狭义和广义的"预算平衡"：从狭义上来说，它可以保证政府收入足以支付开支；从广义上来说，它能够保证"在这个不断发展变化的社会中，不同阶级间的正义"可以受到公平的衡量：

> 这一套方案结构完整，兼容并蓄，着眼于国家利益而非特定的阶级或党派，以一种让个人最易接受、最有益于国家的形式给予所有阶级最需要的帮助。在这套方案中，所有的英国人都不会被排除在外，无论男

[①] 公共档案办公室 T171/239，丘吉尔致霍普金斯的信，1924 年 11 月 28 日；吉尔伯特，《温斯顿·丘吉尔》，第五卷，姊妹篇第一部，第 467 页；丘吉尔致乔治五世的信，1925 年 4 月 23 日。
[②] 公共档案办公室 T171/239，国内税收局董事会备忘录：对净收入征收附加税提案的会议，1924 年 11 月 25 日；霍普金斯致丘吉尔的信，1924 年 12 月 12 日。

第四章 "对不同螺丝钉的纹路做出调整"：1920～1929 年所得税改革

女，无论阶级，无论贫富，而且随着财富水平的下降，他们获得的益处和帮助会成比例上升。如果我们能让新财富的创造挣脱税收的枷锁，那么我们的预算案就能够成功激励企业，并加速工业复苏。这样，我们就能进一步保障广大劳动者及其家人的利益，从而加强人们的满足感，促进社会稳定，进而真正将我们的国家打造成所有人民的温暖家园①。

这是丘吉尔的呼吁，他呼吁经济的繁荣发展、社会的融合和阶级间的和睦。丘吉尔对税收制度的调整，实际上代表了更大的努力：创造性地解读社会认同和政治忠诚。他在他的战略中承诺，要为依靠劳动收入生活的中产阶级谋求更多利益（工党为实现这一点做出的承诺是征收一次性资产税，而这饱受争议）。丘吉尔的改革政策给了积极进取的中产阶级以承诺：保守党会考虑他们的需求，不会将他们置于和富人阶级相对立的位置。用他的话来说，如果将减税比作退潮，那么当潮水退去，普通收入的附加税纳税人会随着潮水到达沙滩低处，而百万富翁们仍会被搁浅在高水位线。当然，从中受益最多的还是"绝大多数被潮水带到清爽海水中的所得税纳税人"。对遗产税进行修订后，丘吉尔就能够光明正大地强调那些获得高额非劳动所得的人将要承担更多的税赋，除此之外他还进一步扩大了劳动与非劳动所得的税率差别。他声称：

  这样的成果会鼓励人们在自己活着的时候不断努力，挣更多的钱并且教育他们的子女也这么做。尽管引导人们减少对已有的财富的依赖是具有一定意义的，但其作用远不如创造新财富，因为创造新财富的过程是有益于全社会的。世界上绝大部分财富都是当年创造当年消耗，如果我们不能打起精神努力创造新财富，我们将永远不能摆脱战时累积的债务，甚至会不断加重负担。如果我们在努力的同时对懒惰实行一定的惩罚措施，那么我们的目标一定能实现②。

丘吉尔希望英国的各阶级能通力合作而不是爆发冲突，希望通过制定一项吸引企业并能重申资本主义优越性的政策来摆脱国家债务。丘吉尔和工党都认为债务负担沉重、消耗了人们的创业热情；但工党提出的解决方法是通过土地社会化和征收财产税来打击食利者，而丘吉尔对此并不认同。因此，随着战后保守党政府妨碍措施的成功实施，丘吉尔也开展了一场意识形态上的反击。

---

① *Parliamentary Debates*, 5th ser. 183, 28 Apr. 1925, col. 89.
② PRO, T171/239, Churchill to R. V. N. Hopkins, 28 Nov. 1924; Churchill to Hopkins, 14 Dec. 1924; *Parliamentary Debates*, 5th ser. 183, 28 Apr. 1925, cols. 63 – 4.

丘吉尔也想通过扩大支出来鼓励人们积极进取并加强社会团结,因此并未止步于修改税率。他先前就和大卫·劳合·乔治一道参与实施了1908年非政府缴纳的养老金与1911年的需由政府缴纳的健康和失业保险。这次丘吉尔也非常明智,忠实地履行了大卫·劳合·乔治的职责。另外,工党为了将社会创造的财富收归社会所有,极大程度上接受了"新自由主义",而丘吉尔最初也打算借用"新自由主义"的概念,但是丘吉尔认为工党对"新自由主义"的发展并不能保护而是破坏竞争和创业。丘吉尔声称自己才是自由党1911年政策的真正继承者,他鼓励个人的责任意识,延伸了"国家组织科学化的现代概念"。他还对面临不幸的"住乡下小屋的人"提供支持:

> 难以置信的浪费和空前堕落的衰败在这个国家随处可见,一个个原本自由快乐、一片兴旺的工人家庭随时都可能面临灾难……当下,我们的军队非常强大,并不需要额外的奖励或过度享受。最需要国家和政府救助的是那些无家可归、精疲力竭、身体瘦弱、伤痕累累的人,是那些老兵、丧夫者、孤儿们,他们才是国家最应该尽力去帮助的人①。

丘吉尔依旧坚持他在一战以前的观点,即用社会保障来减轻社会竞争失败的后果,并用以鼓励人们承担商业风险:

> 我们应该画一条线区分人的收入,收入低于这条线人们就无法劳动和生活,高于这条线的人们就应尽其所能地自由竞争。我们希望自由竞争给我们带来积极正面的影响。我们想为人们兜一张安全网,防止他们因失败而陷入无底的深渊,我们不希望降低这个社会的科学和文明程度。

丘吉尔指出,如果总让人们面对超出自己能力的问题,那他们是不可能做到自立自足的。只有当国家保证人们的努力可以获得成功时,个人才能更好地承担责任,实现自己的价值②。丘吉尔认为,惩罚性的直接税会降低人们的努力程度,吞噬储蓄并导致经济增长停滞,因此,如果国家降低税率并加大养老金拨款,就可以大大鼓励人们自立自足的精神。1925年的预算案正是建立在这一想法上。丘吉尔提出减少所得税和附加税,以此来鼓励人们积极进取、增加储蓄,进而增加财政收入,减轻债务负担,保障财政支出。

为了确保中产阶级的支持,丘吉尔还采用了早前自由党财政大臣的策略。1894年威廉·哈考特(William Harcourt)采取累进式遗产税时,他用一部分

---

① *Parliamentary Debates*, 5th ser. 183, 28 Apr. 1925, cols. 71-2.
② Churchill, *Liberalism and the Social Problem*, pp. 82-3, 376.

第四章 "对不同螺丝钉的纹路做出调整": 1920~1929年所得税改革

遗产税税收抵消了最低收入人群的所得税。类似地，劳合·乔治在制定财政策略时增加了附加税、非劳动所得税以及大额遗产税。相比之下，一个劳动所得为300英镑且育有两子的人在1913/1914财年缴纳的税收仅仅相当于1892/1893年的水平。丘吉尔制定的预算案以及由它提供财政拨款的社会改革是为了"与寻求改革、包含了中产阶级和工人阶级的进步联盟紧密联系在一起。"[①]劳合·乔治想向公众证明，基于自由贸易的财政政策无法让公众变得富有，希望以此确保中产阶级选民的支持[②]。

丘吉尔心里很明白税赋归宿和其对于选举的意义。他的调整措施使年收入500英镑的有家室者享受了最低的所得税率，使所得税的曲线在中产阶级那里呈现出"凹陷"[③]。从税收结构的调整中受益的主要是上层工人阶级和下层中产阶级，包括了约135万名年收入在300~600英镑的纳税人（见图4.3），因此这些变革的政治意味十分明显[④]。丘吉尔深知，在两战间期时的英国，要获得选举的胜利，这些纳税人的忠诚与拥护极为重要，因此他希望能够"将财政部变为政府社会政策的有效工具，而非一个消极的跟随者或是活跃的反对者"。正如格里格所说，

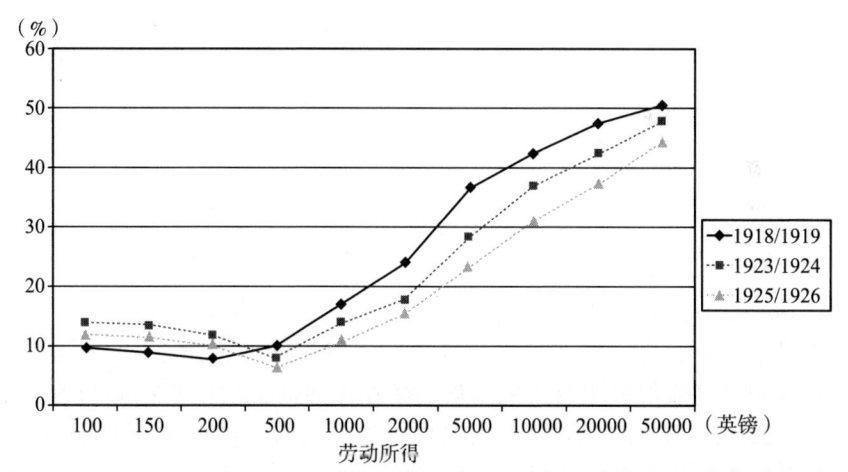

图4.3 1918/1919、1923/1924、1925/1926财年，育有三个孩子的已婚家庭缴纳的税收（直接税或间接税）占国家收入的比重

资料来源：G. F. Shirras and L. Rostas, *The Burden of British Taxation* (Cambridge, 1942), p. 58.

---

① Balderston, 'War finance and inflation', 233; Murray, *People's Budget*, p. 5.
② Samuel, 'Taxation of various classes', 177.
③ Short, 'Politics of personal taxation', p. 204.
④ Hicks, *Finance*, p. 274.

这项计划的目的很明显——将部分直接税负担从社会的积极群体转到消极群体身上，并且开始下调直接税税率，同时上调针对奢侈品所征收的间接税。此外，继续遵循劳合·乔治的先例，发展工业生产，从而帮助穷困和上了年纪的人[①]。

1925预算方案"拒不接受谨慎且周密的意见"，这一特点也是之后丘吉尔预算案的显著特点[②]。

改革的最大受益者构成了保守党的基本票仓，那么这些税收制度的改革是否是在偏袒特定群体？改革后，低收入者的相对税率高于中等收入者，因此税收制度对收入较低者具有累退性，收入从贫穷的工人家庭转移到了相对富裕的中产阶级家庭，这也是它招致批评的原因。但是事情没有这么简单，因为富人同样为财政体系贡献了一部分财富，这部分财富由政府通过社会支出的形式分配给穷人。可以说，财政制度的稳定维持了高于一战前水平的税率，从而增加了财富转移，使社会财政体系更具累进性质。最为重要的是，这一体系在维持了高税率的同时并未引起纳税人的反感且不会威胁国家合法地位。尽管保守党的选举战略十分利己，但它也为局势的稳定做出了贡献。例如在大罢工时，工人组织受到了极大冲击，而正是保守党的战略维持了局面的稳定与平衡，而且这并不是他们无心插柳的结果。总而言之，维持一套以累进所得税为基础且极其精确的税收制度是完全可能的（见表4.3）[③]。与其像一些史学家那样不断强调纳税人和官员们反对公共支出的成功运动[④]，不如将矛头对准那些仅仅在幕后施压、却能直接导致支出增加的权力阶层。这两场反对公共支出的斗争发生在20世纪二三十年代，原因是纳税人肩负了至少两倍于战前水平的税率。但仅仅将其视作纳税人为反对政府增加支出而进行的斗争是没有意义的，因为不同的纳税人群体拥有不同的利益，而这些群体以及他们的利益在一定程度上就是由政府的财政政策决定的。一战末期，工人阶级对强征所得税和商品税的抵制情绪给政府造成了不小的麻烦，不仅致使政府减少支出，同时还使税收归宿变成了其他利益群体。然而新的税收归宿群体不会像工人阶级那样维护自己的利益，政府反而认为新的税收归宿

---

① Grigg, *Prejudice and Judgment*, pp. 174, 196; Short, 'Politics of personal taxation', pp. 211, 225.

② Grigg, *Prejudice and Judgment*, p. 199.

③ 希克斯在《财政学》第272页中说改革的进展很小，因为"社会支出的增加很大程度上被税收的增加抵消了"。而这句话换个更加积极的表述就是："转移给工人阶级的补贴要多于他们支付的间接税。"（McKibbin, *Ideologies of Class*, p. 273）。地方税收和保险费用也应考虑在内，但在此处不加展开。

④ Cronin, *Politics of State Expansion*, pp. 4–13, 93.

第四章 "对不同螺丝钉的纹路做出调整": 1920~1929年所得税改革

更有能力承担税赋。因此,需要考虑的问题,不光有不同群体间的力量对此,还有政客和公务员对选举的推测和整个国家的需求。丘吉尔的战略不仅让更多的社会群体受益于社会福利,还让受益者们能够将社会福利变为一项社会权利。这些改革的主要作用不是强制为政府支出设限,而是转变全社会对公共福利的态度[①]。

工党对丘吉尔政策的批评声被大量受益于减税与社会补贴制度的选民的声音淹没,当然,丘吉尔本人对英国经济在长期衰退后所呈现出增长与活力的描述也功不可没。即使是向来不太喜欢丘吉尔浮夸风格的内维尔·张伯伦[②]也确信,直接将税收与补贴联系在一起是"一项大胆而且格外迷人的提议",受到了蓝领和白领的强烈欢迎。内维尔对自己的姐姐说,"毫无疑问,工党彻底泄气了,他们的脸上写满忧伤,到处都能听说到他们是有多么的不安和窘迫[③]"。不仅仅是工党,这种不安还蔓延到了财政部,沃伦·费舍(Warren Fisher)[④]严厉批评道,他们的财政大臣很不负责任,简直像个小孩,对谨慎的提议不屑一顾,只想着实施他那些华而不实的大计划,最终只会将国家财政弄得一团糟[⑤]。而在丘吉尔看来,财政部所宣扬的预算当然也同样危险,因为即便它是财政部经过审慎思考得出的,它却会使极为重要的利益阶层疏离国家和财政制度。他坚信,与其缩手缩脚,不如大步向前。

---

① 财政部为了限制税收再分配范围的无限延伸,规定丧夫者养老金需要受领人自行缴费,但是他们却忽略了一点:社会福利政策的推行有利于加强社会团结。关于限制再分配计划的评估,见麦克尼科尔,《英国的退休政策》(Politics of Retirement in Britain),184-193、200-224页;R. 洛,"税收问题"(Taxing problems),选自《工党历史评论》,第57期,1992年;又见鲍德温,《社会团结政治学》(Politics of Social Solidarity),3-31页,阐释了国家是如何让中产阶级相信政府拨款是高效而公正的,从而照顾了贫困群体的利益。

② 亚瑟·内维尔·张伯伦(Arthur Neville Chamberlain, 1869—1940)是约瑟夫·张伯伦之子,奥斯丁·张伯伦的同父异母弟弟。他曾先后就读于拉格比公学和伯明翰大学梅森学院。毕业后,他在巴哈马经营一家农场,1897年生意失败后回到伯明翰投身政商并担任市长。1917年被任命为国家兵役局局长,但因为无法与劳合·乔治共事而离职。1918年进入议会,并于1922年成为财政部主计大臣(paymaster general)。他于1924年拒绝了财政大臣的职位,转而担任卫生部部长,并实施了一系列地方政府改革。1931年担任政府财政大臣,1937~1940年出任英国首相。[DNB, 1931-40, ed. Legg, pp. 155-63; Robbins (ed.), Biographical Dictionary, pp. 155-63.]

③ 伯明翰大学图书馆NC 18/1/483,内维尔致希尔达·张伯伦的信,1925年5月2日;NC 2/21,1924年11月26日、1925年3月26日、5月1日及8月9日。

④ 诺曼·芬威克·沃伦·费舍(Norman Fenwick Warren Fisher, 1879—1948),其父是一个十分具有独立意识的人。他先后就读于温彻斯特公学和牛津大学哈特福德学院。他于1903年进入国内税收局并从事附加税实施工作。1912~1913年借调到新成立的国家健康保险委员会,1914年被任命为国内税收局副局长,并于1918年成为局长。1919年起他担任财政部常务次官兼公务员体系领导。[DNB, 1941-50, ed. Legg and Williams, pp. 252-5; Robbins (ed.), Biographical Dictio-nary, pp. 152-3.]

⑤ 费舍的以上观点转述自内维尔·张伯伦,而内维尔·张伯伦的转述也带有强烈偏见:伯明翰大学图书馆,NC 2/21,1926年6月10日。

表4.3　　　1928/1929财年中央政府国库净征缴收入结构（%）

税种	1928/1929
所得税和附加税	42.8
超额利润税/军火税/公司税	0.3
遗产税	11.8
印花税	4.4
土地税/采矿税	0.1
机动车税	3.7
关税	17.3
消费税	19.5
总计	100.0

资料来源：PP 1929-30 xviii, *Finance Accounts of the United Kingdom for the year ended 31 March 1929*, pp.16-17.

　　当然，1925年之后丘吉尔还想继续推进自己的政策。1926年，他满怀热情地提出了一项"极具革命性的方案"：对国内所有拥有投资收入的纳税人进行登记，以便实施一种劳动所得和非劳动所得税之外的税种[1]。这项计划很快被放弃。1927年丘吉尔再次提议：强制贷款，即不同收入的纳税人被强制要求购买一定数量的低利率政府债券。这其实相当于征收了一种新的税，征税额相当于债券的票面价值与市场价格之差。制订这项计划的目的在于避免英国被国家债务和食利者收取的租金榨干，进而促进经济复苏[2]。但由于这种"税"与一次性资产税重复，同样致使人们不满，因此不久就被弃用。丘吉尔随即又提议实施"无关紧要的"减税政策。他最初的想法是减少小额收入者（特别是已婚男性）的所得税，这样可以彻底免除30万~35万人的税赋，而减少的收入会由高收入的上层附加税纳税人承担。但这项计划也很快搁浅了，因为"它们许带有社会主义的色彩"（见第五章）。由于损失了那部分额外收入，丘吉尔只能通过对儿童补贴的微调，免除了6万户的所得税。丘吉尔是一个了解政治与选举实际，且十分善于作秀的人，他所追求的财政政策是那

---

[1] 吉尔伯特，《温斯顿·丘吉尔》，第五卷，姊妹篇第一部，626-629页；公共档案办公室T171/255，丘吉尔致霍普金斯的信，1926年1月7日；霍普金斯致丘吉尔的信，1926年6月23日；国内税收局常务委员会关于1926年1月7日提案的报告，1926年6月10日。
[2] 公共档案办公室T176/39，有关国家债务的各类报告，1925-1927页。

第四章 "对不同螺丝钉的纹路做出调整"：1920~1929年所得税改革

种只用付出很小代价就能为人们所注意且效果惊人、举国瞩目的减税政策①。

  财政部并非每个人在意丘吉尔的功绩。不过，虽然内维尔·张伯伦一直对丘吉尔那欠考虑的政策持怀疑态度，但他的确认为丘吉尔找到了保守党需要迎合的重要社会群体。他在1925年的评论中说道："国家资源十分珍贵，应该用来帮助那些渴望通过努力让自己得到更多、过得更好的人们，而不是不加区分地慷慨分发，这才应是我们的政策。"这些自助自立的模范们包括靠劳动获取收入的人以及靠个人存款生活的退休人士，其年收入在500~5000英镑之间。因为政府为穷人缴纳养老金，所以政府相应地也要给其他阶级一些税收优惠，这就可以解释这项减税政策的合理性，而缴纳养老金本身也是鼓励人们自助自立的。换而言之，政府的公共开支不仅不是威胁，反而是在支持和鼓励人们自力更生。正如罗斯·麦基宾所说，"所有议员都认为抛弃某个社会阶级就会给自己带来耻辱，或从根本上说，这个阶级的利益与对应的党派利益是密不可分的"。绝大多数战时的保守党议员都十分清楚本党代表的阶级：年收入500英镑及以上的有家室者②。第五章将讨论的问题是，工党会如何回应丘吉尔的政策？工党取消了一次性资产税以迎合社会积极分子又不疏离温和派，而他们能填补取消一次性资产税带来的收入空缺吗？面对经济萧条以及后来的重整军备的压力，1931年上台的工党政府又将对丘吉尔的政策进行怎样的改进？

---

  ① 公共档案办公室T171/255，丘吉尔致霍普金斯的信，1925年12月27日；T171/257，霍普金斯致丘吉尔的信，1927年1月31日；丘吉尔的评论，1927年3月6日；T171/271，丘吉尔致高尔斯（Gowers）的信，1928年1月7日；高尔斯致丘吉尔的信，1928年1月13日和1928年2月16日；国内税收局致财政大臣的信，1928年4月16日；肖特，"个税政策"，232-234页。
  ② Lowe, 'Taxing problems', 47; *Parliamentary Debates*, 5th ser. 184, 18 May 1925, col. 92; McKibbin, *Ideologies of Class*, p. 269.

第五章 "现代政治的巨大冲突"：1929~1939年再分配、大萧条与绥靖政策

> "如果说，让我们为之投资的服务可以释放新能量，并能培育尚未充分利用的力量，这就并不算奢侈而是经济的；允许小部分富人侵占财产，用于他们认为最利于自身利益的目的，但却导致社会的基本需要得不到满足，这才不是经济的而是奢侈的。"
>
> ——Labour Party, *Labour and the Nation: Statement of the Labour Policy and Programme* (London, 1928), p. 37

尽管丘吉尔创造性地利用了财政和福利制度，保守党却没能在1929年大选中获得多数席位，工党则再度建立了少数派政府。保守党的大选口号是："安全第一"，借此呼吁有序改革和社会稳定，为经济复苏提供基础。相比之下，劳合·乔治和自由党人士在公共建设工程和经济改革方面大力推进激进的方案——《我们能征服失业》(*We Can Conquer Unemployment*)（伦敦，1929年）。全国性矿工总罢工造成重创，回归金本位造成困难，失业情况仍未好转，这些似乎与保守党的承诺相悖。尽管如此，劳合·乔治的万能之计仍未说服全体选民。问题是：新工党政府当如何应对自1929年以来未见好转的经济，以及如何应对1931年的金融危机和经济衰退？

工党政府实行的经济政策已经引起了争论。一方认为，工党实行了谨慎的政策，却忽视了公共设施建设和扩大方案；另一方则强调了政府面临的困难。罗斯·麦基宾认为，英国资本主义经济已经成熟，却未显示任何周期性复苏迹象，而实际上本届政府已经做到了"一个进步政党"能做的事。在他看来，其他国家采取的通货紧缩政策更甚，相比之下英国的政策就显得极为慷慨却又非常特立独行[1]。争论大部分聚焦在未能成功实行凯恩斯的政策。但

---

[1] R. Skidelsky, *Politicians and the Slump: The Labour Government of 1929 – 31* (London, 1967); R. McKibbin, 'The economic policy of the second Labour government, 1929 – 31', *Past and Present* 68 (1975), 120 –1, 123.

=== 第五章 "现代政治的巨大冲突"：1929～1939 年再分配、大萧条与经济政策

是要想理解工党的政策，就必须结合工党的目标和思想意识，以便明白其目标和思想意识如何影响了政府对经济萧条的对策，以及 1931 年危机之后经济萧条如何影响工党的经济政策[1]。

工党的财政政策

不奇怪地是，工党非常怀疑丘吉尔鼓励创业和生产的策略，质疑其退休金方案中的再分配结果。斯诺登对 1925 年的预算大加批评，认为它只同情穷困的、负担过重、挨饿的、失业的附加税缴纳人，是"有史以来最糟糕的富人预算"[2]。工党公开指责这项预算背离了丘吉尔宣称的实现融合、达到平衡的豪言壮志，并指出，改变课税与社会之间的关系，可以刺激生产，为社会福利提供资金。

工党抨击了 1925 年的养老金计划，因为将社保缴纳率设置成统一水平实为变相的累退税。这一特点也是 1912 年饱受工党批评的战前健康保险和失业保险计划的特点[3]。黑斯廷·贝特朗·利斯-史密斯（Hastings Bertrand Lees-Smith）[4] 辩称，雇员缴纳的保险是"旧有的工资税，是我们已经完全放弃的。"在道尔顿看来，养老金来源于：

> 那些受益于工资税、雇佣税和一种特别的工业税的人……这些税收可能是集资的最差方式。正确的方式是一般性课税，保证其与个人纳税能力相符、与独立纳税人的财富相适应。

他谴责给予所得税和附加税缴纳人的税收减免，称这是"将一笔巨大的救济金交给社会上更富裕的人"，而且不能确定他们是否会得到来自财政部的意外之财。根据这样的观点，提高偿债额度是确保储蓄增值的更好方式，因为债券

---

[1] 关于对从 1929 年至第二次世界大战工党财政政策的重要研究，见 R. C. 怀廷，《工党和税收：20 世纪英国的政党认同和政治目的》（*The Labour Party and Taxation: Party Identity and Political Purpose in Twentieth-Century Britain*），剑桥，2000 年，34-60 页。
[2] *Parliamentary Debates*, 5th ser. 183, 29 Apr. 1925, cols. 179, 182.
[3] 关于工党对 1911 年方案的批评，见《1912 年第 12 次工党年会报告》（*Report of the 12th Annual Conference of the Labour Party, 1912*）（伦敦，1912），96-97 页。
[4] 黑斯廷斯·贝特朗·利斯-史密斯（1878—1941）出生于印度，是一名陆军军官的儿子；他从皇家军队学院（Royal Military Academy）退学，后就读于牛津大学女王学院。1910～1918 年他作为独立激进分子参加竞选，成为下议院自由党议员。1919 年他加入了工党，分别于 1922～1923 年、1924～1931 年以及 1935～1941 年间担任下议院工党议员。1929～1931 年他出任邮政大臣（postmaster general）；1931 年，他被任命为教育委员会（board of education）会长。[*Who Was Who*, vol. iv: 1941-50 (London, 1952), p. 674.]

持有者会将其从贷款清还中获得的大部分钱用于再投资。这样看来，工党和财政部的观点类似，都认为财政盈余应直接用于债务偿还而不是减税，但二者看法的主要区别是财政部还希望减少支出以加快偿债速率，而工党则希望提高税收，减少债务水平，以便维持福利支出。工党怀疑，减少直接税是否会像丘吉尔宣称的那样激励创业。利斯－史密斯认为大部分税收减免会惠及从低风险公司债券中获得收入的老年妇女和固定收入人群，对创业的激励则有所减少①。

工党主张改变刺激生产和提供福利的方法，即每年向食利者收取"一大笔用错地方的钱"，因为食利者年年都搜刮劳动者的钱财。遗产税是最合法且最利于社会的税收形式之一，同时，它会为工薪阶层而不是中产家庭提供税收减免，增强其购买力，刺激工业②。工党财政政策的基本思想是更公平的社会可以创造更多的需求，助力经济复苏；问题是通过什么方法才能促进经济恢复，而且能避免疏离重要选民、防止动摇人们对财政的信任。放弃征收一次性资产税意味着工党需要找到财政收入的其他来源和处理闲置资金的其他方法。工党经常抨击食利者阶层获利，因为利息是对经济的收费，而随着紧缩性政策的实施，利息的实际价值通常会上涨。同时，价格走低和黄金兑换率走高，使英国物品在出口市场中价格过高，重创除食利者外的社会其他人群。1929年，派斯克－劳伦斯宣称食利者收入在国家收入中的比例已经上升到了40%~50%。"在英国社会，消极分子获利，积极分子却吃亏。这就是造成工人变穷、贸易疲软的直接元凶。"③

1924年，菲利普·斯诺登在工党的首个少数派政府中担任财政大臣，1929~1931年再次出任财政大臣。随着1931年工党政府倒台，他因拥护财政部的传统政策而饱受广泛地攻击。丘吉尔称，斯诺登及其领导的财政部官员具有非常类似的想法④。财政部发现斯诺登比丘吉尔更加听从同僚的意见，但其实20世纪的大部分财政大臣都是这样的。拥护财政部传统的人坚信需要平衡国家预算并偿还国家债务，而不是创建一个社会主义社会，然而斯诺登并不是这样，而是独立出台政策，坚信自己应当为社会争取社会创造的、非劳动获得的财富。他意识到一次性资产税导致了政府与中产阶级选民的疏离。

斯诺登的税收政策是打击一战前积累而成的租金。在他看来，"私有财产

---

① *Parliamentary Debates*, 5th ser. 183, 29 Apr. 1925, cols. 229–30, 232, 30 Apr. 1925, cols. 418–20.
② *Parliamentary Debates*, 5th ser. 183, 29 Apr. 1925, cols. 184, 189, 229–33, 30 Apr. 1925, cols. 418–20.
③ F. W. Pethick-Lawrence, *National Finance* (Fabian Tract 229, London, 1929), p. 3.
④ Quoted in R. Skidelsky, *Oswald Mosley* (London, 1975), p. 181.

第五章 "现代政治的巨大冲突": 1929~1939 年再分配、大萧条与绥靖政策

是公共信托，必须服务于国家需要"——所有的非劳动所得应该上缴政府，因为先前非劳动所得是不必缴税的，相较于将其用于私人消费，非劳动所得上交政府后会产生更大的社会效益。他的目标在于增加生产部门活力，减轻目前贫穷人群的沉重税赋。我们相信国家收入（National Revenue）应该主要来源于利润、兑现的利润、高额收入、积累的财富和社会创造的财富。斯诺登认为，税收制度已经能够实行这样的政策，因此他认为"没必要对工厂设备征税，除非它有特殊的用处"。现存的附加税区分了劳动所得和非劳动所得，并且能够通过提高遗产税从而增加政府收入，缓解社会不平等。虽然斯诺登拒绝特立独行，但他并不否定自己早期的激进观点，仍然认为"一切财富都是由勤劳的双手和智慧的大脑创造的，却被不事工作的富人倾吞，减少了本应让工业增值的那部分财富"。遗产征税在道义上是公正合理的，因为活着却不工作违背了人人都应承担的首要义务——维持生计；也破坏了公平社会秩序的根本基础——没有人就该通过侵占别人创造的财富生活。"现在，少数收入极高的人在奢侈品上大肆消费，并没有支持确实有用的生产和就业。①"

社会创造的财富受到攻击，同时流动资本市场也受到了质疑。斯诺登认为，公司和国家储蓄比个人的更为重要，因为它们更容易用于对社会有用的地方：

> 向富人征税是用于重新分配国家收入，落实国家重建和社会改革，以便减少贫民窟、自然恶化、疾病、教育资源不足、产业培训缺失、产业效率低以及失业等社会问题。这些问题必须得到解决，而处理这些问题的成本必须由造成社会问题的人以及有经济能力的人承担。工党当然不会忽视资本储蓄的需要，它的方案需要更多储蓄。国家能够像个人那样进行储蓄。但当我们明智地将公共资金用于提高人民健康、教育和国家发展、新建设时，我们会得到更多的回报，而我们也正在用最好的方式储蓄。

> 现在，新的资本主要通过公司提供，而不是个人储蓄。事实上，如果财政收入或贷款资金由国家投入有用的项目，我们就能确保资金确实被储蓄起来了，然而如果资金仍然由个人保留，我们就无法这样保证②。

国有化或者公共投资应该建立在公司储蓄的基础上，而不是造成工资和财

---

① *Report of the Twenty-Eighth Annual Conference of the Labour Party* (London, 1928), pp. 228–30; P. Snowden, *Wealth or Commonwealth: Labour's Financial Policy* (London, n. d.), pp. 3, 11, 14, *Labour and the New World*, pp. 134–7, and *Labour and National Finance*.

② Snowden, *Wealth or Commonwealth*, p. 15.

123

富不公平的个体储蓄。斯诺登明白社会应该如何发展,但是他担心税收政策的创新会导致变革。他坚定地支持国内税收局和财政部的观点,认为若不加掩饰地利用税收来重塑社会,人们就很难认同财政制度在征税、为社会服务提供资金方面的公平性,后果很危险。税收制度应该具有行政上的可操作性,能被选民接受,否则政党将很难赢得大选;即使成功组阁,执政党也很难获得政策所需的财政收入。对于大多工党成员来说,斯诺登方法很实际,看起来谨慎且消极。这反映了在工党历史中,那些意识到实践中存在约束的官员,与那些希望利用税收本身作为社会动力来完全重建社会的官员之间处于长期的紧张状态。

1924年,工党首届少数派政府倒台后,工党需要能够吸引选民的税收方案,这将有利于实现社会公平和公正的目标。一种办法由英国独立工党提出,反映了 J. A. 霍布森及其租金理论的影响。霍布森解释了成本和盈余之间的区别:生产成本是为产业提供储蓄、给专业人士发放工资、给劳动者发放薪水的最小开支。生产的任何因素都需要生产成本,而生产成本本身没有纳税能力。盈余或租金是用于获得资本或技能之外的任何利息、利润和薪水;它的特征是社会化,资金可供国家使用。霍布森同意社会所有制能减少不产生效益的盈余,但是他却不像悉尼·韦伯和费边主义者那样重视这一观点。两方重点的不同反映了双方对市场角色认识的不同。霍布森和韦伯都认为大部分利润是社会创造的,理应由社会拥有。但是在消费中应当存在多大的竞争和特点才会受欢迎这一点上,双方持有不同观点。费边主义者称市场意味着浪费,认为市场将不可避免地导致生产集中在大型部门,替代私有制和非理性消费选择。相反,霍布森认为个性化的需求将会更加重要,而且会防止出现垄断情况,因此私企将起到重要作用。在他看来,私企的"贪得无厌"应当被接受而不是否定。市场能够产生激励因素,任何的不义之财会被超额利润税收取。他认为市场能够使经济充满活力、更加灵活,更加准确地传递社会需求,促进资源的有效分配——当然这通常建立在公平分配财富、增强工薪阶级的购买力的基础上。但霍布森的经济政策在1928年的工党会议上受到了反对,而韦伯的思想则被写入了工党纲领《工党与国家》(*Labour and the Nation*)。随着官僚式经济管理更受重视,以及私有利润、消费和市场受到怀疑,这样的决定对于形成工党未来的财政和经济战略非常关键[①]。

[①] Daunton, *Trusting Leviathan*, pp. 342 – 6; Hobson, *Taxation*, pp. 3 – 4; H. N. Brailsford, J. A. Hobson, A. Creech Jones and E. F. Wise, *The Living Wage* (ILP, London, 1926); Labour party, *Labour and the Nation*; Thompson, 'Hobson and the Fabians'.

第五章 "现代政治的巨大冲突": 1929~1939年再分配、大萧条与绥靖政策

20世纪20年代末至30年代,道尔顿在工党内逐渐成为举足轻重的财政专家,这和他在剑桥大学和伦敦政治经济学院的学习经历是分不开的。第一次世界大战之后,他既倡导征收一次性资产税,又提倡意大利经济学家尤金尼奥·利尼亚诺(Eugenio Rignano)的计划,即使后者当时已经不受关注。利尼亚诺并不认同全面国有化,提出应让人们通过竞争来获取新资本和商品。一旦生产工具出现,未来这些生产工具将由公共机构管理,这些机构的资产将来源于遗产税的逐步自动转入。根据转入次数的不同,遗产税税率也将不同:人在第一次继承遗产时,缴纳的遗产税税率不会很高,但如果之后他会将遗产转移给不那么有进取心的后代,就将面临更高的累进税率。这样既不会损害经济生产机制,还能将原本是财产私有、利于中产阶级的英国变成自由派和社会主义者的国家,国家税收渐渐地被公有资产所替代。利尼亚诺的方案因此将源于劳动所得和非劳动所得的资产区别开来,前者是人们主动创造的,后者是继承而来的。该方案借鉴了自由主义者 J. S. 穆勒(J. S. Mill)或格莱斯顿先前的观点,更多地考虑创造一个社会主义或社团主义社会。道尔顿称,利尼亚诺的方案对非劳动所得征很高的税,这样会激励人们赚钱;为了将财产留给其后代,人们不会轻易地安于现状,被死亡之手推着走;税收还会减小青年无所事事、浑浑噩噩、丧失远大前途的可能性。因此利尼亚诺的方案会激励创业,提供激励因素。"遗产税……可以让这种事更难发生,鼓励有前途的财产继承者工作并储蓄。而且税收越重,激励越强。[①]"

利尼亚诺的方案有一个问题:直到第二代继承遗产时遗产税才会提供额外的财政收入。那么第一代人继承了财产而第二代尚未继承的期间,国家该如何获得收入呢?道尔顿建议第一代继承人在继承遗产时应该立即放弃部分遗产,转而领取可停发的年金。这样一来国家可以马上获得资金,同时,为防止年金可能花光,继承人会去工作并储蓄,以补偿可能损失的收入。道尔顿的提议并没有引起财政部的过多关注,这并不奇怪,因为他的提议实施起来非常困难——如何对继承人的存款和继承而来的遗产做出区分?无论如何,政府从这项方案中获益颇少,因为直到人们用完年金,不得不去工作时,才能为国家创造财富,进而减少债务。正如尼迈耶指出,一般性税收不会对纳

[①] 有关英译版,见 E. 利尼亚诺,《遗产税的社会意义》(*The Social Significance of Death Duties*),由 J. 斯坦普改编自舒尔茨的翻译,伦敦,1925年。关于道尔顿,见 H. 道尔顿,《公共财政的原则》(*Principles of Public Finance*),第6版,伦敦,1930年,114-115页,和《收入的不公平》(*Inequality of Incomes*),311-343页。J. 韦奇伍德(J. Wedgwood)也曾讨论过利尼亚诺,《遗产的经济学》(*The Economics of Inheritance*),伦敦,1929年。

税人造成沉重的打击，而且会有利于减少债务①。

当然，道尔顿致力于实现公平，他的努力并不限于偿还债务。他提出："在不破坏生产力，或有利于生产力的情况下，能在多大程度上减轻不公平？"道尔顿没有给出准确的答案，但他提出了两点，暗示着改革的空间巨大。经济力量源自人类的欲望和各种活动；另外，生产并没有受到紧迫的威胁。

> 无论实现公平之路还有多远，去探索都是有必要的，而不是当下做出决定。因为即使这代人倾其所能、穷其一生，也无法完全实现公平。但是，沿着漫漫长路向公平前进，只要保持生产力不落后，我们就会看到前所未有的新局面和新机遇，彻底改变现在的社会阶级结构。明白这一点，也已足够②。

道尔顿称公平具有道德目的，是促进生产的方式；但他却忽视了福利可能造成的损失，结果是公平削弱了激励因素，降低了效率。道尔顿认为，收入的巨大不平等意味着丢失潜在的经济福利，因为个人的最低福利将随着整体收入的增加而减少。相反，整体福利会在收入公平实现后达到其最大效益③。

由于生产需要受到个人利益驱动，调和公平和生产增加的关系就成了一个问题。道尔顿认为只要私有财产不危害社会，它完全可以作为"人性的延伸"。道尔顿反对"过度的、受到社会鄙夷的私有财产"，意在抨击继承而来的财富。因此对遗产的抨击需要撬动资本主义内在堡垒，完成社会主义化，使每个人获得公正的补偿，实现更高程度的公平。在关于收取来自财产和投资收入附加税的备忘录中，工党称遗产税的吸引力在于增加财政收入，而且"不会对境况困难的公司施加任何额外压力，不会对国家工业所需的储蓄资金

---

① 道尔顿，《实用社会主义》（*Practical Socialism*），341－342 页，和《公共财政》，116－117 页；他曾将该建议写入《在国家债务与税收委员会之前提取的证词纪要》（*Minutes of Evidence Taken Before the Committee on National Debt and Taxation*），第二卷，393－396 页，特别是"主要的证明"（evidence-in-chief）18－20 段，和 Qq. 5545－5553 的讨论。H. D. 亨德尔森也提出过类似的建议，《遗产继承和不公平：一个实际的提议》（*Inheritance and Inequality：APractical Proposal*），伦敦，1926 年。关于尼迈耶的怀疑，见《在国家债务与税收委员会举行之前的证词纪要》，第二卷，Q. 8821；公共档案办公室 T176/18，ff. 39－41，尼迈耶起草的科尔温委员会备忘录，未注明日期，未署名，和 ff. 53－7，国家债务和税收委员会：国内税收局委员会关于道尔顿博士关于遗产税的方案说明；亦见《国家债务和税收委员会的报告附录》（*Appendices to the Report of the Committee on National Debt and Taxation*），附录 xxvi，"利尼亚诺的遗产税方案：国内税收局委员会的说明"（The Rignano scheme of death duty taxation: note by the Board of Inland Revenue），175－177 页。

② 道尔顿，《收入的不公平》（*Inequality of Incomes*），352－353 页。他的观点应该用于对平等的长期思考中：见唐顿，《信任利维坦》，138－147 页。

③ H. Dalton, 'The measurement of the inequality of incomes', *Economic Journal* 30 (1920), 348－9.

第五章 "现代政治的巨大冲突": 1929~1939 年再分配、大萧条与绥靖政策

产生不利影响,不会妨碍任何人追求社会认可的生活水平"[1]。毫无疑问,工党对强调遗产税与早期自由党对闲置财产和土地的抨击是一脉相承的,但在公平问题上,工党更加深入。

反对工党策略的人指出"孤立的社会主义"存在危险,指出资金外逃会导致英国的税收比其他国家更重[2]。用乔塞亚·斯坦普(Josiah Stamp)的话来说,他们担心,英国经济在新的千年中不会倾向于再分配和公平分配,只会略微改善英国糟糕的再分配状况,完全无法和维多利亚时期英国工业社会在和平发展二三十年后税收自然增长的事实相提并论[3]。换言之,若追求利润造成经济规模增加,贫困者更有可能受益,而不是从现存财富和收入再分配中受益。基于此,收入再分配或许已经走得太远了,尽管道尔顿相信并不是这样。支持再分配的人甚至会认为,赶走食利者是有好处的。毕竟,忙着赚钱的商人不太可能带着工厂和机器离开;但是赶走坐享果实的富裕食利者则会使政治社会体制更加健全[4]。当然,关于资本输出海外的成本和利益的争论由来已久,而且存在不同观点。一方面,有人称资本输出有益于刺激出口工业[5]。另一方面,乔赛亚·韦奇伍德(Josiah Wedgwood)[6]支持限制外国贷款,通过平等策略鼓励国内投资。韦奇伍德质疑了"不公平对于创业、激励手段、工业和发展极其重要"的观点。他认为,一项强调个人创业却忽略了90% 民众的政策,至少既不利于让人为因素提高生产率,也不利于资本积累。个人储蓄只是没那么重要:

> 英国工业的资本既不需要也不应只依靠个人投资者的收入和意向,甚至这都不应是主要依靠的对象……我们能够并应该打造出平等主义式的税收体系,防止大量公民不再勤勉工作并减少支出。但我们注定要拿

---

[1] Dalton, *Inequality of Income*, pp. 281 – 3; Dalton, *Practical Socialism*, pp. 330, 335 – 7; *Labour Party Annual Conference*, 1927, appendix x, 'Memorandum on the surtax on income from property and investments', p. 331.

[2] See [H. D. Henderson], 'The limits of insular socialism', *The Nation* 46 (30 Nov. 1929), 306 – 7.

[3] J. C. Stamp, *The Christian Ethic as an Economic Factor*: *The Social Service Lecture* (London, 1926), p. 44.

[4] J. Wedgwood, 'How far can a Labour budget go?', *Political Quarterly* 1 (1930), 26 – 37.

[5] C. K. Hobson, *Is Unemployment Inevitable? The Export of Capital in Relation to Unemployment*, pp. 165 – 78, cited by Wedgwood, 'How far can a Labour budget go?', 33.

[6] 乔赛亚·克莱门特·韦奇伍德(Josiah Clement Wedgwood, 1872—1943)是伟大陶瓷制造商的后代。他在克利夫顿接受教育。他曾接受造船工程师培训。他在布尔战争中服役,并在 1902~1904 年作为常驻德兰士瓦省地方法官。1906~1942 年他担任下议院议员,最开始是自由党议员,1919 年起成为一名工党议员。1924 年他成为兰卡斯特公爵郡大臣。正如他的姊妹所说,他将自己奉献给了事业,特别是征收土地价值税、印度独立和犹太民族家园。(*DNB*, *1941 – 50*, ed. Legg and Williams, pp. 941 – 3.)

走个人能用于储蓄的剩余收入；另外，我们现今的所得税、附加税和遗产税已经一定程度上抹去了个人能用于储蓄的剩余收入。因此，如果没有彻底放弃社会主义目标，工党必须在事实上认识到，本党和公私企业为工业提供资金的责任已然加重。

换言之，平等主义意味着应该重视官僚体系对投资的控制，而这种体系包括了国家和大型企业的经理人①。应当改革资本主义的运行模式，以降低对个人所得的依赖，而不是被动接受追求公平会伤害资本主义经济的积极性这一事实。第二次世界大战后，这一方法对于工党的财政政策造成了重大影响。

工党更倾向于选择科尔温国家债务和税收委员会在少数派报告中提出的附加税政策：对所有超过500英镑的投资收入额外征收累进式附加税，即"向富人征收重税"。这带来的财政收入等于向价值1万英镑的个人财产征收资本税。附加税对于工党（和全体选民）是有必要的，它作为一种征收一次性资产税的方式，是切实可行的。它将巨额财富和非劳动所得用于国家，从而让文员、教师、医生、店主和知识分子得以获得与蓝领一样多的收入，这就是附加税应当存在的理由。毕竟，食利者持有的证券利率固定，即使证券价格下降他们也仍然获益，然而工人、生产商和持有风险资本的人却因经济萧条而大受其害。附加税的提议既能实现公平，又能将工人和中产阶级中的积极分子团结在一起，创造更大的生产力②。工党1929年的选举纲领呈现了其整个税收计划，附加税便是其中的重要因素，提出通过对财产继承和土地价值征收累进式附加税，将那些对提高社会效率无用的、经常浪费在没有生产效益的活动中的收入收归国库。这些收入会用于社会支出而非偿还债务，从而提高社会效率：

> 如果减少在利民的公共项目上的花费，并且相应减少高收入者的税收，国家就会越富裕；如果在公共项目上花费越多，增加对高收入者征收的税款，国家将会更贫困。这样的想法认为所有公共支出是累赘，这就是最低级的错误③。

这些新增税款能带来一笔可观的收入，既没有增加公司的压力，也不降

---

① Wedgwood, 'How far can a Labour budget go?', 34.
② MRC, TUC MSS 292/411/1, TUC General Council Research Department, 'The possibility of further direct taxation', 25 Mar. 1931; *Labour Party Annual Conference*, 1927, pp. 244 – 9, 250 – 5, for the discussion of appendix x, 'Memorandum on the surtax on income from property and investments', pp. 330 – 1; Labour Party, *Labour and the Nation*, pp. 37 – 9.
③ Labour Party, *Labour and the Nation*, pp. 36 – 7.

第五章 "现代政治的巨大冲突"：1929～1939 年再分配、大萧条与绥靖政策

低任何人的生活标准，遏制了讲排场的风气，不会影响储蓄。不过，利斯-史密斯认为，这是政府面临战争债务时，出于正义之心的迟来之举。在他看来，富人从国家那里拿到的利息和他们支付的税款一样多，然后却以高税收反对社会支出。利斯-史密斯评论道，"附加税的背后隐藏着当代政治的巨大矛盾——为了对战争买单，是否应该向富人征税或者牺牲穷人的生活？"①

尽管 1927 年工党会议为附加税背书，并于 1928 年将附加税写入党纲，但是斯诺登在 1929 年担任财政大臣后却并不愿意执行这一计划②。当然，财政部和国内税收局总是防止新鲜事物获得更大影响。在他们看来，附加税会导致"肆意花费"而不是偿还债务。附加税算得上是"祸水"，违反了财政体系，使不同的利益群体相互对立。国内税收局对 1928 年一位保守党政客的一份演讲的说明中似乎已经表明了其看法：

> 征税必须是公正的。国家无权用税收进行财富分配。如果通过税收征取 A 的钱而转而交给 B，那么需要的不仅仅是理解 B 的需求，同样也要同等地考虑 A 在多大程度上能够满足 B 的需求。如果 A 的税赋已经很重，且 B 已经收到政府的钱，那么政府公正地行使其征税权就显得更加重要。

无疑，国内税收局认为对储蓄征收附加税的后果尚不为人知，对附加税抱有担心，更不必提当时的附加税收入占国家收入的比例比起战前水平已经有所降低③。

这样的争论或许不会持续太久，因为它仅仅是用来保持现存的社会结构，以应对威胁。不过，讨论者的确考虑到储蓄和投资太低了。国内税收局统计的数据在分析经济表现、提供新的经济知识方面做出了重要的努力。据他们估计，个人和公司的年存款在战前为 4 亿英镑，换算成 1927 年的价格水平是 6.5 亿英镑；事实上，存款大约是 4.75 亿英镑，而他们担心打击富人财富会导致储蓄进一步下降。无论如何，政府只要通过扩大劳动所得和非劳动所得间的区别或提高遗产税就能更容易地对投资所得征税，因此征收附加税就显得既没必要又复杂。的确，财政部和国内税收局担心附加税会产生特别不好的影响，因为它适用于公司的未分配利润以及保险资金的投资收入。这些资金

---

① H. B. Lees-Smith, *The Surtax* (London, 1928), pp. 2-7 (italics in the original); also Pethick-Lawrence, *National Finance*, pp. 5, 9.
② Short, 'Politics of personal taxation', pp. 252-6.
③ 公共档案办公室 IR113/21，关于附加税的备忘录，未署名，未注明日期，ff. 229-30；博肯赫德勋爵（Lord Birkenhead）在演讲稿中提及的初步建议，1928 年 1 月 30 日；"附加税"（'The surtax'），E. A. G.，1927 年 11 月 22 日。

129

的税赋等同于标准税率,并不应按照"普通"附加税或遗产税计算。国内税收局认为留存利润可为工业扩张提供重要的资金来源,因此税收细节很重要:

> 就个体的投资收入而言,我们可以说个人用收入积累的资本具有很强的纳税能力;但贸易公司用利润和未分配收入积累的资本则会变成工厂和生产车间,而我们并不能说制造商拥有的工厂和机器拥有更强的纳税能力。"工厂和机器拥有更强的纳税能力"的说法基本上会导致工业面临惩罚性税收……然而,公司储备的资金与工业发展和生产发展密切相关。从长期看,任何有害于工业发展和生产发展的行为都必然会对国家的繁荣有害。

对高收入者征收重税已经导致了个人存款增长减缓。"个人存款来自个人收入,是贸易得以兴旺之本,因此对个人收入进一步征税的做法简直蠢不可及……尤其考虑到国家工业仍然在萧条中挣扎"。投资将会停止,工业将会停滞,失业将会持续①。的确,英国工业联合会迫切要求减少对资金储备的税收,然而这项建议遭到了丘吉尔和财政部拒绝,他们认为超额利润税和公司利润税已经被废除。在他们看来,减少对资金储备的税收并不会帮助大多数需要援助的工业。在那些需要帮助的工业中,无法盈利才是问题所在,而不是利润税。对资金储备的任何税收优惠都将使公司的利润水平回归合理,避免公司陷入萧条,使得国家经济中相对繁荣的部门受益。相反,丘吉尔的策略则是为那些受地方税限制的工业减负。事实上,在比较富裕的低税率地区,地方税对重要的老牌工业打击更大②。

二战后,道尔顿最终实施了降低留存利润税的政策,与工党此前对官僚

---

① 公共档案办公室 IR113/21,"附加税",E. A. G. ,1927 年 11 月 22 日;博肯赫德勋爵(Lord Birkenhead)在演讲稿中提及的初步建议,1928 年 1 月 30 日;关于附加税的备忘录,未署名,未注明日期;ff. 229 – 230。见 IR74/238 的数据,国内税收局关于国家收入的报告,1929 年 2 月,其中比较了第一次世界大战前后的国家收入与储蓄。

② 该说法由霍恩提出,见《议会辩论》,系列五,172,1924 年 4 月 30 日,1685 – 1686 卷,他觉得不应当"阻碍活力和创业的源泉涌流",提出对"让国家工业重新繁荣"的资金储备减少所得税。同见现代档案中心,FBI MSS 200/F/3/E4/1/9,英国工业联合会关于征税政策的说明,未注明日期;英国工业联合会致丘吉尔的信,1925 年 3 月 6 日;FBI MSS 200/F/3/E4/1/10,英国工业联合会代表团致财政部大臣的信,1926 年 3 月 12 日;FBI MSS 200/F/3/E4/1/11,英国工业联合会代表团致财政部大臣的信,1927 年 3 月 9 日;FBI MSS 200/F/3/E4/1/12,英国工业联合会代表团致财政部大臣的信,1928 年 3 月 15 日;FBI MSS 200/F/3/E4/1/13,致财政大臣的信,1929 年 2 月 12 日。对于官方的反应,见公共档案办公室 IR64/24,"借助公司储备金来存款"(Savings through the medium of reserves of companies),1925 年 6 月 3 日,R. G. H. 致 O. 尼迈耶,5 月 15 日,未注明出版日期;1931 年 4 月 22 日回应 A. 斯蒂尔 – 梅特兰(Steel – Maitland)的提案;关于科尔温委员会对减少资金储备的反对》,见议会文件 1927 xi,《国家债务和征税委员会的报告》(Report of the Committee on National Debt and Taxation),346 – 348 页。讨论工业减税的部分出现在下文,343 – 347 页。

第五章 "现代政治的巨大冲突":1929~1939年再分配、大萧条与绥靖政策

控制的大规模投资制定的政策形成了互补。道尔顿提高了利润分配税,限制了红利,希望避免收入不公平现象的发生,叫停炫耀性消费;刺激了留存利润,希望鼓励投资和经济增长。第二次世界大战之后,由于英国资本主义还有很长的路需要走,而且官僚控制的大规模所有制具有更高的经济效率和可靠性,因此降低留存利润税是应当的。相反,20世纪二三十年代间,工党许多成员觉得私有制和资本主义应该仅限于企业经营的初期,而成立已久的企业应当由公共机构管理。事实上,道尔顿对公司税持批评态度,因为税收将会落在特定财产上——联合股份公司中的普通股份——另外它还会使资本转而投向低风险投资[1]。在这里,道尔顿的意思是应该对红利减少课税,从而鼓励具有社会效益的风险项目;第二次世界大战之后,他的想法改变了。他提出对公司资金储备征税,而这一说法明显十分狭隘,还涉及大量的关于未来英国的经济和社会结构问题。

斯诺登非常清楚,高姿态会对选举适得其反,对国家收入没有什么好处。他制定预算时非常谨慎,然而其寓意却与丘吉尔的财政战略意图截然不同。1924年,斯诺登提交了工党第一份预算,此时他仍依赖于自由党的支持,并且十分关心应如何展现出工党适合执政的形象。因此,他希望人们看待他的政策时,不会认为这表示了对任何阶级的不满或对任何利益群体的偏爱;另外,他还提出一套经过细心权衡的减税措施。鉴于先前工业的抱怨,斯诺登废除了公司利润税;为了满足自由党内的自由贸易支持者,他取消了战时"麦肯纳税"并降低了糖、茶、咖啡和烟草税。正如丘吉尔一样,斯诺登也在寻求收入一般的中产阶级的支持,并否认工党意在减少阶级福利。他称:"无论人们穿的是笔挺的黑西服还是粗布制成的外套,无论他们挣得是2英镑的周薪还是500英镑的年薪,都不是区分阶级的标志。只有当他们的收入都是劳动所得时,哪一方受到了工党的体谅才是区别所在"[2]。斯诺登旨在代表人们辛勤赚到的劳动所得。斯诺登与丘吉尔的不同之处在于,他没有对富裕人群减税,而是只对较低收入人群减税。

在1930年斯诺登的第二次预算中,他对高收入者增加了附加税(附加税的初始额度为3便士,最高额度为1先令6便士),并提高了遗产税。虽然他将所得税的标准利率提高了6便士,但他坚持不影响到普通中产阶级的收入。

---

[1] Dalton, *Public Finance*, pp. 122-3.
[2] *Parliamentary Debates*, 5th ser. 172, 29 Apr. 1924, col. 1610; C. Cross, *Philip Snowden* (London, 1966), p. 177, quoting Snowden's article 'If Labour rules' in the *Morning Post*, a Conservative paper, in 1923.

他扩大了应缴纳最低附加税的人群,因此1/3的纳税人(225万人中的75万人)并没有面临税收上涨,而是主要影响了收入高于1万英镑的人群。不过,大部分收入在430~880英镑之间的普通中产阶级纳税人不用交税。与丘吉尔不同,斯诺登不同意国内税收局的意见,而是增加了对富人征税。实际上,假设100万英镑的资本带来了5万英镑的投资收入,如果同时对这5万英镑征收所得税、附加税和遗产税,那么根据国内税收局估计,每一英镑需要支付26先令4便士的税收①。国内税收局感觉到直接税已经达到甚至超过了限度,可能导致避税行为。如果继续压榨人民的税收,管理税收的官员甚至可能需要"星室法庭(Star Chamber)的权力"(译者注:星室法庭成立于1487年,由于位于西敏寺一个屋顶有星形装饰的大厅而得名。曾是英国历史上最重要的专制机器,特别是在惩治出版商上一直充当急先锋的角色,"成为英国报纸出现前一长段历史中禁止自由发表意见的又一障碍"。当时是专门惩治不效忠国王,甚至阴谋叛乱的贵族。成员由枢密院官员、主教和高级法官组成,直接受国王操纵。其职权范围不断扩大,刑罚手段非常残酷。革命前它成为专制王权用来迫害清教徒的工具。英国资产阶级革命爆发后,1641年7月5日,长期国会通过决议撤销这一反动机构)。1931年伊始,财政部和国内税收局的官员就开始担心,若附加税和遗产税进一步升高,这将不利于人们遵循税收政策。国内税收局科尼利厄斯·格雷格(Cornelius Gregg)②评价称,"不妨把奥卡姆剃刀(Occam's razor)——'简化原则'纳入所得税征收原则,以此反对斯诺登的提议。提议征收投资收入税的人并没有认识到,财产本来就需要缴纳遗产税。一旦实施征收投资收入税的提议,就会造成财政部重复征税,就好比一个人左手拿到什么,他的右手就非要将左手拿到的东西夺过来"③。斯诺登的思想似乎并不完全与财政部官员一样:1930年,他推进的政策已经导致了财政部官员的不满,因为政策进展超过了后者可容忍的范围。1931年,面临财政危机,他是否忽视了更加激进的建议并屈服于官方保守主义?

1931年,无论工党左翼成员想什么,斯诺登都不得不考虑自己的政策能否进展下去,因为他不想招致中产阶级的反对,也不想丧失人们对国家财政

---

① Jones, *Whitehall Diary*, vol. ii, 14 Apr. 1930, pp. 252 – 3; *Parliamentary Debates*, 5th ser. 237, 14 Apr. 1930, cols. 2675 – 8; PRO, IR64/83, 'Note on the incidence of taxation on wealthy persons', May 1930.
② 科尼利厄斯·格雷格(卒于1959年)生于爱尔兰并在当地接受教育,曾就读于都柏林大学学院。1942~1948年他供职于国内税收局并担任局长。(*Who Was Who*, vol. v, p. 454.)
③ 公共档案办公室IR113/42, P. J. 格里格和R. V. N. 霍普金斯, 1931年3月2日; C. J. 格雷格, 1931年2月13日; C. 格雷格的备忘录, 1931年3月17日。

第五章 "现代政治的巨大冲突":1929~1939年再分配、大萧条与应消政策

的信心。斯诺登非常清楚,在1931年许多工党的铁杆支持者的确希望他继续推进政策,继续增加附加税或者增加对食利者征收的特殊税。在工党的支持者看来,由于物价下降,食利者正因为定息债券购买力的不断增强而不断获利,因此政府应对这部分利益征税。但是财政部并不愿意征收这种税。霍普金斯认为,一方面政府债券并不是掌握在某一特定阶层手中,另一方面事实上还有一些人则从物价走低中获益,比如储蓄银行的投资人,领退休金、失业保险和医疗福利的人以及工资水平固定的人。同样,因物价走低的人分布在多个行业,包括商人、普通股持股人或者身处面临国际竞争行业的工人。现在的关键问题是如何定义社会分裂:食利者和其他人群之间是否存在二元分裂?物价走低是否对各群体都产生了各种复杂的影响呢?格莱斯顿财政制度的思想基础是一个复杂的社会产生了多种区分不明显的身份属性。对于这一观点,工党更激进的提案可能带来严重的财政危机,威胁到人们对税收的认同,可能对经济和社会稳定造成无法挽回的后果[①]。

斯诺登在准备1931年预算时曾遇到了非常严重的问题。这次预算出现的赤字大部分源于失业救济开支。斯诺登同意财政部"应当平衡预算,不应挪用或推迟偿债基金"的观点。他认为,"挪用或推迟偿债基金"的提议已经误入歧途,易导致信心丧失和财政危机,还会对经济造成严重的后果。他认为,政府通过发放债券已与债权者签订了合同,一旦违反,政府的信誉就会降低,而且还会导致政府债券价格的下跌,增加借款成本,推迟债券兑换。而实际上降低借款成本、及时兑现债券才是减少开支的最佳方式。对于一个财政健康的国家,收支平衡是极为重要的。斯诺登既不愿意增加工资所得税或者附加税,也不愿意对食利者征税。相反,他将燃油税的增长控制在2便士,也控制了土地价值税的增加。斯诺登称"这将是社会经济进步的重要里程碑"。1924年他将土地价值税纳入考虑范畴;现在,斯诺登宣布对每英镑的土地价值征收1便士的土地价值税,从而解决土地价值被私人占有的问题。但是他的说法不再能起到同战前一样的作用。他的说法意味着一种进步,将人们从私有土地垄断的暴政和不公平中解放出来。劳合·乔治在选举中试图团结工

[①] PRO, T171/287, 'Memorandum for consideration of Cabinet through Consultative Committee, on proposals arising out of unofficial party meeting on February 25th 1931, further to consider financial policy', 26 Feb. 1931; R. V. N. Hopkins to Warren Fisher and Fergusson, 4 Dec. 1930; 'The effect of price changes on the burden of the national debt', F. Phillips, 2 Dec. 1930; Fergusson to chancellor, 6 Feb. 1931; T171/288, P. J. Grigg, Board of Inland Revenue to chancellor, 17 Aug. 1931; IR 63/132, budget (no. 2) resolutions, 1931: note on resolutions, Board of Inland Revenue, paras. 28 – 31 on 'special tax on fixed interest securities'.

业和劳工，从而对抗坐收利益的土地所有者，但是由于土地所有者和工业家已经被保守党拉拢，因此劳合·乔治的策略并没有多大意义，更何况就连许多工党人士都认为，目前已经有了反对社会创造的财富的大规模运动，而征收土地价值税只是这一运动中非常小的一部分。确实，这项提议无法提供财政收入以解决眼前的财政困难。对于打击寄生虫式的资本，新征土地价值税不会起到多大功效。因此，1932年土地价值税被暂停实施，1934年被废止[①]。

　　1931年期间，财政危机加深。失业保险基金出现赤字，导致国际信心缺失，迫使斯诺登推行紧急预算。1931年8月，他的计划在工党政府导致了两大分裂的观点。斯诺登面对两种相反的观点不知所措：保持预算平衡，应该通过节支还是课税做到？一方面，许多工党大臣和议员反对减少支出，特别是在失业津贴方面的支出。另外一方面，官员提醒道，如果无法成功让人们认为政府政策是需要社会各界付出同样牺牲的公正政策，那么斯诺登的增税计划就不会成功。国内税收局和财政部坚信直接税已经达到限度，进一步增加税收将会"使大多数纳税人不再配合，税收机制很难成功运作，对财政收入造成灾难性后果"。财政部更倾向对受益于丘吉尔财政政策的下层中产阶层增加税收，以及对承担较轻税收的工薪阶层征收间接税收。在这一问题上，有人批评财政部和国内税收局推出的政策具有政治偏向性，向承担了"过多"附加税的纳税人面临的困境表示同情，却试图将经济萧条的代价转嫁到收入较战前提高的低收入者身上[②]。

　　实际上，斯诺登并不完全遵循这些建议。1931年9月组建国家政府后，

[①] 公共档案办公室 T171/287，CP（3），"内阁：财政情形：财政部财政大臣菲利普·斯诺登提出的备忘录"（Cabinet: the financial situation: memorandum by the chancellor of the Exchequer），1931年1月7日；《议会辩论》，系列五，172，1924年4月29日，2675-2678卷，和第251页，1931年4月27日，409-411卷；肖特，"个税政策"，259、279-280页。关于1924年的辩论，见 T171/234，R. V. N. 霍普金斯致财政大臣的信，1924年9月24日。关于斯诺登对于土地问题的观点，见《工党和新世界》（Labour and the New World），第五章。希斯·韦奇伍德是一个领导力强、有号召力的活动家：见 J. 韦奇伍德，《土地问题：征税和土地价值估量》（The Land Question: Taxation and Rating of Land Values），伦敦，工会大会和工党，1925。关于会议对土地税和国有化的支持，见《工党年会》，1919年，170-171页；《工党：第24次年会报告》，伦敦，1924年，第174页；《工党年会》，1925年，271-275页。

[②] 关于1931年9月的追加预算，见肖特，"个税政策"，第七章；公共档案办公室，T171/288，NE（31）2，"内阁关于国家支出委员会报告的委员会：1931年和1932年财政预算状况的预测"（Cabinet Committee on the report of the Committee on National Expenditure: forecast of the budget position in 1931 and 1932）：摘自财政部财政大臣；1931年8月18日；P. J. 格里格，国内税收局，1931年8月17日；IR64/83，P. 汤姆普森致 R. V. N. 霍普金斯的信，1931年8月10日；萨默塞特宫（Somerset House）的附带意见——直接税税负：关于富人承担征税的记录，国内税收局的统计与情报处，1931年8月10日；IR63/132，雷普金斯的说明：经济还是税收，并称注日期；预算（第2号决议），1931年8月13日。

第五章 "现代政治的巨大冲突": 1929~1939年再分配、大萧条与经济政策

他推出了一系列更加平衡的预算追加措施。他征收额外的间接税,提高了所得税的标准利率,减少所得税补贴,导致125万人加入了所得税纳税人的行列。这样一来,曾经受丘吉尔照顾的下层中产阶级受到的冲击最为严重。斯诺登说生活成本比起1920年它们上一次设定时要低,而且低收入者的纳税仍然低于二战末期,因此调整补贴是合理的。斯诺登进而拒绝了官方的建议,将附加税提高了10%。虽然如此,其结果与财政部的建议并没有根本的不同。1930~1932年,收入为5万英镑的人面临的所得税实际税率仅增长了11%。相较而言,一位已婚且拥有3个孩子的男人,若其劳动收入为500英镑,其面临的实际税率则增长了380%。斯诺登废除了一大部分先前丘吉尔的减税政策,从新征的直接税中另外获得了70%的收入[①]。

批评斯诺登的人认为斯诺登在应对1931年危机时表现出了对财政部的妥协,拒绝以预算赤字为代价来为有风险的公共项目政策提供资金,而是通过减税和收入再分配来增加需求。但斯诺登应对危机的方式与其他国家相比并没有什么不寻常之处。唯一的另外一个当权的社会主义民主党派澳大利亚工党政府也转向了通货紧缩;瑞典的社会主义民主政府于1932年上台后也采用了与英国相似的政策。麦基宾认识到国外模式无法供斯诺登借鉴,并且发现英国经济的问题在于经济结构非常依赖国际经济。再次实施通货膨胀政策或许仍无法使英国商品和其他国家的商品竞争,导致国际收支逆差、信心缺失以及资金外逃。事实上,工党不会像大多数政府那样偏向通货紧缩:1931年工党按照易行的方式提供失业救济,导致了财政赤字,直到1931年7月,政府才减少其开支。斯诺登没有简单地向财政部屈服:他扛住了财政部要求进一步削减支出的压力,并增加了间接税,对富人征收更高的税收,减轻所得税曲线中中产阶级那里的"凹陷"程度,扭转了丘吉尔预算政策的影响。在这里有所突出的不仅仅是公共支出遭到削减,而且还对高收入者加大税收,以及维持政府收入占国民生产总值的比例[②]。

无论人们怎样支持斯诺登这种应对前所未有的财政和经济危机的方式,工党其他党员都认为第二届工党政府的垮台和国家政府的出现是一种失败的信号,意味着需要对政策重新进行再评估。工党和工党大会的反应是再次主张采用先前屡试不爽的解决方案:暂停提供偿债基金,向定息债券征税,甚至征用财富。但是1931年爆发的危机也显示了资本主义和税收政策的失败之

---

① 关于第二次预算的详细内容,见肖特,"个税政策",289-293页;公共档案办公室 IR63/132,1931年预算(第2号决议):关于决议的说明,国内税收局委员会。
② Short, 'Politics of personal taxation', p. 285; McKibbin, 'Economic policy', 97-8, 101-23, 105, 112-14.

处,即使二者都将已经停滞的私人企业制度再度开启。20世纪30年代,许多左翼人士认为征税不是最好的政策,只不过是权宜之计;左翼更倾向于切断私有企业的收入流,避免私人企业攫取大笔财富和对他人不公平的收入。在许多工党人士看来,本次危机过后征税并没有那么重要。赫伯特·莫里森(Herbert Morrison)① 对此解释道:

> 我不相信你能在资本主义社会中实现有效的财富再分配。如果你觉得自己可以这样做,并认为公共开支是无限的,危机就会一次次袭来,只会一次次让民众失望、绝望。

因此,当时将重点转移到国有化的目的是创造出公平的社会。在1934年召开的工党会议上,社会主义的目标被确定为将工业和服务社会化,让私人利润不再作为生产的推动力,同时消除财富分配的不公平现象。然而,1931年,资本主义的崩溃表明:如果不对资本主义经济做出根本性的改变,征税和社会服务并不能实现分配公正,因此社会化非常重要②。牛津大学的年轻学者、财政部的重要官员罗伯特·霍尔③持有的态度与其同僚不同,他直白地描

---

① 赫伯特·斯坦利·莫里森(Herbert Stanley Morrison, 1888—1965)出生于伦敦南部,他的父亲是名警察;14岁时他离开学校,做过差役和商店收银员。1912~1915年他担任一家工党报纸的发行主任,1915年成为工党驻伦敦的兼职秘书。他主要负责伦敦地区的工党发展。1922年他当选伦敦市议会的议员。自1934年起,他作为伦敦市议会的领导人,追求在医疗、教育和住房实行进步的政策。1923~1924年、1929~1931年、1935~1959年间他担任国会议员。他曾在第二届工党政府内担任交通大臣,创立了伦敦客运局(the London Passenger Transport Board),该客运局作为一家公有公司为战后的国有化提供了借鉴之处。1940年他出任军需大臣,1940~1945年担任内政大臣和国内安全大臣(minister of home security),承担了战后重建计划的主要工作。1945~1951年在工党政府任职,担任过副首相、枢密院大臣和下议院议长,在政策辩论中起到了中心作用。1951年他被任命为外交大臣。[*DNB*, 1961–70, ed. Williams and Nicholls, pp. 769–73; Robbins (ed.), *Biographical Dictionary*, pp. 310–14.]

② 《工党第31次年会的报告》(*Report of the 31st Annual Conference of the Labour Party*),伦敦,1931年,关于莫里森的内容在第177页,关于"工会大会总委员会、工党国家执行委员会及议会工党顾问委员会的宣言"(Manifesto of the Trades Union Congress General Council, the National Executive Committee of the Labour party, and the Consultative Committee of the Parliamentary Labour party)的内容在5–6页;《工党:第33次年会报告》,伦敦,1933年,第236页;《工党:国家顾问委员会报告》(*The Labour Party: Report of the National Executive Committee*),伦敦,1934年,附录iii,"公有制和补偿"(Public ownership and compensation),106–108页。这本《工党:第34次年会报告》(伦敦,1934)中有所讨论,191–199页。

③ 罗伯特·洛·霍尔(1901—1988)出生于澳大利亚新南威尔士州,就读于昆士兰大学,学习土木工程,后来以罗德斯学者(Rhodes scholar)的身份进入牛津大学攻读政治学、哲学和经济学。1927~1950年间他担任牛津大学三一学院教职,1938~1947年间则进入纳菲尔德学院执教。20世纪30年代他成为经济学家研究小组(Economisfs' Research Group)的成员,研究固定物价对公司行为的影响及公司对价格信号的反应。二战期间他供职于军需部,战后他同时供职于牛津大学和贸易委员会。1947年他接任詹姆斯·米德担任内阁办公室经济处处长,1953年进入财政部担任政府经济顾问。1961年退休后他于1964年起担任牛津大学赫特福德学院的院长。他与白厅仍保持联系,1961~1971年担任联合利华集团的总顾问,1961~1976年担任英国管道投资公司(Tube Investments)的顾问。(*DNB*, 1986–90, ed. Nicholls, pp. 177–8)

==第五章 "现代政治的巨大冲突":1929~1939年再分配、大萧条与绥靖政策

述了这一转变。1937年,他称"想用切实可行的税收政策以实现让社会主义者满意的经济平等,这样的税收政策并不存在。"霍尔的建议非常宏大,包括以生产为手段结束财产私有,限制消费品的私人所有制[1]。

提倡国有化的人面临的问题是,收购私人公司会增加社会肩负的债务压力。解决此困境的一个办法是将私人公司公有化,因为私有制和财产权归根到底来自于社会,是能够被社会拿回的。正如斯坦福·克里普斯(Stafford Cripps)[2]所说的:

> 工业的资本价值仅由社会活动创造……如果我们确实要将英国打造成一个采取经济计划的社会主义国家,那么我们必须明白工业资本的价值是由我们国家的工人创造的。因此,如果他们将自己创造的财富收归己有时,他们不用为此支付任何钱财……但是我们的社会尚不能支撑起一个新的社会主义国家……因为巨大的资本债务将会存在很多年,不仅仅会导致资产阶级持续存在,而且还会对工业造成巨大的压力,因此生产商和消费者都无法获得更有利于自己的政策。

但是,将私人公司充公同样会造成问题,比如产业失调、失业、失去选民支持等。因此,工党认为应当出于让公司获得可以继续经营下去的净收入这一原则对公司支付补偿。考虑到关税等政府措施对财政的影响,这部分钱应当是维持公司运营的合理水平,应当以定期债券的方式进行补偿,阻止食利者阶层固化;若有必要,可以对资本征税以获得财政收入。尽管这个方案的具体意义是不透明的(至少这么认为),但它能够服务于党派的政治目标[3]。

---

[1] R. L. Hall, *The Economic System in a Socialist State* (London, 1937), pp. 42-4, 60, 63.
[2] 理查德·斯坦福·克里普斯(1889—1952)出生于伦敦,是一名大律师兼保守党议员的儿子。他加入工党并在1924年和1929~1931年供职于政府部门。他先后就读于温切斯特学校和伦敦大学学院,并在伦敦大学学院做化学研究;1911年,他获得了律师资格。一战期间他加入了红十字会。1915年他成为一家炸药厂的主管助理(assistant superintendent)。一战后他继续从事律师行业,1929年加入工党。1930年他在选举中稳操胜券,被任命为副检察长(solicitor-general)。1931年之后他转向左翼;1939年他被左翼排除在外,但是在1945年又重新被接纳。1940年他带团出访苏联,1942年成为众议院议长和掌玺大臣。后来他调任航空生产部大臣。在工党政府内,他最初担任贸易委员会主席,1947年担任经济事务大臣,随后又担任了财政大臣,1950年辞职。[*DNB, 1951-60*, ed. Williams and Nicholls, pp. 270-4; Robbins (ed.), *Biographical Dictionary*, pp. 108-11.]
[3] MRC, TUC MSS 292/560.1/1, Labour party Policy Committee, 'Public ownership and compensation', June 1934; The Labour Party: *Report of the National Executive Committee*, appendix iii, 'Public ownership and compensation', and discussion, pp. 191-9.

不是工党内部所有人相信国有化是一项有效的应对措施。在 20 世纪 30 年代，一群民主社会主义者，包括埃文·德宾（Evan Durbin）①、道格拉斯·杰伊（Douglas Jay）② 和休·盖茨克尔（Hugh Gaitskell）③ 等人，试图呈现国有化如何能够与私有制相结合并控制私有投资。道尔顿也对此表示支持。他们强调必须将国有化和国家投资委员会（National Investment Board，NIB）等新机构相结合，从而牢牢把握住控制经济的主要力量。在他们看来，经济衰退时仅仅采用凯恩斯的赤字财政和借款政策容易出现食利者阶层，因此不能只采取这种方法。国有化面临着同样的问题，即补偿私营业主会增加政府债务，将食利者阶层固化，国家将不得不一直为了向食利者阶层输入资金而牺牲民众的生产所得。因此，需要征收更高的直接税和遗产税，用于开支大的社会服务项目。对富人和穷人的收入进行再分配，将会维持消费能力并消除导致经济萧条的过度存款行为。而且，英格兰银行应该进行国有化，从而控制信贷、稳定购买力；对投资的控制权应该从股票交易所的投机者那里转移到国家投资委员会，这样能够直接将存款用于社会最需要的领域。正如人们所希望的，财富转移将会比以往更好，而且不会扰乱社会经济生活。正如杰伊所评论的，"工党经济政策的最高目标是将私有的非劳动所得和资本转移至

---

① 埃文·弗兰克·莫特拉姆·德宾（Evan Frank Mottram Durbin, 1906—1996）是一名牧师的儿子，先后就读于唐顿学校（Taunton School）和牛津大学新学院（New College, Oxford），攻读政治、哲学和经济。他在牛津大学和伦敦政治经济学院工作过，1940 年加入了战争内阁经济处，1942 年成为副首相艾德礼的私人秘书。1945 年他当选为下议院工党议员，自 1947 年起担任建筑工程部的政务次官。（Who Was Who, vol. iv, p. 340.）
② 道格拉斯·杰伊（1907—1996）曾就读于温彻斯特学校和牛津大学新学院。1930～1937 年他是牛津万灵学院（All Souls）的特别会员。1920～1940 年他曾在《泰晤士报》《经济学人》和《每日先驱报》（Daily Herald）做记者工作。1940～1945 年他在军需部和英国贸易部工作。1945～1946 年他成为首相的私人秘书，1946～1983 年成为下议院工党议员，1947～1950 年间出任财政部经济事务大臣，1950～1951 年出任财政事务大臣，1964～1967 年担任贸易委员会主席，1967～1970 年他成为了考陶尔德公司（Courtauld's）的总监。[Who's Who 1996 (London, 1996), p. 1007.]。
③ 休·盖茨克尔（1906—1963）出生于伦敦；他父亲是印度的公务员。他在温切斯特和牛津大学新学院（New College）接受教育。他攻读政治、哲学和经济学。他从事成人教育，1928～1939 年期间，在伦敦大学学院（University College London）教授经济。二战期间，他加入英国经济作战部（the ministry of economic warfare），后调任至贸易委员会担任道尔顿的私人秘书（personal assistant）。1945 年，他当选为工党议员；1946 年，他成为燃料和能源部（ministry of fuel and power）的政务次官，1947 年被任命为大臣。1950 年他调至财政部，担任国务大臣（minister of state）。同年他成为财政大臣。1955 年，他接任艾德礼成为工党党魁。1959 年大选失败后，他开始对条款 4（clause iv.）产生怀疑。[DNB, 1961 - 70, ed. Williams and Nicholls, pp. 413 - 15; Robbins (ed.), Biographical Dictionary, pp. 163 - 5.]

===== 第五章 "现代政治的巨大冲突":1929~1939 年再分配、大萧条与绥靖政策

公众手中,从而消除不合理的财富和机会的不公平"①。

20 世纪 30 年代,工党就开始谋划成立国家投资委员会,并最终作为工党政策写入 1945 年的竞选宣言。1932 年道尔顿称:"国家投资委员会是执行社会主义计划的一个重要工具。我们必须对如下方面进行管控:资金的流动方向,在货币市场中发行新资本的特点,以及在国家不同地域和不同产业中新资本发展的特点。"比如,在新建住房和赛狗比赛中,新建住房理应优先,因为分配资源的决策权绝不能交给市场。不过例外仍然存在。国家投资委员会"不会过问投资于私人公司的私人存款,也不会干涉上市公司将未分配利润用于再投资"。建立国家投资委员会的方案意味着大型私有部门仍然存在,从而保持经济增长的活力,而且国家投资委员会的职权只限于在资本积累产生后将社会产生的财富拿走。接下来我们会读到,战后工党政府并没有建立国家投资委员会。不过,道尔顿的确推行了该政策的其他方面。他曾以大公司留存利润的形式鼓励私人投资,因为他相信,比起巨额私有财产,留存利润在管理起来更有效率。只要私有制不会造成不公平,私有制就仍将继续在经济中扮演重要角色。在道尔顿式社会中,激励和增长并不依赖于对个人利润和收益的追求,而是依赖于大公司长期理智的管理②。在 1931 年危机之后,工党中占了主流的是怀疑主义和信心:怀疑主义认为自由市场是实现自由和效率的先决条件,信心是党员们认为应该尽可能争取公平。工党没有达成一致的问题主要在于实施怎样水平的私有制,以及如何获取社会创造的盈余。

凯恩斯,财政部与赋税

20 世纪 30 年代,摆在国家政府面前的问题是如何应对经济衰退。20 世纪 30 年代的经济政策通常被视为"财政部观点"和凯恩斯之间就公共开销、

---

① D. 杰伊,《国家财富服务国家》(Nation's Wealth at the Nation's Service),伦敦,1938 年;C. 克拉克(C. Clark),《一份社会主义性质的预算》(A Socialist Budget),伦敦,1935 年,为新费边研究局而著;牛津大学纳菲尔德学院(Nuffield College),英国费边论文集,J26/7,新费边研究局,财政政策委员会(Financial Policy Committee),关于处理工党财政政策的官方和非官方材料的备忘录,C. P. 梅休(C. P. Mayhew)。该备忘录概述了克拉克关于预算考虑事项的备忘录 276,其中克拉克称使用税收为投资项目提供资金会减少开支,而且由于借款需要支付利息,这会创造食利者阶级。他的解决办法是在失业形势开始减缓之前持续借贷,之后转而征收资本税或者按年征收的资本税。

② J. Tomlinson, 'Attlee's inheritance and the financial system: whatever happened to the National Investment Board?', *Financial History Review* 1 (1994), 140 – 4; *Labour Party*: *Report of the 32nd Annual Conference* 1932 (London, 1932), p. 184; Labour party, *Currency, Banking and Finance* (London, 1932); E. Durbin, *New Jerusalems*: *The Labour Party and the Economics of Democratic Socialism* (London, 1985).

需求管理和赤字财政方面的冲突,即对税收体系的主要意义的争论。1933年,凯恩斯称,如果采取减税手段,未来便可从经济复苏中得到更多回报;他支持通过寅吃卯粮来增加消费和就业。财政部对此则持怀疑态度,认为减少税收没有太大帮助,权宜之计完全不能够纠正失调的状况。世界经济结构的主要问题意味着英国的减税手段最多能提供短期的心理安慰,但很快世界上就会出现新的严重问题。相较凯恩斯的观点,财政部和国内税收局的官员对于税收政策的看法更加悲观(或者说是现实的),担心一旦开始减税,就会出现更多的减税需求。他们同样怀疑减少所得税是否能有效刺激利润并提升公司业绩。他们一直坚持一战后出现的说法,"只有利润税才能在产生财政收入的同时对工业产生最小的破坏作用"[①]。

诚然,财政部的官员没有特别考虑到赋税对公司和效率的影响。他们的立场在1927年递交给国家债务和税收科尔温委员会的证据中以最完善的形式呈现。以此观点来看,物价没有包括所得税,因为价格由生产的边际成本确定,不具有任何利润成分。由于所得税没有通过价格呈现,公众的购买力便不会受到影响。所得税对存款并没有特别恶劣的影响。尽管纳税人肩负税赋的压力,上市公司的资金储备却仍得以保留,而且通过税收来偿还国家债务还可以让工业获得投资。委员会并不担心税收对企业的影响,称上市公司更关心总体贸易前景:无论是对持股人的红利征税,还是只需按所得税标准税率纳税的资金储备,都不会让公司管理者为之操心。高税收对私人经营者的心理影响更大,但即使如此也没有迹象表明他们的生产活动受到了影响。因此,政府认为高税收没有造成相对不利的影响。"除了征税外,旧有的出口市场错位等多重因素是近些年来经济乏力的主要缘由。相对来看,所得税并不是一个至关重要的因素。"尽管英国工业联合会对此表示反对,但它的意见受到的关注较少,而财政部对保持完善的财政体系的强调则受到了更多关注。许多历史学家或许将此事视为金融城和财政部对工业的反对。然而实际情形更加复杂:毕竟,金融城的立场在20世纪30年代时受到自身影响而动摇,而财政部则考虑将偿还债务的资金用于工业投资。英国财政系统的稳定性缓和了世界经济萧条的影响,因此财政稳定不光受到金融城的关注,就连财政部也认为完善的税收制度是政治稳定有

---

① PRO, T171/309, 'Mr Keynes' articles' and 'Memorandum on article in Daily Express, 28 Feb. 1933'; 'Arguments against unbalancing the budget', R. V. N. Hopkins, 7 Apr. 1933.

===== 第五章 "现代政治的巨大冲突":1929~1939年再分配、大萧条与稳销政策

序的前提①。

相对于公共开支,对公司的一切再投资资金发放所得税补贴可能会更好地刺激经济复苏。这项方案是1931年内政大臣赫伯特·塞缪尔提出的,凯恩斯也在1933年提出了同样的建议。财政部则对此表示反对,格里格甚至生气地抱怨自己被迫在塞缪尔"愚蠢又毫无意义的事情"上费时间。他呼吁官方对此采取经典的回应:任何经济衰退中的税收减免都只是"冰山一角",只会导致税收减免越来越多。若采取这种回应方式,将会引发两种主张:第一,工业界有可能称所有储蓄之外的资本开支都应冲抵税收收入;第二,所有储蓄者都可能要求税收减免:

> 在市场上,用他人存款作为资本的公司不会获得相应的减免,相应地还会因此受害。比如在一家公司用收入积累来的资金事实上都是持股人的存款。毫无疑问,这些资金是国民储蓄中最重要的组成成分,但这仅仅指它们很重要,而不是说它们和其他类型的存款相比有什么特征。如果这类资金可以享受大手笔的税收减免,那么我们就会在给储蓄者发放补贴方面持续面临压力。

凯恩斯的方案也面临着类似的回应。财政部称他的计划将只会使更富裕的公司获益,而这些公司本身就正在盈利。凯恩斯的方案将不会刺激新的开支,也不会将衰落产业中的损失转成盈利。财政部称,税收减免对就业的影响微乎其微,但对预算有严重的影响。在财政部的观点中,所得税的首要原则是所得税仅仅与人们的年收入有关,与非经常性支出或者增值则无关,更无关于收入被用于什么目的。财政部担心任何偏离此项原则的做法都会影响所得税带来的收入及其接受度。事实上,人们对所得税的接受是基于纳税人之间的绝对公平原则之上的,以至于尽管现行利率非常高,它仍然是国家财政系统中最重要的税收。因此,任何与财政收入无关的试验都不应当涉及所得税。理查德·霍普金斯认为,经济复苏后就是应当承

---

① 议会文件1927 xi,《国家债务和税收委员会的报告》(*Report of the Committee on National Debt and Taxation*),486-547页;《国家债务与税收委员会的作证记录》(*Minutes of Evidence Taken Before the Committee on National Debt and Taxation*),第一卷,W. T. 莱顿的主要证词,第177页,Q. 2543;《国家债务和税收委员会的报告附录》(*Appendices to the Report of the Committee on NationalDebt and Taxation*),E. R. A. 塞利格曼(E. R. A. Seligman),"所得税和物价水平"(Income taxes and the price level),附录xii,114-126页。关于一次思路不同但结论能被接受的讨论,见 D. H. 罗伯森(Robertson),"科尔温委员会,所得税和价格水平"(The Colwyn Committee, the income tax and the price level),选自《经济期刊》,第37期,1927年。英国工业联合会不赞同赋税对工业没有伤害作用的观点,见现代档案中心,FBI MSS 200/F/3/E4/1/11,代表团致财政大臣的信,1927年3月9日。

141

担商业风险的时刻,这时更需要税收减免,"大额减免税收可能会对创业者形成持续的强烈心理刺激,加速经济复苏",而且还会让财政大臣受到"这个年代里最伟大的金融家"的赞誉①。在最严重的经济萧条期,采用非传统的预算方案将会导致效率低下,可能会危及人们对财政制度的认可,以及政府本身的政治可信度。若想理解英国财政体系的核心,就要看到财政部对所得税不可侵犯性的强调,以及为什么需要保证所得税是政府收入的合法来源。事实上,工业对工厂和机器折旧提供了特殊津贴,补偿了所得税标准利率增高造成的损失。这主要帮助了使用大量工厂和机器的低迷产业②。

  内维尔·张伯伦是斯诺登的继任者,他承认了财政部说法的效力。由于他可以再次削减福利,张伯伦因此拒绝将税收从1931年紧急预算中的峰值水平降低。他不得不在两种影响不同的选择中做出决定:一是,减少所得税标准利率,这将会使包括工业和纳税大户在内的所有纳税人获利;二是,恢复个人补贴,这将有利于个人而不是整个产业,更有利于低收入人群而非高收入人群③。张伯伦选择了第二种方法,增加给育有子女的已婚夫妇的补助。他还对小额投资收入(非劳动所得)提供了税收减免。由于国债收益率降低和利率降低本身打击了小食利者,这种措施保护了这部分人的利益。因此张伯伦取消了斯诺登先前对累进税率的改变,收入在300~1000英镑之间的中产阶级再次获得了低于其他阶层的所得税率。反映在图标上,可以看出税率曲线在中产阶级处发生了凹陷(见图5.1)。在1937/1938财年,150英镑的年收入面临的直接税和间接税总量是9.5%;当年收入增长至500英镑时,税率总量降到5.6%;收入增至5万英镑时,总税率增长到56.7%。可见,收入高于1000英镑,税收压力随着收入的提高而加大;收入低于300英镑,税收压力随着收入的增加而减小,介于300~1000英镑之间的中等收入承受的税负

---

  ① 公共档案办公室IR63/132,P. J. 格里格致N. 张伯伦,1931年9月5日;"国内税收局对赫伯特·塞缪尔方案的说明"(Note by Inland Revenue on Sir Herbert Samuel's scheme),P. J. 格里格,1931年9月5日;P. J. 格里格致财政大臣的信,1931年9月7日;所得税标准利率上涨:公司储蓄金,1931年8月29日;T171/288,格里格致弗格森的信,1931年9月5日;T171/309,"所得税和发展开支"(Income tax and development expenditure),凯恩斯:《泰晤士报》,1933年3月13日,国内税收局,1933年3月15日;霍普金斯致弗格森的信,1933年4月7日。本书之后会提到道尔顿采用的方案。
  ② 公共档案办公室IR63/132,预算(第2号决议),1931年:关于决议的记录,国内税收局委员会,19-24页;标准利率上升6便士对工业的影响。
  ③ 公共档案办公室T171/590,所得税:个人补贴,相关代表团的说明,1934年3月12日。

===== 第五章 "现代政治的巨大冲突":1929~1939 年再分配、大萧条与经济政策

压力小于其他阶层。第二次世界大战则改变了这样的模式,"凹陷"不再存在①。

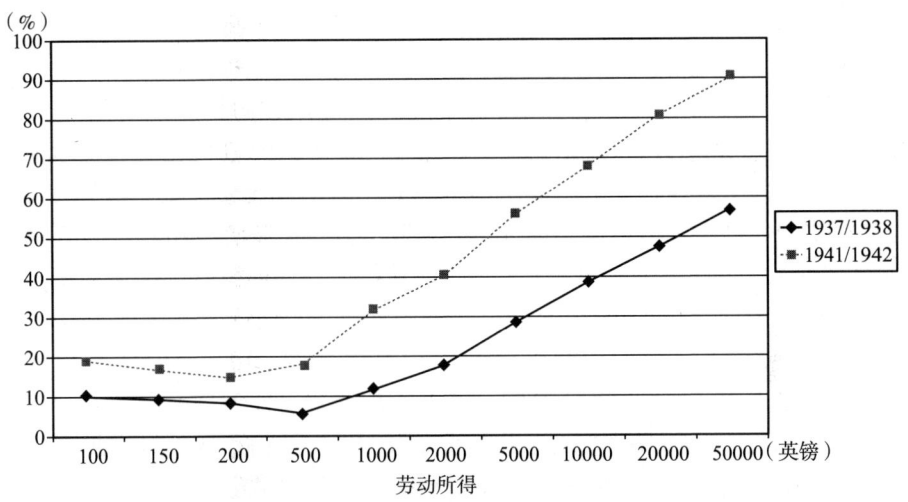

图 5.1 1937/1938 和 1941/1942 财年,育有三个孩子的已婚家庭缴纳的税收(直接税或间接税)占国家收入的比重

资料来源:G. F. Shirras and L. Rostas, *The Burden of British Taxation*(Cambridge, 1942), p. 58.

备战

20 世纪 30 年代英国政府面临的问题除了经济萧条,还有来自纳粹德国和日本的新威胁。在这种情况下,如何为国家的重新武装提供必要资金才能不造成社会经济萎缩或对税收的抵制情绪就成了一个问题。第一次世界大战期间,"正常年"原则和对贷款的依赖政策导致了大规模的战后债务以及财政和政治的稳定性问题。两战间期,人们普遍认为这项政策是错误、见识短浅的,认为在未来任何冲突中,都应保持较高的税收水平。然而,随着战争爆发的

---

① 公共档案办公室 T171/317,P. 汤姆普森致财政大臣的备忘录,1935 年 3 月 2 日;麦基宾,《阶级意识形态》,269-270 页;G. F. 薛莱士和 L. 罗斯塔,《英国的税负》,牛津,1942 年,第 25、第 58 页;公共档案办公室 T171/317,P. 汤姆普森致财政大臣的信,1935 年 3 月 22 日;N. 张伯伦,1935 年 3 月 23 日;福伯致财政大臣的信,1935 年 3 月 29 日和 4 月 3 日;弗格森致财政大臣的信,1935 年 3 月 30 日。也有许多数据,关于不同的假设,见 D. 卡拉多格·琼斯(D. Caradog Jones),《战前和战后税收》(*Prewar and postwar taxation*),选自《皇家统计学会杂志》(*Journal of the Royal Statistical Society*),第 90 期,1927 年,该文章将与 1913/1914 和 1925/1926 财年相比较;他总结道(在 706~707 页),虽然有可能让更高比例的人不受富人的伤害,但是很难保护那些收入水平最低的人。

143

可能性逐渐加大，国家重新武装的需要变得越来越迫切，这使财政部在20世纪30年代后期面临着一系列困境。一方面，国防必然需要金钱和物质资源；另一方面，刺激经济复苏、实现收支平衡表也是至关重要的，这样才能在持久战中维持武装力量。既能提供重组武装的资源，又不造成经济衰退，防止资金和物资供应困难，这是否可能做到？

20世纪30年代，财政部坚定地致力于实现预算平衡，反对凯恩斯用赤字手段刺激国家经济的提议。即使面对反对意见，财政部官员也可以清晰地解释其理由。他们认为，导致英国经济困难的罪魁祸首是工业缺乏竞争力，而这是人力成本高和生产率低下造成的。财政部官员坚信，在市场环境提供了逼迫适者生存的条件这一情况下，财政部可以给工业推出鼓励政策，使工业部门形成更有效率的大型部门，使得工业变得更有竞争力。但是低利率同样能提供刺激因素促使投资和重新武装国家，因此财政部不只是希望通过残酷的手段逼迫工业变得有效率。在这一点上，财政赤字将适得其反，人为地刺激国内经济，甚至会导致提高竞争力的动力消失。国内市场的过度扩张将导致资源分配的不合理和国际收支水平的进一步恶化，而后者对于英国能否重新武装和维持长期战争是至关重要的。

财政部称，只要环境逼迫和政府鼓励双双奏效，就不需要采纳凯恩斯的提议了。在面临高税收或者财政赤字的危险情况下，国家重整军备不应该对财政预算造成过多的压力。高税收或许会动摇财政系统的合法性，例如在德国，政府的高税收政策似乎并未获得德国人的广泛支持。但是若避免财政赤字，其他的选择又有可能导致企业丧失信心以及资源配置不合理。因此，财政部认为经济复苏必须走在国家重整军备之前，因为如果为了阻止侵略者反而让人们认为国家经济脆弱，这是没有意义的。总的来说，财政部对于重整军备的态度受到国际收支平衡问题的影响，因为若没有能力从海外购买原材料和食物，国家是不可能打一场大型战争的。因此，改善英国经济和恢复国际竞争力是"国防的第四军"[1]，必须谨慎选择未来的道路。

对国家充分地重整军备以抵抗德国是必要的，并且要避免重蹈1931年财政危机的覆辙，防止英国变得脆弱不堪。制定一项战略的困难之处在于不清

---

[1] R. Middleton, *Towards the Managed Economy: Keynes, the Treasury and the Fiscal Policy Debate of the 1930s* (London, 1985); Peden, *British Rearmament*, pp. 63–4. Quoted in Peden, *British Rearmament*, p. 66.

第五章 "现代政治的巨大冲突":1929～1939年再分配、大萧条与绥靖政策

楚战争什么时候会开始。正如财政大臣约翰·西蒙(John Simon)爵士[①]在1938年所称:"我们就像比赛中的一名赛跑者,一心想着在恰当的时候冲刺,然而却不知终点线在何处。危险的是我们可能会过早地伤害了我们的财政。[②]"1932～1934年,财政部官员非常担心财政崩溃,一心渴望经济复苏,因此重振商业信心、取消1931年紧急采取的税收上涨措施成了当务之急。到1937年,建设国防的需求迫在眉睫,却不巧碰上了经济复苏乏力,财政部的策略将不再奏效,一旦德军袭击英国,英国将无法抵御。从这点来看,财政部的方法策略比起它的批评者允许的更加符合实际。的确,沃伦·费希尔早在1934年1月就担心战争可能爆发,认为英国纳税人应该明白国防需要更高的税赋水平。到了1935年,他意识到德国军队开支的规模,从而愿意牺牲传统的财政政策,防止这项谨慎的财政政策对国家造成更大的伤害。到了1935年年底,财政部和国内税收局终于同意不再削减国防项目,即使这会导致转移资源和财政收支不平衡。孰先孰后,自然明了:当下不能紧缩国防开销,而是应当根据国防需求决定财政政策[③]。

借款能够解决国防成本,但这可能会造成国内信心降低、有损国家的国际声誉的危险。财政部愿意妥协,依赖借款来提供未来五年多的重整军备费用,并且用税收提供"正常年"里装备的长期保养和更换产生的借款年息。这项方案将会把重整军备的高成本费用分摊至较长的时间段里,但它背离了格莱斯顿的原则:当年的开支,应该用当年的收入承担。然而,理查德·霍普金斯则认为"纳税人已不堪重负,国家无力产生更多税收了",根本不可能坚持传统的格莱斯顿财政制度[④]。沃伦·费舍持相似的立场,非常怀疑凯恩斯主义的对策,但他仍然认为,公众对来自国外的战争

[①] 约翰·阿勒斯布鲁克·西蒙(John Allesbrook Simon, 1873—1954)出生于曼彻斯特,其父是公理会的牧师。他曾先后就读于费蒂学校(Fettes School)、爱丁堡大学以及牛津大学沃德姆学院。他是牛津万灵学院(All Souls)的特别会员,1899年获得了律师资格,1906年成为下议院工党议员,1910年被委任为副检察长(solicitor-general),1930年成为总检察长(attorney-general)。1915年他成为国务大臣,但是在1916年他因推行征兵制度而辞职。1918年他失去议员席位,1922年又返回下议院。他宣称总罢工是非法行为,并取消了自由贸易。1927年他成为印度法律委员会(Indian Statutory Commission)会长。1931年他组成工党团组进入国家政府,1935～1937年他担任国务大臣,1937～1940年他担任财政大臣,1940～1945年担任上议院的大法官(lord chancellor)。[*DNB*, 1951-60, ed. Williams and Nicholls, pp. 892-4; Robbins (ed.), *Biographical Dictionary*, pp. 374-5.]

[②] Quoted in Peden, *British Rearmament*, p. 66.

[③] Peden, *British Rearmament*, pp. 74-9.

[④] Peden, *British Rearmament*, pp. 89-90 and 74, quoting Hopkins in 1935; see also PRO, T171/324, general note by Sir F. Phillips on methods of financing the defence programme, 29 Nov. 1935; memorandum by R. Hopkins, 2 Dec. 1935; F. Phillips to Hopkins, 8 Apr. 1936.

145

威胁没有充足的认识，在这种情况下死板地保持财政稳健是十分危险的。实际上，就算"让征税人狠狠地从纳税人口袋里拿一笔"也无助于让民众意识到来自国外的战争威胁，国家的安全和独立才是最核心利益。因此，费舍认为需要在两大考虑因素中取得平衡：迅速完成国家的重整军备，和谨慎对待高税收。希特勒转向军事冒险行动是因为在德国完成重整军备时，恰逢不健全的财政制度造成了财政危机。费舍担心同样的事会发生在英国。同时，谨慎对待高税收是为了防止高税收导致民众产生敌对情绪，阻碍国家的重整军备进程：

> 持股者的最高利益就是国家完整。这不仅仅意味着"财政保持稳健"，更多的是即使受到外部破坏，国家仍然能继续存在……危险的愚昧和不切实际的幻想在我们国家普遍存在，因此我认为明年增加税收非常不明智。

为了克服重整军备工作将要面临的财政困难，财政部因此拒绝保持财政的"稳健"，转而接受财政赤字[①]。

尽管财政部的高官倾向于容忍借款行为，但是张伯伦更倾向于依靠税收，即使提高税收可能疏离纳税人、使民众对重整军备印象不好。1937年，张伯伦提高了所得税的标准税率，实行国防税，这项新税专门用于未来五年多的国家重整军备。正如他在日记中所说的，国防税既使人大为惊讶又给人造成了强烈冲击。他最初的提议是对于一切超过2000英镑的超额利润都征收累进税，而1933~1935年，英国对公司资本和私有企业资本的平均利润分别收取6%和8%的税。张伯伦认为"利润增加很大程度上有赖于政府政策创造的条件，而且国防项目会直接带来国家开支，给公司以盈利的机会"，因此征收国防税有其合理性。从政治上说，国防税有利于安抚工党以及使小规模纳税人，但很快他的提议就面临着困难[②]。

尚不清楚利润是否已经增加，以及税收标准对不同的产业是否公平。在兴旺的产业，利润水平一般很稳定，受经济萧条影响最小的公司基本上不必纳税或纳税很少；相反，受经济萧条影响严重的公司在业绩恢复、利润上升的过程中则需要缴纳税收。有人提议先确定平均利润和资本水平再实施的税

---

① 公共档案办公室T171/324，沃伦·费舍致财政大臣的信，1935年11月2日。同见霍普金斯致费舍和弗格森，1936年4月3日和费舍评论，1936年4月4日，工党陈述的反对借款的论据，以及如何应对政府正在实行不健全的财政政策。正如费舍指出，"在金本位制度下，为了解决失业问题而借款是不能接受的，然而为了重新武装而借款则是可以接受的"，这是一个令人失望但却真实的想法。

② 伯明翰大学图书馆，NC2/24A，1937年1月24日、4月12、21、23、29日、5月29日。

===== 第五章 "现代政治的巨大冲突": 1929~1939年再分配、大萧条与绥靖政策

收制度,但这执行起来也非常复杂。国防税遭到工业方面强烈反对,张伯伦只得被迫将其转变成5%的利润税,任何盈利的公司都需要缴纳此税。这一简单且费率统一的税收对公司起到的警示作用较小。利润税这种权宜之计本身旨在为重整军备提供资金,反而成为了战后财政政策的主要内容,这标志着财政体系出现了重要变化①。1942年,国防税仍然在实施,"除非议会决定将其取消"。1947年,它终于变成了永久的利润税。

1938~1939年和1939~1940年间,利得税的收入远不能满足国家重整军备的需要,国家还于1938年再次上调所得税的标准税率。或许是因为税收政策已经达到其极限,财政部在如何继续实施税收政策的问题上出现了内部分歧。霍普金斯反对进一步增加税收,担心"将财富'从富人和中等富人向穷人和相对贫困人'进行转移的政策已经威胁到人们对税收体制的认同。我们不能永远通过提高所得税来解决问题……这样做总会达到极限,让纳税人产生反感情绪,打击其信心。"霍布金斯对于任何大幅增税的行为都持悲观态度,因为那或许是"孤注一掷",比如流转税;他认为政府无法避免借款②。然而,有人认为希特勒带来了前所未有的威胁,改变了纳税人的心态。费舍早些时候曾怀疑增税会带来负面作用,而如今他坚信,面临战争的威胁,富人会愿意交税。他认为,对富人征收较高的税有利于让人人都乐意纳税,鼓励工会进行改革,进而提高经济效率。正如1939年费舍抱怨的那样,先前英国走的经济道路:

> 是一种屡试不爽的方式,底层人群税负压力大,只有少数富人感到非常舒适。国家需要公司年取暴利以获得税收。某种程度上说公司年取暴利是一种爱国。即使这样,工人们仍然要为了生计和税负而奔波劳累③。

关于这一点,英国可以创造性地将税务体系用于打造包含不同阶级的爱

---

① 关于国防税,见公共档案办公室 T171/336 第一版本:E. L. 福伯致财政大臣,1937年2月11日和1937年3月31日;摘自 R. V. N. 霍普金斯,1937年3月31日;摘自内维尔·张伯伦,1937年4月1日;福伯致财政大臣,1937年4月6日和8日;福伯致伍德兹,1937年4月14日;R. V. N. 霍普金斯,1937年4月15日;J. 西蒙致财政大臣,未标明日期;霍普金斯致费舍的信,1937年5月4日;国防税,赫斯特·普伦德和斯坦普,1937年5月4日。修订版,T171/337,新提出的国防税方案大纲,国内税收局,1937年6月7日;E. 福伯致财政大臣的信,替代国防税的方案大纲,日期不详;福伯致财政大臣的信,1937年6月3日。
② 公共档案办公室 T171/341, R. 霍普金斯致沃伦·费舍和财政大臣的信,1938年6月24日,和霍普金斯,1939年1月3日。
③ Peden, *British Rearmament*, p. 105, quoting British Library of Political and Economic Science, Fisher Papers 2/11, Fisher to Simon, 3 Jan. 1939; also in PRO, T171/341.

国联盟,并且不会引起富人的抵抗,也不会让人认为英国不乐意抵抗希特勒。战争爆发很快使辩论发生了变化:必须抵抗纳粹德国,因此如何分配战争成本十分关键。

税收和分配

两战间期,突出的问题不单是抑制工党的激进行为和财政部的中坚地位①。这样的说法是片面的,因为政府的支出水平已经明显上升,而且并没有伤害到人们对财政的认同。尽管一战前财政体系已经失衡而且过于严格,但是税收制度仍然主要依赖于水平较高、累进程度大的直接税。一战前,间接税并未有效地促进经济增长,因为大部分间接税是对需求收入弹性较低的消费品征收的。整体来看,在政府收入比例中,消费税比例逐渐降低,从1913年的20.1%降至1925年16.9%和1935年的13%。一战后期,普通销售税或流转税的压力得到控制,直到二战爆发后才再次出现。尽管在20世纪30年代国家推行了保护关税,但是国家关税收入并没有出现很大程度的增长。1913年,关税收入占中央政府总收入的17.7%,1925年降至12.4%,1935年升至23%。因此,关税和消费税的总量明显保持稳定,1913年占中央政府总收入的37.8%,1935年占36%②。间接税比重下降态势实际上已经停止,但是在两战间期并没有扭转(见表5.1和表5.2)。

表 5.1　　1913/1914～1931/1932 财年直接税、间接税占国家收入的百分比（%）

财年	间接税	直接税
1913/1914	42.5	57.5
1924/1925	23.1	66.9
1929/1930	35.9	64.1
1931/1932（第二次预算）	33.8	66.2

资料来源:PRO, IR63/132, budget (no.2) resolutions, 1931: notes on resolutions, Board of Inland Revenue.

---

① Cronin, *Politics of State Expansion*, pp.13, 87-92.
② B. R. Mitchell and P. Deane, *Abstract of British Historical Statistics* (Cambridge, 1962), pp.394-5.

═══第五章 "现代政治的巨大冲突": 1929～1939年再分配、大萧条与绥靖政策

表5.2 1938/1939财年中央政府国库净征缴收入结构(%)

税种	1938/1939财年
所得税和附加税	44.5
国防税	2.5
遗产税	8.6
印花税	2.4
其他国内税收	0.2
机动车税	4.0
关税	25.2
消费税	12.7
总计	100.0

资料来源: PP 1938-9 xvi, *Finance Accounts of the UK for the year ended 31 March 1939*, pp. 14-15.

"二流中产阶级"承担的税收减少,消除了选举中的抵触情绪,保证了政治稳定,提供了公道的福利待遇。收入再分配的方向主要是富人到穷人,跨越了保守党的票仓"二流中产阶级"。然而,即使保守党财政大臣只考虑本党派的选举优势,低收入人群也能从中获利,并且可以实现高税收水平。由于失业率大多集中在工人阶级,而且再分配基本上只面向穷人,这些人得到的钱可能要比上交的间接税还多[①]。英国税收体系的合法性为扩大福利政策提供了基础。然而,二战期间税收的变化可能有害于平衡这种阶层间的利益。边际税收水平提高,而且导致更多收入较低的人都需要缴税。在这种情况下,英国还能否保持"二流中产阶级"对于高税收的拥护呢?这就需要我们重新考虑两战间期财政对社会的影响。

[①] McKibbin, *Ideologies of Class*, p. 273.

第六章 "战争迫在眉睫":1939~1945年税制和第二次世界大战

> ……无论我们是相对安全地待在家里,还是跨过海峡对敌作战,只要我们活着,我们就要为传承我们的使命而奋斗。但愿那些经济学家和金融专家们能仔细思考,让我们得以传承使命,哪怕只能做到一点点。
>
> ——E. F. M. Durbin, *How to Pay for the War*: *An Essay on the Financing of War* (London, 1939), pp. 20-1

虽然一战期间,财政税收大幅增长,但是财政体系仍然依赖累进式直接税,反对销售税和商业利润税。二战的爆发给财政体系再添压力。同一战一样,二战导致税收水平从1938年的25.2%增至1944年的44.7%,而这一数据直至1948/1949财年仍保持在44%[①]。这一增长源自对财政体系的重新讨论。一战期间,英国政府高度依赖贷款,进而面临通货膨胀和战后偿债困难。二战期间英国也面临着同样的问题:能否通过增加税收以降低战后负债水平?然而,提高税收也会导致其他问题,比如尚不清楚将所得税提高多少和将税收起征点降低多少才能避免政治问题;不清楚是否需要通过征收其他直接税增加财政收入、降低人民消费能力;也不清楚是否应该向公司征税,以免打击在战争中牟取暴利的人。应对这些问题的对策将构成战后新的财政体系:高额的税收虽然使英国避免了偿债困难,但是保守党政治家认为这降低了积极性和生产效率。工党政治家对此表示反对,认为高额税收可用于再分配,促进了社会公平,让国内市场更加繁荣,避免了二三十年代的失业潮,变追求个人利益为高效率的计划经济。

二战期间的财政体系和一战期间相比,贷款和税收的占比完全颠倒。然而,正如凯恩斯等人希望的,在提高税收水平之前,英国曾经出现了另一种形式的税收和战争。二战开始时,财政大臣约翰·西蒙爵士开征60%的超额

---

① 这些当代的估值选自《公共档案办公室》T230/145,关于1948/1952财年预算前景和政策的草稿。

第六章 "战争迫在眉睫"：1939～1945年税制和第二次世界大战

利润税，但他对征收其他税收更加谨慎，没有新增税收，而是提高所得税并削减补贴。同时，西蒙对重要商品给予补贴，控制人们的生活成本，防止通胀带来工资上涨和一般产品供应不足。凯恩斯对此大加批判，认为西蒙过于依赖现行税收，导致他自己黔驴技穷，既没有让人们满意，也没有让国家为将来发展打好基础[1]。凯恩斯提出了一套措施，可以筹集战争钱款、控制通胀、改革社会、管理经济。当时凯恩斯已是经济界不容小视的人物，但他的观点无法通过行政手段实行，毫无政治水平可言，财政部官员对他十分不满。最终，西蒙迫于战争压力，转变了其谨慎态度，开始了一场探索性的辩论，讨论税收结构。这标志着财政体系发生了重大改变。

一战时，对所得税的补贴和减免受到了削减，这导致了更多的人会因征税而受到影响。1940年，科尼利厄斯格雷格认为应该按月扣税[2]。在低收入群体中，工人家庭交房租、缴纳税款的频率一般要高于中产家庭。定期征收所得税，对于低收入群体是一个压力，会造成社会问题；若将所得税一分为二，先付3/4，再付1/4，情况就定非如此。20世纪30年代，国内税收局称由于存在前车之鉴，他们并不愿意按月收税；而在现存制度中，纳税人可以购买印花税票抵税。这不光增加了税收体系的管理难度，还让收税过程愈加困难：

> 征税机关不能被动地负责收钱、发收据，而应当积极地寻找资金……印花税只可能对蓝领有吸引力，但是事实上，只有不到20%的工薪阶层使用印花税纳税凭证，很多人虽持有凭证但根本不往上贴税票。

相似的，由于按月交税的做法会增加征税成本，该做法被取消："有人认为征税机关只能接受纳税者上缴的税金。事实是，纳税人并非自发地立即缴税，而是被催着缴税。"1933年，国内税收局坚定地认为向财政部按时缴税是纳税者的责任，在必要的时候也需要提前交税。即使这样，国内税收局也承认，首先上交3/4的税收的做法并非完美，因此他们开始关注另一种方式：

---

[1] 《公共档案办公室》T160/993/F17281，凯恩斯致财政大臣的信，1940年7月24日；关于1939～1940年间西蒙制定的战争预算，见《议会辩论》，系列五，351，1939年9月27日，1361-1380卷，及360，1940年4月23日，51-88卷。关于凯恩斯，见R. 斯基德尔斯基（R. Skidelsky），《约翰·梅纳德·凯恩斯》（*John Maynard Keynes*），第三卷，《1937-1946年为英国而战》（*Fighting for Britain, 1937-46*），伦敦，2000年，第71页。

[2] 公共档案办公室T160/993/F17281，国内税收局关于如何增加所得税收入的说明，C. J. 格雷格（C. J. Gregg），1940年6月1日。

在地方机关和大型工厂中,对职工工资按周/月进行扣税①。

扣税的问题在于核算先前的收入。国内税收局告知雇主们,在未来6个月内从劳动者的周薪或月薪中扣除的税金量会基于先前6个月的收入。如果职工不按时上报收入值,雇主便只会在政策开始后知晓扣税额,而且根据纳税义务,余下每周的扣税额都会增加。国内税收局承认这一体系普通劳动者无法理解,如果简化该过程,劳动者的不满就会少很多②。欧内斯特·贝文(Ernest Bevin)③曾担任英国运输总工会(Transport and General Workers' Union)成员,后成为劳工部大臣。他指出劳动者的不满日渐严重对生产极其危险。

    蓝领按照周薪制定开销。所得税体系对他们周薪具有直接影响,决定了他们对这一体系的看法,即使税务局保证在征收6个或12个月的所得税后税收体系会特别公平,也无法让蓝领放心。

特别地,贝文担心,二战后人民收入降低,但是扣税额仍然取决于战时收入的峰值,这会带来严峻的困难。一名官员警告,这可能使对蓝领的税收体系崩溃,对战后财政造成重创。一战的前车之鉴让这些担忧更加触目惊心:当时,所得税和直接征税遭到了工人阶级的反对,很多税金只能取消④。

国内税收局反对一切变革,不情愿承受改革的行政难题。不过1942年他们开始使用预扣所得税对实际收入按周扣税:在下一个税收年度开始之前,计算每个纳税人的免税收入,并为每个纳税人制定一个编码;雇主则会得到一个报表,上面写着每个雇员的编码及其对应当年的纳税额,并显示按周/月的扣税额。这一体系管理简明:雇主找到自己一段时间内的图表,检查该时间段内的收入,并算出应扣税额。由于编码是国内税收局根据纳税人提供的信息制定的,因此雇主得不到雇员的私人信息。雇员的纳税额不会超过或低

---

  ① 公共档案办公室 IR64/91,"分期缴纳所得税、仅在税收的二分之一不超过750磅时才先征收二分之一"(Income tax instalments, half and half up to £750 only),1933年5月18日,和 IR64/92,对分期缴纳所得税的讨论,1933年5月。

  ② PRO, T171/360, 'Note on the position reached with regard to working of the scheme for deducting tax from wages'。

  ③ 欧内斯特·贝文(1881—1951)出生于萨默塞特郡,是一名私生子;他1892年辍学,成为一名货车司机。他加入了布里斯托社会主义社,后成为船坞工人联合会货车司机分会的会长。1920年成为该工会的秘书长助理。他对1922年英国运输总工会的建立贡献很大,担任了第一秘书长。他是20世纪30年代工党运动中的中坚角色,1940年他成为下议院议员后,丘吉尔邀请他担任劳工部大臣。1945~1951年他担任外交大臣。[*DNB, 1951 - 60*, ed. Williams and Nicholls, pp. 102 - 10;Robbins (ed.), *Biographical Dictionary*, pp. 53 - 5.]

  ④ PRO, T171/360, WP (42) 78, 'Effect of income tax on the weekly wage earner: memo-randum by the Minister of Labour and National Service, 13 February 1942'; T171/363, P. D. Proctor to chancellor, 6 Mar. 1943; Whiting, 'Taxation and the working class'。

第六章 "战争迫在眉睫"：1939~1945年税制和第二次世界大战

于应缴税额，除非年底时有调整的需要①。参阅表6.1。

表6.1 1937/1938~1947/1948财年英国个人收入所得超过个税起征点的人数（千人）

财年	完全不必缴税	应缴税	总共
1937/1938	6000	3700	9700
1940/1941	6000	6000	12000
1944/1945	5250	13000	18250
1947/1948	6500	14500	21000
预扣所得税 1944/1945			
职工人数		16750	
雇主人数		687	

资料来源：PP 1938-9 xii, *82nd Report of the Commissioners of Inland Revenue for the year ended 31 March 1939*, p. 57; PP 1948-9 xvii, *91st Report of the Commissioners of Inland Revenue for the year ended 31 March 1948*, pp. 21, 33.

所得税预扣体系能够让所得税管理机制适应经济社会结构的变化，还能对月薪较低者和蓝领征收所得税，因此极其重要。19世纪时，成功征收所得税的关键是从收入源头扣税，这无论是从租金、利息还是红利角度看都是最容易做到的。凭借所得税预扣体系，税收机关能够从收入源头扣税，拥护所得税的人较一战而言多得多。道格拉斯·霍顿（Douglas Houghton）②后来评论："保持预扣所得税无疑让战后各届政府征收的所得税高得多，其他的方式都不可能做到这一点"③。

---

① PRO, T171/360, 'Income tax on weekly wage earners', J. M. Keynes, 9 Jan. 1942; 'Note by the Board of Inland Revenue on Keynes' paper', 28 Jan. 1942; E. Bevin to K. Wood, 3 Dec. 1941; 'Note on the deduction of income tax from wages paid to manual wage earners employed in seasonal industry', G. Canny, 11 Dec. 1941; 'Note on the position reached with regard to working of the scheme for deducting tax from wages'; Gregg to chancellor, 10 Feb. 1942; Catto to chancellor, 'Income tax on weekly wage earners', 30 Mar. 1942; notes by financial secretary, 11 Feb. and 31 Mar. 1942; WP (42) 78, War Cabinet: effect of income tax on the weekly wage earner: memorandum by the minister of labour and national service, 13 Feb. 1942; WP (42) 89, War Cabinet: incidence of income tax on weekly wage earners, 17 Feb. 1942; 'Note of a deputation to the Board of Inland Revenue from the British Employers Confederation', 11 Mar. 1942; T171/366, C. J. Gregg to chancellor; Catto to chancellor, 12 July 1943; Keynes to Padmore, 12 July 1943.
② 亚瑟·莱斯利·诺埃·道格拉斯·霍顿（Arthur Leslie Noel Douglas Houghton, 1898—1996）生于德比郡，1915~1922年曾在国内税收局担任职员。1922~1960年担任国内税收局职员联合会秘书。1947~1949年他担任伦敦市政厅的市政官，1949~1974年担任下议院工党议员。1963~1964年担任公共财务委员会主席，1964~1966年担任兰开斯特公爵郡大臣，1966~1967年担任政务委员，1967~1974年担任下议院工党党首。[*Who's Who 1996* (London, 1996), p. 945.]
③ Whiting, *Labour Party and Taxation*, pp. 63-4; D. Houghton, 'The futility of taxation by menaces', in A. Seldon (ed.), *Tax Avoison: The Economic, Legal and Moral Inter-relationships between Avoidance and Evasion* (Institute of Economic Affairs, London, 1979), p. 97.

153

要在税收方面达成一致意见,不光需要用行政手段变革税收系统,还需要重新制定阶梯税率以适合政治新形势。两战间期,已婚、育有子女的中等收入家庭得到了一定的补贴。二战期间这一政策被取消,这不光是为了提升所得税收入,而且还为了防止沉重的税负引发单身人士的不满和生产力下降。取消对已婚中产男性的补贴,这让优生学会(Eugenics Society)的部分成员心生不满,他们担心这会抑制高级知识分子的生育意愿,而这些人一般是所得税缴纳者[1]。凯恩斯便是优生学会的成员,他认为"提升家庭单元的经济水平应当是当今和战后社会政策的主要目标"[2]。当然,这一想法在实践中可能有变,例如生活水平较高的人可能不会享受所得税减免,但收入低于税收起征点的家庭可以获得现金补助。人们对30年代的低生育率抱有担忧,认识到贫困和家庭人数有关,因此人们开始要求对中产阶级家庭减免税收,鼓励生育。

一位财政部顾问认为,不能不帮助穷人,因为这是完全不人性化的[3]。一种可行的解决方式是取消对儿童的所得税补贴,代之以对育有子女的家庭或个人提供现金式家庭补助。但是困难在于取消税收补贴会让中产阶级夫妇的处境比尚无子女的家庭或单身人士更加糟糕。经济学家 H. D. 亨德森(H. D. Henderson)[4] 认为中产家庭的生活方式、价值观和观念都直接或间接地对其他公民施加巨大的影响,因此中产家庭应受保护。亨德森因此认为,若通过低收入家庭可以得到税收补贴,那么育有子女的家庭就应当得到更多税惠,减税的成本则可以来源于缩小劳动所得和非劳动所得的税收差距[5]。换言之,对劳动所得提供优惠不如帮助家庭重要。另一种解决方式是把发放给所有家庭的税收优惠算入应税收入,让富人交还一部分税收优惠。1943年,国内税收局提

---

[1] 公共档案办公室 T172/1901,动物学和比较解剖学教授 E. S. 古德里奇(E. S. Goodrich)和基遗传学读者 E. B. 福德(E. B. Ford)致霍尔德(Horder)的信,1939年10月5日。
[2] 公共档案办公室 T171/360, J. M. 凯恩斯(J. M. Keynes)关于预算的说明,1941年11月3日。
[3] PRO, T171/363, memorandum by Lord Catto, budget: taxation, 30 Nov. 1942.
[4] 休伯特·道格拉斯·亨德森(Hubert Douglas Henderson, 1890—1952)生于白金汉,其父是克莱德斯戴尔银行伦敦分行的经历。他在拉格比公学和剑桥大学橄榄球学院和伊曼纽尔学院求学。他在伊曼纽尔学院教授经济学时也学习法律。一战期间他加入贸易委员会的统计部,1917年成为曼彻斯特棉花控制委员会(Cotton Control Board in Manchester)的秘书。一战后他成为剑桥大学克莱尔学院的教员和经济学讲师。1923年凯恩斯邀请他担任工党期刊《国家》(Nation)的编辑。他反对回归金本位,参与编纂《英国工业的未来》(Britain's Industrial Future)(1928年)和《劳合·乔治能否成功?》(Can Lloyd George Do It?)(1929年)。1930年他不再编辑《国家》,成为了经济顾问委员会的助理秘书(后成为联合秘书)。1934年他成为牛津大学万灵学院的研究较远。二战期间他协助斯坦普研究经济和财政规划,并为财政部出谋划策。1945年他被选任为牛津大学的政治经济教授,成为皇家人口委员会成员(后成为会长)。1951年他成为万灵学院的院长。(DNB, 1951-60, ed. Williams and Nicholls, pp. 470-2.)
[5] PRO, T171/363, 'Family allowances: note by H. D. Henderson', 12 Aug. 1942.

第六章 "战争迫在眉睫"：1939～1945年税制和第二次世界大战

议，公民上缴的一切医保、养老金等保障金，都应当抵销他们的应纳税款或应税福利。但是这一措施并未采用，税收体系和社会福利的问题战后仍然存在[①]。

特别地，凯恩斯认为家庭补贴属于提供战争资金、避免引爆战争的社会运动的组合措施。他的目的是用分配体系控制战争，从而让人仍然愿意承担风险，尽可能多地提供消费方式。他认为，如果降低消费过剩并将工资推迟到战后发放，消费者届时就能拥有充足的选择，市场的自由也能得到保障。作为一种有利于工人阶级的重大政策，推迟发放的工资可以拨给工人阶级组织，如互助组织和工会等。凯恩斯提议，争取工人阶级组织可以通过对家庭提供补贴来完成，推迟支付的收入可以通过征收一次性征收或按年征收资本税来偿还。最终，每个舍弃短期消费的公民都要承担一部分战争债负，而不是主要让资产阶级承担，从而避免滋生对一小批食利者的仇恨。而且，延期支付的收入的时机选择会让政府选择在萧条时期刺激内需。凯恩斯提议的目的是在保持市场的活力和自由的同时，促进社会融合和经济稳定。他没有选择用分配和计划控制消费，而是希望通过控制总支出，让每个人都能按照喜好自由地决定如何消费。凯恩斯称他的方法能比"补偿所得税"得到更多的政治和民众支持："应当让民众感到我们动了心思，打造了全新的财政工具，保持了社会公正，打下了社会继续发展的基础。[②]"

但是这些提议没有被完全采用。工人阶级储蓄的调查显示工人阶级更乐意接受强制储蓄而非缴税，但工会对此则存疑[③]。工会认为，家庭补贴会威胁男性的收入，延迟支付薪水则干涉了民主社会中公民的基本自由，是一种欺骗，实质是让工人阶级为战争付出牺牲、降低实际薪水。一些工会支持一次性资产税，但社会听不到它们的声音。工会大会经济委员会总结道："在战争时期，不适合用资本税筹集战争开销"。相对于强制储蓄和对非劳动所得征

---

① PRO, T161/1242, Proctor to chancellor, 21 May 1943; C J Gregg to Hopkins and chancellor, 13 Feb. 1943; 'National insurance and income tax', A. T. Haynes and R. J. Kirton, 30 Nov. 1944; T161/1250, B. W. G. to Bridges, 28 Jan. 1946; C. J. Gregg to chancellor, 25 Jan. 1946.

② J. M. Keynes, *How to Pay for the War* (London, 1940), pp. iii, 7, 10 – 11; PRO, T171/355, 'Note by the Board of Inland Revenue on the proposal to treat part of an income tax payment as a deferred credit available to the taxpayer at the end of the war', G. B. Canny, 6 Jan. 1941; IR64/100, 'Revised proposals for a war surcharge', J. M. Keynes, 5 Jan. 1941; for a recent assessment of the scheme, see R. Toye, 'Keynes, the Labour movement and how to pay for the war', *Twentieth Century British History* 10 (1999), 255 – 81.

③ PRO, T171/355, J. M. Keynes to H. Wilson Smith, 'Mr Madge's latest report on savings in four Yorkshire towns', also in *The Collected Writings of John Maynard Keynes*, vol. xxii, *Activities, 1939 – 45: Internal War Finance*, ed. D. Moggridge (London, 1978), pp. 274 – 6.

税，他们更愿意让人们自愿储蓄①。工会大会担心的是这一做法不能真正让国家获得储蓄。这一担心不无道理，因为推迟支付工资不意味着国家会因此而支付利息，支付工资的时间尚不确定，况且该支付不可转移。诚然，若战后国家并没有能力支付工资，而是直到通货膨胀吞噬到所剩无几之时才支付，这就相当于工人阶级仍然缴纳了一次性的税收，而政府债券的持有者却能本息兼收②。财政部和国内税收局也不相信延期支付，认为这两种不受欢迎的做法都是直接税体系的附加产物，不光没有在税收水平高时对工人提供支持，还让事情更加复杂。国内税收局则不欢迎储蓄和消费，认为这是对财政体系的背叛。正如格雷格在二战结束后的评论：

> 国家不可能让个人的储蓄和消费都符合国家意愿，这是对人类自由的极权式干涉③。

最终，政府采用了延期支付收入/战后税收优惠的政策，而这些资金都由政府而非劳动者持有。一旦方案废除，家庭根本拿不到补贴，国家也不兑现征收一次性资产税的承诺。

不过，根据1943年经济处的提议，二战结束后也将继续延迟支付收入，在经济萧条时发放需求旺盛时征收的税收优惠，这都说明格雷格提议中的"利息"并没有完全消失。事实上，经济处还讨论了投资需求和个人消费。1941年英国曾出台措施改变100%的超额利润税。斯坦普进行过一项经济调查，显示100%的超额利润税相当于拿生产商的私有利润补贴公众利益，激励公众的生产积极性，因此生产商不愿为了微小的收益而承担大的风险。他指出："完全用爱国之情和企业风险替代旧的刺激手段，是不长久的"，这会导致"社会热情、活力、创业精神日益衰退，对新政策的偏见越来越大"。凯恩斯指出，若征收100%的超额利润税，利润较战前没有提高的公司可以从中受益，而新成立的公司则受到打击，这对不同公司是不公平的，打破了私营企业的兴亡规律——适者生存。

---

① 现代档案中心，工会大会 MSS 292/402，2/2，凯恩斯和国家顾问委员会工会方面的工会领袖，1940年1月24日；沃尔瑟姆斯托电力贸易致工会大会，1940年3月19日；伦敦贸易委员会，1940年7月12日；FBI MSS 292/402，2/3 经济委员会3/1，工会大会经济委员会，关于强制储蓄和一次性资产税的决议；财富征收；物价稳定；和战后规划；关于储蓄、税收、物价等的决议，1941年3月12日；经济委员会，关于储蓄、税收、物价稳定等的决议。

② J. S. Flemming, 'Debt and taxes in war and peace: the case of a small open economy', in M. J. Boskin, J. S. Flemming and S. Gorini (eds.), *Private Savings and Public Debt* (Oxford, 1987), p. 386.

③ 公共档案办公室 T171/372，格雷格致霍普金斯，1945年7月9日；他指出1939年凯恩斯首次提议强制储蓄时他就有相同的感觉。IR64/100，"对凯恩斯先生方案的说明"（Notes on Mr. Keynes' scheme），1940年4月18日；"国内税收局委员会对由凯恩斯修订过的战争附加税提议的说明"（Note by the Board of Inland Revenue on Mr. Keynes' revised proposal for a war surcharge），1941年1月15日。

第六章 "战争迫在眉睫": 1939~1945年税制和第二次世界大战

在他看来,由于混淆了"在战争时期,个人努力、加班和企业效率高、勇于承担风险并不是得到奖励的理由"这一宗旨与"防止牟取暴利",国家才开征超额利润税。防止工业获得更高的利润,而对高收入的工人则并不进行干涉,这是否符合逻辑?国内税收局称个中缘由很简单:这确保了劳动者尽其所能,意味着严格限制利润。丘吉尔评论道,超额利润税表明政府"屈从于不厌其烦、贪得无厌的左翼宣传,而非采用健全的财政手段"。这一评价有些过分。相反,征收超额利润税是一种务实的做法,表明国家希望获取工人阶级的支持。

最终采取的解决方案是变20%的税收为战后支付工资。在贝文看来,只要满足了一定的条件,延期支付工资就是可取的;国内税收局则表示反对,认为这些延期支付工资在本质上是国家强制贷款,是站不住脚的。但在经济处看来,另一种推迟支付的方式可以在经济繁荣时期消除过度需求,在经济萧条时期对工业实施税收优惠(前提是资金都用于资本积累),从而管控经济并保证充分就业。国内税收局对此仍然表示怀疑,担心税收抵免和所得税税率变化的双系统会将事态复杂化。毕竟,通过调整税率可以很容易控制个人消费。但国内税收局内部对这一做法认识并不统一,因为有的人认为不能为了获得财政收入而征税。支持税收体系纯洁性者认为管控消费"会损害整个税收体系,让所得税丧失信誉"。他们明白,战时从民众手中把钱拿走并承诺在和平时期交还,和在经济繁荣时期从民众手中把钱拿走但不承诺归还日期,二者给人的心理落差极大。国内税收局也不相信税收体系会影响??投资的时机(这里使用了对公平公正的常见比喻)。有人认为所得税取决于纳税人的纳税能力,而补贴和减税本身就用于评估购买能力。对进行投资的企业或者盈利企业减免税收是否公平公正尚不清楚①。

---

① PRO, T171/356, W. S. Churchill to chancellor of the Exchequer, 19 Feb. 1941; T171/357, War Cabinet: survey of economic and financial plans: excess profits tax and production: memorandum by the Survey, 30 July 1940; J. Stamp to K. Wood, 30 July 1940; Canny to H. Wilson Smith, 5 Aug. 1940; EPT, J. M. Keynes, 21 Oct. 1940; ex-cess profits tax: note by the Board of Inland Revenue on Mr Keynes's memorandum of 21 Oct. 1940; L. Amery to K. Wood, 8 Jan. 1941; draft memorandum, R. V. N. Hopkins, 8 Jan. 1941; War Cabinet: excess profits tax: memorandum by the chancellor of the Exchequer, 13 Jan. 1941; A. Greenwood to K. Wood, 14 Jan. 1941; note by the Board of Inland Revenue: EPT: deferred credit proposal, G. Canny, 29 Jan. 1941; E. Bevin to K. Wood, 27 Jan. 1941; G. Canny to R. V. N. Hopkins and Wilson Smith, 5 Feb. 1941; excess profits tax: the proposed 'withholding' arrangement, 11 Feb. 1941; excess profits tax: the 20 per cent 'withholding' arrangement, R. V. N. Hopkins, 11 Feb. 1941; G. Canny to Wilson Smith, 27 Mar. 1941; T161/1137/S52098/03, H. Brittain to S. P. Chambers, 8 Sept. 1943; income tax deferred credits; C. Gregg to W. Eady, 13 Oct. 1943; covering note, Inland Revenue, 13 Oct. 1943, on the Economic Section's memo-randum on the maintenance of employment; taxation of industrial policy [sic], Board of Trade, Nov. 1943.

157

正如凯恩斯希望的那样，由于配额和间接税仍然需要，过度消费的"通胀缺口"并没有因延期支付而受到控制。间接税比重在20世纪首次上升，进一步破坏了财政体系。1941年的财政预算强调国家对直接税不能无限依赖，1942年的预算则转而强调对啤酒、烟草和娱乐等"可选择的支出"征收高额间接税，并征收购置税。一战结束之际人们认为购置税类似于批发税。批发税的征收相对容易，在商品卖给零售商时向批发商征收。批发税的征收范围从0～100%，对不同商品征收不同程度的税。最重要的是，"日用品"无须缴税，鼓励了商品销售规范化。霍普金斯说，"一部分人的收入上涨了，只有对非必需商品征税，才能打击他们的过度购买力，对无力缴纳更多税金的阶级也没有害处。①"

工党和工会一向反对间接税。派斯克-劳伦斯抱怨间接税"增加了穷人的负担……如果国家一直以战争为名征税，结果不堪设想……有充分的理由反对不断征收间接税"②，这一点并不令人奇怪。但奇怪的是，大多工党和工会成员都认为形势有变。1943年，一些工党成员提出，若对社会大多数人征收所得税，就意味着反对间接税而选择直接税的做法在政治上毫无意义。在判断直接税还是间接税更好之时，需要更细致的区分③。征收购置税增加财政收入的效果十分显著，是经济计划的有力手段，在战后工党政府得到了保留。但是征收购置税说明政府仍然规划经济并干预消费者喜好，这不是凯恩斯想看到的。

一战结束之际，工党和工会都反对扩大间接税范围，敦促征收一次性资产税。二战时，他们默许征收购置税，基本不支持一次性资产税。1939年派斯克-劳伦斯以征用劳动力为由要求对财富征税。张伯伦则在声明中回应将研究战争财富税④。然而，相对于这一问题，一战期间很多工党评论家提出了避免战后债务的有效方式。以德宾为例，提议合并税收（包括对资产征收年

---

① 公共档案办公室T171/363，R. V. N. 霍普金斯致财政部长，1943年2月13日；T171/367，霍普金斯致财政部长，1944年2月10日。
② 公共档案办公室T172/1974，议会工党议员和联合运动代表团就废除销售税问题致财政大臣的信，1941年5月28日。
③ 公共档案办公室T172/1972，全国劳工委员会代表团致财政大臣的信，1941年12月18日；W. 艾米（W. Emy）致威尔逊·史密斯，1941年12月17日。
④ LPA, Home Policy Committee, Box i, minutes, Nov. 1937 – Sept. 1953, Labour Party Policy Committee, 'Labour's home policy', Mar. 1940; PRO, T230/94, National Debt Enquiry, first meeting 19 Feb. 1945.

税)、工业的直接管控和低息借款①。凯恩斯、希克斯（Hicks）②、米德等经济处成员曾于1942年、1943年讨论过一次性资产税的作用，但是在克莱门特·艾德礼（Clement Attlee）③"经济处应当为该议题提供说明"的建议下，国内债务调查部（National Debt Enquiry）十分认真地思考了一次性资产税④。

表6.2　1945/1946财年中央政府国库净征缴收入结构（%）

税种	1945/1946
所得税和附加税	44.9
国防费/超额利润税	14.5
遗产税	3.7
印花税	0.8
机动车税	1.4
关税	17.8
消费税	16.9
总值	100.0

资料来源：PP 1945-6 xv, *Finance Accounts of the UK, for the year ended 31 March 1946*, pp. 12-13.

借此机会，米德考虑了战后债务的经济影响。他担心为偿债而征收高税率会损害人们工作和承担风险的积极性，阻碍经济复苏。经济处建立了一个小组，由顶尖经济学家和财政部、国内税收局代表组成，对"能否对资产一

---

① E. F. M. Durbin, *How to Pay for the War: An Essay on the Financing of War* (London, 1939), pp. 75-83.
② 约翰·理查德·希克斯（John Richard Hicks, 1904—1989）生于沃里克郡，是一位报社编辑之子。他先后在克利夫顿学院和牛津大学贝利奥尔学院求学，在牛津大学学习政治、经济、哲学。他先在报社工作，后于1926年成为了伦敦政治经济学院的经济学讲师。1935年他前往剑桥，1938~1946年又住在曼彻斯特。1946~1958年他担任剑桥大学纳菲尔德学院的教员，1952~1965年间担任政治经济学教授。1972年荣获诺贝尔经济学奖。(*DNB, 1986-90*, ed. Nicholls, pp. 200-2.)
③ 克莱门特·理查德·艾德礼（Clement Richard Attlee, 1883—1967）生于伦敦，其父是伦敦的一名律师。他求学于黑利伯瑞学院和牛津大学大学学院。进入伦敦律师事务所工作后，他来到斯蒂普尼（Stepney），后搬到伦敦东区居住。1907年他加入费边社，1908年加入独立工党，1912年进入伦敦政治经济学院社会科学和管理系工作。一战后，他担任斯蒂普尼市长，1922年当选下议院议员，代表莱姆豪斯选区。不久他成为了麦克唐纳的私人议会秘书。1924年他担任陆军部的副部长，1930年他担任兰开斯特公爵郡大臣，1931年担任邮政大臣。1935~1955年间担任工党领袖。1940年加入联合政府，1943~1945年间担任副首相，1945~1951年担任工党首相。[*DNB, 1961-70*, ed. Williams and Nicholls, pp. 46-55; Robbins (ed.), *Biographical Dictionary*, pp. 25-8.]
④ 国内政策委员会 T230/94，米德致希克斯的信，1942年8月18日；希克斯回复米德的信，1942年8月26日；米德的说明和J. M. 凯恩斯对此的评论，"资产税和激励手段"（A capital levy and incentive），R. C.「名字不详」致米德的信，1943年6月4日；关于艾德礼的建议，见J. E. 米德致秘书的信，1944年7月12日。

次性征税以降低税率"的问题进行调查。米德制定了他们的调查课题:

> 在何种情况下,纳税人还债对社会是一个负担?我们是否能主要通过让国民收入增加而减轻债负?将来的改良手段能够带来什么样的税收减免?偿债资金的可能作用是什么?偿债资金的额度是否应根据就业白皮书中提到的预算政策而定?一次性资产税能否有效减轻债务?[①]

调查得出结论,一次性资产税无助于减轻债务。

国内债务调查部总体上认为一次性资产税好处极微,还会导致严重的行政问题,扰乱资本市场。一次性资产税不再像20世纪20年代那样具有吸引力,因为发战争财的人较以往更多了,借款利率降低,税收让"战争得利者"无法积攒财富[②]。他们更关注的是用"低息贷款"降低偿债成本并刺激经济复苏。凯恩斯向调查部讲述了其《通论》(General Theory)中的主要内容:"高利率不会带来经济增长和储蓄率;'低息贷款'会增加工业投资需求,为经济增长提供动力"。因此,如果储蓄带来的回报对家家户户、慈善机构运营等有利,利率就应当尽可能地降低。应当依靠低利率减轻债负,控制借款成本;通过发展经济,降低借款价值[③]。

二战后,低利率降低了公民的储蓄额,高额累进税则导致上缴给国家的遗产税和所得税有所降低,导致一次性资产税净收入预期甚至少于一战后。只有对小额资产征收高额税收才能有较好的回报,但这一手段会威胁到政局,而且对刺激经济作用极微。米德曾提出,一次性资产税降低了公民收入,进而公民面临的边际税率也会降低,这等同于降低了税率。但是希克斯提出,利润税才是真正的问题,因为这一税收仅受标准税率的影响。凯恩斯认为,在消除高收入和附加税率的消极影响方面,对资产按年征税要好于一次性征

---

① The papers of the enquiry are in PRO, T230/94 and T230/95. See especially, T230/94, J. E. Meade to secretary, 12 July 1944; 'The postwar treatment of the national debt: the capital levy'; 'The postwar treatment of the national debt: the fiscal problem set by the debt'; 'The postwar treatment of the national debt: debt repayment and employ-ment policy'; minutes of meetings 8 and 27 Mar., 5 Apr. 1945; T230/95, 'The control of inflation: the three alternatives: note by the Economic Section', J. E. Meade and L. C. Robbins, 3 May 1945; National Debt Enquiry: summary by Lord Keynes of his proposals, 18 Apr. 1945; 'National Debt Enquiry: first report: the question of future gilt-edged interest rates', 15 May 1945; meetings of 10, 18 and 19 Apr., 18 and 24 May 1945.

② 最终报道选自公共档案办公室T230/95,一次性资产税是在后来的辩论中提出的;T171/395,一次性资产税,1945年6月15日;亦见T230/94,国内债务调查组,历史性报告:一次性资产税。

③ 公共档案办公室T230/94,国内债务调查组第二次会议,1945年3月8日;第三次会议,1945年3月22日;第四次会议,1945年3月27日。

第六章 "战争迫在眉睫"：1939～1945年税制和第二次世界大战

收资产税。要知道一次性征收资产税会带来灾难性的后果①。

工党的观点也在发生相同的变化。要做到进行财富再分配、打破资本积累，仅仅依靠征税是不够的。一战后，年度税收并未触及资产；二战期间，保守党政府征收的高额所得税便是一种资产税，夺走了富人的非劳动所得，迫使其靠自己的财产生活。这些手段虽然打击了财富所有者，提高了税收收入，但却无法弥补选民恐慌对政局造成的负面影响。一篇工党文件评论道，出台一次性资产税的目的是拉拢选民，但这让政府又一次背离了大部分中产阶级劳动者，作用还不如上一次。工党抛弃了一次性资产税政策，改对资产按年征税，这一方法将会解决战后负债增加问题，为公共事业提供资金，还避免了利息影响国民收入分配，增强私营银行实力②。然而，这一提议也并不是1945年后的中心政策，因为若对资产按年征税，财富估值就是一个大问题，可能损害储蓄和企业利益。

二战后的工党政府在很多方面都缺乏清晰的财政策略。最接近总体陈述的一项财政政策是1940年国内政策委员会（Home Policy Committee）制定的，其中再次提到了先前经常使用的、曾在爱德华时期讨论过的措施——通过征收遗产税、实行累进所得税制、征收一次性资产税，打击非劳动所得，打破贫困和财富的代际遗传：

> 只有凭借对国民收入的明智管理才能重建社会，但是只有立足于正义的管理才可称为明智。批评工党的人认为富人收入降低得越少，社会才会越繁荣。这一点遭到了工党的强烈谴责。国家的一些群体不光对社会效益贡献少，还挥霍了资源，向他们征税既符合经济规律也符合社会正义。公共财政中的社会主义政策对职员、教师、职业人士和技工的影响并不小于对蓝领的影响……

一些人受益于落后、不公正的财政体系，但是工党并未苛待他们。然而人们坚信，现在的财富差距过于巨大，不利于实现集体利益，侵蚀了不同阶级的关系，极难满足社会的需求，导致认同自己应当承担社会义务的特权人

---

① 公共档案办公室T230/94，EAS 12/01/A，米德致希克斯的信，1942年8月18日，希克斯回复米德的信，1942年8月26日，R.C.致米德的信，"资产税和刺激手段"（A capital levy and incentive），1943年6月4日；凯恩斯致米德的信，1944年7月28日；国家债务调查部第一次会议，1945年2月19日。

② 工党档案LP/CL/22/9，"战争后是否征收一次性资产税？"（A capital levy after this war-or not?），日期不详；F.W.派斯克－劳伦斯，《紧急财富税》（An Emergency Tax on Wealth），伦敦，1939年，第4页；道宾，《如何提供战争资金》（How to Pay for the War），第109页。道格拉斯·杰伊（Douglas Jay）提议每年对一万英镑的资产征收2%的税，但这与战后资产税同时征收。

士越来越少①。

然而，由于二战期间利润增长受到高额所得税限制，因此社会创造的财富和非劳动所得受到的经济打击并没有预期大。这一问题也因为政策真空而未被认真考虑，唯一的做法只有继续采取累进税政策、打击无用的所有权，无人认真讨论将来利润税和公司税将如何变化，甚至还有人认为二战后国防费和超额利润税将被废除。战时有关税收的讨论无果而终，工党1945年组成的首个多数派政府也没有得出一个明确的政策，遑论保守党。

最重要的是，税收既是一种经济管理和规划的手段，也是政府筹资的方式。曾经的税收准则是在纳税能力不同的群体间保证科学公平，如今这一准则也不再时兴。1943年，凯恩斯坚决反对了：

> 一种荒谬的说法：税收政策的唯一目的是不顾一切地公平分配政府开支，从而用某些方式或模式刺激工业企业和就业。他认为即使确实存在过这一看法，它也必定在多年前被废除；如果当局强势宣布"不顾一切地公平分配政府开支是一项传统政策"，一定会惊煞大部分的公务员、议员和普罗大众②。

税收局和财政部的很多官员认为政府征税是为了获得财政收入，因此凯恩斯言过其实。然而，他们的立场已从坚定转向保守。一战后由于采取了偿债资金和债务偿付，财政政策不再占优势，国家更愿意使用税收控制经济。不过，人们尚未就如何用税收管理经济以及税收的目的达成一致意见，因此这一变化极具争议。公平和效率、生产积极性和市场如何分配资源间的关系是战时和战后政策的核心。

凯恩斯依靠征税在贸易周期中平衡经济，面临通胀压力时提高税收，在经济萧条时期刺激需求。他强调通过调整个人总消费和投资需求来稳定经济，待经济重归平衡后，通胀或萧条的危险就不复存在，资源重新由自由市场分配。然而，税收亦可直接应用于改变经济结构，此时税收的作用是刺激或抑制投资，通过缩小过大的收入财富差距以实现公平。如何在这些作用不同的税收间达成平衡是战时政治讨论的中心，在战后尤甚。其中弗里德里希·冯·哈耶克（Friedrich von Hayek）和工党左派、所谓的"苏联国家计划委员会会员"的观点在讨论中处于两个极端。

---

① LPA, Labour Party Policy Committee, 'Labour's home policy', Mar. 1940.
② PRO, T161/1137, Keynes to Eady, 'Industrial enterprise and employment and the tax system', 16 Dec. 1943.

第六章 "战争迫在眉睫"：1939~1945年税制和第二次世界大战

20世纪30年代，哈耶克提出：当没有市场竞争、缺乏物价和成本信息时，如何分配资源？国家在经过精打细算后可能因此致力于打造自由市场经济；相对而言，"苏联国家计划委员会会员"反对将分配资源的任务交给市场，称市场浪费资源，效率低下，应当让政府部门和国有化改革在经济中扮演更多角色。大多人的意见处于这两个极端之间。哈耶克强调资源分配效率离不开物价信息。这一意见还影响了德宾、米德和杰伊等民主社会主义者，他们相信资源应当由市场分配，因此既支持一定程度的国有化，也会对私人投资进行管理。因此他们倾向于凯恩斯的观点，即运用税收和预算机制，在贸易周期中让经济计划受到宏观调控手段的影响，如需求和投资。但是对于很多工党成员来说，更加重要的是税收在改变经济结构和收入/财富分配中的作用，他们希望对市场加以一定的控制①。

与之相关的另一个问题是税收体系和积极性、效率和公平间的关系：是否应当将税收用于减小收入和财富差距，消灭社会创造的财富？一种获得收益的方法是将私营企业全部改制成国有企业。另一个方法是保留大部分私营企业，但是要限制富裕股东的利润分红，鼓励公司将利润用于投资和提升生产力。反对这一看法的人认为，高税收会打消人们的积极性，让人们不敢承担企业风险，导致经济僵化停滞。如果让公司继续依赖现存的资金储备，新兴公司就更不愿承担风险。重点是，参加辩论的成员们就如何为经济注入活力一事完全无法达成一致意见。说白了，尚不清楚税收体系应当更重视公平还是积极性。

税收在需求管理方面作用有二：一是作为实现社会公平的工具，二是作为对企业的刺激手段，这两者间存在难以调和的矛盾。解决过剩的消费能力会有两个可能的结果：一是间接税会更高，这对于中低收入群体是不公平的；二是高额的所得税，进而消磨加班的积极性和承担企业风险的精神。若想平衡两种相矛盾的看法，就要推敲社会和人性本质：激励人们的是什么，个人

---

① 关于工党和经济计划，见汤姆林森，"经济规划"（Planning）；S. 布鲁克（Brooke），"社会主义式经济计划的问题：1945年埃文·德宾和工党政府"（Problems of "socialist planning"：Evan Durbin and the Labour government of 1945），选自《历史期刊》（*Historical Journal*），第34期，1991年，687-702页；R. J. 托叶（R. J. Toye），"1931-1951年工党和计划经济"（The Labour party and the planned economy, 1931-51），博士论文，剑桥大学，1999年。关于30年代的情况和不同的计划方法，见D. 利特谢尔（D. Ritschel），《计划经济政策：关于20世纪30年代英国的计划经济政策》（*The Politics of Planning*: *The Debate on Economic Planningin Britain in the 1930s*），牛津，1997年。当代文献范围更广：可见J. E. 米德，《经济计划和物价机制》（*Planning and the Price Mechanism*），伦敦，1948年；E. F. M. 德宾，《经济计划的问题：关于计划和经济学的论文》（*Problems of Economic Planning*：*Papers on Planning and Economics*），伦敦，1949年。关于霍布森诉韦伯夫妇（Webbs）一案，见本书124页。

物质所得，还是公平公正？另外，税收水平和税收作用的变化也会让人们更难遵守和接受财税体系。若征收高额累进税以实现公平或者调整需求，会导致人们抱怨税收体系，变相鼓励了避税行为，提高了遵守政策的成本。20世纪二三十年代，育有子女的普通中产家庭面临的税收有所下降，这为政府争取到了重要票源。但是，减税措施在二战期间被废除，不利于让人们支持未来的财政税收。

第七章 "税收的致命打击"：1945～1951年工党与国家重建

"如果我们……想继续作为一个私营企业国家，我们绝对不能杀鸡取卵（而我们的税收体系正在这么干）……资源的短缺引发了商界的不满。用经济学家的话说，高额的税收剥夺实际的资源，这正是商界不满的原因。"
——PRO, T171/369, B（45）3, note by Lord Keynes: Budget Committee: EPT and changes in stock values, 16 Jan. 1945

"税收对经济发展的影响可能纯粹是负面的。税收的本质决定了它不可能创造事物；根据其课税对象的不同，它或多或少具有压迫性。就像车子的刹车片，它既能用于紧急制动，使车辆尽快停止向前行驶，也能采取点刹制动，以轻微的摩擦使车速逐渐降下来，但它永远不可能协助驱动车辆。"
——MRC, FBI MSS 200/F/3/S1/16/23, 'Notes on taxation in relation to post-war planning', 3 July 1945

在第一次世界大战结束时，国家债务是个主要问题；到了第二次世界大战结束时，这个问题就远没那么重要了，这反映了战争财政的不同之处。为了恢复英国的国际贸易地位，尽快实现经济复苏成为当务之急。英国如何才能重新夺回出口市场，以改善其国际收支情况，从而偿清外债、购买必要的物资重建家园呢？与此同时，战后国内需求高度挤压，充分就业的状况一直延续，这些都威胁了出口，吸收了进口，推高了物价。新的工党政府不得不大力解决这些严重的问题，增加生产以满足需求，特别是出口需求。这就意味着要提高生产率，减少国内消费，限制物价，调低薪酬；同时，还要采取平等的政策，建设福利国家。

因此，税收成为这些问题的核心。战后工党采取了一些税收政策，鼓励大企业保留和投资其利润，较少鼓励企业承担风险，刺激了生产活动，促进了生产率提高。为了减少国内消费和遏制通货膨胀，政府应该防止股息和薪酬水平过高，并对商品征税——特别是对"奢侈品"征税。这样的政策会吸收过剩的购买力，营造限薪的政治环境。当然，它也可能导致积极性不足和经济僵化。高税率和税制结构降低效率和积极性，对此人们的确很关注。不过收入不平等现象逐渐缓解的同时牺牲了多少积极性和经济增长呢？当然，工党政治家对于刺激手段的性质和决定经济增长的因素有自己的意识形态设想，反对使个人获利成为提高效率的唯一途径。不考虑政治信仰和意识形态因素，到20世纪50年代末和60年代，英国的经济增速与其他国家相比已明显偏低。战后的财政宪法正如所表现的那样缺乏灵活性和竞争性，需要通过重大改革，助力英国的现代化。这些针对财政体系现代化的争论就是后面章节的主题；需要考虑的是，为什么在1945年之后财政宪法采用了这种结构。最好先从商业利润税讲起，而如今此税在财政政策中已变得更加重要。

表7.1　　　　　　　　1939～1950年所得税和利润税

超额利润税	
1939年4月~1940年3月31日	60%
1940年4月~1945年12月31日	100%，战后返还20%
1946年1月~12月31日	60%
利润税	
	分配掉　　未分配
截至1949年9月30日	25%　　　10%
1949年10月1日起	30%　　　10%
所得税标准税率	
1940/1941财年	8先令6便士（8s 6d）/每英镑（£），42.5%
1941/1942~1945/1946财年	10先令（10s）/每英镑（£），50%
1946/1947~1949/1950财年	9先令（9s）/每英镑（£），45%

资料来源：PP 1950-1 xvi, *Report of the Commissioners of Inland Revenue*, pp. 256, 208.

表7.2　　　　1950/1951财年中央政府国库征缴净收入结构（%）

税种	1950/1951
所得税和附加税	41.2
利润/特殊贡献	7.3
遗产税	5.0
印花税	1.5
机动车税	1.7
关税	24.1
消费税	19.3
总计	100.0

资料来源：PP 1950-1 xxi, *Finance Accounts of the UK for the Financial Year 1950-1*, pp. 14-15.

第七章 "税收的致命打击"：1945~1951年工党与国家重建

向利润征税

正如一战之后的情况，二战结束时，英国工业面临着战后重建和受损厂房的更新问题。同时，政府还不得不就战时公司利润税是否适用于未来作出决定，而且还要找到新的税源。二战期间，利润被严格压榨，所得税水平较高，超额利润税的税率更是高达100%。因此战争结束时，人们对食利者或奸商的抱怨非常少。但较高的利润税也对公司和政府造成了不少问题。工厂获取暴利后就算没有收到谴责，也会发现自身已没有多少资源可用于战后重建；而政府或许再也不能豁免来自利润税的收入。1945年的政治环境已不同于1918年，政府主要关注的已不再是减少对食利者的抨击，而是竭力抑制国内消费并控制通货膨胀和薪酬，从而增加商品出口供应。工党政府还致力于推动平等和社会正义，进行再分配，以打破第一次世界大战以来利益固化的现象。

不出所料，工业税也是英国工业联合会（FBI）关注的焦点。战争结束后，工商业要按照所得税标准税率对分红和留存利润全额缴纳所得税；当股东们收到分红后，他们要对可能应缴或收到的任何超额利润缴纳更高额度的税收。此外，企业还要对全部利润缴纳国防费（NDC），而且还要对超额利润按100%的税率缴纳税款，这远远高于战前标准水平。这些税种对工商企业造成的负担相当大，更糟糕的是，定义利润和解决通胀这两个税收体系的特征使工商企业的负担更加沉重。在所得税中，营业利润的定义是当前销售收入超过销售支付的部分。严格来讲，只有当年的经营开支可以抵税，这将影响对固定资产折旧的处理。税收是对超过商业意义的利润征缴的款项，工业家们呼吁依照产生利润的实际开支采用一种含义更广泛的定义。此外，税收体系不考虑物价变化。通货膨胀可能造成人们"囤积居奇以增加利润"，这本身并不是一个问题，但英国工业联合会已经意识到通货膨胀和高税率同时出现导致的困难。利润税是针对货币利润征缴的税种。由于厂房、设备更新已花费大价钱，却没有考虑折旧补贴，因此货币利润的实际数额已大大减少。因此，税收侵蚀了工商资本，把利润转移到国家那里，供现任政府消费。英国工业联合会称应该取消对历史开销的折旧补贴，变为对更新成本进行折旧补贴，扣除掉维护和更新原材料、建筑物和厂房等成本后，对净利润余额缴纳税收①。

　　工业界要求对资本支出给予补贴最早,可以追溯到1931年和1933年,当时国内税收局认为当前的折旧补贴处于适当水平,对年度支出按照资本项目收费是错误的,因此反对就此作出任何让步。国内税收局指出,税收补贴不能帮助那些不盈利的企业,也不能帮助萧条的工业企业。国内税收局还担心,如果减免资本投资的任何税收,那么原本用于资本开支的储备资金也会享受到税收减免。在他们看来,所得税没有把个人储蓄考虑在内,因此对企业储蓄减免税收是不公平的。他们认为,所得税是对收入征收的税种,而不考虑收入的用途,因此不运用税收体系影响投资②。二战期间,经济处曾提议运用税收体系和递延信贷(deferred credits)来影响战后的投资需求,稳定战后经济,但是这遭到了国内税收局的反对,理由正是先前的"不应该用税收体系影响投资"③。然而,这种把税收的作用简单限制在收缴财政收入的努力注定不会长久。财政部并不完全信服国内税收局的观点,想方设法希求在战后帮助工业。1943年,对资本储备或未分配利润降低税率的可能性成了关注点,因而凯恩斯的观点受到了采纳。他认为,最有前景的方法不是随着经济周期的变化采取不同的商业税,而是制订计划,对利润区别征税。可行的方式有以下三种。第一种是不考虑用途,对所有未分配利润征收较低的税收,这样可以遏制红利大量囤积,起到通货紧缩的效果。第二种是对资本支出给予税收减免,无论其来自利润还是来自借款。凯恩斯反对这种方式,因为它

---

　　① Daunton, *Trusting Leviathan*, pp. 107 – 210; MRC, FBI MSS 200/F/3/D2/1/19, Taxation Committee, 6 Dec. 1940, 24 Feb. 1941, 17 Dec. 1942, 31 Dec. 1942; memorandum on EPT, 16 Jan. 1941 and 24 Feb. 1941; report of Taxation Committee, Jan. – Feb. 1942; note by W. H. Coates, industry and finance, 11 Feb. 1942; financing of industry by retention of profits: deputation to the chancellor of the Exchequer, 1943; 'Inflation and British taxes on profits', F. Bowers, 1943; evidence of the Association of British Chambers of Commerce and the FBI to the Committee of the Board of Inland Revenue, Aug. 1943; FBI MSS 200/F/3/S1/16/20, Association of British Chambers of Commerce and FBI, 'Taxation', 6 Apr. 1943; FBI MSS 200/F/3/S1/16/4, distribution of war profits, 31 Aug. 1945; Taxation Committee, 27 Nov. 1945, 14 Nov. 1946; budget, 1946; taxation, 1947 – 8; policy, 19 Dec. 1946; FBI MSS 200/F/3/E6/3/1, representations to the chancellor of the Exchequer, 2 Feb. 1948; 'Taxation and shortage of industrial capital', 15 Dec. 1948; 'The profits tax: the incidence of the tax on ordinary shareholders', 20 Dec. 1948; FBI MSS 200/F/3/E5/6/4, 'Taxation and capital requirements', C. D. Hellyar, 4 Aug. 1948; S. P. Chambers, 'Taxation of the supply of capital for industry', *Lloyds Bank Review* n. s. 11 (1949), 1 – 20; Whiting, *Labour Party and Taxation*, pp. 83 – 90 and 'Taxation policy', in H. Mercer, N. Rollings and J. D. Tomlinson (eds.), *Labour Governments and Private Industry*: *The Experience of 1945 – 51* (Edinburgh, 1992), pp. 117 – 34.

　　② 关于1931年,见本书141页;关于1933年,公共档案办公室T172/1805, P. J. 格里格(P. J. Grigg)致弗格森,1933年2月2日,国内税收局在《泰晤士报》宣传活动上的记录,特别是在致洛锡安(Lothian)侯爵和商业联合会的信中提出的建议。

　　③ 见本书第156页。

168

第七章 "税收的致命打击": 1945～1951年工党与国家重建

对新公司的所有资金给予税收减免,而对成熟企业则只对资本增量给予税收减免。他倾向于第三种方式,即对一切企业内的留存利润限制税收减免[①]。

二战结束后,工党把公司税作为经济政策的中心议题,作为对经济环境的回应。怀廷评论道,工党在处理个人资本财富方面做了更加充分的准备,尤其是在遗产上,但是工党的所作所为和1945年以来围绕财政政策的重要议题相比显得微不足道,例如刺激积极性和管理经济[②]。1939年之前,工党强调了对非劳动所得和社会创造财富的税收,从而减轻其他社会成员和企业的负担。因此,工党政策强调对高收入和遗产税开征附加税,以分割其巨额财富。二战结束后,这些政策仍在继续,并对人们的财富没有发挥社会职能进行了严厉抨击。低息贷款会鼓励"食利者在安乐中灭亡"——道尔顿借用了凯恩斯的话。在1945年10月和1946年4月道尔顿的预算报告中,上调对高收入的附加税和继承大型房产的遗产税仍是财富再分配的方式[③]。迄今为止,他只是顺着工党惯用的方式抨击非劳动所得。然而,他实施的公司税却成了核心议题,这在以前的工党讨论中是没有的。

工党在20世纪二三十年代关于税收、激励手段和社会公正的思想基于两个主题。第一,社会创造的财富经由市场生产,应当用于缴纳遗产税和附加税;第二,应该通过工业的社会化,不让个人挪用社会创造的财富。工党的一些成员希望扩大工业社会化的范围,使逐利心态不再成为经济的支配力量。但在1945年之后大部分工商业仍保留在私人手中。明白这一点,不光是切合实际的选择,也可以让人们积极致力于改善私有产权。诚然,对于私有利润和财产的地位和角色,工党内意见存在较大分歧,这在讨论一次性征收的资产税时非常显而易见。分歧源于两种不同的理由:是否应该将企业公有化从而消除私有企业;或者减少食利者从有活力的公司那里获得的款项——如果这些款项中不含预收租金(unearned rent),那么保留合理的利润水平仍是可以接受的。1919～1939年,在商业利润税征收伊始,工党政治家和经济学家对此就并不感兴趣。他们关心的是,要以提高遗产税的方式,转移那些不当、闲置和继承的财富,或者通过附加税,消除过高的个人收入(尤其是非劳动所得)。由此,经由斯诺登拟定和道尔顿批准,1924年废除企业税,这种税会

[①] PRO, T161/1137, Eady to Keynes, 14 Dec. 1943; Keynes to Eady, 'Industrial enterprise and employment and the tax system', 16 Dec. 1943.

[②] Whiting, 'Taxation policy', p. 117; Whiting, *Labour Party and Taxation*, pp. 83-90.

[③] H. Dalton, *Financing Labour's Plan* (London, 1946); *Report of the 45th Annual Conference of the Labour Party, 1946* (London, 1946), p. 200; on the budget, see *Parliamentary Debates*, 5th ser. 414, 23 Oct. 1945, cols. 1894-5, and 421, 9 Apr. 1946, cols. 1834-7.

在企业利润刚出现时就将其消灭。为了使"活跃"资本和劳工团结一致，应当将利润看作对企业的回报。道尔顿支持利尼亚诺计划，因为他相信随着积极创造的财富被源源不断地转移到更遥远的地方，财富会受到越来越多的谴责。工党的其他成员更加反对利润和私有财产，希望实现工业国有化。尼古拉斯·达文波特（Nicholas Davenport）是伦敦金融城里的工党支持者，他批评了工党的部分成员的看法：利润"即便没有违反道德，也应该受谴责"。1945 年工党上台执政后，道尔顿担任财政大臣，政府很少考虑制定有利于私营企业和利润的政策。事实上，哈罗德·威尔逊（Harold Wilson）在 1950 年曾评论说，当时的政策"几乎不存在一点社会主义思想的影子"；如果参考最近关于工党对私企看法的研究，那么当时的政策"完全不适应市场、竞争和自由企业"[①]。政府在应对政治和经济事件的压力时，必须解决这些混乱。市场和利润是否是分配资源最有效的途径，或者它们只是另一种财富积累的方式？私有市场是否应该被集体所有制（collective ownership）所取代？为了调和刺激积极性和防止巨额财富再次出现间的矛盾，私有企业应该受到管制吗？最终，道尔顿于 1947 年开始对不同利润区别征税。

　　成为财政大臣后，道尔顿迫切需要鼓励储蓄，抑制国内消费，放开商品出口，遏制通货膨胀，刺激投资。起初，他希望对红利征收超额税，消除购买力，依靠政治环境，抑制周薪上涨，从而控制通胀。结果，道尔顿只得依赖自发的红利控制，呼吁工业部门将利润再次投资于国家重建当中。同时，贝文号召工会大会"合理看待利润……大会中的一些最好的公司支付的薪酬和创造的利润都处于最高水平，它们还经常把那些利润用于技术改进"。然而，政府要求劳工组织抑制薪酬的基础是"财政正义"，首先对丰厚的、对社会运转无用的财富征税，用以补偿工人阶级的奉献和牺牲。利润税"兼具社会公平性和政治可行性，很好地补偿了工薪阶层作为一个整体必须付出的牺牲"。因此，当道尔顿于 1946 年年底彻底废除超额利润税时，他保留了 5% 的国防费作为一种利润税。1947 年，他进一步改革，实行区别征税原则，采用了凯恩斯提出的三种方案中的第一种，不考虑留存利润的用途，全部给予税收减免，对留存利润采取 5% 的税率，但对利润分配的税率上调至 12.5%。后来这两个数据都提高了 1 倍，分别为 10% 和 25%。在某种层面上，对利润

---

① M. Francis, 'Labour policies and socialist ideas: the example of the Attlee government, 1945 – 51', DPhil thesis, University of Oxford, 1993, pp. 221 – 32; Whiting, 'Taxation policy', pp. 120 – 39; N. Davenport, *Memoirs of a City Radical* (London, 1974), pp. 149 – 50.

═══第七章 "税收的致命打击":1945~1951年工党与国家重建

区别征税成为工党政策的主要部分①。该政策有很强的实际价值,是主要的收入来源,填补了超额利润税留下的财政收入缺口。对利润区别征税直接减少对股东分红,间接地抑制薪酬,从而消除了通货膨胀压力。它还具有广泛的意识形态目的,从而定义了市场的作用,明确了激励手段的本质,确认了自由企业经济对公平的持续需求。从对利润区别征税,可以联想到"供给学派"(Supply side)或生产主义(productionist)的经济重建方式,让工人享受公平,同时也致力于改善企业效益。道尔顿早年反对巨额财富和社会创造的财富,他这里对分配的批评延续了他先前的意见。尽管可以通过国有化夺走社会创造的财富,但是大部分企业仍将由私人把控。因此,社会创造的财富将流向个人,如果不通过遗产税来改变这种状况,经济会受到扭曲。分配税(taxation of distributions)的吸引力在于它可以防止社会创造的财富陷入私人所有或个人所有的境地。对留存利润降低税率将鼓励工业部门向新工厂和机器设备投资,不会因为高昂的分红导致收入不平等。这一方式兼顾效率与公平。正如罗伊·詹金斯(Roy Jenkins)②所主张的,分配会导致高昂的非劳动所得,而"冻结的利润(frozen profit)"对此没有影响。人们批评道,高个人所得和个人物质利益是奢侈、懒惰和经济扭曲之源,但他们不会认为这也是一种刺激手段。在道尔顿看来,金融家和投机者经营外部资本市场,不如白领经理人利用留存利润管理大型企业那样理性,正是后者做出的经济决断,带来了效率、投资、创新和积极性。大型私企和国有企业均不同于唯利是图的个人资本主义,它们的留存利润用于生产,而不是刺激通货膨胀、过度消

---

① PRO, T172/2033, discussions with the TUC, 17 Nov. 1947; T171/386, Dalton to Bridges, 17 Nov. 1945; note of discussion between chancellor, Edward Bridges, Keynes, Richard Hopkins and Bernard Gilbert on the scope of the budget, 20 Feb. 1946; T171/388, B (46) 5, proposal for excess dividends tax, 7 Jan. 1946; B (46) 7, substitutes for the excess profits tax; flat-rate tax on profits; T172/2033, discussion with the TUC, 17 Nov. 1947; T171/392, 'Budget and food subsidies', D, Jay, 10 Oct. 1947; *Parliamentary Debates*, 5th ser. 436, 15 Apr. 1947, cols. 83 – 5.

② 罗伊·哈里斯·詹金斯(Roy Harris Jenkins),1920年生于庞蒂浦,其父曾是当地的一名矿工,后担任工会官员、工党议员和艾德礼的议会私人秘书。他曾就读于艾伯斯产文法学校(Abersychan Grammar School)和牛津大学贝利奥尔学院。1948年他当选为下议院工党议员。他认为工党不是教条主义者,认为这会吸引除保守党以外的人。他支持盖茨克尔(Gaitskell),只是他对于欧洲的态度比盖茨克尔更积极。1964年,他被任命为航空大臣,后来又担任内政大臣。1967年他担任财政大臣,1970年担任工党副领袖,但随着工党向左派靠拢,他受到了孤立。1971年他投票反对工党对欧洲的议案,1972年辞去工党副领袖职务。1974年他重新进入内政部任职,后担任欧盟委员会主席。1981年他又重返英国政坛,参与了社会民主党的筹建。[Robbins (ed.), *Biographical Dictionary*, pp. 229 – 31.]。

171

费、个人财富和不平等,因此它们的留存利润是可以被接受的[①]。

诚然,工党建议创建国家投资委员会(NIB)来影响投资。然而,虽然国家投资委员会最终并没有建立起来,但是对利润区别征税则同样塑造了资本市场,且无须建立新的金融机构。1948/1949财年,约有1/4的投资来自中央和地方政府,另有1/4由国有企业完成,还有15%的投资来自政府控制的领域,剩余的35%则来自私人领域,战时形成的有形管制消失,使这部分投资逐渐摆脱政府的管制。似乎,当时需要的是其他控制私人投资的方式,以代替有形管制,且需要避免创建国家投资委员会时面临的各种困难。因此应当诉诸财政手段影响企业投资。对利润分配开征较高的税率,给折旧以更优惠的待遇,这会对留存利润和投资形成刺激。毕竟,1948年总投资的25%来自未分配利润,12.5%来自企业储备,另有41.25%来自折旧补助。这一切的基础是,大型工业类似于官办的国有企业,更愿意同政府据理讨论,受到金融家和投机者的影响较少。对各层次留存利润和折旧补贴进行财政管理成为人们关注的新焦点,国家投资委员会以及其对资金分配的直接管控因此不再受到关注[②]。

道尔顿的政策基础是把利润税作为规划经济供给面的一种工具来运用,而其他人则很少相信他的这种观念。米德则倾向于把对利润区别征税作为经济管理的一种工具,而这正是1943年经济处所建议的。在通货膨胀时期,应该提高对利润分配的税收从而刺激利润留存;在通货紧缩时期,应该对人们储备的财富课征较高的税率,鼓励财富分配。米德认为,该政策通过利润留存以备未来分配,既可以控制通胀,也可以保留刺激手段。米德还建议,在不同的时期应当调整对工厂和厂房的初期补助水平,如在面临通胀压力时应推迟新的资本投资,而在通货紧缩时期应鼓励新的资本投资。这并不是针对利润和分配的意识形态式反感,而仅是为了保持经济稳定而在经济周期内采取的变通方法[③]。

不过,这一建议没有被采纳,财政部和国内税收局质疑是否应当以这种

[①] 关于供给学派的方法,见 J. 汤姆林森,"艾德礼先生的供给学派社会主义"(Mr Attlee's supply-side socialism),选自《经济历史评论》(*Economic History Review*),第 47 期,1993 年,1 – 23 页; R. 詹金斯,"投资计划"(The investment programme),《社会主义者评论》(*Socialist Commentary*),第 13 期,1949 年,177 页,引自 M. 弗朗西斯,"工党政策和社会主义观点",229 页。

[②] Tomlinson, 'Attlee's inheritance', 147 – 51; the data on investment is from PRO, T230/143, Economic Section, 'Alternative methods of controlling investment', cited by Tomlinson, 'Attlee's inheritance', 147 – 8.

[③] PRO, T171/391, B (47) 9, 'Stabilisation and the taxation of company profits, J. E. Meade', and B (47) 13, 'Differential taxation of undistributed profits: note by J. E. Meade, statistical annex by Board of Inland Revenue'.

第七章 "税收的致命打击": 1945~1951年工党与国家重建

方式深入介入工业内部事务。他们的态度十分明确,对于在整个经济周期,通过使用储备金区别征收利润税,"实际上意味着政府将接管工业的运营,国家对储蓄和开支的管控,相当于'对人类自由的极权式干涉'"。这些担忧是一种误解,米德的本义是在自由市场中通过影响需求和投资创造稳定,用税收取代直接管控。罗伯特·霍尔(Robert Hall)最终于1950年将这一点变成了现实,不再像自己早年那样,抱着社会主义者思想反对自由企业。他指出,政府影响消费者的手段远比刺激投资需求更有效;但如果财政部不能提供自己的解决方案,政府可能会采取粗暴的直接控制,这样对企业是毁灭性的。一种可能是采取瑞典的方法,将储备金分为两种:可用于任何情况下的普通储备金,和为实现政府的投资目的而准备的特别储备金。由于英国官员仍然反对实行区别性的税收体系,无法确定他们是否会制订这样的计划①。

同时,在1943年,凯恩斯从他的角度提出了不同的观点。如果将留存资金用于企业经营,他倾向于对利润分配征收比留存资金更高的税。战后,他认为留存资金对经济并没有益处,因为:

> 大企业及其管理层倾向于降低申报分红的额度……只要附加税纳税人控制了公司,他们一定会尽可能降低分红的申报额。如果这种问题并非主要由公司股东来解决,他们仍然非常可能降低申报额,因为保守的政策会大大增加效率低下发生的可能性。如果经理人让公司获得了大量的利润(尤其当这些利润未公开之时),那么相比让分红的减少揭露公司的效率低下,掩盖效率低下的事实是一个更加明智的选择。
>
> 在美国,这种倾向现在已相当过分。新政治家们(New Dealers)力图制定各种方法,鼓励公司申报大额分红。当加大购买力成为更佳选择时,降低分红申报额对过度储蓄的巨大影响就会显现,这一现象已经在美国出现了②。

---

① PRO, T171/392, notes on discussion, 16 Oct. 1947; T171/404, BC (50) 33, Budget Com-mittee: taxation and the control of investment; note by the director, Economic Section, R J. Hall, 24 Nov. 1950, covering 'Taxation and the control of investment by compa-nies', 7 Nov. 1950; BC (51) 17, initial allowances; note by the Board of Inland Revenue; T171/420, 'Control of investment: note on proposal to give relief from tax on earmarked funds', 27 Sept. 1950.

② 公共档案办公室 T171/388, "公司的分红政策"(The dividend policy of companies), 凯恩斯, 1946年3月31日。凯恩斯在1943年12月16日的"工业企业、就业和税收体系"(Industrial enterprise and employment and the tax system)中指出, 美国税收体系部分免除了留存利润的应缴税款, 这导致这些利润更多地被储备起来, 而不是用于公司经营。关于20世纪二三十年代美国对未分配利润征税的讨论, 请见 W. E. 布朗利(W. E. Brownlee), "美国的税制、国家危机和国家建设"(Tax regimes, national crisis, and state building in America), 布朗利编著, 《为现代美国提供资金》(Fundingthe Modern American State), 67、79-80、82-83页。

换句话说，可以通过活跃的外部资本市场来刺激积极性和提高效率，从而鼓励变革，打造更具活力的全新企业。

当然，工党对私有利润和激励机制的态度有一些含糊。正如怀廷所说的，征收遗产税和提高所得税打击了财产继承和非劳动所得，这"净化了企业利润"。如果企业利润没有变成食利者的闲置资产，它就不会受到人们的关注。然而，这个问题远比他所考虑的要复杂：把经营利润以分红的形式发放，这是一种符合道义的、刺激活力的措施，还是一种不合道义的非劳动所得和社会创造的财富？19世纪末20世纪初，对收入区别征税的主张将股票分红定义为非劳动所得，应当缴纳更高税收。他们的逻辑是，虽然股票易受风险影响，但持股人不像私营公司里的合伙人，不需要自己做出决定或自行管理。因此作为两种区别征税的手段，对利润分配提高利润税率和对股息红利提高所得税税率是相匹配的。但这与早期的设想还是有一定不同。在19世纪，支持对劳动所得差别征税的人们希望，相对于那些可能不负责任地对待经营的大公司，更应当鼓励有竞争力的私营公司。相反，道尔顿对利润区别征税的政策的思想基础则是大型公司会肩负更多责任。

然而，并非所有工党成员都同意道尔顿的战略。左派认为，在建设社会主义经济时应当扫除大型公司，它们会导致资本垄断和剥削。其他人则担心，留存利润将降低私营企业的效率。甚至倡导对利润区别征税的人们也怀疑留存利润能否有效创造公平和效率。留存利润或"利润冻结"是否增强了公司的盈利能力和支付分红的实力？留存利润是否仅仅提高了股票价值，进而增加了富人的资产？尽管詹金斯声称，冻结利润与此并不相干，但他也说过，留存利润"不仅将可能导致人们的收入更加不平等，也将使人们未来的财产分布差异更大"。区别征税的政策可能通过牺牲资本不平等而创造收入的平等。其他人则对这种攻击利润的言论持保留态度。1951年，盖茨克尔评论称，"现在有些人从根本上反对利润，但我和他们的观点不同。在英国这个私营企业占到3/4的经济体中，忽视利润的激励作用是愚蠢的"。由于不能确定留存利润是否用于投资工厂和设备，也不能确定在多大程度上企业依赖于借入资本，因此工会大会怀疑留存利润能否带来效率。尽管工会大会对于增加利润持谨慎态度，但还是赞成给予实际投资以更多的折旧补贴。正如1948年工会大会所说，"如果压制工资需求，那么不但应该限制物价，还应该防止私营利润超过限额"。因此，1956年安东尼·克

第七章 "税收的致命打击": 1945~1951年工党与国家重建

罗斯兰（AnthonyCrosland）[①] 称，由于政府无法通过前后一致的利润税政策，"当代社会民主面对严重的经济困境"，这也就不足为奇了。在1959年工党会议上，当商讨条款四（clause iv）时，人们对私企利润和所有权保有的不同道德和社会期待终于爆发，盖茨克尔试图不再致力于公有制，最后却以失败告终[②]。

现在，许多经济史学家称，战后英国工业效益之所以糟糕，部分原因是限制竞争损害了效率。政府认为应当与工会和工业组织联合起来，控制通货膨胀，促进产业关系结构的改革。而且，大约60%的制造业产出受到某种形式的价格协议的约束。当时工业界和工会都强烈反对政府的反托拉斯政策，但即使不限制竞争，自由化的做法也同样问题重重，因为自由化将导致价格上涨，国际贸易收支平衡出现危机，英镑贬值，劳动力市场动荡。事实上，短期内这个政策确实控制了通货膨胀，但是经济却受到了体制和政策的束缚，抑制了生产力的增长[③]。诚然，英国工业联合会声称，高税收将打击工商界对经济的预期，影响他们的投资能力，而且自从科尔温委员会发布了《国家债

[①] 查尔斯·安东尼·雷文·克罗斯兰（Charles Anthony Raven Crosland, 1918—1977），其父是高级公务员和古法语讲师；其家庭成员为普利茅斯教友会（Plymouth Brethren）的成员，他保留了一些清教徒的特点，严格抑制自己的性情。他曾就读于海格特学校（Highgate School）和牛津大学三一学院；战后1947~1950年在牛津大学担任经济学讲师，1950年被选为下议院议员。1955~1959年他曾丢掉议会议员职位。他著有《社会主义的未来》（The Future of Socialism, 1956年），在书中设想未来凯恩斯主义获得胜利，经济得以增长。他认为如果人民生活非常愉悦并且阶级障碍消失，那么应当在一个富裕的社会中实现社会公平和自由。在条款四（clause iv）的斗争中，他支持盖茨克尔。在1964~1970年政府任期内，他曾担任经济事务部大臣、教育和科学国务大臣、贸易委员会主席和地方政府事务部国务大臣。1970年后，他表达了对政策的再审议，并于1974年出版了反映其思想的著作《当前的社会主义》（Socialism Now）。1974~1976年任负责环境事务的国务大臣，1976~1977年任外交部大臣。（DNB, 1971–80, ed. Blake and Nicholls, pp. 193–5.）。

[②] Francis, 'Labour policies and socialist ideas', chapter 6, pp. 221–32; Whiting, 'Taxation policy', pp. 120–39; Gaitskell in Parliamentary Debates, 5th ser. 486, 10 Apr. 1951, col. 854; Crosland, Future of Socialism, p. 415; Jenkins, 'The investment programme', 177; D. Seers, 'Undistributed profits', Socialist Commentary, 15 July 1951, 152; Jenkins, Report of the 48th Annual Conference of the Labour Party, 1949 (London, 1949), p. 143. On the TUC, MRC, MSS TUC 292/401. 2/1, report of meeting with the chancellor of the Exchequer, 2 Nov. 1945; TUC: considerations affecting the 1947 budget, 7 Feb. 1947; TUC: notes on the 1947 budget, 10 May 1947; TUC: brief note on the budget, 22 Apr. 1948.

[③] S. N. Broadberry and N. F. R. Crafts, 'British economic policy and industrial perfor-mance in the early post-war period', Business History 38 (1996), 65–91; J. Tomlinson and N. Tiratsoo, '"An old story, freshly told?" A comment on Broadberry and Crafts' approach to Britain's early post-war economic performance', Business History 40 (1998), 62–72; and S. N. Broadberry and N. F. R. Crafts, 'The post-war settlement: not such a good bargain after all', Business History 40 (1998), 73–9.

175

务和税收》报告，称工业界足以承受税赋之后，经济状况就已经改变①。问题在于，如何准确地回应工党的政策，以及一旦工业局限于狭隘的、实践性问题时应当如何回应。最终，企业与政府和工会达成了协议，同意了对利润区别征税的措施。二战期间，英国工业联合会迫切要求对税收体制进行两大改革：一是对未分配利润减免税收；二是对折旧予以更高的补贴，这样可以更快地关停老旧企业。这些建议由国内税收局的某委员会商议，他们又一次反对对留存利润减税，以防一切资金都获得减税待遇，而这并不利于无法盈利的企业。该委员会称其目标是鼓励工业重建，而不是储备资金，因此更应该对新建厂房和新置设备这方面给予补贴。正如贸易委员会所说，美国关停厂房和设备的效率是英国的两倍，因此英国人更倾向于继续运营即将废弃的厂房。除了更高的折旧补助外，为了鼓励更新设备，国内税收局还建议对真正投资于新建工厂和购置设备的开支给予"启动补助"（initial allowance）。工业界在投资时，可以将很大一部分楼房、厂房和设备作为成本在应税款中扣除，这比长期接受折旧补贴更好。事实上，这就是免息贷款。这种税收会带来可观的税收减免额，相当于每1英镑的税款少缴纳6便士。1945年"启动补助"政策开始实施后，补助比例达20%。到了1949年，该比例提高至40%。后来还出现了有利于留存利润的其他区别征收的税种，作为留存利润的补充②。

1945年，英国工业联合会提出了战后税制的一些总体原则。他们认为，为了防止消费过剩，应将税赋保持在较高水平，只有在当消费品供应充足时才有可能减免税收。在这个总原则下，英国工业联合会声称，制定税收体系的总原则应当是：

> 激励生产。首先，应该摒弃那些最容易打消人们工作和创业积极性的税种；其次，应该废除那些增加生产生活成本的税种；最后，选择那些能长期提供财政收入的税种，给予其减税待遇，因为它们最不可能影响国家生产力。

---

① MRC, FBI MSS 200/F/3/E5/6/4, inflation and capital for industry: report and recom-mendations of the Home Economic Committee to the Grand Council; capital require-ments: effects of inflation and heavy taxation, 29 Oct. 1948; FBI MSS 200/F/3/E5/6/5, taxation and capital requirements, C. D. Hellyar, 4 Aug. 1948; 'Report of Costs and Taxation Panel', 21 Apr. 1950.

② PRO, T171/367, R. V. N. Hopkins to chancellor, 10 Feb. 1944; G. L. Wilkinson to C. J. Gregg, 1 Apr. 1944; Gregg to Padmore, 10 Mar. 1944 and 4 Apr. 1944; re-port of Committee of Enquiry to the Board of Inland Revenue, 9 Mar. 1944; Inland Revenue, 'Postwar industrial taxation: note on the amount of income tax involved', S. P. Chambers, 17 Apr. 1944. The initial allowances were introduced in the Income Tax Act, 1945; for details, see PP 1950–1 xx, *Report of the Committee on the Taxation of Trading Profits*, p. 41.

第七章 "税收的致命打击": 1945～1951年工党与国家重建

英国工业联合会最终接受了高额的国家开支,甚至还认同提高国家开支有助于提高经济效率。然而,英国工业联合会反对用税赋来重新分配财富或者影响经济发展,因为它"只会或多或少地压迫经济,无法给经济带来活力"。总之,"应当尽可能对实际产生财富的环节减轻税收,并应将主要的税赋加在消费上。通过有意识地规划经济实现繁荣,这正是最适合税收的任务"。最终,英国工业联合会呼吁,因为个人所得税反映了个人的支付能力,并让国家努力实现国民收入的增长,从而提升税收收入,因此国家应当依靠税收[1]。

不过,英国工业联合会意识到,由于情况已不同于一战结束后,废除利润税已不再可行。虽然工业家们不情愿承受高额税赋,有的则要求削减国家在社会服务和食物补贴上的开支,但是主要工业企业的领导们对政治有着更精明的认识。二战期间,他们常常与公务员和政治家们合作,明白需要抑制通货膨胀和继续控制周薪上涨,可选择的政策总是不多。他们认为由于利润税可以抵消所得税,利润税远不如它看上去那么繁杂,因此接受利润税更加可行。正如1949年的《会计师》(The Accountant) 杂志指出的,当利润税再次被提出时,它的目的"就是让工人大众不要主张提高周薪"。因此,利润税既体现了公平,也保持了正义,公司的积极性得以保持[2]。

英国工业联合会并没有要求废除利润税,而强调应当鼓励蓝领员工加班工作,而让白领员工承担更多责任:

> 蓝领员工发现他们最后一刻加班努力工作所换来的净报酬竟然如此之少,以至于他们认为那样拼命加班工作是不值得的。没错,人们没有多大的动力去赚更多的钱,其中一个原因就是有钱也买不到什么商品。反过来看,只有大规模的生产才能解决这个问题。因此,必须鼓励人们的生产积极性。

因此,英国工业联合会建议降低所得税的标准税率(这样企业和个人都将受益),同时提高个人补贴,让更多的人免缴税款[3]。当然,削减所得税的要求加大了英国工业联合会削减利润税的困难,因此正如第一次世界大战时它所倡导的那样,它更倾向于接受对留存利润征收较低的税率。许多公司都因战后资金储备水平低下而担心,而当时由于个人所得税较高,来自散户储蓄

---

[1] MRC, FBI MSS 200/F/3/S1/16/23, 'Notes on taxation in relation to post-war planning', 3 July 1945.
[2] The Accountant, 8 Oct. 1949, cited in Whiting, 'Taxation policy', p. 131.
[3] MRC, FBI MSS 200/F/3/D2/1/23, taxation 1947/8; policy, 3 Dec. 1946.

的外部资金源有所减少。1950年，再分配水平过高，吓退了很多"风险投资"。英国工业联合会注意到了这一现象，提出需要对储蓄承担的风险予以客观的回报。但它同时承认，工业界更多依赖自身的留存利润。因此，当留存利润看起来如此重要时，很难摆脱现存的税收体系，也很难终结区别征税的政策①。

工业家们倡导降低利润留存的税率，成功地让政府放弃了废除利润税的主张，工党则声称区分分配和留存利润的确考虑到工业的需要。但是，工业界则将目光转向了两个会计实践议题。这两个议题更加具体、技术化，并非是要求减税的政治诉求，分别是：将收入在税法中的定义与商业管理统一一致，并考虑可能出现的物价变化。工业家们十分清楚，能否成功减轻自己的税负，取决于他们能否"在尚未受到限薪影响的那部分税收体系中，为自己争取到税收减免"②。正如联合利华集团的弗兰克·鲍尔（Frank Bower）③所主张的那样：

> 如果工业界只是简单地要求降低税收水平，理由是当时的税收水平工业已经无法承受，那么假如政府也同意减税，工会大会将立即认为自己可以要求提高工资水平了。支持实行通胀补贴的主张既能够减少税收，又不会引起新一轮提高工资的需求。就算还没有允许减税，这种主张也是工会大会可以接受的④。

在当时的环境和条件下，这是工业界能想出的最好办法，尽管它并不完全管用。不过毕竟也可以说工业界同样从通货膨胀中得到了好处，因为过去以较低价格购进的机械设备和厂房，如今可以创造高额的利润⑤。工业家们也发现很难就高标准的会计专业原则达成一致意见，而国内税收局则强调，每年对厂房和机械设备估值等会带来管理难题。相反地，税收局的官员们建议，应对工业家们的抱怨，方法很简单，即提高对新工厂和机械设备的"启动补

---

① Whiting, 'Taxation policy', p. 126; MRC, FBI MSS 200/F/3/E5/6/4, 'The profits tax: the incidence of tax on ordinary shareholders; capital requirements: effects of inflation and heavy taxation', C. D. Hellyar, 29 Oct. 1948.

② Whiting, 'Taxation policy', p. 127.

③ 弗兰克·鲍尔（1894—1982），曾就读于兰开斯特皇家文法学校（Lancaster Royal Grammar School）和剑桥大学圣凯瑟琳学院（St Catharine's College, Cambridge）。1920~1924年任税收督察员，随后于1924~1959年在联合利华公司任税务官员。[Who Was Who, vol. viii: 1981 – 90（London, 1991）, p. 82.]。

④ 现代档案中心，FBI MSS 200/F/3/E5/6/4，税收委员会会议纪要，1948年11月8日。有关税收和利润问题，请见议会文件 1950 – 1951 xx，《贸易利润税收委员会报告》（Report of the Committee on theTaxation of Trading Profits）。

⑤ T. Barna, 'Those "frightfully high profits"', Oxford Bulletin of Statistics 11（1949）; also N. Kaldor, An Expenditure Tax（London, 1955）, pp. 154, 156.

第七章 "税收的致命打击"：1945～1951年工党与国家重建

助"。这样还可以鼓励更新设备，提高效率①。

在工党政府时期，来自利润税的收入不但没有减少，反而增加了。1949年，由于"利润高得惊人"，克里普斯将利润分配的税率提高至30%。政策的支持者认为，1948年私营企业的利润相当于1938年利润的2.5倍，但是考虑到通货膨胀和税收的影响，这种说法并不可信②。但是抑制分红水平仍是关键所在，这样才能控制通货膨胀并确保工资稳定。实际上，工党政府对税收的依赖程度在逐渐加大。撤销管控手段意味税收问题成为关注的中心，理应满足经济管理、公平和效率这三种相互矛盾的需求。朝鲜战争让英国又面临了重整军备的压力。对此，一些人又将目光投向资本税，另一些人则以尼古拉斯·卡尔多为代表，他提出废除冻结工资和红利这一消极的临时政策，使税收体系更加健全、灵活——批评他的人称他简直不知天高地厚，而且该建议的实施难度难以想象。他政策的出发点既是激励高效益的企业，同时又满足工会联合会的需要。工资问题可以靠建立一个工资委员会，让其商讨解决，而分红水平可以通过当前的平均分配率来设定。一些企业的分红水平低于政策允许的限度，因此可以受到鼓励，从而将分红提高至允许的水平。随着他们分配水平的提高和经济的繁荣，分红的标准会进一步提高。卡尔多很清楚他的建议与财政部和国内税收局长期以来奉行的不偏不倚和公平的原则相矛盾，因此希望凭借税收体系影响企业的内部事务。他声称改变侧重点是值得的："分红有其社会合理性，它是对承担经济风险的一种奖赏；这种奖赏的本质就是按照成功的标准将红利分配给持股人，而不应以'公平'、'平等'为标准。"财政部和国内税收局对此并不信服，称继续实行现存的红利分配模式会导致分配体系僵化，这反而会减少分红。新任财政大臣休·盖茨克尔抱怨道，官员们的批评过于尖刻，已经成了政治宣传。因此1951年盖茨克尔将分红的税率提高至50%。他还建议立法限制分红水平，不过在工党政府下台之

---

① MRC, FBI MSS 200/F/3/E5/6/4, 'Inflation-finance for industry'; 'Inflation and capital for industry: report and recommendations of the Home Economic Policy Committee to the General Council'; 'The depreciation of fixed assets by reference to increased re-placement costs: the case for recognition for tax purposes'; 'Capital requirements: effect of inflation and heavy taxation', 29 Oct. 1948; FBI MSS 200/F/3/E5/6/5, discussion on Taxation Panel. PRO, T171/398, PB (48) 13, depreciation allowances and replacement of plant, Inland Revenue, 7 Oct. 1948; PB (48) 15, depreciation of plant: special replace-ment allowance, 1 Nov. 1948; BC (49) 9, depreciation allowances and replacement of plant: note by Sir John Woods, Board of Trade, 14 Jan. 1949.

② Francis, 'Labour policies and socialist ideas', p. 224; Barna, 'Those "frightfully high profits"', 219.

前这一限制并没有实施①。尽管盖茨克尔声称利润是一种合理的奖赏，但是工党政府在下台前仍保持着高额利润税率。

二战后，政府为了解决重大问题提出了一套战略，利润税就是其中的一部分：降低国内的消费需求，防止通货膨胀，确保生产集中用于出口。然而，利润税和高额所得税不利于提升积极性，还会损害生产力和竞争力。高额税收会降低储蓄水平，甚至导致人们不得不动用储蓄来维持开支。政府如何才能调和控制国内消费和扩大生产、提升经济效益和增长之间的矛盾？鉴于税收可以建设更加公平的社会，政府如何借助税收调和这种矛盾？工党政府的主要观念是减轻收入与财富分配中的不公平，减轻这种道德层面的不公平。另外，公平可以防止储蓄过度、消除阶级妒忌感、杜绝社会资源浪费，从而刺激经济效益，这是工党支持公平的原因②。收入和财富的再分配可以阻止"失业诅咒"，但仍然悬而未决的问题是如何调和实现公平与控制通胀、提升经济生产效率、刺激经济活力之间的矛盾。收入和财富再分配能否提升低收入群体的消费水平，并让较富有的群体减少过度储蓄和财富积累？再分配是否会伤害承担商业风险和创业的积极性？在马丁·弗朗西斯看来，由于最终工党对这些问题的解答前后矛盾，也无法找到有效的替代策略，因此在讨论中工党的传统观念受到了质疑。是让企业家继续获得利润，还是防止社会创造的财富不断积累，这两者存在矛盾。弗朗西斯表示，工党政治家没能商讨出最佳策略，虽然达到了收入再分配的下限，但是直至下台之前也没有解决

---

① PRO, T171/403, 'A positive policy for wages and dividends', N. Kaldor, 21 June 1950; BC (51) 21, Budget Committee, dividend limitation, 5 Feb. 1951; 'Dividend limitation and the profits tax', E. E. Bridges, 12 Jan. 1951; dividend limitation, D. Jay, 7 Nov. 1950; BC (50) 6th meeting, Budget Committee, 17 Oct. 1950; chancellor to Bridges; budget prospects: note by chairman of the Budget Committee, E. E. Bridges, 27 Nov. 1950; BC (51) 2nd meeting, 12 Jan. 1951; BC (51) 5th meeting, 6 Feb. 1951; the general bud-getary problem, 1951: note by the chairman of the Budget Committee, covering note to BC (51) 16 second revise on general budgetary problem in 1951; BC (51) 7th meeting, minutes of meeting held at Roffey Park, 17 and 18 Feb. 1951; BC (50) 22, Budget Com-mittee, limitation of dividends, 26 Oct. 1950 with note by Gaitskell; T171/417, BC (50) 5th meeting, 27 Sept. 1950. PRO, T171/424, dividend limitation, n. d.; E. E. Bridges, 14 July 1951.

② 工党，《政策声明：工党相信英国》（*Labour Believes in Britain: A Statement of Policy*），伦敦，1949年，第6页；弗朗西斯，"工党政策和社会主义观点"，第六章；艾里森，《平等主义思想》（*Egalitarian Thought*），指出了三种公平观：技术精英型社会主义者认为公平和公众所有权是提高生产效率的方式；凯恩斯派社会主义者倾向于再分配和社会公平；量化社会主义学者则偏向"团体所有"（Ix-x页）。欲见关于20世纪30年代至艾德利政府执政末期这些观点间相互作用的讨论，请见第一章和第二章。

第七章 "税收的致命打击"：1945~1951年工党与国家重建

财富分配不公的困境，导致财富分配不公的问题仍在英国广泛存在①。也许，资本税是一种解决方式。

资本税

资本税是另一种控制消费、创造平等和机会的方法。罗伊·詹金斯曾指出，政府推动收入公平取得明显成效，几乎无可挑剔。但是，政府在消除财产不公平方面所做甚少。如果不彻底消除财产不公平，推动公平的趋势可能停止甚至倒退。虽然詹金斯强调了人们对公平的需求，但是由于资本税对已有的资本积累征税，鼓励提高风险，因此也可以创造机会。资本税是对资本价值而非对收入流征收的税收，因此十分有必要放弃低风险的谨慎投资，使收入最大化。假如一家处于低风险行业的工厂价值50万英镑，那么它会创造2.5万英镑的利润；但当它进入高风险行业时，在缴税额度相同的情况下，其创造的利润可高达5万英镑；同时由于高风险行业的利润税显著低于低风险行业，资金更可能留在该高风险行业。推动征收资本税的动机各不相同，其形式也各不相同。第一种税由来已久，是对逝者的财产征收遗产税。第二种是以年为单位，对一切持有的资本征收合适水平的资本税或财产税。第三种是资本利得税，即在资产变现时对资产增值征税。第四种是一次性征收资本税，对一切资产一次性征收相同额度的高额税收，这种税虽由来已久但效果不明显。虽然资本税愈加受到关注，但是人们仍无法就资本税的形式达成一致意见，直到1945年该方面依然进展甚微。

遗产税曾一度是道尔顿青睐的方案。1946年，道尔顿调整了遗产税，免除小额遗产的税收，对价值少于7500英镑的财产削减税率，对21.5万英镑以上的财产征收最高为75%的税收（在1950年这一数据为最高80%）。征收遗产继承税过程缓慢，而且人们通过生前赠予的方式可以规避遗产继承税②。道尔顿同时指出，低利率才是减少大食利者收入的一种更加简便的方式，可

---

① On discussion of dividend limitation, see PRO, T171/403, Budget Committee, 17 Oct. 1950, 12 Jan. 1951; 'Dividend limitation', D. Jay, 7 Nov. 1950; 'Dividend limitation and the profits tax', E. E. Bridges, 12 Jan. 1951; BC (50) 22, Budget Committee, limitation of dividends, 26 Oct. 1950, and marginal comment by Gaitskell; BC (51) 21, Budget Committee, dividend limitation, 5 Feb. 1951; 'A positive policy for wages and dividends', N. Kaldor, 21 June 1950; Francis, 'Labour policies and socialist ideas', pp. 255-6.

② Whiting, 'Taxation policy', p. 119; Francis, 'Labour policies and socialist ideas', p. 244; M. Francis, 'Economics and ethics: the nature of Labour's socialism, 1945-51', *Twentieth Century British History* 6 (1995), 227-8.

以控制国家债务的偿还成本，刺激工业家投资①。如此看来，通过遗产税压榨出高额财富的余地很小。

凯恩斯和米德提出了按年征收资本税的方法，称该方法比利润税更好。他们认为依据个人的资产和收入流来评估应缴税额更加公平。而且，对潜在的资产征税也会对高回报的高风险投资形成推动作用，使经济更具活力②。换言之，这与对英国经济的两种不同看法有关。道尔顿的着眼点在于靠谱的经理人进行的国内投资，关注经济效率和经济长期发展；凯恩斯则看重承担风险和创业行为，关注利润的分配。确实，在保守党作为反对党的1964～1970年间，财产税是保守党提出的"税收系列措施"的中心，这印证了保守党的努力，为英国社会创造了机会和动力，让社会充满活力。

战后一些工党政治家确实支持征收资本税，但这并不是当时政府讨论的中心议题。更多的讨论放在了资本利得税上，但讨论仍然没有实际成果。根据英国税收准则，收入年年发放，因此出售财产一次性获得的收益是不必缴税的。二战后，由于英国对收入流征收高额税赋，而股份在变现时无须缴税，因此人们滋生了通过股份增值获得收益的想法。换言之，鉴于大量的利润留存会使股值上升，面对无须缴税的资产增值和需要缴税的劳动收入，人们更愿意选择前者，从而得以规避税收，积累个人财富。因此，一些经济学家发现，由于高额的所得税和对利润征收不同的税的存在，对资本利得税的需求得以产生。甚至在采取区别征税的政策之前，H. D. 亨德森就指出，战争税导致富裕人士靠资产生活，"我们得出的很多经济结论均基于资产和收入间的差异，很多人原本认为这一差异巨大且明确，但正好相反，这一差异变得模糊起来。"战后，约翰·希克斯指出税收会限制收入支撑的消费，但却无法限制资本支撑的消费③。

---

① Francis, 'Labour policies and socialist ideas', pp. 244 – 7. On cheap money, see S. Howson, 'The origins of cheaper money, 1945 – 7', *Economic History Review* 40 (1987), 433 – 52, and C. M. Kennedy, 'Monetary policy', in G. D. N. Worswick and P. H. Ady (eds.), *The British Economy, 1945 – 1950* (London, 1952), pp. 188 – 207.

② J. M. Keynes, *The Collected Writings of John Maynard Keynes*, vol. xxvii: *Activities 1940 – 46: Shaping the Post – War World: Employment and Commodities* (London, 1980), J. E. Meade to J. M. Keynes, 25 June 1942, p. 214; PRO, T230/94, Keynes to Meade, 28 July 1944; PRO, T230/94, National Debt Enquiry, first meeting, 19 Feb. 1945; T171/389, note by Mr Meade, 25 Apr. 1946. Note also that Douglas Jay favoured an annual capital tax as a way of preventing a large war-time debt and to reduce their claims on the community's future income: see Jay, *Paying for the War*, pp. 10 – 11.

③ PRO, T161/1137, H. D. Henderson, 'Cheap money, trade activity and inflation', 20 Oct. 1943; J. R. Hicks, 'The empty economy', *Lloyds Bank Review* n. s. 5 (1947), 9. On the definition of income, see Daunton, *Trusting Leviathan*, pp. 204 – 10. In the United States, capital gains *were* defined as income, a point which was sometimes made by British advocates of the tax: see W. W. Brudno and L. D. Hollman, 'The taxation of capital gains in the United States and the United Kingdom', *British Tax Review* (1958), 26 – 48.

第七章 "税收的致命打击": 1945~1951年工党与国家重建

工党和工会大会的一些成员出于"让工人们拥有更多伸张正义的渠道，从而对抗所有的有产者"的目的而支持资本利得税。这一主张既与工人的心态一致，也十分实用。用 R. H. 托尼的话说，"投机掠夺者仍享有免税额度，但是剥夺这种免税特权的理由同样充分，即结束敲诈"。高额的税收可能无法降低消费，只会导致低储蓄率；富人甚至会选择负储蓄，而用自己的资产维持消费。艾德礼指出：

> 在我看来，我们一直认为，人们将储蓄花在购买生活消费品上，这在某种程度上抵消了高税收对购买力的限制。例如，一些社会群体根本不可能依靠收入来维持其高支出水平，只能靠自己的资金。因此我认为，我们现有的政策在某种程度上不光影响社会整体的购买力，还会影响购买力的分布。最富裕的群体靠自己的资产创造了购买需求，而靠劳动收入为生的穷人群体则无力满足自己需求。

然而，在很多工党成员看来，尽管现有的财富分配状况急需调整，但是征收资本利得税并不是解决方式。罗伊·詹金斯指出，美国通过资本利得税也并没有让财产分配更加接近社会主义。事实上，资本利得税在打击积极的生产商的同时，也会牺牲闲置投资。詹金斯说，"如果我们旨在推动公平，并使之与维持合理的刺激手段相匹配，那么资本利得税的确是最差的手段。[①]"

国内税收局同时也着重强调资本利得税带来的行政困难，称资本利得税会让整个税收体系名誉扫地。国内税收局称资本利得税只有当纳税人自愿说明应缴税款时才可行，这与美国的税收制度相一致——让纳税人估计自己的应缴税款，并用抽查的方法防止避税额都超限。相比而言，国内税收局会通知英国纳税人他们应缴税额，而这与先前的做法相悖，即让纳税人决定愿意缴纳的税额。国内税收局担心这样一来，税收的总上缴额度会飘忽不定，相关法规颇具争议，行政压力巨大，纳税人怨言满满。国内税收局表示，资本利得税"应当占比极少，而不是税收的重要来源"，更应该花工夫改善现有税

---

① Hicks, 'Empty economy'; PRO, T171/400, memorandum, Addison to Cripps on budget proposals, 10 Mar. 1950; Attlee to Cripps, 11 Mar. 1950; Whiting, 'Taxation policy', pp. 129 – 30, and Francis, 'Labour policies and socialist ideas', pp. 249 – 51; R. H. Tawney, *Equality* (London, 1952 edn), p. 243; R. Jenkins, *Fair Shares for the Rich* (Tribune pamphlet, London, 1951), pp. 9 – 16.

种的征管方式①。

最终，在20世纪60年代初的兼并潮和房地产繁荣时期，保守党开始对短期或投机性资本利得征税，工党则在1965年起开始对一切资本利得征税。与之相反，1945~1951年的工党政府并没有采取资本利得税，而是选择了过去政府的措施——一次性征收资产税。由于还债成本远低于战后，所以这一做法是个非财政手段。一次性资产税有两大好处。一是创造平等。詹金斯强调平等的重要性，指出"现在的财富分配方式导致了贫富群体间的不平等；考虑到现在的附加税率，那么在靠劳动获得收入的富人和靠保值投资获得收入的富人间也出现了不平等"。财富平等已经阻碍了再分配过程，而等待遗产税发挥作用则周期过长，并且人们可以轻易规避遗产税。因此詹金斯选择用一次性资产税限制富人的消费，鼓励平等②。二是控制希克斯所称的"抑制性通胀"。希克斯认为英国的问题在于经济"空心化"：商品短缺，依靠调控措施防止价格上涨。撤销调控措施会导致严重的通胀；增加税收则会减少储蓄，或滋生"负储蓄"。与之对比，一次性资产税可以消除抑制性通胀，防止资产消耗，让工会更容易接受工资冻结和间接税的提高。

通胀压力在1948年达到了顶峰，给斯坦福·克里普斯领导的财政部造成了棘手的问题。一次性资产税作为抗通胀的手段，可以减少社会上流通的现金量，因此受到了关注，并成了对抗工资冻结的方式。资本税有可能与分红和资本利得税的管理有关③。克里普斯认为征收一次性资产税意味着

---

① 公共档案办公室T171/391，国内税收局董事会在关于利润税和关于赠予税和资本利得税的问题的随函备忘录中对这一点有所说明；"美国的资本利得税"（Taxation of capital gains in the United States）；"国内税收局董事会关于资本利得税的说明"（Note by Board of Inland Revenue: taxation of capital gains），1946年11月1日；T171/400，BC（50）2，"资本利得税"（capital gains），国内税收局，1950年1月12日；BC（50）2，修订版，"资本利得税"，国内税收局，1950年1月27日；T171/403，预算委员会，罗菲帕克主持的会议的会议记录，1951年2月17~18日。

② 詹金斯，《富人应当承担的责任》（Fair Shares for the Rich），9－16页。詹金斯希望：资本税能够消除"最后一点自由党的痕迹"，削弱大资本家的实力；建立起来的一个强有力的中央政府能控制资本家的权力，而且这样的政府不应被由市政和合作社构成的分权政府所代替。詹金斯将资本税和迈克尔·杨（Michael Young）的观点联系起来，目的是使政府管更少的事；见M.杨，《小人物 大世界：关于社会主义民主的讨论》（Small Man Big World: A Discussion of Socialist Democracy），伦敦，1949年。

③ 希克斯，"空虚的经济"（Empty economy），2－13页；公共档案办公室T171/395，一次性资产税，1945年6月15日；BC（48）7，修订版，对一次性资产税的批注；BC（48）11，一次性资产税和通货紧缩：经济处处长的批注；BC（48）13，对一次性资产税的批注，1948年1月14日；BC（48）17，预算委员会：附加税纳税者能承受的部分税种，C. J. G.，1948年1月23日；BC（48）13，对一次性资产税的批注，1948年1月14日；BC（48）20末，特殊税种提议，1948年2月5日；BC（48）22，预算委员会，对投资收入征收的特别税收；BC（48）35，预算委员会：特殊税收，1948年3月2日。道尔顿1947年也对股利限制展开过讨论，但是他在秋季预算上没有进展；T171/389，国内税收局：股利限制，1947年9月20日；股利限制，日期不详；以及H.道尔顿的边评，1947年12月10日。

第七章 "税收的致命打击"：1945~1951年工党与国家重建

对资产估值；而管理分红则需要决定利润的合理水平，而这极具争议性。克里普斯接受了私营企业会继续存在的现实，认为有必要用更高的利润奖励经济效率，让效率和工资或利润的分配不再因管理而受限。他表示自己更倾向于调控物价，因为与限制利润相比，调控物价和"私营企业传统的融资方式"更加契合。克里普斯该项政策的基础是将优惠政策和控制通胀结合起来，降低更多纳税人的所得税，鼓励低收入群体。这样，消费能力会因间接税的增加而被抑制，并受到投资收入的制约。因此在紧急时期，资本税是一种"一劳永逸"的税收。克里普斯的目的是，在向工薪阶层提供优惠措施的同时又不损害企业信心，在让经济免受通胀困扰的同时又不摧毁自由市场赖以生存的盈利机制。这种尝试试图结合经济效率和平等，没有对高收入人群减税，亦未降低利润税，而是在自由经济内按照公平原则回馈非富裕人群[1]。下面我们要介绍工党政府的税收方案：个人所得税和消费税。

直接税和间接税

商品配额、补贴基本生活必需品（尤其是食品）等直接管控的方法可以遏制通货膨胀，因为这些措施可以稳定生活成本，缓解因工人提高周薪主张而带来的压力。诚然，补贴或许能释放消费者对其他商品的需求，并削弱价格机制在资源分配中的作用。米德等经济学家提出，应当削减补贴，恢复价格机制，用财政政策控制需求。但是道尔顿不同意这点，称补贴可以帮助穷人，稳定生活成本，抑制工资上涨。因此在一战之后，即使经济有可能僵化，英国仍然以直接管控的方式控制通货膨胀。道尔顿认为这种财政政策是"供给侧"调控方式的一部分，旨在对利润税实施差别税率从而刺激生产，而非

---

[1] 公共档案办公室 T171/394，BC（48）12，补贴和价格：财政大臣备忘录，1948年1月13日；T171/394，BC（48）23末篇，对抗通胀压力的特殊方式：财政部备忘录，1948年2月5日；T171/394，罗菲帕克讨论的说明，1948年2月14~15日，财政大臣和其他官员之间的讨论；为什么有必要增加税收：R. 霍尔（R. Hall），1948年3月13日；财政部简报修订版；T171/395，BC（48）13，"对一次性资产税的批注"（Note on capital levy），1948年1月14日；T171/395，BC（48）17，预算委员会：附加税纳税者能承受的部分税种，C. J. G.，1948年1月23日；BC（48）20末篇，对特别税的提议，1948年2月5日；BC（48）22，对投资收入征收的特别税，C. J. G.，1948年2月2日；BC（48）35，预算委员会：特殊税收，1948年3月2日；T171/395，普洛登（Plowden）致克里普斯的信，1948年3月31日。

将其看作管理需求的工具①。二战后实施间接税的原因与之类似。

虽然工党长期以来都反对间接税,但是在工党执政时期,间接税却从1945/1946财年的1/3上升到1949年的3/7②。诚然,道尔顿表示"相对于商品税,人们更讨厌所得税,在遏制人们的生产积极性方面它的负面作用更大"。他指出,减轻不公平不必要采用累进型直接税,从而证明了调整财政体系结构的合理性。罗伊·詹金斯1949年表示:"即使把中高收入的收入全部夺走,也不会显著提高工薪阶层收入。"高额累进税即使再受人欢迎也无法带来足够的财政收入,而且扩大纳税人范围以及提高所得税的措施意味着直接税会像间接税一样影响政局。相应地,二战后工党政府选择维持购置税。正如工会大会表示的,如果间接税不是政府财政收入的主要来源,政府就不可能有足够多的财政收入。因此应当彻底改变对间接税的反对,着力保证对间接税和直接税的税收补贴"能提供良好的刺激手段"。对于这句话,仁者见仁,智者见智③。

消费税和政府对于供给侧和直接控制消费的重视相契合。消费税可以释放消费动力,还能对不同商品课不同比例的税,有利于经济规划。对奢侈品征收惩罚性的高税收,对生活必需品征收较低税收,对日用品则予以免税待遇。采取消费税的目的有二:一方面控制国内消费和鼓励对外投资,另一方

---

① 米德,《计划和价格机制》(Planning and the Price Mechanism),9–11页,将价格体系和金钱称作"同属人类最伟大的社会发明,将自由、效率、公平都融入了社会事务中";PRO,T171/389,预算出台后的反思,凯恩斯;"经济危机和1947/1948财年的财政预算"(The economic crisis and the budget for 1947/8),J. E. 米德的记录,和B. W. S. 致布里吉斯的信,1947年3月14日;T171/391,BC(47)9,"维持稳定和公司利润税"(Stabilisation and the taxation of company profits),J. E. 米德的记录;T171/392,秋季预算,E. E. 布里吉斯,1947年9月23日;预算,1947年9月30日;财政大臣和其他官员的讨论;"预算和食品补贴"(Budget and food subsidies),D. 杰伊,1947年10月10日;E. E. 布里吉斯致财政大臣的信,1947年10月22日;H. 道尔顿的备忘录,日期不详;E. E. 布里吉斯关于补贴的备忘录,日期不详;T171/393,预算委员会致财政大臣的备忘录,1947年9月2日;T171/394,工党在议会中的财政小组;1948年2月11日讨论批注,亦见其会议纪要;BC(48)12,补贴和价格:财政大臣备忘录,1948年1月13日;T171/403,罗菲帕克主持的会议的会议纪要,1951年2月17日和18日;J. 汤姆林森,《民主社会主义和经济政策:艾德利时代,1945—1951年》(Democratic Socialism and Economic Policy: The Attlee Years, 1945–51),剑桥,1997年,214–215、217–220页;H. 道尔顿:《议会辩论》,系列五,414,1945年10月23日,1878–1880卷。

② D. Bruce, 'A review of socialist financial policy, 1945–49', Political Quarterly 20 (1949), 315.

③ 道尔顿1946年11月13日对费边主义支持者的演讲,被引在弗朗西斯,"工党政策和社会主义观点"(Labour policies and Socialist ideas),234–235页;关于高额所得税的有限回报,见240–241页,引用了詹金斯在1949年大会上关于"眼前的问题"的评论;关于工会大会,见现代档案中心,TUC MSS 292/410. 2/1,工会大会经济委员会:与财政大臣的会谈报告,1946年6月24日;TUC MSS 292/410. 2/1,工会大会的探讨影响了1949年的预算,1949年2月24日;1949年4月工会大会的预算总结,1949年4月11日;1949年工会大会的预算:1949年4月13日会议报告:关于经济委员会、总理事会其他成员与财政大臣的会谈。

第七章 "税收的致命打击": 1945～1951年工党与国家重建

面确保财政收入水平。这两个目的可能相互矛盾,实际上实现这两个目的需要不同形式的税收。打造国内消费需要对某些商品实行高额税收,而对另一些商品实行低额税收甚至免税。但是若想获得财政收入,最简单的方法是对大多商品统一制定适当的税率,防止税收扭曲社会消费。二战之后,消费税取代了先前针对不同商品的差异税收。英国贸易理事会对此表示怀疑,担心该消费税和"日用品"计划会损害出口动力,不能把国产商品输出到海外,从而鼓励英国国内的消费者购买免税的日用品,使工厂不再有能力继续生产价格更高、适合出口的高质量商品。某些商品消费税很高,商品税率和分类经常发生变动,被批评为"扭曲经济"。最终,一些官员们要求通过普遍征收销售税或扩大购置税适用范围来稳定税收水平,以获得更合理的财政收入。当然,这是个政治性问题:工党政府能否降低奢侈品税并对基本的生活必需品征税? 连一些企业家都表达了质疑。购置税的好处在于不会对工人阶级家庭造成重负,而涵盖范围更广的零售税则会以"直接粗暴"的方式增加人们的生活成本,刺激工人们对于提高周薪的诉求[①]。

工党政府依赖利润税和购置税,所得税政策则很难确定,很多企业家和一些工党政治家认为这会严重威胁消费者的积极性。减免所得税有两种方式,这两种方式的思想前提和社会影响不同。一种方式是降低标准税率,这有利于高收入者、不依赖劳动获得收入者、单身人士、无孩夫妇和公司;另一种方式是税收减免,这有利于低收入者、工薪阶层和育有子女的已婚夫妇。由于战时"高收入者交更多税"和"分配公平要求国家给予高收入者税收减免",国内税收局倾向于降低标准税率和附加税。综上所述,国内税收局强调,应当鼓励收入在5000～10000英镑之间、从事专业或贸易活动的工薪阶层的积极性,确保他们听从国家政策,从而刺激经济复苏。国内税收局称,经理人或技师和未受专门训练的工人之间的工资差距很小,而政府对此并不信服。欧内斯特·贝文和工会大会强调,人们所处的社会阶层越低,他们所需的激励越大,即使工人加班工作,但是原本应当增加的收入却都变成了所

---

① 公共档案办公室 T171/369, B (45) 8, 英国关税和消费税委员会备忘录: 购置税制度, 1945年1月23日; B (45) 11 修订版, 预算委员会, 购置税, 1945年2月10日, 另见附录 D, L. C. 罗宾斯致 R. V. N. 霍普金斯的信, 1945年2月8日; T171/395, BC (48) 19, 购置税: 对税率和报税清单的审核, 关税和消费税委员会的批注; T171/398, PB (48) 11, 购置税: 关税和消费税委员会的备忘录, 1948年9月; T171/400, BC (50) 7, 购置税: 贸易理事会和海关的联合说明, 1950年2月7日; C&E (50) 1, 购置税: 关税和消费税, 1950年2月12日。关于英国工业联合会, 见现代档案中心 (MRC), FBI MSS 200/F/3/D2/1/23, 购置税委员会, 1945年1月2日和1946年12月12日; FBI MSS 200/F/3/S1/16/25, "撤销战争税"(Demobilisation of war taxes); FBI MSS 200/F/3/D2/1/24, 购置税专家组, 1950年1月20日; 用销售税取代购置税; 购置税专家组, 1950年3月22日。

得税，这毫无意义。在战争期间，与不靠劳动获得收入者相比，中低水平的工薪阶层生活水平有所恶化，因此工会大会呼吁恢复工薪阶层的税收减免，尽可能使更多工人不必受到所得税预扣法体系（PAYE）限制①。

道尔顿在其战后第一次预算中将标准税率从50%下调至45%，并提高了个人补贴和工薪补贴水平。这样，200万~250万英国人不必再缴纳所得税，剩余纳税人的税负也有所减轻。同时，他对个人收入在10000英镑以下者维持现存的附加税水平，对高于这一水平的纳税人则提高了附加税。因此收入越高，附加税增幅越大，类似指数函数，道尔顿称这是他创造经济社会公平的努力②。艾德礼政府旨在给予工薪阶层和低收入群体税收减免。这一标准税率直到工党政府任期结束都维持不变，税收减免以降低税率和补贴劳动收入的形式实施③。克里普斯对此解释道，税收优惠主要应当给予收入不超过2000英镑的工薪阶层，"因为我们非常愿意给予技师、科学家和同处该阶层中对生产至关重要的人一些鼓励，如果他们的收入是劳动所得，我们就会给予他们鼓励。"克里普斯明白，税收不能让所有人的收入都保持一致，但是他也表示，他们把收入差距从约10万英镑降低至最多6500英镑，大大缩小了收入差距④。

但是标准税率最终没有成功降低，打击了依靠已分配利润和未分配利润缴税的公司，引发了一些问题。中产阶级认为，企业面临着高额税收，员工同样面临着困难，因此公司承受的负担过重。据国内税收局统计，1938~1949年，体力劳动者税后周薪实际增长21%，而非体力劳动者的税后月薪则降低了16%。在一位工党议员看来，这一结果严重打击了收入处在中位数

---

① 公共档案办公室 T230/282，E. M. 尼科尔森（E. M. Nicholson）致上议院议长的信，利润和红利，EPC（47）27，1947年12月4日；T172/2029，贝文致道尔顿的信，1947年10月15日；现代档案中心 MSS 292/410. 2/1，会议报告：与财政部长的会谈，1945年11月2日。

② H. Dalton, 'Our financial plan', in H. Morrison et al., Forward from Victory! Labour's Plan (London, 1946), p. 48.

③ 公共档案办公室 T171/372，霍普金斯致格雷格，1945年7月2日；"废除战后税收抵免政策后的所得税削减"（Income tax allowances after abolition of the postwar credits）；格雷格致霍普金斯的信，1945年7月4日；格雷格致布里吉斯的信，1945年7月9日；格雷格致霍普金斯的信，1945年7月9日；格雷格致布里吉斯的信，1945年7月21日；"所得税抵免"（Income tax credits），J. E. 米德，1945年7月20日；霍普金斯，1945年7月25日；B2（45）3，格雷格对所得税的批注；道尔顿的批注，1945年9月9日；"所得税"（Income tax），格雷格，1945年9月13日；预算会议纪要，B. 特伦德（B. Trend），1945年9月17日；格雷格致特伦德的信，1945年9月29日；T171/388，英国皇家人口委员会、J. 西蒙（J. Simon）致财政大臣的信，日期不详；格雷格致财政大臣，1946年1月22日；T171/389，"经济危机和1947/1948财年的预算：米德的批注"（The economic crisis and the budget for 1947/8: note by Mr. Meade）；E. F. M. 德宾致道尔顿的信，1947年2月21日；金融集团主席 G. 本森（G. Benson）致道尔顿的信，1947年2月27日；E. E. 布里吉斯就预算问题致财政大臣的信。

④ 现代档案中心 TUC MSS 292/410. 2/1，工会大会对1948年4月预算的批注，1948年4月10日；工会大会对预算的简要批注，1948年4月22日；财政大臣和工会大会的会谈，1948年4月22日。

188

第七章 "税收的致命打击": 1945～1951年工党与国家重建

(750～2000英镑) 的人:

> 专业人士、技师、经理人、公务员、牧师等,他们都诚实可靠,有一技之长,头脑聪明,工作勤奋,但他们现在都需要为了生存而苦苦挣扎,更不必提他们在学习中也收获很少,也毫无乐趣……这种事态若不加遏制,必将摧毁国家的这些顶梁柱。

这位议员向克里普斯表示:"中产阶级正迅速萎缩,我不相信工党政策能让他们受益。"[1] 这一点的政治含义很明确,某种程度上解释了为什么中产阶级对工党的失望日益增长。诚然,一些工党政治家担心税收不光损害经济,还会丢失选票。赫伯特·莫里森 (Herbert Morrison) 担心,"税收负担严重影响了人们的积极性,包括工人、专业人士、技术人士、公司职员,这反过来增加了施政成本,导致获得财政收入的难度上升。纳税人早晚会在选举中表现他们的反抗。"[2] 虽然皇家所得税和利润税委员会发现所得税对实际生产行为的影响仅占其选取样本的5%,但是这同样降低了人们的消费意愿,是人们不满的来源之一[3]。

财政政策的局限性

工党的财政政策逐渐乏力,政府明显已经触及了财政政策的极限。截至1950年,公务员系统和工党政府都普遍认为税收体系需要长期的规划,从而调和社会公平、正义和效率、经济活力间的矛盾。凭借公司留存利润对非劳动所得和遗产征税的初衷是让经济充满活力。英国工业联合会认为,这样做的结果将大不相同,因为"英国经济将长期缺乏灵活性"。英国工业联合会批评道,开支和税收水平"高至可怕",妨碍了资本积累的同时,人们辛勤工作、创办公司的热情也失去了激励。虽然政府管控了物价、利润和周薪,遏制了通胀,但是这牺牲了市场吸引资源的优势。最终,鉴于大公司拥有财富积累,而新兴公司则因其对外部融资的需求得不到满足而处于不利地位,国家只能依靠大型公司寻求新市场、商品和技术:

---

[1] PRO, T171/400, BC (50) 5, taxation of the middle classes, Inland Revenue, 12 Jan. 1950; R. R. Stokes to S. Cripps, 28 Nov. 1949; *Times*, 29 Dec. 1949; T171/403, 'Memorandum on the plight of the middle classes', R. R. Stokes, 12 Oct. 1950.

[2] PRO, PREM8/1415, CP (49) 159, 'The economic situation: memorandum by the lord president of the Council, H. Morrison', 21 July 1949.

[3] PP 1953/4 xx, *Royal Commission on the Taxation of Profits and Income*, *Second Report*, appendix 1, 'PAYE and incentives', pp. 291 – 324, at 292.

我们对安全、稳健强调过多，对创业、风险强调过少。只有满怀希望和想象力，人们才能积极创业。伊丽莎白女王一世时期的年轻人自立、无畏，这是维多利亚女王时期的年轻人相对缺乏的，我们现在的年轻人更应拥有变得自立、无畏的机会。即使创业是愚蠢的，它也强于勒紧裤腰带、毫无希望地生活①。

1950年，预算委员会在一份报告中提出过：财政收支问题的解决需要使工业结构尽可能灵活，但是政府一旦依赖公司的资本，那么"由私人'风险投资'拉动的新发展"就处于劣势②。至少一些和工党政府有联系的经济学家都认同这个看法。卡尔多担心"现存的平等主义会使经济僵化"。由于分红的限额和高额的利润税阻碍了变革的推进，因此卡尔多将政府的政策比作"社会主义版鲍德温主义"，即稳健优先③。

但是问题在于如何避免"稳健优先"，让经济体系更加充满活力、更加灵活。是否应当采取自由市场制度，政府是否应当制定更好的政策以刺激经济发展？在工党制定了财政政策和影响广泛的经济政策后，这些政策开始面临来自公务员体系、反对党保守党和企业家的批判。曾担任国内税收局高官、后担任英国帝国化学工业集团（ICI）主席的保罗·钱伯斯（Paul Chambers）④就是主要的批评人士之一。他表示政府对价格管制、银行利率依赖过重，而这些手段恰恰不能用于实现政府的常规目的：资源分配。虽然低息贷款可以降低偿债成本，但是这一成本却会将整个资本体系引入歧途。正如钱伯斯所说，低利率和高边际税率意味着"工作积极性低，储蓄意愿不强，即使工作和储蓄都是目前国家急需的"⑤。钱伯斯因此主张降低高额的边际税率，提升工作积极性，提升利率，鼓励储蓄。

---

① MRC, FBI MSS 200/F/3/E6/3/1, 'British industry and the crisis', R. G., 13 Dec. 1949.
② PRO, T171/400, BC (50) 13, 'The 1950/1 budget', 16 Feb. 1950.
③ Letter in the *Economist*, 5 Apr. 1947, p. 493, cited in Whiting, 'Taxation policy', p. 130; and N. Kaldor, 'A positive policy for wages and dividends', reprinted in N. Kaldor, *Essays in Economic Policy*, vol. i (London, 1964), p. 127. See also A. Rogow and P. Shore, *The Labour Government and British Industry* (Oxford, 1955), pp. 128 – 9.
④ 斯坦利·保罗·钱伯斯（Stanley Paul Chambers, 1904—1981）生于埃德蒙顿，曾先后就读于伦敦城市学校和伦敦政治经济学院。他1927年成为税务稽查员，1935年就职于印度所得税咨询委员会（Indian income tax enquiry committee），1937年担任印度政府的所得税顾问。1940年他回到伦敦，辅助建立所得税预扣法。1945年他被指派为英国驻德国监察委员会（British section of the control commission for Germany）的财务主任（finance director）。自1947年起他担任皇家英国帝国化学工业集团（ICI）的主管之一，1960~1968年担任集团主席。[*DNB*, 1981 – 5, ed. R. Blake and C. S. Nicholls (Oxford, 1990), pp. 80 – 1.]
⑤ PRO, T172/2023, 'The economic crisis', S. P. Chambers, 1 Nov. 1947; also S. P. Chambers, 'Taxation and incentives', *Lloyds Bank Review* n. s. 8 (1948), 1 – 12; Ferguson, *The Cash Nexus*, p. 124.

第七章 "税收的致命打击": 1945～1951年工党与国家重建

解决需求过度问题，有一个方法是工党尚未想到的：使更高的收入和利润成为自由市场的基础，以此刺激经济增长以满足需求。工党对于利润和储蓄态度模棱两可，强调"非劳动所得"相对于劳动所得存在道德缺陷，但也称非劳动所得保护了丧偶者、退休金领取者这些低储蓄群体。诚然，杰伊创立了国家投资委员会，并鼓励小额单位信托储蓄，将两者结合成为英国储蓄中计划投资的一部分。国家投资委员会还可以成为所有单位信托的受托人。但是，非劳动收入是否符合道德规范、是利于社会还是蚕食社会，两者间的区别人们并没有搞清楚。国内税收局用一个类比指出，对留存利润实行差别税率意味着对个人通过劳动换来的储蓄降低税率。艾德礼政府并不认同这个类比：一切非劳动所得仍然面临更高的税率，对通过劳动换来的储蓄减免税收也仅限于人寿保险①。政府强调留存利润的部分原因是政府认为，未来大型企业和国有企业而非散户储蓄者才会提供投资。工党政府过于关注利润税、国有化和低利率，散户储蓄者不再受到激励，可正是散户储蓄者才能吸收过度需求，产生积极性。

财政部和工党政府中有越来越多的经济顾问指出，工党的经济财政政策导致了经济停滞僵化的恶性循环。1948年，财政部的一份文件分析了未来五年的前景，得出了不容乐观的结论：1938年大约只有400万英国人需要缴纳所得税，但这一数据在1948年则上升至1200万，而且标准税率也有所上涨，这让人们充满了担心。另外，为实现社会利益，政府对大约60%的个税进行再分配，使得实际收入和产出不成正比。"免费的"社会服务成本则成为压在边际收益上的沉重税负，减少了辛勤工作的回报。而且，财政体系还影响了私企结构。小型公司负担的利润税很重，在成长阶段就面临困难，散户投资者不如以往重要。相反，留存利润和投资机构更加吸引人眼球，阻碍了人们工作和创业。该分析指出，需要降低税负总额，缩减开支，从而降低通胀压力，鼓励私人储蓄；为遏制通胀，政府不应依赖高税收和高预算盈余，因为这会导致私人储蓄减少；相反，减少开支，降低税收才是应当的，这样可以刺激私人储蓄和投资②。

在这一点中，对私营企业的激励不足意味着"给经济压上了重负，通胀趋势将持续，遏制通胀只有凭借严苛的税收制度，但这也会消磨民众的信心"。高税收是"承担创业风险的一大阻碍"，创业成本增加，人们对更高工资、分红的需求变大。无论如何，虽然税收可以遏制通胀，但是它的一大缺

---

① On Jay, *Nation's Wealth at the Nation's Service*, pp. 7–8.
② PRO, T230/145, 'Draft, budgetary prospects and policy 1948/52'.

陷是导致储蓄减少，因此"从通胀的角度看，继续增加税收是行不通的，它只会导致更多散户依靠存款承担开支，公司的储蓄或许也会减少"。当务之急是制定财政政策，防止这种恶性趋势愈演愈烈，并实现经济增长的良性循环，维持就业，实现财政盈余，让政府获得财政收入。财政部强调"对工业广泛而持久地投资"，这会"在一个相对僵化的经济体系中，协调降低成本和提高周薪间的矛盾"。让英国商品在海外市场获得竞争力，满足工人对提高周薪的需求，需要经济快速增长和生产力提高。财政部的高官们开始强烈要求从根本上改变政府的经济、财政政策[①]。1951年之后保守党政府能否针对这些要求改变财政政策，当时尚不清楚。

诚然，减轻税负、避免通胀的一个方式是削减政府开支，特别是社会福利和英国国民医疗保险系统（National Health Service）的开支。另外，福利国家进行再分配的结果取决于国家如何获得财政收入：税赋普遍高昂是否会伤害人们的积极性，导致经济低速增长，打击穷人？中产阶级是否应当获得税收减免，充分利用"免费的"社会福利，特别是医疗和教育方面的福利？很明显，建立福利国家的成本取决于经济政策能否成功提供就业机会、带来税收收入[②]。工党政府面临的问题，是如何将福利国家和经济活力间的联系概念化。一方面，为提升经济效益，可以对福利投资。这个观点是由安奈林·贝万（Aneurin Bevan）[③]主张的，英国工业联合会也在一定程度上同意这个观点。另一方面，福利的成本也可以看作工业和生产效率的负担。汤姆林森（Tomlinson）指出，财政部和政府的经济顾问们常常称福利是生产的"负

[①] 公共档案办公室T171/397，R. 霍尔致E. 普洛登的信，1948年3月19日；对一份四年预算政策的问题总结，E. E. 布里吉斯，1948年9月10日；T171/400，BC（50）2，1950~1951年预算头寸：预算委员会备忘录；BC（50）13，1950/1951财年预算，1950年2月16日，及BC（50）15，1950~1951年预算头寸：预算委员会备忘录，1950年2月22日。

[②] R. Titmuss, *Essays on the Welfare State* (London, 1958), chapter 2; C. Pond, 'Tax expen-diture and fiscal welfare', in C. Sandford, C. Pond and R. Walker (eds.), *Taxation and Social Policy* (London, 1980), pp. 47–63.

[③] 安奈林·贝万（1897—1960）生于特里迪加的一个矿工之家；他13岁起就开始下井挖矿，后参与工会和地方政治。他反对战争，1919~1921年间南威尔士矿工联合会（South Wales Miners' Federation）派他赴伦敦中央劳工学院（Central Labour College in London）学习。1921年煤矿拒绝重新雇用他致其失业，但是1926年他成为其所在的煤矿工会分会的纠纷协调员（disputes secretary）。1929年他当选工党议员，但是1939年他却因支持人民阵线而被开除出工党。二战期间，他指责了丘吉尔本人，还连带批评了工党在联合政府中的从属地位，这导致丘吉尔对其"讨厌至极"。1945年，他被任命为卫生大臣，并创立了英国国民医疗保险系统（NHS）。不久后他发现政府并不致力于实现社会主义，因此十分失望。1951年，他调至劳工部工作，后来当盖茨克尔提议对假牙和眼镜征税时他主动请辞。由于他认为需要体谅富人、应当调整政策，他与英国领导层之间产生了矛盾。不过，1956年他先后担任影子殖民官（shadow colonial）和外交大臣，并在裁军问题上与左派决裂。[*DNB, 1951–60*, ed. Williams and Nicholls, pp. 99–102; Robbins (ed.) *Biographical Dictionary*, pp. 46–9.]

第七章 "税收的致命打击":1945~1951年工党与国家重建

担",因此"他们提的问题总是国家能负担多少福利成本,而不是福利对经济有多大的贡献"。政府优先选择增加产出和促进出口,并严格控制私人和集体的消费①。诚然,这引发了"如何增加产出和促进出口"的讨论。对于工党政府,福利支出和管理经济间有很密切的意识形态关系。征税的目的是创造公平,改变对个人利润的趋之若鹜,在官员队伍中培养管理主义。同样能创造公平的还有福利机构,如由"专家"而不是由"被批准的社团"运营的英国国民医疗保险系统(1911年该机构正是由"被批准的社团"运营的)。不管与以往相比还是和其他欧洲国家相比,当时英国的福利体系都更加依赖中央税收,这表明工党十分排斥福利分担(contributory insurance)。

反对福利开支的观点是罗伯特·霍尔和爱德华·布里吉斯(Edward Bridges)②在财政部提出的,理由是福利开支对经济是一个负担。二人强调了用税收支撑高额开支的恶劣影响:

> 社会服务是公民实际收入的一部分,但是这和公民自己的产出、和其对社会的付出都无关。然而,大部分社会服务的成本都直接或间接地由边际收益承担。因此,"免费的"社会服务减少了额外劳动的比较优势。税收结构减少了额外收入的优势,税收支出则消除了对富裕人士的严厉处罚,而这类处罚本可以减轻效率低下的问题。如果政策激励人们赚取更多的钱并自由地更换工作,那么只有当劳动力确实努力赚钱并自由更换工作时,社会才能收获完全就业政策的益处。而我们现在的财政政策则产生了相反的效果。

他们还指出,虽然高级经理人有责任改进生产并高效分配资源,但是当工资超过2000英镑后,边际税率将大幅增加,因此高级经理人并不愿提高工人收入。风险让人避之不及,因为高额的边际税率会降低创新成功带来的收益;利润税则暗示了利润令人讨厌,让情况更加恶化。二人指出,一部分本可用于生产优化的资源流向他处。霍尔认为:

> 在英国这个国家,公司承担了大部分的管理责任。毫无疑问,在某种程度上是税赋导致了英国工业"萎靡"。高额累进税使企业管理层更愿

---

① J. Tomlinson, 'Welfare and economy: the economic impact of the welfare state, 1945-51', Twentieth Century British History 6 (1995), 217, 219.
② 爱德华·爱廷登·布里吉斯(Edward Ettingdene Bridges, 1892—1969)是英国桂冠诗人罗伯特·布里吉斯(Robert Bridges)之子。他曾先后就读于伊顿公学和牛津大学莫德林学院;他亦获得了牛津大学万灵学院的奖学金,后进入财政部工作。1938~1946年担任内阁国务秘书,1945~1956年担任财政部常务秘书,并成为文官首长。(DNB, 1961-70, ed. Williams and Nicholls, pp. 132-6.)

193

意规避风险……工商业企业必须是产生社会收益的主要来源，这样才能维持包括"社会"投入在内的必要开支。

一战之后，科尔温国家债务和税收委员会（Colwyn Committee on the National Debt and Taxation）的预测受到了财政部官员和国内税收局官员的反对。工党政府的财政政策也受到了这些官员的质疑①。

在工党政府执政的最后一年，一些公务员和顾问们忙着引发对这些问题的公开辩论，从而让他们的关切被更多的人都听到，而不是只局限于白厅的内部备忘录中。霍尔对此指出：

> 社会平等和企业效益无疑存在矛盾。例如，大幅上调附加税是可行的，这对财政收入影响甚微，但是却可能对效益和造成巨大冲击。然而，目前由于降低高额的税收面临巨大的政治困难，我们能做的并不多。同样，只要我们克服政治阻力，不再事事都以资本家为中心，我们完全可以大幅减免公司的税赋，同时不影响我们总体的预算目标。我相信我们应当做些什么从而揭露问题……当前税收体系的问题极有可能降低工业效率，如果现阶段就将其解决掉，成本很低；但如果对其不闻不问，日后解决的成本将非常高昂。针对这个现象，我非常希望出台一份不偏不倚的官方声明，并且必须得到全国民众的关注②。

这些官员制定的财政政策明显会吸引致力于自由市场和激励企业的保守党政府。

霍尔明白，仅凭公务员体系内的批评指正无法改革财政体系。他希望所得税的管理和征收可以揭露出真正的问题：税收对企业和经济效率的影响③。

---

① 公共档案办公室 T171/397, PB (48) 3, 针对一份为期四年的预算政策的问题提纲，和一份四年期预算政策的提纲, E. E. 布里吉斯致财政大臣的信, 1948 年 9 月 10 日；"预算前景和政策, 1948～1952 年"（Budgetary prospects and policy, 1948-52), R. 霍尔。

② PRO, T171/427, enquiry into the taxation of income: review of the field; Hall to Plowden, 'Taxation enquiry', 18 May 1950.

③ PRO, T171/397, R. Hall to E. Plowden, 19 Mar. 1948; 'Budgetary prospects and pol-icy, 1948-52', R. Hall, n. d.; Budget Committee, 20 Apr. 1948; budgetary problems and disinflation, 9 Dec. 1948; PB (48) 6, Budget Committee, memorandum on tax revi-sion, received by Sir E. Plowden from a non-official source; PB (48) 8, comments by the Board of Inland Revenue on the paper received by Sir E. Plowden, E. StJ B., 24 Dec. 1948; PB (48) 2, 'Simplifying the income tax', 7 Aug. 1948; E. E. Bridges to chancellor, 10 Sept. 1948; T171/420, reform of the tax system, 8 Dec. 1950; paper 1, 'Simplifica-tion of the income tax', 8 Dec. 1950; paper 2, 'Further proposals for simplifying the tax system', 8 Dec. 1950; T171/419, E. E. Bridges to chancellor, 23 Jan. 1951; Gaitskell, 25 Feb. 1951; T171/398, BC (49) 29, 'Enquiry into the taxation of industry: note by the Board of Inland Revenue', E. St J B., 3 Mar. 1949; T171/427, Hall to Plowden, 'Taxation enquiry', 18 May 1950.

第七章 "税收的致命打击"：1945～1951年工党与国家重建

这些核心问题是亚瑟·科克菲尔德（Arthur Cockfield）[1]提出的。科克菲尔德曾是国内税收局的官员，后来加入了保守党研究部（Conservative Research Department）。税收形式对经济行为和激励手段的影响是一个棘手的问题：现在的税率是否过高？直接税和间接税比例是否可以接受？税收和社会服务的关系是什么？税收如何影响工人、专业人士、经理人和公司受到的激励政策和他们本身的风险承受能力？税收对储蓄和资金支出有何冲击[2]？工党政府认为需要对这些棘手的问题进行调查，因此指派某委员会探讨贸易利润税；并成立了新的皇家委员会作为利润税和所得税顾问。

在关于财政体系的长时间辩论之初，工党政府就已经失去权力。究其核心，财政体系的问题不过是战后英国"付出少，生产力低"特征的部分表现。通过净利润追求经济增长，牺牲利润提高受工会限制的工薪，资本市场活跃的弊端，这三者与低层次的价格竞争并存。布罗德伯里（Broadberry）和克拉夫茨（Crafts）评论道，工人和经理人勉强同意各退一步海阔天空[3]，而这是通过权衡利润税和工资限制形成的，牺牲了生产力以控制通胀。若想改变"付出少，生产力低"的社会，需要改变政策以鼓励竞争、削弱工会和工业联合会的力量，并愿意让企业获得更高利润。不过，保守党是否有能力对财政体系作出重要改革，以及1964年大选失败前保守党毫无政绩的情况是否限制了保守党人，目前尚不清楚。

---

[1] 弗朗西斯·亚瑟·科克菲尔德（Francis Arthur Cockfield，生于1916年）曾就读于多弗尔文法学校和伦敦政治经济学院。1916年其父亲在索姆河上被害。1938年他进入国内税收局工作，1942年取得律师资格，1945年担任国内税收局委员会助理秘书，1945～1952年担任统计与情报负责人，1951～1952年担任国内税收局委员。他后来离开了国内税收局进入博姿集团，1953～1961年担任财务经理，1961～1967年担任总经理。1962～1964年和1982～1983年他两度担任英国全国经济发展委员会（NEDC）成员。1973～1977年担任价格委员会主席（Price Commission）。1978年他受封上医院终身贵族，1979～1982年担任财政部大臣，1982～1983年担任国家贸易秘书（secretary of state for trade）和英国贸易委员会主席（president of the Board of Trade），1983～1984年担任兰开斯特公爵郡大臣。1985～1988年他担任欧洲共同体副主席。[*Who's Who* 2001（London, 2001），p. 415.]

[2] PRO, T171/427, enquiry into the taxation of income: review of the field (first draft, Feb. 1950).

[3] Broadberry and Crafts, 'British economic policy', 83.

第八章 "英国经济体系中一个最有害的障碍":1951~1964年保守党与税收

"无论是对于多加班还是对于创业行为,高税收都会减少这两者的动因。一方面,高税收不利于个人储蓄,会减少公司用于生意扩大和更新的资金。另一方面,高税收总是导致无用支出,企业不得不把精力浪费在找出新的避税对策而非工艺上。"

——Bodleian Library, CPA, CRD 2/10/11, notes for Mr Heathcoat Amory, 27 Apr. 1959 (B. Sewill)

"公共开支的征收体系是历史的产物,它产生的目的不一定是为了提高经济效益、实现充分就业、保持经济增长可持续。"

——PRO, PREM11/3304, note to prime minister on Treasury paper on 'Economic growth and national efficiency', 12 July 1961

"……我们需要一个全新的方式来探索税收对经济发展的影响。目前我们对于税收影响经济的讨论……仍停留在19世纪的公平论而非税收对于经济的影响本身。关于更大的议题的讨论不应当受到税收和关税部门的限制;当然,具体如何变化,我们必须闭门磋商,但是我们必须着眼于更多长期问题上。"

——PRO, T230/579, 'Elements of a policy for economic growth', F. R. P. Vinter, 27 Feb. 1961

"一件周期长、进度慢的苦差事"

1951年丘吉尔带领保守党重归下议院。当时,政府收入占国民生产总值的比例达到了历史新高:边际税率高达98%,遗产税高达80%,购置税依旧征收,并新征一项高额的差别利润税。新保守党政府如何应对这些财政体系的主要变化?它是否会像上届工党政府执政末期不少财政部官员期望的那样,

第八章 "英国经济体系中一个最有害的障碍":1951~1964年保守党与税收

全面改变税收体制,创造激励因素,实现经济效益?抑或税收体制其实十分坚挺,无法改变?

新政府面临的紧迫问题,和丘吉尔19世纪20年代在财政部工作时解决的问题很相似:如何让尽可能多的选民享受到税收减免,以及如何刺激经济。此时丘吉尔已无力打造一个全新的英国社会,而此时的财政部长R. A. 巴特勒(R. A. Butler)①也不如丘吉尔1925年那样富有创造力。至少在保守党人看来,现行税制失败的原因很简单。正如约翰·博伊德-卡本特(John Boyd-Carpenter)②所说:现状并非来源于公平地分配税赋的努力。在过去的六年中,社会对"高收入群体"一直存在偏见。多数工人的生活水平有了提升,但其他工人的生活则有所恶化。改变目前的状态并不是对每个人都公平③。卡本特还说,财政预算应当解决工党在财政政策上的"偏见":工人受益于周薪提升,中产阶级则因通胀和高税收而备受打击。附加税限额自1918年起就没有变化过,因此对于"最有价值的管理人才和职业人才"来说,若其薪水超过2000英镑,则需要缴纳附加税,这导致他们的实际收入低于二战之前④。更重要的是,收入在500~2000英镑之间的一般中产阶级夫妇,其社会地位较1938年有所下降。

诚然,一些丘吉尔政府的官员担心高税收会扰乱社会。1954年伍尔顿

---

① 理查德·奥斯汀·巴特勒(Richard Austen Butler, 1902—1982)生于印度,其父是在印度担任公务员。他曾先后就读于马尔波罗中学和剑桥大学彭布罗克学院,后在剑桥大学圣体学院担任教职,并和科陶德家族(Courtauld family)联姻,从此不愁收入。之后他进入政坛,1929~1965年担任下议院保守党议员。1932~1937年他担任印度副国务卿,1937~1938年担任劳工部政务次官,1938年起担任外交部政务次官,支持绥靖政策。1941年他成为教育委员会主席和保守党战后问题委员会主席。1945年起他担任劳工部大臣;其后在保守党作为反对党期间他担任保守党研究部的主席,助理修正政策。1951~1955年他担任财政大臣,期间他兼任掌玺大臣和下议院议长。1957年他成为内政大臣,1959~1961年兼任保守党主席。他同时负责内阁委员会,负责对加入欧洲经济共同体谈判的监督工作。1962年,他被调离内政部,成为第一国务大臣,负责中非事务;1963~1964年担任外交大臣。1964~1977年他担任剑桥大学三一学院院长。[*DNB, 1981-5*, ed. Blake and Nicholls, pp. 62-8; Robbins (ed.), *Biographical Dictionary*, pp. 62-8.]

② 约翰·博伊德-卡本特(John Boyd-Carpenter, 1908—1998)曾先后就读于斯托中学和剑桥大学贝利奥尔学院。1934年他成为律师,1945—1972年担任下议院保守党议员。1951~1954年担任财政部财政秘书,1954~1955年担任交通与民航大臣,1955~1962年担任社会保障部部长,1962~1964年担任财政部秘书长和生计长官。1964~1966年他担任反对党住房与地方政府事务发言人,1964~1970年担任公共账目委员会主席。1970~1984年他先后担任罗格比波特兰水泥公司(Rugby Portland Cement)的总经理和董事长,1972~1977年担任民航局主席。[*Who's Who* 1998 (London, 1998), p. 222.]

③ 公共档案办公室T171/409,J. A. 博伊德-卡本特致财政大臣的信,1952年2月18日,标准所得税税率。

④ 公共档案办公室T171/422,关于预算政策的初稿,安东尼·巴伯(Anthony Barber),1952年1月11日;亦见J. 唐尼(J. Downie)关于情况被过分强调恶化的声明,1952年1月15日。

(Woolton)① 称税收问题"较其他政府面临的问题更加紧迫,更加根深蒂固",税收应当降低以保持创业、竞争和就业。在伍尔顿看来,国家的繁荣有赖于是否有很多能力强的人才和相对更多的公司愿意承受风险,因为这些人可以利用新的发明打开新的市场;另外贸易有赖于利润。伍尔顿认为如果50%以上利润增值、95%以上的额外收入都用于缴税,"就没有理由期待承担风险的热潮继续高昂。"有人期待将最高75%的税率逐渐降低,这样才能激发人们的积极性。但是,内阁对减税的讨论十分谨慎。虽然内阁认为减税在经济上可行,但是巴特勒十分清楚政府政策的成本正在增加。1955年时,他表示只要没有缩减开支计划,他就仍不看好提高税收。而且,如果内阁不愿意削减社会服务,他并不看好大幅、迅速的减税措施。他的政策对于政治并不有利,多年来都是一件"周期长,进度慢的苦差事"。他的政策一方面意味着反对增加社会服务的开支和削减成本;另一方面,意味着逐步提高生产力,以减轻实际开支负担。"这不是个令人喜悦的前景",他承认,"但是这是我们唯一可以选择的。②"

这一意义对于下议院保守党议员十分明了:工党认为由于国家可以高效、低成本地满足大多数公民的需求,保证人们的净收入都处于500~2000英镑之间。但其结果却是逃税、避税行为,极大损害了公司的商业道德,减少论辛勤工作和承担商业风险的刺激因素,私人储蓄受到威胁。巴特勒情愿做这一件周期长、进度慢的苦差事,实则让他充满了担心,他提醒丘吉尔,"现在高社会支出的社会结构是社会主义者苦心孤诣打造的,保守党政府必须将其长久保持下去,至少不要改变这种结构。或许高社会支出不可避免,但大臣们在认定事实前应当直面这一状况。③"总体而言,大臣们的确接受了高支出

---

① 弗雷德里克·詹姆斯侯爵(Frederick James Marquis,1883—1964)即伍尔顿伯爵生于索尔福德一马具商家庭。他曾先后就读于兰开斯特文法学校和曼彻斯特大学。毕业后他先后担任教师和利物浦一安置点管理员。一战时期他供职于军需机构;战后他加入路易斯董事会的百货商店,后升至总经理和董事长。20世纪30年代,他担任极端贫困地区(areas of special distress)专员,并供职于一委员会(该委员会思考二战期间轰炸事宜)和飞机制造工业。1939年他推出了一个向庞大的军队提供军服的项目,并成为军需部部长。1940年他成为上议院贵族,并被任命为食品部大臣。1943年他被任命为重建部大臣。1945年他加入保守党,1946~1955年他担任保守党主席。1951~1955年他是一名内阁大臣,担任非政府职能职位。[DNB, 1961-70, ed. Williams and Nicholls, pp. 728-31; Robbins (ed.), Biographical Dictionary, pp. 292-3.]

② 公共档案办公室PREM11/653,C(54)22,1954年1月21日,内阁:政府的融资渠道和税收的影响:兰开斯特公爵郡大臣和材料部大臣的备忘录;C(54)83,1954年3月2日,内阁:政府的融资渠道和税收的影响:财政大臣备忘录;CC(54),结论14,会议记录7,1954年3月3日。

③ 公共档案办公室PREM11/653,诺曼·布鲁克(Norman Brook)致首相的信,1954年3月2日,税收。

198

第八章 "英国经济体系中一个最有害的障碍": 1951~1964年保守党与税收

的不可避免性以及巴特勒的"周期长、进度慢的苦差事"。减税应是经济稳增长的结果,而非通过激励承担商业风险、刺激个人消费积极性来刺激经济的方式。

通常而言,财政体制变革都是由一些意志坚定的财政大臣带来的,对于希望保持现存财税结构的保守派官员们,财政大臣会试图改变后者的态度。财政部和国内税收局有一套既有说辞解释为什么变革是不可能的,这种技术权威让大多数财政大臣束手无策,无法按自己的想法一展身手,除了像劳合·乔治、丘吉尔或道尔顿这些有清晰的想法的强势人物。1951~1964年间的税收体制多少有些不同,至少罗伯特·霍尔等官员发出了变革财政体系的声音,但是拥有权威的税收部门和财政政策制定者却限制了关于变革的长期策略性讨论,束缚了官员们的作为。政府机构的运行方式就意味着对税务体系作出重大调整十分困难。自二战结束起,每年都会成立一个预算委员会,成员来自财政部、国内税收局、海关和货物税收署和贸易委员会;一些大臣的观点通常都被委员会主席看重,而大多讨论都是在这些大臣缺席的情况下产生的。在财政部内,经济处负责提供建议和意见,因此通常与负责行政的官员有矛盾。从根本上说,预算委员会考虑两点:一是当前经济形势以及管控需求的必要性,二是政府对财政收入的要求。预算委员会主要关注来年的预算规模。委员会会考虑税收的总体结构、直接税和间接税的比例、使用投资补贴刺激生产力、出口刺激的可能性等问题,将问题交由各部门,并要求提出对策,但是通常的结果就是维持现状。海关和货物税收署一般会表示现存的间接税好于任何彻底的变革;国内税收局的说法均基于任何变化都会损害政府与纳税人之间的关系。但是,国内税收局与关税和货物税收署既没有专业的经济学家,也没有真正重视税收经济学方面的建议。在财政部长的要求下,两部门就财富税的经济影响完成了一篇报告,体现了他们的态度。D. J. S. 汉考克(D. J. S. Hancock)[1]评论道,国内税收局的报告由一位官员撰写,他以极其冷静、置身事外的风格总结了经济学家的观点,让人明显感觉经济形势和他毫无关系[2]。这导致了税收体系没有受到宏观规划和影响深远的变革。20世纪60年代时人们意识到了这一体系的问题,开始试着考虑税收对于经济的长期影响,虽然这些努力并不足够。

---

[1] 大卫·约翰·斯托维尔·汉考克(David John Stowell Hancock)生于1934年,曾就读于牛津大学贝利奥尔学院。1957年他加入贸易委员会,1959年起进入财政部工作,1982年在内阁办公室担任副秘书,1983~1989年在教育与科学部担任常任秘书。(*Who's Who 2001*, p. 887.)

[2] 公共档案办公室T320/18, D. J. S. 汉考克的会议记录,1963年11月1日。

1951~1964年，财政大臣十分审慎，担心过激的变化会带来严重的政治问题。人们认识到现存的制度体系和交易对社会的限制作用。1951年霍尔指出，"如果新的大臣是保守党人，那么他们几乎不会痛下决心，既不会承诺改善社会服务，也不想导致失业率升高，更不愿意让税收的累退程度更高。①"从多个角度看，霍尔和其他财政部官员的视角更加清晰，明白如何改变税收体系以调动积极性。相反，财政部大臣或在职时间不够长，或不具备专业能力，因此无法对税收体系进行大刀阔斧的改革，毕竟他们总会担心改革的政治后果。

保守党执政的13年内，曾先后有6名财政大臣供职于财政部，而只有一位拥有清晰的改革计划但却最终选择辞职，他就是彼得·桑尼克罗夫特（Peter Thorneycroft）②，他的团队还包括伊诺克·鲍威尔（Enoch Powell）③ 和奈吉尔·博齐（Nigel Birch）④。任职时间最长的财政大臣是巴特勒，他于1951年就任，当时社会期待财政大臣可以完全颠覆工党先前的财政政策，但是巴特勒完全辜负了这些期待。他强烈感觉到政策的复杂性，因此采取措施时十分谨小慎微，以至于财政部一些具有冒险精神的成员抱怨其"类似跑车仪表盘上有缺陷的油表指针，在不同的部门间摇摆不定，让人捉摸不清其思考的深度。"霍尔对巴特勒的"优柔寡断"和"明显的怯懦"十分失望，连埃德

---

① A. Cairncross (ed.), *The Robert Hall Diaries*, 1947 – 1953 (London, 1989), p. 174.
② 乔治·爱德华·彼得·桑尼克罗夫特（George Edward Peter Thorneycroft, 1909—1994）于1934年担任律师，1938~1966年担任下议院保守党议员。1951~1957年他担任贸易委员会主席，1957~1958年担任财政大臣，1960~1962年担任航空部大臣，1962~1964年担任国防部大臣。1964~1966年担任影子内阁内政大臣。当撒切尔夫人成为保守党党首时，她邀请桑尼克罗夫特担任保守党1975~1981年的主席，承认其是自己货币财政紧缩的先驱。[Robbins (ed.), *Biographical Dictionary*, pp. 400 – 2.]
③ 约翰·伊诺克·鲍威尔（John Enoch Powell, 1912—1998）生于伯明翰，曾先后就读于爱德华六世国王学校和剑桥大学三一学院，并担任三一学院教职，后来到悉尼大学担任希腊语教授。二战后他供职于保守党研究部。1950~1974年他担任下议院保守党议员。他曾反对英国加入朝鲜战争，反对英国成为欧洲煤钢共同体成员，反对英国撤出苏伊士运河。1955年起他代表住房与地方政府担任议会秘书，1957~1958年担任财政部财政秘书。1960年他被委任为卫生部大臣，直至1963年。他曾是影子内阁一员，但却因其关于移民的演讲而于1968年被逐出影子内阁。1974年他脱离了保守党，成为下议院北爱尔兰统一党议员，任职至1987年。[Robbins (ed.), *Biographical Dictionary*, pp. 344 – 6.]
④ 伊夫林·奈吉尔·切特伍德·博齐（Evelyn Nigel Chetwode Birch, 1906—1981）是一个将军的儿子，曾就读于伊顿公学，后成为股票经纪人。1945~1970年担任下议院保守党议员；他批判凯恩斯主义，主张"公共财政要绝对正直诚信"。1951年他担任航空部政务次官，1952年担任国防部政务次官。1954年他成为工程大臣，1955年担任空军大臣，1957~1958年担任财政部秘书，后不再在政府任职，成为批评人士，批判麦克米伦的宽松扩张性政策。（*DNB*, 1981 – 5, ed. Blake and Nicholls, pp. 37 – 8.）

第八章 "英国经济体系中一个最有害的障碍": 1951~1964年保守党与税收

温·普洛登（Edwin Plowden）①也无法弥补巴特勒的"无能和犹豫"②。诚然，对巴特勒的批评或多或少都没有抓住重点：常任官员应当制定创新性财政策略；政治家们赢得选举后需要平衡各方利益。给中产阶级高额的税收减免是否正中工党下怀，证明了其"保守党自私地牺牲穷人的利益帮助富人"的正确性？工会会员是否会继续主张提高周薪？像丘吉尔1925年制定的涵盖范围更广的政策才是时代所需。最重要的是，调整税率意味着在经济增长和竞争力方面增加刺激因素和投资。需要保守党大臣搞清楚的是，高个人税会将积极性和个人储蓄缩小到什么地步。是否应当将税收减免集中在高收入人群中，鼓励储蓄？公司税的真正问题是什么？或许应当改变税收体系，让公司变得更加资本密集。工党激励留存利润的措施是否是刺激投资的最佳方式也是应当思考的。这些问题需要的不光是在税率方面做一些小的修改，但是政府部门在讨论财政政策时却主要基于短期考虑，这很难改变。

这一状况让保守党内部意志消沉，不光因为税收"是英国经济中最大的不利诱因"，还因为中产阶级对税收的痛恨可能"将我们拉下政坛，就像先前它将工党拉下政坛一样。"1954年，保守党研究部（CRD）指出应迫切对中产阶级减税：

> 成功的投资不只意味着资金流向资本设备，还要流向资本设备的所有者。我们致力于激发社会的工作热情，激励有能力、受过培训、有责任感的人，重视能力。我们希望让每个人都储蓄并投资③。

巴特勒的政策被称为"周期长而进度慢的苦差事"，说明改变很少。截至1957年，中产阶级选民的不满日益膨胀，可能对保守党的选情造成威胁。

---

① 埃德温·诺埃尔·普洛登（Edwin Noel Plowden, 1907—2001）曾先后在瑞士和剑桥大学彭布罗克学院就读。起初他没有工作，接着做了一些体力工作，后来加入了一个城市商品经销商公司。二战期间他供职于经济作战部，1940~1946年供职于航空生产部。他联系了克里普斯，后者于1947年指派他为总策划，并和罗伯特·霍尔共同领导经济处。二人对克里普斯和盖茨克尔有深远的共同影响，但却与巴特勒关系紧张。1953年，他被调至原子能机构，1954~1959年担任原子能管理局局长。他后来又从事商业，1960~1977年担任国民威斯敏斯特银行经理，1976~1990年担任钢管投资公司董事长。他也在政府部门供职了很长时间，1959~1961年他领导财政调查委员会调查了公共开支管控工作。（*Who's Who 2001*, p.1654; obituary by Alec Cairncross, *Guardian*, 17 Feb. 2001.）
② 公共档案办公室T171/423，不知名人士致布里吉斯的信，1952年2月15日：1952年预算；A. 凯恩克劳斯编著，《霍尔日记，1947-1953年》（*Hall Diaries, 1947-1953*），254，271页。然而，霍尔承认他喜欢巴特勒，"我并没法弄清楚他的想法，这可能是因为他的个人魅力"（第191页）。
③ 公共档案办公室T171/422，预算政策初稿，A. B., 1952年1月11日；CRD 2/10/12，道格拉斯致弗雷瑟（Fraser），1956年9月25日：代主席起草的致克里斯罗勋爵（Lord Clitheroe）的回复初稿；保守党研究部2/10/8，税收减免记录，1954年12月21日。

1957年1月，哈罗德·沃特金森（Harold Watkinson）① 提醒新首相哈罗德·麦克米兰（Harold Macmillan）② 应当采取新的措施，让收入在500~2000英镑间的中产阶级不再痛苦。他告诉新上任的麦克米兰，其"强硬领导"的首要目标应是：

> 刺激这部分（收入在500~2000英镑间的）群体的积极性，让他们找到自己的目标。这意味着我们应当将民主政策集中到支持私营企业上，如从事交易、商贸、工业等方面的私企……我们还应当让中产阶级有机会通过自身技艺和进取心获得更多财产。
>
> 如果我们能让每个人都努力奋斗以进入中产阶层，让这个阶层更大更兴旺，我们就应当拉拢很多成功的工会成员。这样，我相信我们能为提高产出和提升效益打下坚实的基础，这正是我们走向繁荣所需要的③。

麦克米兰和他的新财政大臣乔治·爱德华·彼得·桑尼克罗夫特能否直面挑战？

由于受到了沃特金森的提醒，麦克米兰向保守党研究部提交了声明，声明中流露出一种贵族的傲慢："中产阶级这个词我听到过太多回了，但他们真正想要什么？研究部能不能把他们的诉求记录在便签纸上，我来看看我们能不能满足他们。"麦克米兰根本没有重新思考税制及其经济影响，而保守党研究部也仅仅表示愿作出微小的让步，对依靠低额固定收入的老年群体提供帮助④。一位后座议员很清楚中产阶级的需求。他告诉桑尼克罗夫特，为了帮助

---

① 哈罗德·亚瑟·沃特金森（Harold Arthur Watkinson, 1910—1995）先后就读于唐顿女王学院和伦敦国王学院。1950~1964年他担任下议院保守党议员，1951~1952年担任交通与民航部的私人政务次官，1955~1959年担任交通与民航部大臣，1959~1962年担任国防部大臣。1963年他转投商业，1963~1974年先后担任吉百利食品公司经理和董事长。1968~1977年担任英国卡伦德绝缘电缆公司（BICC）主管，1970~1983年担任米兰银行行长，1976~1977年担任英国工业联合会主席。（Who's Who 1996, p. 2018.）

② 毛里斯·哈罗德·麦克米兰（Maurice Harold Macmillan, 1894—1986）生于一个出版商之家，先后就读于伊顿公学和牛津大学贝利奥尔学院。结束服役后，他成为加拿大总督德文郡公爵的副官，后与公爵之女成婚。后来他进入了家族出版公司，但是他爱好政治和贵族社会。1924~1929年和1931~1964年他两度担任下议院保守党议员。20世纪30年代，他尝试构建一种融合了经济和计划的中间道路。1940~1942年他担任军需部的政务次官，1942年担任殖民地副秘书，1942~1945年担任北非地区国务大臣。1951~1954年担任住房部大臣，1954~1955年担任国防部大臣，1955年出任外交大臣，1955~1957年担任财政部大臣，1957~1963年担任首相。[DNB, 1986-90, ed. Nicholls, pp. 276-82; Robbins (ed.), Biographical Dictionary, pp. 287-91.]

③ 公共档案办公室PREM11/1816，交通部大臣H. 沃特金森（H. Watkinson）致首相，1957年1月11日。

④ 公共档案办公室PREM11/1816，麦克米兰致迈克尔·弗拉瑟（Michael Fraser）的信，1957年2月17日；弗拉瑟致麦克米兰的信，1957年2月25日；麦克米兰致财政大臣的信，1957年2月25日。

第八章 "英国经济体系中一个最有害的障碍": 1951～1964 年保守党与税收

中产阶级纳税人,必须重塑整个税收体系:

> 让接下来的预算作为全面改革税收体系和减轻税负的第一步,让它就像好莱坞大片的片头一样重要!首相和财政部长已经给我们提供了一个政治主题——"机遇和正义"。所有的公司、事业机关和个人都有权获得机遇。当今对绝对公平的着迷都不利于机遇和正义[①]。

桑尼克罗夫特明白这一观点的力量。但是一些更谨慎的政府官员认为,当今的财政体系是一战期间形成,并由艾德礼政府批准的,将其废除并不可行。改革财政体制的后果并不会像好莱坞大片那样恢宏,只会沦为 B 级片。1951～1964 年变革受到了严厉的限制。在这一情况下,财政大臣还能做什么呢?

间接税和出口刺激

一种可行的改革措施是重塑购置税并提升间接税比重,从而扭转长期以来对高额直接税的依赖。这一变化有利于出口,将会让英国税收体制向间接税基广泛的欧洲大陆看齐。1959 年,英国总体的间接税水平占政府收入和国民收入总值的比例为 48.4%,实际上略高于德国的 46.6%,显著低于法国的 59.7%。突出的问题是间接税的不同形式。英国的税收高度依赖啤酒、烈酒、烟草和汽油等少数商品的税收,以及涵盖面小但是内部极差较大的购置税(即不同商品的购置税水平与平均水平差异较大)。对比之下,法国和德国的体系更依赖于一般的流转税,其占政府财政收入的比例分别为 25.3% 和 34.7%[②]。英国的官员、政治家和经济学家担心财政体系对商品的相对价格影响不当,增加了出口成本,扭曲了经济。也许他们有所夸大,过于强调税收的影响而非其他导致生产率增长慢的原因。然而,很多人认为如果英国财政体制和欧陆合流,英国经济会更具竞争力。首先,对间接税的依赖可以使收入税和利润税等直接税税率降低,从而刺激人们承担商业风险,鼓励人们储蓄,使英国经济竞争力更优、生产力更强。弗兰克·鲍威尔(Frank Bower)对此评论:"创新成功可以给人们带来回报,

---

[①] 公共档案办公室 T171/479,大卫·普莱斯(David Price)致桑尼克罗夫特的信,1957 年 2 月 7 日。

[②] 鸣谢国家档案(Archives National)的弗朗西斯·林奇(Frances Lynch)提供给法国和德国的数据,财政部 B25335,欧共体委员会的指示,1962 年 10 月 31 日;英国的数据来源于公共档案办公室 T171/593。亦见其后的表 10.1。

对于这种回报,政府不应提高税。更好的政策是提高个人满足式消费的价格,并鼓励人们储蓄。"第二,更多依赖于间接税可以增强英国在出口市场中的竞争力。关贸总协定(GATT)对直接税禁止一切出口退税,但允许间接税的出口退税。最终,一些英国的出口商需要缴纳高额的直接税,他们称与竞争对手相比,自己处于不利地位。诚然,这一反对间接税的论调称间接税是累退税——鲍威尔反对这一说法,并把矛头指向穷人享受的社会福利和资产阶级地位的相对下降。政府是否有意愿改变财政体系,把直接税变成间接税[1]?

诚然,无论是作为财政收入的来源还是调控经济的方法,购置税都不是完美的。贸易委员会的弗兰克·李(Frank Lee)[2] 从实用主义的角度声援购置税改革,称"购置税一团糟,其基础不合理也不严密"。1957年,桑尼克罗夫特批判购置税,称购置税"完全无法让人满意,前后矛盾,充满歧视,税基狭窄,对上层人士近乎为一种惩罚,扭曲了工业生产的自然模式。变革购置税对零售业主是一个沉重而不确定的负担"。购置税税率很高而且级差大。1954年,购买实用商品得以享受免税,基本税率为33.3%,半奢侈品税税率66.7%,奢侈品税税率为100%。最终市场畸形。特别地,贸易委员会指出,非实用商品价格高昂,国内对高质量商品的需求减少,对出口市场影响严重[3]。

购置税的两大目的是相互矛盾的:引导消费和提供财政收入来源。二战期间购置税来源于对市场作用的争论。凯恩斯反对购置税,他倾向于取消税收带来的过度消费和滞后的支付,并根据个人的喜好让他们自行购买商品。与之相对比,购置税会让消费者市场受到管控,使用配额、实用商品和不同的税率改变消费形势。与购置税不同,统一的销售税则不光让消费者在市场内自由作出选择,还能大幅提高财政收入。1963年英国工业联合会明确了这一点,称转向间接税更适合一个能自由决定开支的富裕

---

[1] F. Bower, 'Some reflections on the budget', *Lloyds Bank Review* n. s. 65 (1962), 36 – 7.
[2] 弗兰克·果德波尔德·李(Frank Godbould Lee, 1903—1971)生于科尔切斯特的一个教师之家。他曾就读于剑桥大学唐宁学院,还进入印度公务员机构。他后来进入了英国殖民部,1940年进入财政部供应部工作。1944年他远赴华盛顿担任财政代表团的副团长。1946年他担任军需部副秘书,1949年担任食品部常任秘书。1951年调至贸易委员会,1960~1962年调至财政部工作,担任常任秘书,负责财政和经济政策。1962年起他担任剑桥大学圣体学院院长。(*DNB, 1971 - 80*, ed. Blake and Nicholls, pp. 493 – 4.)
[3] 公共档案办公室T171/434, F. 李致E. 普洛登, 1952年10月21日; F. 李致布里吉斯, 1953年4月10日; T171/484, F. 李致R. 马金斯(R. Makins), 1956年11月5日; T171/479, P. 桑尼克罗夫特的文件,间接税,日期不详。

第八章 "英国经济体系中一个最有害的障碍":1951～1964 年保守党与税收

社会:

> 当今英国税收体系的原则和概念,基本上是 19 世纪流传下来的,那时很多工人阶级仍然生活在温饱水平。现如今,财富逐渐增长,个人消费选择空前丰富,是时候重新审视旧的看法了。因此我们希望摒弃一些反对间接税的旧偏见①。

关于这一点,富裕的消费者市场改变了财政体系的性质,让转变消磨积极性的直接税成为可能。这一变化在带来高额财政收入的同时对积极性和出口的负面影响较小,对致力于建设富裕消费者社会的保守党政治家极具吸引力。

贸易委员会提出的解决方式是清除购置税的枷锁,对很多商品征收统一的低额零售经营税,并由零售商征收该税。应该放弃一切企图用不同商品间的差别税率来规划经济的努力;相反,应当改变税率统一的销售税,对贸易流程的不同环节制定不同的税率,进而改变消费和通胀水平②。这样,改革间接税会得到有力的支持,但是在 1964 年保守党大选失败前成就很少。征收销售税会导致财政体系完全改变,在政府机关中也存在极大的惰性。海关和货物税收署有责任收缴税收并继续支持容易管理的购置税,这牵扯到相对少数的批发商。委员会坚持认为与众多零售商打交道会造成无法克服的行政难题,也非常容易导致偷税、财政收入减少。最终,将购置税推至更多商品将不大可能,也不会形成扩大消费的基础③。

很多保守党政治家也抱有与海关和货物税收署一样的担忧,担心连涵盖范围更广、税率差别较小的购置税都不够公正、不够可行。降低奢侈品的高

---

① 现代档案中心 FBI MSS 200/F/3/E7/1/4,委员会关于财政体系平衡的报告;FBI MSS 200/F/3/E7/1/5,税收委员会,1963 年;1964 年预算:财政体系平衡。
② 公共档案办公室 T171/434,"购置税的未来:贸易委员会文件"(The future of purchase tax: note of Board of Trade),日期不详;F. 李致 E. 普洛登,1952 年 10 月 21 日;文件,1952 年 11 月 12 日;F 李致布里吉斯的信,1953 年 4 月 10 日;T171/438,购置税:在财政大臣房间会议的会议记录,1953 年 11 月 30 日。关于将销售税作为管理经济的更好方式,而非诉诸购置税或实行购买限制,见 T171/484,F. 李致 R. 马金斯的信,1956 年 11 月 5 日;T171/492,R. 马金斯爵士房间会议的会议记录,1957 年 11 月 26 日。关于实行销售税的一个更加谨慎的看法,见 T171/434,"购置税的未来",贸易委员会,1952 年 10 月 8 日;"购置税的未来,第一部分",贸易委员会,1952 年 8 月 25 日;"购置税的未来,第二部分",贸易委员会,1952 年 8 月 30 日。
③ 公共档案办公室 T171/414,BC(52)34,"购置税的未来:关税和货物税收署文件",1952 年 12 月 23 日;BC(53)9,"来年预算中的购置税"(Purchase tax in the next budget),关税和货物税收署文件,1953 年 2 月 4 日;T171/452,C&E(54)1,购置税,1954 年 11 月 12 日;T171/475,"消费品税"(Taxation of consumer goods),关税和货物税收署文件 1955 年 12 月 5 日;H. 布鲁克(H. Brooke)致经济秘书和财政大臣的信,1955 年 12 月 6 日。

额税收有利于富裕的消费者，而他们则会因所得税降低、间接税增加而受益①。同时，穷人也不再享有食品补贴，扩大间接税也会导致物价继续上涨。1951年起保守党执政后，对基本食品、福利和税收的补贴合三为一，使个人的盈亏变得十分复杂，经济面临着被扭曲的危险。1952年海关和货物税收署指出，收缴的巨额税收最后又返回到了纳税人手里，这导致了繁杂的金钱转移，经济也受到了扭曲。首先，对一些商品的补贴和对其他商品的高税收影响了不同商品的相对价格。其次，生活补贴的标准容易获得，但是生活水平却因高额的税收而难以提高，抑制了积极性。降低食物补贴可能有其经济意义，至少对于愿意凭借价格信息分配资源的政治家和官员来说是这样，但这并不容易做到。削减补贴的同时，对于那些受到物价上涨打击的人，应予之以相应补贴。巴特勒面临的政治问题是，削减补贴和减免部分所得税只对富人有利。一位参与讨论的人说："我们不能继续削减食品补贴，除非我们采取积极措施惩罚富裕的食利者。"②工党会因削减食品补贴的想法而被批评分裂社会、自私自利，让增加间接税更加困难。诚然，工会大会称"根据公平原则，削减购置税好于总体削减所得税，因为购置税和人们的消费能力不相关。③"诚然，转向间接税不利于工资限制政策，因为工人们会主张更高的周薪，从而应对物价上涨。由于需要控制周薪，财政大臣的操作余地大受限制。

若改变直接税和间接税间的平衡，政治家们需要具备极大的勇气，纵然面临行政或政治方面的质疑也要贯彻改革。唯一准备实行大刀阔斧的改革的财政大臣是桑尼克罗夫特，1957年他坚持预算委员会应当按照德国的重复计征税考虑对食品和服务征收经营税，在原材料到终产品的交易过程中征收。然而预算委员会拒绝这样做，表示除非桑尼克罗夫特点明自己愿意接受一切政治后果。正如后者所抱怨的，公务员非常会维护现状，只强调变革的危险，

---

① 公共档案办公室T171/414，经济秘书致财政大臣的信，1953年2月16日。
② 公共档案办公室T171/422，C&E（52）1，"食品补贴、福利和税收"（Food subsidies, welfare payments and taxation），1952年1月8日；T171/422，某人致布里吉斯的信，1952年2月15日：1952年预算。关于削减食品补贴的争论（"第欧根尼"）和补贴利益受损的人［"塞内高尔"（Senegold）］，见T171/409的文章；佩登（Peden）：《财政部和英国公共政策》（*Treasury and British Public Policy*），第476页。接受过古典教育的财政部官员知道，第欧根尼称幸福是用最经济的方式满足自然需求。
③ 公共档案办公室IR63/209，工会大会：经济形势和1959年预算。

第八章 "英国经济体系中一个最有害的障碍": 1951~1964年保守党与税收

却不会思考现存体系的别扭之处①。

反对重复计征税的人同样有道理,因为每个生产环节缴纳的税收都会导致公司间的公平问题。税收的归宿决定于其整合程度:境外生产商的忠实买主将承担这种流转税,他们的处境相对于依赖境内供应商的商行更加不利。最终,在欧洲共同体内调和间接税的基础是法国的增值税(TVA, taxe sur la valeur ajoutée)而非德国的重复计征税②。法国1954年开始征收法式增值税,用于解决现存的销售税问题(该税自1920年起征收)和生产税问题(该税自1937年征收)。但是法国的政治背景完全不像英国这样,征收统一的销售税,对富人有利而对穷人不利。在法国,一战以来备受争议的财政体系取得了极大进步。共产主义联盟和美国经济合作部(United States Economic Co-operation Administration)都认为,现存的销售税是不公平的,给工人劳动力施加了巨大的负担。支持共产主义的工会首先提议征收增值税,后来则提议进行现代化。"现代化主义者"称增值税将会给予投资更多优惠,而非现存的生产税,以提高生产力和经济增长。税赋将会成为国民收入的一部分③。法国实行的税收,源于一系列特殊的环境,说明了法国的税收问题十分严重,急需解决,以及法国国内"现代化主义者"的力量

---

① 公共档案办公室T171/479,桑尼克罗夫特文件,间接税,日期不详;T171/487,预算委员会的会议,1957年9月13日;财政大臣房间的会议,1957年12月4日;T171/488,"更大的间接税税基"(A broader base for indirect taxation),EWM,1957年12月6日;罗杰·马金斯爵士房间的会议记录,1957年11月26日;T171/492,间接税,P.桑尼克罗夫特,1957年9月9日。桑尼克罗夫特希望将公共开支降低1.53亿英镑以控制通货膨胀,即使这会导致失业问题;他最终与内阁达成了一致,但是只将公共开支削减1.05亿英镑。他主要担心通货膨胀冲击中产阶级,因为通货膨胀不光源于对提高周薪的需求(公众的主要抱怨),还源于高公共支出和货币供给失控。见E. H. H. 格林(E. H. H. Green),"1958年财政部集体辞职:重新思考"(The Treasury resignations of 1958: a reconsideration),《二十世纪英国历史》,第十一册,2000年,409-430页;佩登,《财政部和英国公共政策》,486-493页。财政部辞职的意义是,官员们原先试图控制通胀,但现在主要关注管控工资增长,霍尔认为这比货币供应更重要。因此,财政体系改革需要顾及工会的态度,以此才能"用钱换到"工资限制。通货膨胀还会降低竞争性,导致出口刺激堪忧,而这两者在保守党执政末期占据了税收讨论的主要部分。关于对导致工资增长的通胀的评价,见T. W. 哈金森(T. W. Hutchinson),《英国的经济学和经济政策:1946-1966年》(Economics and Economic Policy in Britain, 1946-66)(伦敦,1968年),138-150页;E. H. H. 格林(E. H. H. Green),"保守党、国家和选举人"(The Conservative party, the state and the electorate),选于M. 泰勒(M. Tylor)和J. 劳伦斯(J. Lawrence)版,《现代英国的政党、国家和选举人》(Party, State and the Electorate in Modern Britain),阿尔德绍特(Aldershot),1996年,176-200页;洛:"从财政部辞职"(Resignation at the Treasury),将辞职看作拒绝按照财政部的意向参与建设性讨论。

② 关于德国的整合体系,见公共档案办公室T171/492,"累积式流转税:关税和货物税收署的文件"(A cumulative turnover tax: note by Customs and Excise),1957年12月17日。两种财政体系导致了欧洲煤钢共同体内公司的问题,还促进了协调一致;见林奇,"欧洲的税"(A tax for Europe),82页。

③ See Lynch, 'A tax for Europe', 74-6, 80-7.

十分强大。

英国的形势则十分不同。英国官员没有法国官员那样实施政策的权力，政府机关更可能阻碍变革而非强力实施重大变革。诚然，英国税收体系面临的压力与法国不同，在法国的销售税自从1920年来就是一个争议的焦点，工会都希望无法让人接受的间接税可以被取消。在英国，工会认为间接税比直接税更加不公平，因此反对向间接税的转变，并认为购置税是税务中的"奢侈品"而非一种必需。很明显，工资限制政策对于管控通胀十分重要，但这一政策目前十分脆弱，更高的间接税会对其造成威胁。英国工业联合会也并不完全信服增值税的效力，因此于1961年建立了一个基于财政收支平衡的工人政党。联合会关心："未来在制定财政政策时，我们会铭记直接税遏制经济增长的性质以及避免任何形式税收的必要性，因为这会挫伤生产积极性、储蓄和投资。"这一报告着眼于总体税收水平，并特别支持削减利润税和所得税以促进效益和积极性。转收间接税也得到了一些支持，虽然一些人警告间接税对生活成本和薪资限制的负面作用。间接税相比利润税的一个好处是出口需缴纳的间接税更低。但是相对于征收购置税，征收增值税没有优势，因为出口仍然处于免于缴税的生产商和批发商"圈子"，因此不必缴纳税收。因此英国工业联合会称，更广泛地征税会带来更高的财政收入，这可以通过购置税改革轻易办到，其征收和管理环节相比增值税都更加容易。英国工业联合会承认，只有在低收入者能获得更高社会福利的补贴和付出更少的国家福利时，购置税改革才有可能落实。这导致需要另一种税收来补偿低收入者，从而获得更高的财政收入以使削减利润税成为可能——英国工业联合会建议对个人新征财富税。英国工业联合会认为相对于"重建我们的财政体系，用经营税取代利润税"，其采取的一系列政策更加有利[①]。事实上，这一系列政策极具争议性，在政治上实属不成熟。但是这反映了一大难题：在不补贴社会穷人群体，任由其受苦的前提下，能否至少在短期内转向间接税，从而依靠积极性、竞争性刺激经济增长？

1951～1964年，保守党在间接税结构或直接税和间接税的比例问题上毫无进展。特别是由于人们逐渐意识到英国缺乏竞争力以及出口商需要税收优

---

① 现代档案中心，FBI MSS 200/F/3/E7/1/4，委员会关于财政体系平衡的报告；税收委员会，1961年10月12日；FBI MSS 200/F/3/E7/1/5，税收组，1961年11月1日，1961年12月1日，1962年4月11日，1962年10月9日，1963年2月14日，和"用增值税取代购置税和/或利润税的备忘录，1963年2月28日"（Memorandum on the replacement of purchase tax and/or profits tax by a tax on added value, 28 February 1963），1963年3月14日；税收委员会，1962年10月9日，1962年10月23日。

第八章 "英国经济体系中一个最有害的障碍"：1951~1964年保守党与税收

惠这一问题，更多彻底的变革都经历了讨论。无论是支持还是反对增值税，都与这一狭义的问题相关，让人无暇思考变革的其他正当性。1960~1961年，财政部、国内税收局、海关和货物税收署以及贸易委员会经过对税收刺激性的讨论，发现现存的税收体系给予的出口刺激无法与关贸总协定相兼容。唯一可能的措施是变为销售税或流转税。起初，贸易委员会会长雷金纳德·麦德宁（Reginald Maudling）[①] 就接受了变革的提议。他评论道，可变式流转税能更好地管理消费者需求，并使对出口商的税收减免成为可能。但是财政大臣对实际操作和政治十分警惕，倾向于选择更简单的方式，这种方式能通过管控需求征收附加费。通过降低税率和缩小差额税的方式逐渐调整、简化购置税可以以"正当的方式"将购置税变成财政收入的长期来源，同时逐渐提高间接税比重。对于出口商来说，依靠重新打造税收体制以期获利过于复杂，还会导致严重的政治问题。另外，预算委员会的官员警告道，在政府正在"试图和工会运动成功合作，以期建立更现实的工资评定制度和规划"之时，转向累退式间接税只会导致困难。预算委员会的口号反映出其变革的空间"极其受限"。财政大臣无论想以何方式进行彻底变革都会遭到其他官员的强烈反对[②]。

诚然，可以通过改变财政体系，提高整体效率和经济增长，而不是给出

[①] 雷金纳德·麦德宁（1917—1979）生于伦敦，先后就读于曼彻特泰勒斯学校和牛津大学莫顿学院。1940年他成为律师，二战结束后进入保守党研究部工作，1950年选为下议院议员。1952年他担任民航部政务次官，1952~1955年担任财政部经济秘书，1955~1957年担任军需部大臣，1957~1959年担任军需官，1959~1961年担任贸易委员会主席，1961~1962年担任殖民地秘书，1962~1964年担任财政部部长。虽然他是政府二把手，但是他在希思政府任内对反思政策几乎没有贡献，也不支持自由市场和货币主义意识形态。1972年内他因先前对商业合同的不当提议而辞职。[*DNB*, *1971 - 80*, ed. Blake and Nicholls, pp. 556 - 9; Robbins (ed.), *Biographical Dictionary*, pp. 297 - 9.]

[②] 公共档案办公室 T171/438, 购置税：财政大臣备忘录, 1953年11月27日; T171/467, "对购置税的总体评价" (General review of purchase tax), 1955年7月27日; 财政秘书 H. 布鲁克 (H. Brooke) 致财政大臣的信, 购置税, 1955年6月29日, C&E (55) 12, 对购置税的总体评价, 1955年7月17日; T171/478, 预算委员会, 1957年1月30日, 财政大臣房间会议的记录, 1957年2月6日; T171/479, BC (57) 7, 购置税，可能扩大税收：关税署的记录, 1957年1月25日; EWM 致财政大臣的信, 间接税, 1957年2月2日; T171/484, 日用品税；关税署的记录, 1955年12月5日; T171/488, C&E (58) 1, 购置税, 1958年2月26日; BC (57) 22, 更大的间接税基，关税和货物税收署, 1957年8月19日; T320/58, 贸易委员会主席致财政大臣的信, 1960年11月29日; T. 帕德摩尔的记录, 1960年12月1日; W. 阿姆斯特朗 (W. Armstrong), 首相主持的关于出口的会议纪要, 1960年12月6日; 对出口商的税收减免：致众大臣的第一次报告初稿; T171/515, 财政大臣房间的会议, 1961年12月11日; T171/592, 预算委员会, 1961年6月12日, 1961年9月8日, 1961年10月17日, 1961年11月2日, 1962年2月22日; 出口刺激：F. 李爵士房间会议记录, 1962年3月16日; BC (61) 31, 间接税：关税和货物税收署和货物税收署记录, 1961年9月23日。

口商特殊的利益。阿莱克·凯恩克劳斯（Alec Cairncross）① 评论道，帮助出口商的最佳方式是通过改革税收体制提高工业效益，并提升创业热情和适应性，并避免对使用新型科技的新兴公司造成阻碍。实施这一方式需要重新评价财政体系可能导致的经济后果，而不是20世纪50年代突出的短期实用主义②。1962年确实有一个委员会受到任命对税收政策进行根本性的长期评估，但是该委员会缺乏时间和专业性。该报告仍然主要着力于出口刺激，得出一个乏力的结论：相对于其他应用范围广泛、对其他服务征收的附加税，购置税更具优越性。这让凯恩克劳斯十分失望。委员会会长指出，间接税几乎不会拉动出口，但是累退税机制则会导致其他危险。事实上，他提出应当废除间接税从而让相对价格和相对成本保持一致。③

当然，这一说法可以被扭转，因为若针对所有商品和服务征收统一的税率，其影响等同于让相对价格和相对成本相一致。凯恩克劳斯和经济处指出，在现存的财税体系内，不同的商品税率不同，这导致了资源使用相对于消费者的偏好出现误用的情况；对一切消费征收相同的税收可以带来相同的财政收入并提升消费者的满意程度。最重要的是，他称现存的税收体系对耐用消费品征税，对服务却完全没有影响。他认为应对耐用消费品减少税收，从而鼓励国内市场新商品涌现并出口。这些商品的生产存在高度的规模经济性，国内市场越大，其价格越低。换言之，成功的出口商应当出口最现代、最好的商品，而高额的购置税无法做到这一点。凯恩克劳斯认为在服务中不存在规模经济，应当转而对服务征税。最重要的是，他认为从直接税转向间接税

---

① 亚历山大·柯克兰·凯恩克劳斯（Alexander Kirkland Cairncross, 1911—1998）生于格拉斯哥附近的莱斯马黑戈，其父母是五金店店主和教师。他曾就读于格拉斯哥大学汉米尔顿学院和剑桥大学三一学院，1914年以前他在三一学院学习英国对外投资。1935年他成为了格拉斯哥大学讲师，1940年他加入内阁办公室斯坦普的经济学家小组。1941年他调至贸易委员会，后来到飞行器生产部任职，1945年赴柏林担任财政部代表，制定战后重建计划，但重建计划后来被舍弃。1946年他进入《经济学人》杂志工作，还供职于贸易委员会的羊毛工作组，这会促进雇主、工会和其他人员提出重建政策，但是却招致了人们对其方法价值的怀疑。他进入贸易委员会担任顾问，接受了该部门提出的关于自由贸易、市场和消费者选择的方式。1949年，他去巴黎担任欧洲经济合作组织的经济顾问。1951~1961年他担任格拉斯哥大学应用经济学教授。1961年，他将财政部首席经济学家和经济处领导换成了霍尔。1964年，由于财政部经济顾问内尔德（Neild）、税收问题顾问卡尔多和首相顾问巴洛格（Balogh）给出的建议相抵触，财政部陷入了混乱。1968年年底以前他担任政府经济处的领导，1969~1978年担任牛津大学圣彼得学院院长。[T. Wilson and B. Hopkin, 'Alexander Kirkland Cairncross, 1911-1998', *Proceedings of the British Academy* 105, *1999 Lectures and Memoirs* (Oxford, 2000), pp. 339-61.]

② 公共档案办公室T320/59，凯恩克劳斯致李的信，1961年10月11日，和T171/592, BC (61) 42，税收和出口：经济处领导文件，1961年12月5日。

③ 公共档案办公室T320/51, T. 帕德摩尔致J. 克罗斯比（J. Crosbie），1962年2月26日；D. J. S. 汉考克致T. 帕德摩尔的信，1962年2月27日；RTP (62) 5 (末篇) 税收政策审核委员会，内部报告：直接税结构，1962年4月4日；T320/52，会议，1962年3月8日。

210

第八章 "英国经济体系中一个最有害的障碍"：1951～1964年保守党与税收

对于个人和企业的积极性十分关键，"如果收入分配不至于毒害社会气氛，增加间接税就不会抑制积极性"：

> 如果一个社会的财富很多并仍在增长，提高间接税在税收收入中的比例是可以做到的，而且不会让情况变复杂。但是在英国，我们尚未努力地提升间接税的比例，其中一个原因是相对于其他国家，我们更关注社会公正，对刺激经济关注较小……不夸张地说，社会情况以及英国官员需要在社会公平和经济增长之间做出选择的事实是支持直接税仅有的两点因素。

正如弗兰克·李所说，目前，考虑到完全改变税收体系带来的好处，为之付出再大的困难都是值得的①。

可能征收的增值税仍会与其他财政体系改革一起被讨论。但是，财政大臣1962年指派的官员组成的委员会所取得的进步却微乎其微。海关和货物税收署强调了征收增值税税款的困难和购置税的好处。经济秘书和财政大臣承认其更愿意通过调整购置税的范围和简化税收水平实行购置税改革。他们担心间接税升高对穷人家庭带来的政治危险——理查德·蒂特马斯（Richard Titmuss）②关于财政—福利体系的倒退型影响的文章以及其他文章均体现了这一点。但他们并不认为改革购置税只是征收增值税（可能最早于1964年征收）的一个环节③。同时，欧洲经济共同体正以增值税为基础向税收协调努力，并于1962年年底出台了一份指令性文件初稿，该文件于1964年年初被批准。政府则因为致力于加入欧洲经济共同体而逐渐转变态度。1963年政府

---

① 公共档案办公室T320/51，评论A. 凯恩克劳斯的报告，1962年4月5日，和李，1962年4月13日；T320/52，评论税收政策，会议，1962年3月27日和5月14日；T. 帕德摩尔（T. Padmore）致F·李的信，"税收政策评论"（Review of taxation policy），1962年4月4日；RTP (62) 9，"不公平的间接税导致消费者蒙受损失：经济处文件"（The loss on consumers imposed by unequal rates of indirect taxation: note by the Economic Section），1962年5月8日。

② 理查德·莫里斯·蒂特马斯（Richard Morris Titmuss, 1907—1973）生于贝福德郡，父母是落魄的农场主和货路货运商。他曾就读于一所小型预备学校，后学习图书管理商学课程。他当过办公室勤杂工和文员，晚上写作。他的第一本书《贫困和人口》（Poverty and Population）成于1938年。后来他受邀加入战争时期英国历史编写组。他的《社会政策的问题》（Problems of Social Policy）成于1950年。这一年他当选伦敦政治经济学院社会管理系董事。（DNB, 1971 - 80, ed. Blake and Nicholls, pp. 849 - 50.）

③ 公共档案办公室T320/51，评论税收政策，F. 李，1962年4月13日；D. F. 哈伯德（D. F. Hubbard），预算委员会的工作计划，1962年4月17日；T320/52，评论税收政策，与财政大臣的会议，1962年5月17日；RTP会议，1962年7月23日；RTP (62) 15（末篇），评论税收政策：增值流转税：关税和货物税收署文件，1962年8月；T320/53，W. 阿姆斯特朗（W. Armstrong），1962年5月17日；"法国的增值税"（The French value added tax）；T. 帕德摩尔（T. Padmore），1962年10月12日；经济秘书致财政大臣，1962年11月19日，以及麦德宁对此的评价；经济秘书致财政大臣，1962年12月19日。

成立了一个调查委员会，结果令人失望：1964年该委员会的报告反对征收增值税。英国驻欧共体代表团指出，该报告几乎没有考虑税收协调问题①。

保守党政府直到执政期结束都没有对间接税作出重大变革，但是它逐渐明白增值税有可能实现。为了"如何对税收体系作出重大变革以激励创业热情，同时保证在经济增长的好处显现出来之前，穷人家庭短期内不会因变革而遭受打击"的问题，保守党试图找到一个解决方式，而就在这些试探性的讨论中，增值税问题仍然受到反对。凯恩克劳斯认为经济增长和社会正义间的平衡是讨论的关键议题。最终，达成平衡的努力失败了，增值税的最终实施也没有保护穷人的利益。同时，1964~1970年的工党政府同样提出了20世纪60年代讨论过的一些主题。工党急于打造一个现代化、高效的经济体并提高竞争力。凯恩克劳斯提出了一个解决手段：通过规模经济激发制造业的活力，监管经济活动相对不透明的服务业。卡尔多想法丰富，他的想法也与之相似，1964年工党以微弱的优势赢得大选后，这个手段甚至将被实行。保守党在任期结束前未能改革税收体系，这是工党的前车之鉴，因此工党转向了另一种看法。

利润和经济

虽然保守党政府没能成功彻底变革直接税和间接税之间的关系，但是就算仅仅改革直接税也可以带来经济的持续增长，如采取对投资和激励手段征收不同的利润税和所得税。确定直接税特别是利润税的具体结构，就需要对英国经济的未来形势进行不同的规范性预测。这些专业性的讨论大多在政府机关内或在经济学家之间进行，而非在公共场合。但是，这些讨论为提高英国的现代水平和效率提供了不同的看法。国有企业或坐拥留存盈余的大型上市公司意味着经济计划和规模经济，经济增长和经济效益是否应当依靠这种企业呢？高额的薪水和边际利润是否表现了社会创造的财富和贪婪，是否牺牲了社会团结和公平？如果资本市场旨在刺激新事物和技术变革的产生，并可以受到承担风险带来的高额利润和收入的鼓励，那么这是否可以带来经济增长和经济效益？是否应扩大民众参与度，实现全民持股和大众储蓄？

1945~1951年，大型上市公司、国有企业和经理人因其在提升经济效益和生产力方面的贡献而受到了工党政府的重视，该政府还采取差额税以刺激

---

① PP 1963-4 xix, *Report of the Committee on Turnover Taxation*, conclusions on pp. 377-81; PRO, T320/226, C. O'Neill to H. Keeble, Foreign Office, 24 Mar. 1964.

第八章 "英国经济体系中一个最有害的障碍"：1951～1964年保守党与税收

留存利润。采取这一方法的原因，是社会对高额的利润分配和活跃资本市场的反对，因为这两者会导致个人得到更多收入和社会创造的财富。大型公司拥有专业顾问和研发能力，因此更可能发展出新的业务，不像普通公民那样，"只能从股票经纪人和律师那听取二手建议"。能高效分配资源的是公司管理层的合理决定，而不是资本市场的金融家们的想法。如果红利上涨，个人消费就会上升，"不劳而获的利润"和不公平问题涌现，工人会要求提高周薪，进而导致通货膨胀，投资也会萎缩[①]。尚不清楚新的保守党政府是否会走一条新的道路，也不清楚它是否会声称，若分配和利润对私营部门和资本市场形成刺激作用并使之更加活跃，这能否成为经济效益的基础。这里的弦外之音可能是鼓励个人储蓄，从而向新产品提供资金并处理社会风险。

高级官员们极力摆脱工党政策的核心特点，在1951年工党成为在野党前就积极推动对税收政策的反思，对新当权的保守党政府则少了很多批判。1954年，罗伯特·霍尔、爱德华·布里吉斯等官员开始研究他们的"基本哲学"：在风险资本合理回报的情况下，高效和活跃的工业是经济的基石，私有化和更高水平的投资更能刺激经济增长。虽然高级官员们承认，公司的留存利润是资金的重要来源，但是他们倾向于投资到现存的生产中去，即使这可能降低经济的活力和积极性。因此他们强调需要股民将分红再次向新公司投资，有利于让经济更加灵活和具有活力[②]。皇家所得税和利润税委员会称，因为人们可以依靠资金维持消费水平，所以留存利润不一定导致净储蓄的增长。事实上，留存利润可能导致资源分配不当：拥有内部资本来源的公司，其投资环境不那么严酷；但是不具备巨额资金储备的公司则较难获得外部资金；而且，分配资金的目的并不是要达到最高的边际回报。因此，委员会支持停止差额征税[③]。

工党政府倾向于留存利润，其原因不仅在于实现经济增长，还在于一种更实际的考量：降低利润分配可以抑制通货膨胀、限薪。但是，霍尔质疑该政策的效果。在他看来，工党的政策"鼓动着让工人认为分红有其错误性……该观点极其符合工党的风格。从经济的角度看，我认为这令人遗憾。"而且留存利润在控制通胀上的作用也较有限，因为股值上升让通过资本利得消费成为可能，公司的巨额资金储蓄则弱化了政府对投资时机的影响[④]。因此财政部官

---

① T. Balogh, 'Differential profits tax', *Economic Journal* 68 (1958), 528–33.
② PRO, T230/282, EAS 34/296/01, 'Underlying philosophy', B. Gilbert, H. Brittan, R. Hall, S. C. Leslie and E. E. Bridges, 20 Oct. 1954; T230/282, EAS 34/296/01, S. C. Leslie to R. Hall, 7 Jan. 1955.
③ PP 1955–6 xxvii, *Royal Commission on the Taxation of Profits and Income*, *Final Report*, pp. 887–92.
④ 公共档案办公室 T171/471，霍尔致派奇（Petch）的信，1956年3月22日。

员们逐渐认为，应该用分红嘉奖自由经济中的风险承担行为，允许资源最优配置，将经济增长最大化。应当降低利润税，不再差额征税，从而鼓励私有企业和投资的发展，让公司自由决定自由市场中的利润分配。公司税收的实施细则反映了人们对于筹集生产性投资和实现经济快速增长方式的矛盾态度。

而这一次，保守党制定政策仍不够用心，导致政策前景不明朗，缺乏一致性[1]。虽然皇家所得税和利润税委员会提议取消单一利润税[2]，但是1955年和1956年巴特勒和麦克米兰仍为了提高留存利润率而扩大了差额税率，更多是出于焦急而非意识形态的执着。1955年，由于担心通货膨胀，政府不得不削减消费，官员们认为这还不够，"或许还需要利润限制措施等作为政治回报"。内阁同意这一看法，强调了实现阶层间的平衡有助于降低工人主张的周薪水平。另一种措施是分红限制，不过布里吉斯指出"所有的资金基本都需要公有化，但是一旦这样，可怕的官僚控制将会染指一些有风险的资金，控制其允许利率。"相比之下，对于安东尼·艾登（Anthony Eden）[3]首相来说，在一套改革措施中，对财富分配增加利润税似乎是一个"好建议"，这样房屋补贴和食品补贴都将停止发放，劳动收入的税率降低，"管理人员和专业人士"会因此受益。艾登指出，"从政治的角度讲，也许只有通过打压利润才能部分消除其他扭曲我国经济的力量"[4]。

---

[1] M. A. King, *Public Policy and the Corporation* (London, 1977), p. 42.
[2] PP 1955-6 xxvii, *Royal Commission on the Taxation of Profits and Income*, Final Report, p. 896.
[3] 罗伯特·安东尼·艾登（Robert Anthony Eden, 1897—1977）生于达勒姆郡，其父是一位地主。他曾先后就读于伊顿公学和牛津大学基督教会学院。1923年他被选为下议院议员；1924年他担任内政部私人政务次官，1926~1931年担任外交部私人政务次官。1931年他被派为外交部政务次长，1933年担任外交部实权掌玺大臣，1935年担任国际联盟不管部大臣，1935~1938年担任外交大臣，1938年因不满张伯伦的外交政策而辞职。1939年成为英联邦自治领大臣，1940年担任战时秘书，1940~1945年和1951~1955年担任外交大臣，1955~1957年担任首相。（*DNB, 1971-80*, ed. Blake and Nicholls, pp. 262-72.）
[4] 公共档案办公室 T171/456，爱德华·布里吉斯爵士房间会议记录，1955年7月28日；会议记录文件，财政部长与一些副部长、顾问、汉考克和国内税收局的米勒（Miller）的会议；1956年8月15日；爱德华·布里吉斯爵士房间会议记录，1955年8月16日；E. E. 布里吉斯致财政大臣，1955年8月19日；艾登致财政大臣的信，1955年8月19日；H. 布鲁克致财政大臣的信，1955年8月22日；会议记录文件，首相和财政大臣会议，1955年8月23日；B. 吉尔伯特致班克罗夫特（Bancroft），"分红限制"（Dividend limitation），1955年8月24日；CM（55）结论29，内阁，1955年8月26日；R. 霍尔致布里吉斯，"经济形势"（The economic situation），1955年8月30日；布里吉斯致财政大臣，1955年8月30日；艾登致财政大臣的信，1955年9月3日；财政大臣房间会议记录，1955年9月5日；CM（55）结论30，内阁，1955年9月5日；爱德华·布里吉斯爵士房间会议记录，1955年9月6日；艾登致财政大臣的信，1955年9月8日；布里吉斯致首相的信，1955年9月13日；财政部长房间会议记录，1955年10月20日；布里吉斯致财政大臣，1955年10月21日；T171/457，H. D. H致财政大臣，已分配利润税的增加，1955年10月5日；布里吉斯致财政大臣，1955年10月6日。

第八章 "英国经济体系中一个最有害的障碍":1951~1964年保守党与税收

在控制利润的诸多方法中,该方法危害最小,对于制定出一套可接受的政策至关紧要。正是这种实际的考量限制了财政改革,让经济"低投入,低产出"。

1955年12月哈罗德·麦克米兰接替巴特勒担任首相。他在调职至财政部前就在思考如何依靠"储蓄和刺激手段"制定鼓励经济发展的财政政策。他认为化解充分就业带来的通胀压力有物质控制和税收减免两种方式。前者是工党本可以实行得更好的,后者可以激发经理人和专业人士的积极性,从而鼓励经济发展和储蓄。经理人和专业人士背负着沉重的税收负担,人们认为这是经济政治问题的根源,它抑制积极性,中产阶级选民认为其利益被忽视从而感到不满。他对内阁解释道:

> 劳合·乔治1909年制定的预算正如其中心:"惩罚地主";道尔顿预算的中心则是"惩罚食利者"。我们有能力让"惩罚投机者"成为资本利得税的中心。但是由于资本利得税实施不力,我们需要制定其他税收。我认为这一税收应当……取名为"储蓄和刺激手段"。

麦克米兰旨在制定一系列政治上可接受的政策,从而控制更高的工资主张,降低管理层人士的税赋[①]。首先,他希望通过减税,特别是对劳动所得减税来鼓励生产,从而激励"管理人士和企业家";并削减购置税以降低生活成本。第二,他希望出台计划刺激公司(通过降低或废除利得税和增加利润分配的税收)和个人的储蓄,从而提升储蓄的吸引力[②]。1956年,他对利润分配增税,以减轻个人所得税税赋。大卫·埃克尔斯(David Eccles)[③]对首相称,麦克米兰的计划在很多方面都很欠考虑。埃克尔斯认为,对利润分配增税只会让公司把本会用于分配、使股值增长的资金用于提高工资。这会导致

[①] 公共档案办公室T171/457,CP(55)11,"被成功冲昏了头"('Dizzy with success'),H. 麦克米兰;T171/473,预算:哈罗德·麦克米兰致E. 布里吉斯爵士,1956年1月31日;会议记录文件,L. P.,1956年2月2日。

[②] 公共档案办公室T171/471,利润税的上调:国内税收局文件,1956年3月21日;霍尔致派奇的信,1956年3月22日;公共档案办公室T171/457,"被成功冲昏了头",H. 麦克米兰。

[③] 大卫·麦克亚当·埃克尔斯(David McAdam Eccles,1904—1999)生于伦敦,曾先后就读于温切斯特学校和牛津大学新学院。他曾工作于伦敦市,一战期间进入经济战务部和生产部工作;1943年他当选下议院保守党议员。1951年他要求保守党人支持那些创造了财富的人而非拥有了财富的人;他受指派成为工程部大臣,1954年调职至教育部,1957年进入贸易委员会,1959~1962年继续深造。他曾受勋成为上议院贵族。后开始经商。1970年重返政坛,1970~1973年担任主计大臣,负责艺术事务。1973~1978年间担任大英图书馆董事长。[Who's Who 1999 (London,1999), p. 596; Guardian, 27 Feb. 1999.]

215

工会抱怨一部分人因资产利得而暴富。相较而言,"税后分红增长有限,虽然对我们的支持者有帮助,但让他们因此买得起一辆宾利则不可能"。在埃克尔斯看来,应当用资产利得税应对那些用资产而获得大量无须缴税的收入,而不是仍然对分红抱有更大的偏见:

> 现在,没有资产的按月领薪者很难储蓄。支付孩子的中小学、大学学费越来越难。那些拥有资产的人至少可以不受经济形势之害,甚至还可以变得更加富有。正是人与人间愈加扩大的差异给我们带来了很多棘手的问题①。

这一逻辑会带来利润税的转变。

利润税改革(可能还有资本利得税改革)逐渐受到关注。在英国财政体系中,公司既缴纳差额的利润税,还按标准税率缴纳所得税,股权持有者因此不必为已分配债务纳税。起初的想法是将公司税和个人税分开,只对股权所有人的分红征收所得税。国内税收局和财政部对所得税和利润税的分开感到不快,对两种税均表示反对。任何对留存利润征收利润税、对已分配利润征收所得税的决定都会被质疑成投资税,这对分配利润更多的公司有利。另一种方案是对公司的整体利润征税,对分红征收所得税;但这种方式因对股权所有者二次征税而受到反对。因此,最终实施的方案由皇家利润税和所得税委员会提出,仍然对公司的所有利润征收所得税和利润税。新出台的公司税则对留存利润和已分配利润征收单一税,国内税收局和财政部担心这对不同的公司不公平。新实行的统一税率对于已分配利润可能低于30%,对于留存利润则可能高于3%。因此,在工程、机动车和飞机等出口行业,留存利润高的公司应缴纳的税额会更高,而在食品、饮料、烟草等对出口不重要的行业,已分配利润高的公司缴纳的税额反而少。财政部和国内税收局坚持,应当等政府有能力将统一税率控制得足够低时再将这一建议付诸实施,保证所有的公司缴纳的税收不会过多。低额的公司税会造成其他问题,例如工人主张更高的工资。1958年10%的统一利润税开始实行,因此道尔顿的差额利润税政策被废除。虽然这一统一利润税打击了留存利润高的公司,但是在维持目前对工资主张的限制方面,统一利润税则是理想方案。针对资本新工具的

---

① 公共档案办公室T171/457,大卫·埃克尔斯致首相的信,1955年9月1日。

第八章 "英国经济体系中一个最有害的障碍": 1951~1964年保守党与税收

"启动补助"则可以对公司进行补偿①。

　　1961年和1962年，有官员再度提议用单一的公司税取代利润税和所得税。这一提议有异于个人所得税，有两种可能的形式。第一种形式是对一切利润征收公司税，股权所有人因此无义务缴纳所得税。在1961年财年的预算中，财政大臣暗示政府可能会以这种方式征收公司税，但是国内税收局称这样做会徒增管理难度。第二种形式是对一切利润征收公司税，对于已分配利润则免征所得税。卡尔多在皇家委员会的少数派报告中推荐该征税形式，这意味着利润的差别税率再次出现：已分配利润高的公司缴税更多，留存利润高的公司缴税更少。但最终成果很少，工党政府可以选择是否采纳卡尔多的提议以其他形式恢复差额税收②。

　　财政部和国内税收局的态度进一步展示了他们阻挠变革的能力，也反映了他们为获得小范围的公平而不惜牺牲大局。在间接税一事上，很多官员反对变革，但没有考虑到税收体系对经济增长和社会公平的意义。大臣们也尽量防止工会因其政策而与其疏远，避免周薪主张上升：人们可能认为他们提高劳动所得的措施或利润税改革是"自私行为"或导致分裂，因此他们极力避免人们产生这种想法。虽然他们对于积极性的执着近似于一种意识形态，但是选民们颇为实际的考量以及周薪上涨的危险却成为他们的障碍。这些官

---

① 公共档案办公室T171/473，记录文件，工党，1956年2月2日；T171/478，记录文件，1956年7月29日；预算委员会，1956年7月26日，1956年11月27日，1957年1月30日，记录文件，1956年9月13日；财政大臣、经济财政官员和汉考克针对国内税收局的预算提议的评价；财政大臣房间会议记录，1957年1月17日，1957年2月27日；T171/480，麦克米兰致汉考克的信，1956年5月2日；利润税，H. D. H. 致财政大臣的信，1957年1月23日；马金斯致财政大臣的信，1957年2月1日；E. W. M. 致财政大臣，1957年3月1日；公司税和个人税：国内税收局委员会文件，1956年11月12日；T171/487，财政大臣房间会议，1958年2月12日；R. M. 致财政大臣的信，1958年2月28日；直接税：财政大臣房间会议记录，1958年3月10日；T171/489，H. D. H. 致财政大臣的信，1957年5月2日；BC (58) 3，1958年1月17日，预算委员会，公司税：秘书的记录；H. D. H. 致财政大臣的信，利润税，1957年1月23日；致财政大臣的文件，利润税，1958年2月19日；BC (M) (58) 9，预算委员会，利润税，R. 马金斯，1958年2月27日；E. W. 莫德（E. W. Maude）致罗伯特森（Robertson），国内税收局，1958年3月12日；E. W. M. 致财政大臣，1958年3月13日；R. W.，国内税收局，1958年3月14日；财务秘书致财政大臣的文件，1958年3月21日；利润税，J. E. S. 西蒙，1958年2月19日；IR63/207，H. D. H.，国内税收局，1958年2月11日；利润税，马金斯，1957年2月1日；利润税，H. D. H. 致财政大臣的信，1957年1月23日；利润税，J. E. S. 西蒙，1958年2月19日；BC (M) (58) 8，预算委员会，利润税，R. M.，1958年2月27日。关于皇家委员会的建议，见PP 1955-6第二十七章，《皇家利润税和所得税委员会，最终报告》（*Royal Commission on the Taxation of Profits and Income, Final Report*），887-898页。亦见国内税收局在T171/508中对现存体系的辩护，国内税收局委员会：一种公司税，1959年12月30日。

② 公共档案办公室T171/595，公司税：经济次官安东尼·巴伯（Anthony Barber）致财政大臣的信，1962年1月9日；M294，公司税，A. 约翰斯顿（A. Johnston），国内税收局，1962年1月4日；M295，对公司课税，A. 约翰斯顿，国内税收局，1962年1月18日；议会文件1955-1956 xxvii。

员和大臣的观点颇为短视,其深层的根本性结构缺陷是,直至此届工党政府任期结束,保守党政府上台前,政府机关一直无法提供一个平台以供大家讨论税收体系对于经济增长的意义。

1958财年预算中的利润税改革逐渐偏离了道尔顿的策略:通过激励经营合理、效益良好的大型公司来增加工业投资。同时,政府开始鼓励竞争。人们开始更多地考虑外部资本市场对于创造灵活、反应迅速的企业的作用,明白了英国经济正在面临生产性投资稀缺的形势。埃德温·普洛登解释道,政策的走向是"在自由市场环境下巩固生产部门,这是我们现阶段急需的"。实现这一点需要完成两件大事:第一,尽全力保证工业受到更佳保障;第二,确保企业可以得到回报[①]。如何实现这点?这是否仅仅意味着废除差额利润税,或者是否应当采用更积极的政策鼓励储蓄、投资和利润?如果后一问题的回答为是,应当通过改变企业投资的课税情况还是鼓励个人积极性来实现这一点?

实际上,政府机关内的讨论焦点是通过对工厂和机器减免税收来影响企业的投资决定,这说明官员们对现存的税收制度进行了修订调整。"启动补助"于1945年实行;1954年则变成了"投资补贴",公司因此获得了更多的补贴,足以涵盖工厂和机器成本。1956年投资补贴被废除,1959年再度实行,同时仍然实行初期补助,只是降低了补贴水平[②]。20世纪60年代关于这两种补贴的讨论仍在继续,反映了官员们舍本逐末。

其他官员认为这些补贴是促进经济现代化的方式,至少在贸易委员会看来这种减少工业税赋的方式在政治层面更加可取,优于"在我们努力动员大家支持我们的周薪政策时"直接削减利润税。工会大会认可投资补贴,将其看作"更有效的投资促进方式,它优于降低利润税或标准所得税,因为后者提供的税收减免可用于增加分红而不是增加投资"[③]。霍尔和经济处的立场相似,均认为投资补贴是一种鼓励外国资本市场和灵活性的方法,尤其当补贴来自于利润税的增加时。虽然用更高的利润税鼓励公司听起来很奇怪,但是霍尔称资金源于拥有累计利润的公司,然后提供给处于扩张阶段的行业、需要投资的公司。他认为投资补贴对实际投资的刺激大于对差额利润税或首次

[①] 公共档案办公室T171/435,W. 斯特拉斯(Strath)致E. 普洛登的信,1952年11月25日;普洛登致财政大臣的信,启动补贴,1953年4月8日。

[②] 见史坦莫,《税赋和民主》(*Taxation and Democracy*)中的表5.4;改革方案在公共档案办公室IR63/209,BC(59)27中有列出,见预算委员会:激励性奖金委员会报告,1959年2月24日,和BC(M)(59)10,激励性奖金委员会报告,R. M.,1959年2月27日。

[③] 公共档案办公室IR63/209,工会大会,经济形势和1959年预算。

=====第八章 "英国经济体系中一个最有害的障碍"：1951~1964年保守党与税收

免税额的刺激①。霍尔的措施仍然是凭借税收影响公司投资而不是将决定权交还给市场。

国内税收局对此表示怀疑，认为任何优惠条件都昂贵且无效，只会有利于短期资产，却无法筹集到全部的投资，因为这取决于贸易环境。财政部和国内税收局担心补贴会给予特定纳税人以优惠，破坏财政体系的公正性。诚然，坚持税收体系的公正，可能只会使生产机器仍然僵化，使税收无法刺激生产力和经济效益②。另外，这些补贴的目的不相同，无法完全匹配：刺激投资，管控投资时机。如果投资主要用于一投资循环，这批投资提升总体投资水平的效力就会降低。或许解决此问题的办法是寻找另一种监管机制，用税免刺激投资。这会引发进一步的变革——取消投资免税额和首次免税额相结合的二元体系，代之以受到监管的单一首次免税额③。

但是，公司面对时常变化的免税额很难作出决定，即使付出大量时间和精力，也几乎没有实际效果。公司虽然希望降低负税，但是他们的调整措施更像是应对政治形势的短期权宜之计，可能朝令夕改。政府提供的税收减免对留存利润低的公司是一种补偿，也可以安抚工会大会。一方面，其结果正是英国财政体系向来推崇的：平衡。但是另一方面，追求公平会导致困难、混乱和前后不一，这可能会破坏人们达成的一致意见。政府花了大气力讨论公司税的准则，对公司行为的影响却不及预期，还妨碍了财政体系的关键变化。现成体系中包含很多小规模、前后不一致的调整，这些限制了购置税方面的进展。税收体系的结构性停滞与不断的政策修改脱不了干系④。

---

① 关于霍尔和经济处，见公共档案办公室 T171/439,, BC (54) 19，预算委员会，对投资的刺激：经济处处长文件，1954年2月11日；A. 凯恩克劳斯和 N. 瓦兹（N. Whatts），《1939—1961年经济处：经济建议研究》(*The Economic Section, 1939–1961: A Study in Economic Advising*)，伦敦，1989年，132、264页。

② PRO, T230/328, EAS 31/02/A, 'Selective investment and discriminatory tax policies'; 'Taxation and incentives'; 'Obstacles to efficiency', 5 Dec. 1952.

③ 公共档案办公室 T171/592，预算委员会，1961年12月15日，1962年3月16日；贸易委员会主席致财政大臣的信，1962年3月5日；"投资免税额和首次免税额：经济处 R. 特维的文件"（Investment and initial allowances: note by R. Turvey, Economic Section），1961年11月6日；T171/595，经济处致财政大臣，1962年3月19日；BC (62) 10，"对工业投资的税收减免：贸易委员会文件"（Tax reliefs on industrial investment: a note by the Board of Trade），1962年2月；BC (62) 12，折旧抵税：国内税收局委员会备忘录，1962年3月8日。

④ 公共档案办公室 T320/219, 220 和 221，其中包含关于"税收减免对资本投资的影响：税收刺激委员会"（Effect of incentive tax allowances upon capital investment: Tax Incentive Committee）的论文。

个人税：积极性和储蓄

公司税和留存利润的意义也暗指税收体系的另一个因素：如何对待个人储蓄和刺激手段。如果不对公司投资的税收水平进行调整，还可以对政策进行根本性调整：通过推广大众资本主义和私有化来鼓励个人储蓄。为了推动这一政策，政府需要首先决定税收减免的优先性。税收减免应当主要针对公司还是个人？强调公司投资主要影响积极性的定义，意味着应当减免公司的税收以刺激其投资和盈利能力，而非减免个人的税收以使其工作更加努力和鼓励创业行为。降低标准税率对公司有利，调整所得税免税额及个税起征点则对个人有利。另外，调整免税额及个税起征点还应对特定群体有利，比如收入一般的家庭，或者那些缴纳超额税的人。这些讨论可以引发对经济增长和激励手段的来源的不同观点，进而改变英国经济的未来。这意味着要对人的动机和大选中的利己考量形成独特的视角。

由于政府对于削减社会服务十分谨慎，因此不可能大量削减开支，税收减免范围并不大。这导致了一些困难：税收减免是否应当集中于一项税收；或者应当广泛涉及各种税收，让人人都满意（但有可能人人都对此不悦）？是否应当削减高收入人群的税收从而刺激积极性和经济增长？在霍尔看来，高昂的边际税率反而鼓励了避税行为而不是生产，"国家经济因此受损，长期以往，腐败滋生，一切税赋都变得名誉扫地"[1]。或者是否应当减免低收入群体的税收，让人们支持工资管制？

一种看法是，税收减免应当集中于超额税纳税者。艾登称"这有利于社会正义和积极性"，从而让管理阶层的高收入群体也享受到税收减免。麦克米兰同意这一看法，认为"减免所得税可以刺激生产力，提高努力程度，这就是我们通过政策有可能为那些收入大于等于2000英镑的'管理人员'能做的事。[2]"并不是所有人都认同这一点，他们认为最严重的问题反而处于收入在200~500英镑之间的公司管理人员中，而正是他们拥有光明的未来。大幅降低所得税的标准税率对他们有帮助，有利于中高收入者，也减轻了公司的负担。1954年，保守党研究部称大幅降低所得税标准税率会给人们带来心理上

---

[1] T171/515，预算委员会，1960年9月22日。
[2] 公共档案办公室T171/456，艾登至财政大臣，1955年9月19日和1955年9月3日；T171/470，H.麦克米兰（H. Macmillan）致财政秘书，1956年1月1日。超额税起征点是2000英镑，与一战结束时水平相当。

第八章 "英国经济体系中一个最有害的障碍":1951~1964年保守党与税收

的鼓舞:

> 这有助于储蓄者、收入较高的工人、中产阶级、超额税纳税者和工厂。我坚信,直到我们执政的最后一刻我们都必须努力降低所得税标准税率。这就是保守党和工党财政政策的根本差异,也会让社会主义者夺回政权困难重重。如果我们降低利润税,社会主义者们要做的第一件事就是恢复原先的利润税,这不会影响其受欢迎程度。但是如果我们降低所得税标准税率而他们再将其调至原先水平,每个人的利益都会受损,社会怨声载道①。

另一种方式是适当降低税率水平,增加劳动所得和儿童补贴。这一方式会使低收入者收入的增长多于公司收入的增长②。

这些关于减税的主张各不相同,很难彼此之间达成平衡,这会导致明显的政治动荡。若削减超额税,保守党便会面临"照顾富人,损害穷人利益"的指责。同时,通货膨胀导致越来越多的人收入高于所得税起征点,可能导致"贫穷"陷阱。中产阶级对保守党的怨恨之情也一直是一个威胁。无论经济积极性受到什么样的影响,保守党研究部都很清楚对中产阶级征收高额税收的后果。"很多支持保守党的中产阶级都强烈认为政府并不关心他们的利益……未来在考虑税收改革时,应当着重于有助于中产阶级的税收削减。③"1960年,保守党的税收政策委员会在思考税赋问题时得出了类似的结论。工人阶级的生活水平提高了;拿最低工资的人则在其他方面受到帮助:

> 最严重的困难发生在年收入处于或略高于1000~2000英镑这个区间。在这个区间内的有大量中产阶级专业人士,他们仍然肩负着家庭的重担。考虑到工人阶级的生活水平较一战前大有提高,对于中产阶级面临的困难更是相对意义上的。中产阶级很重要,值得我们关注,对于他们最有用的安慰就是降低所得税标准税率以及略微下调超额税水平④。

---

① PRO, T171/437, 'Note on the various proposals for tax reductions', CRD, 16 Feb. 1954.
② 公共档案办公室T171/515, BC (60),第四次会议,1960年9月22日;关于英国工业联合会的支持,见现代档案中心,BI MSS 200/F/3/E7/1/4,税收委员会,1961年10月12日。
③ 公共档案办公室T171/470,税收削减的文件,保守党研究部,1956年1月12日。
④ 保守党档案CRD 3/7/26/2, TPC (60) 5,税收政策委员会第三次会议会议纪要,1960年6月30日;事实上超额税起征点自从1920年定位为2000英镑以来就没有上涨过。

221

有一种税收政策涵盖范围更加狭窄，和选民有关，连保守党研究部都承认类似于委员会成员的人才是最需要帮助的，虽然这么说"过于直白"①。

这些问题是塞尔文·劳合（Selwyn Lloyd）② 1961 年预算的中心。在这份预算处于准备阶段时，刺激积极性的最佳方式受到了极大关注。是应当对收入最高的群体减免税收，还是应对收入在 2000 英镑左右、处在超额税起征点的群体减免税收？所得税标准税率是否应当降低，补贴是否应当提高？对超额税的减免从何而来？劳合急于减免超额税，称超额税"会带来显著成效，对于有能力切实使经济发展的人，它会切实改变他们的看法"。官员们对此则更加谨慎，担心由于财政收入有其他来源，这一行动具有"政治性、社会性"的局限性。是否应当对资产利得征收新税，是否应当增加利润税和间接税，是否应当提高对石油、机动车的征税？这些讨论的最终结果是对 2000～4000 英镑的劳动收入提升超额税起征点，差额通过上调利润税和其他间接税来补偿。但是，资本利得税没能成功征收，社会保险缴费基数有所上涨，这导致了政治人士的不满。当时的影子内阁财政大臣哈罗德·威尔逊③说，财政预算是"最公然的阶级法律"。《新政治家周刊》（*New Statesman*）指出，本次财政预算是"一个经过深思熟虑的战略，旨在实现个别人的富裕，而非让整个社会共同富裕"。工业界并不欢迎通过利润税的提升来"平衡"预算，而且"监管机制"的混乱也让该预算陷入不妙境地。最重要的是，这份预算更像是为富人减税，不像一个为了提升经济效益而精心设计的策略。预算委员会评论道，1961 年的预算"让高收入阶层享受了可观的税收减免，而低收入群体一点也没有享受到"；实际上，在预算出台之后的当年，关税和消费税水平提

---

① 保守党档案 CRD 3/7/26/2，詹姆斯·道格拉斯，1960 年 7 月 13 日。
② 约翰·塞尔文·布鲁克·劳合（John Selwyn Brooke Lloyd, 1904—1978）生于威勒尔。他曾先后就读于费蒂斯学校和剑桥大学麦格达伦学院。1929 年，他先加入自由党，但不久后他成为保守党人。1930 年他成为律师，1945 年担任下议院保守党议员。1951 年，他成为外交部国务卿，1954 年担任军需大臣，1955 年先后担任国防大臣和外交次官。1960～1963 年他担任财政大臣，1963～1964 年担任下议院领袖；1971～1976 年担任下议院议长。[*DNB, 1971 - 80*, ed. Blake and Nicholls, pp. 511 - 15.]
③ 哈罗德·威尔逊（1916—1995）生于哈德斯菲尔德，曾在牛津大学耶稣学院攻读政治学、哲学和经济学，后来在贝弗里奇教书并担任助教。1940 年，他加入战时内阁秘书处。1945 年他成为下议院工党议员，同时担任工程部政务次官，1947～1951 年担任贸易委员会主席，因此和贝文一道辞职。1955～1963 年他先后担任影子内阁财政大臣和外交大臣，1963～1976 年担任工党党首，1964～1970 年和 1974～1976 年担任首相。[Robbins (ed.), *Biographical Dictionary*, pp. 425 - 8.]

第八章 "英国经济体系中一个最有害的障碍":1951~1964年保守党与税收

升了10%①。

保守党的财政大臣十分清楚,政府需要争取工会大会的合作以控制周薪,也明白应当打压超额利润和投机性资本利得以降低消费。一些白领人士自称明白自己和拥有资本利得者之间的差距在逐渐变大,因此资本利得税理应对他们有吸引力。这意味着劳动所得和非劳动所得、血汗钱和轻松赚钱之间的传统对立有了进一步发展:来自于资本利得的收入根本无须纳税,它来自于投机取巧。艾登解释道:

> 在我国,导致不公平感的根本原因是机会的差别,这个差别存在于拥有资本和不拥有资本的群体之间。高收入者需缴纳高额的税收,整个社会都没人能公然享受奢侈,而这只有资本利得(也许还有大手大脚的消费)才能做到。产业工人、很多中产阶级人士和专业人士都很反感奢侈的消费方式。我坚信他们的态度要远胜过税收带来的威胁和低效率。

因此征收资本利得税可以与减免(劳动所得的)超额税形成平衡;保守党里充斥着投机商人和声名狼藉的资本家,征收资本利得税也是对保守党批评的回应。资本利得税的合理性在于它对主要财富源征税,同时提高了超额税起征点,降低了所得税标准税率,增加补贴,帮助低收入群体,维护社会公平。李指出,资本利得税提供的不是管控经济的方式,它是一种政治手段,

---

① H. 彭伯顿(H. Pemberton),"1961年预算"(The 1961 budget),硕士论文,布里斯托大学,1991年,35-43页;相关文件来源于公共档案办公室T171/515,预算委员会会议,1960年6月15日,9月12日,9月22日,10月12日,10月26日,12月20日,12月22日,1961年1月10日,1月31日,2月3日,2月24日,2月27日,2月28日,3月1日,3月6日,3月20日;"税收改革可能是一项长期计划"(Possible long-term programme of tax changes):F. 李,BC(M)(60)4,1960年11月1日,包括BC(60)43,修订版,国内税收局委员会备忘录,"税收改革可能是一项长期计划",1960年10月28日;"预算的制定"(The shape of the budget),F. 李,1961年3月9日;E. 波义耳(E. Boyle)致S. 劳合,1961年3月14日;T171/517,A. 约翰斯顿(A. Johnston)致哈巴克(Hubback),1961年2月1日;"超额税减免"(Surtax relief),A. 约翰斯顿,1961年2月23日;"超额税减免",A. 约翰斯顿,1961年3月28日;F. 李致哈巴克,"超额税建议削减额"(Proposed surtax concessions),1961年3月9日;"超额税和利润税"(Surtax and profits tax),A. 巴博(A. Barber)致S. 劳合,1961年3月13日;T171/520,英国工业联合会致S. 劳合,1961年5月4日;董事学会致劳合,1961年4月21日和5月18日;T171/526,T. 帕德摩尔致F. 李经济处,1961年3月16日;T171/592,预算委员会会议,1961年10月17日;T230/493,"致财政大臣的补充文件:税收"(Supplementary note for the chancellor: taxation),F. 李,1960年7月27日;PREM11/3762,布鲁克致麦克米兰,1961年2月23日;A. 凯恩克劳斯编著《罗伯特·霍尔日记,1954—1961年》(*The Robert Hall Diaries,1954-1961*),伦敦,1991年,259-260页。援引威尔逊和《新政治家》杂志的语句来自彭伯顿"1961年预算",第42页,引在《泰晤士报》(*The Times*),1961年4月19日,和《新政治家》杂志,1961年4月21日。鸣谢休·彭伯顿(Hugh Pemberton),他提供了他的硕士论文和来自于其博士论文的材料。

223

是一种维护社会正义的措施，以缓和政府与工会的矛盾①。

在国内税收局看来，管理任何资本利得税都是复杂、不实际的②。最终，劳合于1961年宣布，目前英国处于公司兼并、经济繁荣时期，很多英国人对投机商人抱有怨恨，为了处理好这种负面情绪，他有意对短期资本利得或投机性资本利得征税。贸易委员会会长麦德宁指出，对投机倒把行为征税，降低劳动所得税的措施

> 非常正义，因为在英国社会，财产所有权带来的收益和努力工作带来的收入完全不成比例。这会对管理和专业阶层形成巨大影响，我认为贸易委员会的众多支持者都会欢迎这一征税措施。

1962年，正当经济繁荣和公司兼并创造了可观的财富，政治矛盾一触即发之时，资本利得税开始实施③。

但是，资本利得税没有完全实行成功，麦克米兰作为财政大臣和首相面临着巨大的困难，难以重新定义税收政策，对经济的未来重新评估也十分困难。在对管理人士减税、鼓励个人储蓄这条路上麦克米兰还能走多远？实行他的措施意味着结束对"非劳动所得"或投资收入的区分。麦克米兰认为，1907年开始使用的这一区分是一种道德评价，而现在英国的情况已经发生了改变：

> ……相比于食利者的收入，社会或多或少认为周薪、月薪、专业人士的利润更加值得称赞。我认为应当采取新的解决方式，毕竟在通胀时代工资提高非常简单，但是因为储蓄对于任何收入群体都没有任何吸引力，实现储蓄很难。用神秘方式将收入变成储蓄是不负责任的，因为储蓄利息不是劳动收入。

---

① 公共档案办公室 T171/515，BC（60）43，修订版，税收改革可能是一项长期计划，和 F. 李的总结报告，1960年11月1日；T230/493，致财政部长的补充文件，税收，F. 李，1960年7月27日。

② 公共档案办公室 PREM11/4769，资本利得税：税收体系的道理，日期不详；T171/518，国内税收委员会，短期资本利得税收，1961年2月16日。议会文件 1955 – 1956 xxvii，《皇家利润税和所得税委员会最终报告》（*Royal Commission on the Taxation of Profits and Income，Final Report*）否定了这一税收，757 – 759 页。

③ 公共档案办公室 T320/58，麦德宁致劳合的信，1960年11月29日；T171/600，短期资本利得税：国内税收局文件，1961年9月7日；见劳合在《议会辩论》中的演讲，第五本，系列638，1961年4月17日，821 – 822卷，其中他反对了预算中的税收；在系列648，833 – 834卷（1961年11月7日）中他宣布征收短期资本利得税，在第五本，系列657，978 – 980卷（1962年4月9日）中他介绍了短期资本利得税；亦见鲍尔（Bower）："对预算的一些反思"（*Some reflections on the budget*），29 – 32 页。

第八章 "英国经济体系中一个最有害的障碍":1951~1964 年保守党与税收

大多数非劳动所得（至少高于每年 1000~1500 英镑）的来历都有点荒唐。在很多情况下，非劳动所得意味着多年的付出，比如一名男人要为自己的妻儿准备备用资金；或者一直需要续费的保险金。

因此我想说，我相信刺激储蓄要比鼓励赚钱更容易，但整个社会结构都对储蓄抱有偏见。因此，我希望如果你可以获得一些非劳动所得（这无疑会对所谓的"中产阶级"大有帮助），你完全可以为这种收入进行充分的道德解释。同样，在我们看来，如果政府只能尽最大的可能控制通胀而无法停止通胀，那税收也就失去了吸引力[1]。

诚然，两种形式的储蓄的确对税收有益：人寿保险和自住住宅，前者于 1853 年得到了格莱斯顿实施的税收减免。理论上，房产的应计收入仍然需要缴纳土地占有税，按揭利息原本享受的大部分税收减免也不再存在。实际上，由于一战前货币价值没有变化，应计收入的水平非常低，这是不切实际的。20 世纪 60 年代早期，改革或废除土地占有税十分必要，很多中产阶级选民会明显因此受益，1963 年地方房产税的重新计算也使税收减免更加必要[2]。最终，自住住宅和人寿保险吸收了很多中产阶级的储蓄，改变了资本市场，麦克米兰质疑是否应当继续鼓励储蓄。

这一政策在政治上、社会上、经济上均具有吸引力，强调了保守党致力于维护私有产权，而工党关注公有制。"社会因素十分明显"，财政部经济秘书评价道：

> 政治方面……我们致力于房产所有的民主制……我相信我们可以制定出一套计划，让建房互助协会、信托公司、合股银行等储蓄机构都能受益。这样的方式十分合理，会受到英国民众的欢迎[3]。

保守党经济发展调查组建议对"契约性"储蓄提供减税优惠，从而刺激积极性，但是成就很少。1963 年，扩大股权集团提议对一些契约性储蓄提供税收减免，但是国内税收局以"不公平"为由拒绝了这一提议。税收由"支付能

---

[1] 公共档案办公室 T171/479，麦克米兰致桑尼克罗夫特，1957 年 3 月 2 日；亦见 PREM11/1816。

[2] 关于计划一土地租金（schedule A），见公共档案办公室 PREM11/4191，财政大臣致首相，1960 年 6 月 17 日；PREM11/3763，土地占有税，1962 年 3 月 26 日；CRD 2/10/19（1），1960 年及以后的税收政策，1960 年 1 月 22 日；CRD 2/10/19（4），TPC（64）8，1964 年预算，1963 年 10 月 23 日；TPC（63）3，1963 年税收，1962 年 12 月 10 日；TPC（64）2，税收政策委员会，1963 年：稳定的储蓄，1963 年 9 月 10 日；TPC（64）4，税收政策委员会，1963 年，劳动收入税免，1963 年 9 月 9 日。

[3] 公共档案办公室 T171/607，经济秘书致财政大臣，1963 年 2 月 6 日。

力"决定,那相较于净储蓄额,什么才是衡量支付能力的更好方法呢?在国家经济发展委员会看来,这些说法都没有考虑增加投资、储蓄以刺激经济发展的需求。财政大臣的观点是税收体系必须服务于这种具有国际意义的目的①。

国内税收局对此并不信服。"把税收体系当成一棵圣诞树,上面装点着不少有价值的小礼物,这绝对是错误的。"国内税收局主席说,"一旦这种观点风靡,我们将无望精简税收。②"他的评论虽然有一定的道理,但是也比较幼稚。税收体系的确可以看作一棵圣诞树,装点着刺激手段或投资补贴、短期资本利得税、对慈善机构的税收减免和人寿保险,它们之间没什么联系。劳动所得和某些储蓄目前已获得的税收优势,并不是"自然而然"得到的;国内税收局在评估现存税收体系和改革措施受到的冲击时也并不专业。国内税收局的担心很狭隘,集中在征税和管理上,倾向于维持现状平衡。

麦克米兰和桑尼克罗夫特正在摸索另一种涵盖范围更广的财政改革,但是并没有实施。桑尼克罗夫特的削减开支管控货币的政策被内阁否决。麦克米兰想了第二种方式:撤销对所得税和利润税的区分,从最近的平等主义转向生产和创业。他的策略,其基础是公司和个人而不是重视某一方而压榨另一方,还有投资补贴、对公司的固定利润税,同时给予中产阶级税收减免,对储蓄减税。同时,经济条件较差的人可以享受福利待遇。不过,这个策略的意义在麦克米兰的首相任期内(截至1963年)、甚至在保守党执政期内(截至1964年)并没有完全显现。1951~1964年财政政策发生了一定的变化,但是大部分政策仍原封不动。的确,控制通货膨胀更多依赖控制工资上涨,因此税收体系是用来争取工会的支持,而非刺激积极性。保守党在1964~1970年处于反对党地位时仔细思考了新的财政政策,而此时工党正对财政体系进行大刀阔斧的改革。工党政治家们对财政体系缺乏灵活性、激发经济发展和现代化的需求仍然很重视。因此,保守党于1970年改正了工党的错误(保守党的看法),还解决了1951~1964年没有解决的问题。

提供福利资金和经济监管机制

税收体系改革在很多方面与福利紧密联系。第一,福利是一项主要的财

---

① PRO, T171/607, minute by J. Crawley, Inland Revenue, 22 Jan. 1963; chancellor to A. Johnston, 27 Jan. 1963 and 4 Feb. 1963; A. Johnston to chancellor, 1 and 8 Feb. 1963; CPA, CRD 2/9/47, 'Report of the Policy Committee on Economic Growth', May 1962; NEDC, *Conditions Favourable to Faster Growth* (London, 1963).

② PRO, T171/607, A. Johnston to chancellor, 'Contractural savings', 8 Feb. 1963.

===== 第八章 "英国经济体系中一个最有害的障碍": 1951~1964年保守党与税收

政开支,是否应当削减财政开支、降低税负也是一个问题。第二,用税收改革鼓励创业可能需要增加福利开支,补偿经济条件不佳的人,继续对控制周薪提供政策支持。第三,取得金钱的方式也是一个问题。在英国,福利成本越来越多地来源于累进式普通税收,在欧共体其他成员国中则不是这样,那里的社会服务主要是由社会保障提供的。1938/1939财年,医疗服务的资金主要来源于保险投入(17%)、中央税收(4.5%)、地方税收(61.1%)和自愿缴纳的税收(17.4%)。工党对于新的国民医疗保险系统的规划意味着重大变革。1945年,安奈林·贝万预计医保缴纳额在医疗服务中所占比例会升至24.6%,地方税收骤降至4.1%,自愿纳税则为0。同时,国家税收比例升至71.2%[①]。实际上,在工党任期结束前,医疗对普通税收的依赖程度仍然很高(见表8.1)。其他社会福利的资金来源也与之类似:1960年,英国只有14%的社会服务资金由公司缴纳,而这一数据在法、意两国则为50%以上和将近75%[②]。

表8.1　1950/1951~1974/1975财年国民医疗保险系统资金来源(%)

财年	税收	保险	收费
1950/1951	87.6	9.4	0.7
1956/1957	88.7	6.4	4.7
1962/1963	77.1	17.2	5.5
1974/1975	91.3	5.7	2.6

资料来源:A. Leathard, *Health Care Provision* (London, 1990), p.38, cited in R. Lowe, *The Welfare State in Britain since 1945* (2nd edn, Basingstoke and London, 1999), p.187.

很多评论人士认为这可以解释为什么英国工人生产力落后于其他国家,以及工厂面对充分就业的形势为什么"囤积"劳动力。实际上,用人单位支付的劳动力价格低于劳动力成本,劳工的大部分福利成本转嫁到普通纳税人身上。有人称,如果让用人单位支付更多的劳工福利,他们就会提高用人效率,这样有利于变成资本密集型生产,裁掉的劳工可以到其他经济部门工作。税收支付福利的方式也同样面临着"养懒人"的指责;而让用人单位支付福利则可以让福利集中在劳动人群中。把普通税转变成福利,对使用服务收费,

---

① C. Webster, *The National Health Service: A Political History* (Oxford, 1998), p.23.
② 公共档案办公室T227/1357, R. W. B. 克拉克(R. W. B. Clarke), 1960年12月19日。

这样可以降低税收，一些人还认为这样可以促进积极性。诚然，自从1911年用人单位支付福利以来，工党就一直反对这一措施，称雇员支付的固定保险比率是累退的，应当以普遍的累进税取代之①。福利，尤其是国家医疗服务体系的资金来源是工党和保守党争论的主要议题。

  1957年官员和保守党主要政治家已经开始思考如何改变福利社会的资金来源。罗伯特·霍尔称，"对受雇的劳工征税可以正确地鼓励公司节约使用劳动力，并对资本密集型生产投资"。在霍尔看来，利润税让利润较难成为促进公司效益的工具，可以用对劳动征税来代替利润税②。这个观点在20世纪50年代末期和60年代早期受到了广泛的支持。英国商会协会敦促桑尼克罗夫特实施公司缴纳福利的制度，通过管控社会服务开支以实现减税目的③。保守党研究部认为，"我们应该做出尝试，找到代替社会服务开支、使公司缴纳福利的方法。这正是很多非社会主义欧洲国家已经完成的。④"类似地，国家经济发展委员会在关于加快经济发展的报告中建议取消利润税，实行增值税并打造基于周薪的社会福利体系⑤。

  改变福利的资金来源需要政府和公务员体系的广泛支持，而征收更高水平的福利或实行新的工资税也得到了认真的考虑。这一论点不一定意味着削减总体福利支出（桑尼克罗夫特的观点）。公务员们很清楚削减社会支出的危险：可能疏离工会，更难控制周薪水平。霍尔指出，一旦福利社会有陷入危机的迹象，"社会的总体态度就会变得强硬"⑥。需要的是改变财政结构，降低总体税收水平，停止损伤社会积极性，将成本转移至就业上，提升企业效率。同时，参保职工会成为受益人，福利实际上会成为人力投资。这就是麦克米兰想推行的政策，他反对桑尼克罗夫特关于削减开支的建议，认为政府"对社会负有不可推卸的义务，如果不承担这种义务，公众将无法接受这种不

---

  ① J. Harris, 'Enterprise and the welfare states: a comparative perspective', *Transactions of the Royal Historical Society* 5th ser. 40 (1990), 175-95.
  ② 公共档案办公室T171/478，预算委员会会议，1957年2月19日，对T171/480的讨论，"对扩大生产征税：R. L. 霍尔的文件"（Taxation for increased production: note by R. L. Hall），1957年2月18日。
  ③ 公共档案办公室IR63/207，英国商会协会致桑尼克罗夫特，1957年12月12日。
  ④ CPA, CRD 2/10/15, 'The level of taxation here and abroad', J. Douglas, 30 Sept. 1960; CRD 2/10/15, J. Douglas to Fay, 7 Oct. 1960.
  ⑤ 关于国家经济发展委员会，见A. 林格（A. Ringe）和N. 罗林斯，"对相对衰落的回应：国家经济发展委员会的创立"（Responding to relative decline: the creation of the National Economic Development Council），《经济历史评论》，第20期，2000年，331-353页。
  ⑥ PRO, T171/478, 'The budget and the TUC', S. C. Leslie, 4 and 11 Mar. 1957, and R. Hall, 'The budget and the TUC', 7 Mar. 1957.

第八章 "英国经济体系中一个最有害的障碍"：1951~1964年保守党与税收

公平"①。虽然20世纪50年代麦克米兰不愿意削减福利支出，但他的确尝试过公司缴纳福利的改革。

当时的财政部长德瑞克·希思科特·艾默里（Derick Heathcoat Amory）②希望只要国家医疗服务体系增加开支，收缴的费用和公司缴纳的福利都会自动增长。政府中新成立了一个跨部门的工作组，商讨如何为国家医疗服务体系提供资金，这意味着公司缴纳医保的制度会有两种可能的形式：医疗保险印花，或单独的所得税，后者会让纳税人知晓医疗服务的成本，而不是把医疗当成"免费"的服务。诚然，财政部反对质押行为，医疗税正好与财政部的这种立场矛盾。政府可能不管实际情况被迫将可用的财政收入花在医疗上，而不是让人们感知到国家卫生服务体系的成本，这和20世纪20年代的情况基本一样。由于医疗服务体系的管理结构发生了变化，这一提议的风险似乎更大。医疗服务由地方医疗机构提供，医疗成本上升的差额则由中央政府补足。正因为如此，工作组反对任何形式的对医疗税的质押③。不过，政府并没有提高公司缴纳的医疗保险额，而1961年伊诺克·鲍威尔成了新的卫生部大臣后，医疗成本的上涨意味着对医疗体系资金的改革进入了深水区。鲍威尔决定增加国民医疗保险系统的医保缴纳额，提高了处方、牙科和眼科的医疗费用，这引起了政治圈的反对，因此他不得不取消这一政策④。

同时，政府很想制定一个"经济监管机制"，一套用于调整需求的"全新、灵活、方便的措施"。虽然政府有很多刺激需求的方法，但是它并没有能力对经济进行精细的安排。财政秘书爱德华·波义耳（Edward Boyle）⑤ 打了一个比方，"只有确保制动器工作正常，才能鼓足信心踩下油门。"所得税改

---

① Quoted in Lowe, *Welfare State*, p. 82.
② 德瑞克·希思科特·艾默里（1899—1981）曾先后就读于伊顿公学和牛津大学基督教会学院，后进入地处德文的家族纺织企业工作。1945年他当选下议院保守党议员；1951~1953年他担任年金大臣，1953~1954年间担任贸易委员会国务大臣，1954~1958年担任农业部大臣，1958~1960年担任财政大臣，1960年退休离开政坛。(*DNB*, *1981-5*, ed. Blake and Nicholls, pp. 10-11.)
③ 公共档案办公室T227/137，T. 帕德摩尔，1960年7月8日；R. W. B. 克拉克，国民医疗保险系统资金工作组，1960年2月8日；R. W. B. 克拉克，医疗服务资金，1960年5月12日；关于质押的初稿。
④ 韦伯斯特（Webster），《国民医疗保险系统》（*National Health Service*），第37页。关于1961年预算的详细分析，见彭伯顿，"1961年预算"。
⑤ 爱德华·查尔斯·格尼·波义耳（Edward Chenles Gurneg Boyle, 1923—1981）生于肯辛顿（Kensington），曾先后就读于伊顿公学和牛津大学基督教会学院。他曾在新闻业工作，1951年当选下议院保守党议员。1952年起他担任空军副大臣的议会私人秘书，1954年起担任军需大臣的政务次官，1955~1956年担任财政部的经济秘书。1957年起他再次担任公职，担任教育大臣的政务次官。1959年起他担任财政部的财政秘书，期间他支持指令性经济计划和某种收入政策。1962年起他担任教育大臣，并在新成立的教育和科学部担任国务大臣，负责高等教育。后来他担任反对党的发言人，1970年起担任利兹大学的副校长。(*DNB*, *1981-5*, ed. Blake and Nicholls, pp. 49-51.)

229

革导致了政治问题；购置税对于其税收归宿十分不公平；其他间接税则过于高昂，因此现在的税收并不合适。李评论道，解决方式显而易见，那就是实行受众更广的新间接税，通过微调税率直接影响消费者需求。在预算之外，改革税制也是必要的，这并非是财政收入的来源，而是一项反周期性衰退的措施。实行普遍的销售税意味着征收工资税，它的好处是鼓励雇主更高效地利用劳动力。销售税虽然具有吸引力，它实行起来却也面临重重的政治阻碍，人们不得不关注其他两种可行的提议：一是征收更多的消费税并征收购置税，可以调整税率从而稳定经济；二是对雇主缴纳的福利保险征收税款。在这里，寻找监管机制意味着转变社会服务的筹资方式，这会导致混乱和前后不一致，因为这意味着对福利缴纳稍作变革以试图实现两种截然相反的目的。年金大臣强烈反对用多征收福利费用的方式监管经济，因为这会推升物价，人们反而会要求提高福利。财政大臣认为这一措施可以调控经济，促使雇主购买机器以节省劳动力。这会导致妥协，或者更准确地说，敷衍了事。1961年，劳合开始对关税和消费税追加收税，并提高了由雇主缴纳的员工福利。他还宣布该财年结束之前这一福利监管机制将不再运作，未来会考虑建立其他机制①。面对严重的问题，政府在制定改革措施时又一次缩手缩脚，雇主该缴纳的福利还没提升，政府就又开始寻找其他措施。让雇主们承担追加费用，这似乎不是一个好的机制，也不能有效地促进高效差遣劳工。更糟糕的是，这推升了出口成本。政府又一次认为永久的工资税可以促进公司的用人效率，并将一部分社会福利成本转嫁到工作本身。这一计划最终失败了，因为它会

---

① 公共档案办公室 T230/493，"致财政大臣的补充文件：税收"（Supplementary note for the chancellor: taxation），F. 李，1960年7月27日；关于对销售税作为一种监管机制和出口刺激的支持，见 T320/58，麦德宁致劳合，1960年11月29日；T171/521，BC（60）37，总结性文件，预算委员会，第三次会议，1960年6月15日；BC（60）38，"周薪还是工资税：经济处的文件"（A wages or payroll tax: note by the Economic Section），1960年7月22日；T171/516，BC（M）（60）5，"可能的经济监管机制"（Possible economic regulators），F. 李，1960年11月8日；BC（60）38，修订版，"周薪还是工资税：经济处的文件"，1960年10月22日；BC（60）41，预算观点：关税和消费税委员会文件，1960年9月19日；"可能的经济监管机制" BC（M）（60）5，E. C. G. B. 致财政大臣，1960年11月；BC（M）（61）7，"一种可能的经济监管机制：特殊追加费用计划"（A possible economic regulator: the special surcharge scheme），1961年1月3日；BC（60）49，"经济监管体制：建议对关税、消费税和购置税额外追加费用"（Economic regulator: proposed special surcharge on Customs and Excise duties and purchase tax），1960年12月16日；T. 帕德摩尔的文件，1961年2月13日；A. J. 科利尔（A. J. Collier）致 T. 帕德摩尔：对雇主的额外征税，1961年2月10日；BC（M）（61）10，预算委员会，经济监管机制：对雇主额外征税的机制，1961年3月17日；财政大臣房间会议的文件，1961年3月30日；财政大臣致麦克米兰，1961年4月7日。这个问题在彭伯顿的"1961年预算"有所讨论。

230

第八章 "英国经济体系中一个最有害的障碍"：1951~1964年保守党与税收

推高物价，使出口乏力，对公司的打击尤为严重①。

讨论总是很难形成最终决定，政府总是对政策进行小修小补，反映了其总是进行短期妥协，其经济分析也极欠考虑。政府商讨了很多对财政体系的重大变革，如间接税改革、对公司的政策、社会福利的资金来源、雇佣税等，但是这些思考都囿于细枝末节和政治现实主义，行政层面的一些反对意见也很合理。就连非常次要的变革，比如对首次免税额或雇主分担的追缴资金的调整，政府都希望得到超常的成果。的确，人们期待通过改革收获不止一种成果，即便这些成果常常不相兼容。追加雇主分担的福利能否调控经济和提高效率？其结果是，政府对政策做了一些小的变化，但无意彻底改变税收体系或经济管理方式和制度。1961年的预算问题说明，目前对于财政体系的经济影响及其与经济增长的联系尚缺乏更有条理的评估。20世纪60年代早期之前，经济增长是政府辩论的中心，说明政府明白了英国在生产力方面已经落后。1962年，麦克米兰评论道，"每份预算都需要一个标题……给今年的预算加一些有关经济增长的观念是正确的——'经济增长的平台'就是一个正确的观念。"②但是如何让新点子继续发展、实施，从而彻底改变目前"付出少，生产力低"的经济呢？寻求经济增长意味着改变政府部门，制定新的政策，打破常规。

努力实现政府部门的现代化

截至20世纪60年代早期，政府部门运转不力的问题十分突出。政府官员和政治家中一些激进的人士很难使国内税收局、关税和消费税委员会以及财政部相信变革成功的可能性，这在当时是一个问题。当时的财政体系被当成一个规范，任何的改变都会受到"破坏来之不易的平衡"的指责。国内税收局在1952年明确表明了这一立场：

> 国内税收局因以平等的姿态对待所有阶层的公民而知名……这是因

---

① 公共档案办公室T171/592，预算委员会会议，1961年6月12日，9月8日和11月2日；BC (61) 31，间接税：关税和消费税委员会文件，1961年9月23日；BC (61) 32，永久的工资税：经济前景：T. 帕德摩尔爵士的文件，1961年6月14日；T171/595，永久工资税，F. 李，1961年11月14日；T171/594，永久工资税：国内税收局委员会备忘录，1961年10月25日。关于研究部对工资税的支持，见保守党档案，CRD 2/10/15，关于一种工资税的文件，1961年6月7日；关于英国工业联合会的质疑，见现代档案中心，FBI MSS 200/F/3/E7/1/4，税收委员会，1960年12月21日；财政体系平衡委员会的报告。

② 公共档案办公室PREM11/3763，1962年预算：关于讨论首相和财政大臣的文件，1962年3月23日。

为我们按照法治原则让人们享受到公平和正义。如果所得税体系中有歧视渗入……我局和纳税人的良好关系就可能受到威胁。

关于纳税,双方的准许是关键,任何变化都不允许,因为"这有可能降低纳税效率,降低获得收益的可能性,损害公众对税收正义的信任"①。这个观点包含了所有反对变革的声音。1952年,国内税收局旨在实现公平主义,因此被指责破坏社会平衡。但是相较于先前"挪用"社会创造的财富,改变国内税收局的这一论点也很简单,由艾德礼政府实现的"自然的"分配也不难。国内税收局对任何变革的反应极难改变,他们将变革看作对社会秩序的攻击,认为变革毫无必要,受到政治家的推动。但国内税收局却忘记了自己也曾攻击过形成了现存社会体系的财政政策。这是一种保守主义,预算委员会中充斥着短视的担心,没有时间和能力估测税收体系受到的总体冲击,这更印证了其保守主义。

预算委员会已于20世纪60年代初承认了这些缺点。F. R. P. 温特(F. R. P. Vinter)② 称税收对经济增长的影响是一个巨大的问题,需要更加有条理的思考。弗兰克·李依照他的请求指派了一个工作组研究经济增长和税收问题,温特本人担任工作组组长,贸易委员会、财政部和劳工部的一些成员担任工作组的代表。他们在关于经济增长和国家效率的报告中批判了现存的税收体系,提出"要进行更深入的研究,今后要让人们更清楚地理解政府当局为提高经济效率和增长采取的财政措施有什么影响"。他们认为,税收体系受到了个体公平思想、战时财政压力和稳定经济措施的影响,是历史的产物,这才是问题所在。这使事情变得复杂没有条理不说,还几乎不能显示个人税收或整个税收体系与经济效率和增长的联系。就连皇家利润税和所得税委员会也没能从大局考虑,仍然站在会计和税务律师的角度,将注意力集中在个人税收对某些纳税人的影响。该报告得出结论,需要"站在效率和适应性的角度对税收的经济影响"进行大量的调查③。

因此,李建议预算委员会建立一个由不那么关心日常事务的官员组成的

---

① PRO, T171/434, 'General note by the Board of Inland Revenue on the equitable distri-bution of direct taxation', 11 Dec. 1952.
② 弗雷德里克·罗伯特·彼得·温特(Frederick Robert Peter Vinter,生于1914年)曾先后就读于黑利伯瑞学校和剑桥大学国王学院。1939年他加入经济战务部,1943年调至内阁办公室,1945年调至财政部;1969~1973年先后担任科技部和贸工部副部长。(*Who's Who 2001*, p. 2136.)
③ PRO, T230/579, 'Elements of a policy for economic growth', F. R. P. Vinter, 27 Feb. 1961; 'Economic growth and national efficiency: report by officials to the chancellor of the Exchequer, July 1961' (this report is also in CAB129/105, C (61) 94, 10 July 1961). See T230/524 and 525 for working papers.

第八章 "英国经济体系中一个最有害的障碍":1951~1964年保守党与税收

委员会,这样委员会在考虑税收时将其与经济增长、社会目标联系起来。税收政策委员会的报告最终完成,提供了一连串令人却步的主题:如何刺激出口;支持或反对转向间接税或公司税的原因有什么;为了增加公共开支、供职需求,应当提高哪些税的水平或者征收哪些税收;是否应当用税收停止英国的入欧进程、刺激投资或监管经济?这个庞大的任务基本上没有受到重视:委员会没有时间、资源和智囊团来思考这些重要议题。其结果令人失望,委员会1962年的中期报告基本上局限于间接税,反对任何重大变革①。

这篇评论没有加入预算委员会的讨论,没有选入政治家们的建议,只有官员们的建议。大臣们及其顾问的讨论更具意识形态和政治特点,但是和政府机关的考虑基本毫无关系。长期税收政策会影响经济、政治意识形态和对未来社会的规范性预测,官员们可能对该政策及这种影响进行剖析吗?委员会的考虑非常微不足道,虽然仍然开会,但这几乎没有影响政策的制定。1965年,温特认为改革是一项长期的任务,若暗示大臣们改革可以迅速完成,改革重心将会转移,因此他认为不应把委员会的结论呈给大臣们②。

政治家们对改革的时间尺度有不一样的感受,这不足为奇。工党政府推行其独特的财政政策,而作为反对党的保守党则站在反对地位酝酿自己的观念。政府机关官员既要商讨还要制定新的税收体系,这又带来了其他困难。官员们执着于行政管理的细节和维护现存体系,而政治家们可能忽视政策的可行性,而且会随着不同政党的掌权和失权而改变自己支持的政策。1965年预算委员会重组后,人们曾尝试着解决官员和政治家之间的配合问题。某委员会会考虑短期经济前景以及来年的预算需要什么;另一个由财政大臣主持的委员会则会思考已经推出的新政税收;还有的委员会由一位高级公务员主持,考量有关结构性改革的新建议③。1951~1964年预算委员会解决了以上的全部问题,常常关心眼下的困难而忽视了长期的变革,这是一个严重的缺陷,在这次的改革被着重强调。由于政府部门的失败,出现了一些更加偏向意识形态、与先前方式相左的方式,但是结果很可惜,政府对财政政策改革无望达成统一意见。虽然一些官员关注税收体系的长期效率,但是这并没有带来两党的共识,双方都坚持采用自己的策略,而这受到了另一党派的指责,

---

① 公共档案办公室 T171/592,预算委员会会议,1961年9月8日;关于委员会的商议,见 T320/51,T. 帕德摩尔致 J. 克罗斯比的信,1962年2月26日;D. J. S. 汉考克致 T. 帕德摩尔的信,1962年2月27日;RTP (62) 5,末篇,税收政策评价,1962年4月4日;T320/52,税收政策评价,会议,1962年3月8日和27日,5月14日和17日,7月23日。
② 公共档案办公室 T320/392,F. R. P. 温特,1965年6月9日。
③ 公共档案办公室 T171/803,CM (0),第一次会议,1965年1月22日。

即使他们支持的税收都大体相似，只是其思想基于不同的规范。

同时，由于各方对税收政策的经济影响看法不一，为了协调各方看法，财政部于1962年重组，在财政部内部设立了公共收入和支出司（Public Income and Outlay Division）以考虑税收政策。该司的任务是审查税收体系，提高长期经济增长水平。这个实验能否成功当时还不清楚，因为资源微不足道，经济处仍然扮演着顾问的角色。经济增长一直是国家经济发展办公室考虑的问题，该办公室认为税收是经济增长的一个关键因素。但遗憾的是，财政部却提出未来财政部应当被纳入有关经济增长的讨论中①。这个说法说明，D. J. S. 汉考克承认，在检讨其税收政策方面，财政部缺少相应的资源，但同时他也认为这种资源并不重要，因为不论党派，下一届财政大臣都可能倾向于挑选适合的计税单位。同时，国内税收局也开始探讨财政体系对经济的影响。由于税收部门缺乏经济人才，汉考克非常怀疑国内税收局是否具备足够的动力。相应地，1963年他提出了一些改革手段，从而对税收政策开展恰当的探讨。他建议税收部门应当聘用一些专业的经济学家与官员们共同工作；财政部也应当协调大家的意见，对税收的经济影响得出一个合理的评价②。虽然财政部很清楚自己的传统，并注重维持稳定和平衡，但是财政部仍然保持着谨慎的态度，明白自己需要向不同的政府提供建议。财政部自称无所不知，但是它极其依赖国内税收局等职能部门，从而获得政策实施机制和政策剖析。这些任务国内税收局的确不适合完成。

财政大臣认为，为了使政府对税收政策的态度更具创造性，应当改善税收部门和财政部之间的关系，但是关于其分工方面，随即发生了争论：这是国内税收局的任务，还是预算委员会或者专职某些问题的工作组的任务？财政大臣明白，当前需要的是更加彻底的变革，这也不无道理。他称税收部门和财政部没有积极商讨调和税收体系和经济需求的方式，而只是回应外部压力。当时需要的不只是让预算委员会商讨出结果，还需要让关心税收和经济政策的人们更加紧密地协作。1963年，财政大臣最终明白财政部和税收部门应当更积极地思考税收和经济需求间的联系，这当然很有吸引力。诚然，自从英国申请加入欧共体失败后，很多保守党政治家坚持认为应当继续改变税

---

① 公共档案办公室 T320/233，D. J. S. 汉考克，1963年6月7日。
② 公共档案办公室 T320/18，D. J. S. 汉考克的记录，1963年11月1日；财政大臣房间会议的文件，1963年5月30日。

第八章 "英国经济体系中一个最有害的障碍":1951~1964年保守党与税收

收体系,创造欧洲共同市场无法提供的经济刺激因素①。

政府部门并没有对税收体系的长期改革作出贡献,因此改革仍然缺少连贯性,但是公务员们在20世纪50年代和60年代初批评政府部门没有主动进行改革,这样的批评仍然有失公允。例如,财政部的官员们面临凯恩克罗斯的提议和间接税两种选择时,果真会倾向于前者吗?这将导致重大的政治问题。工党和普通大众真的会认为覆盖范围更广的销售税的破坏力小于消费者的倾向,从而有利于提升总体福利水平吗?托马斯·帕德摩尔(Thomas Padmore)②的观点是:大臣们更关心日常事件和选举情况,他们无法给官员们清楚的指示,因此在改革方面起带头作用的不应当是官员。财政大臣明白任何变革都会导致巨大的争议,在保守党内,变革的需求也不是很大。1960年1月,保守党研究部至少有一名成员对保守党九项预算中税收的降低表示了满意。如果降低收入所得和超额税应缴的惩罚性边际税率,人们对税收体系的不满似乎就会减少,而且大多人似乎更喜欢政府增加开支而不是降低税率③。

诚然,公务员体系已不像先前那样守旧,已经有人要求改革财政部,但是问题恰恰是,大臣们缺少变革的勇气,无法停止对财政政策纸上谈兵,不能形成成体系的观点。政治家也同样害怕自己的处境和其行动面临的束缚。导致桑尼克罗夫特辞职的核心原因是,政府仍然希望同工会合作,控制周薪和成本上涨。如果削减社会开支并降低对中产阶级的税收减免,就会危及政府和工会的合作。在一名财政部官员看来,工会认为政府减免税收,意在提高中产阶级消费而非刺激生产。他认为制定一套措施,"真正创造积极性而非好逸恶劳"才是问题的解决方式。"站在经济大局的角度考虑,政府确实希望激发中产阶级的积极性,而不是为了奖励'已经拥有一定财富的人'",这才是重点,但这是一个艰难的任务,因为工会"对刺激积极性的财政政策持怀疑态度,认为这是阶级政治而不是激发产业活力,更有可能增加中产阶级消费而不是总体生产值。他们常常会对事情作出相应的反应,单用言语说服工会非常困难,即使这十分有说服力。"霍尔对此的质疑更甚,认为工会更可能支持工党,让工会支持保守党的政策十分尴

---

① 公共档案办公室T320/18,财政大臣房间会议的文件,1963年5月30日;CCO4/9/440,致《泰晤士报》的信,1963年2月18日——包括保罗·查能恩(Paul Channon)和罗伯特·卡尔(Robert Carr)。

② 托马斯·帕德摩尔(1909—1996)曾就读于剑桥大学女王学院,1931年进入国内税收局工作,1934年调至财政部;1962年他到交通部任常务次官,1968年退休。(Who's Who 1996, p.1470.)

③ CPA, CRD 3/7/26/1, 'Taxation policy, 1960 and after', 18 Jan. 1960.

尬。对于保守党来说，坚定自己的信念，贯彻自己所相信的事，无视工会的意见，也许是更好的选择①。如何协调积极性和经济增长间的关系才能维护社会正义，或者说得更世故一些，赢得下一次大选？这对于财政政策十分关键。

在政府选择实施一条或两条政策之前，政府能做的微乎其微。政府选择的第一条政策是制定一套措施，让人们更有动力获得利润、储蓄和赚钱，给低收入者更丰厚的福利。这是1964年后保守党作为反对党采取的方式。第二条政策是基于"经济慢速增长会伤害每个人"的看法，忽略工会意见，放弃政策的不偏不倚。这一政策在1979年之后实行，维护平等的政策被放弃，撒切尔夫人开始实施经济刺激政策，放弃追求社会平等。诚然，虽然她当时有能力推行这样的政策，她的政策在20世纪50~60年代却无法实施，即使1958年和1961年的预算同样旨在鼓励积极性，但是力度较轻，而且政策还面临着严重的政治风险。撒切尔夫人的政策更具可行性，意味着同现成制度和既得利益的分道扬镳。在过去，这种做法一般无法实现目标，无论是限薪还是提高生产力。政府也许可以称工会大会或英国工业联合会代表了自私自利和泥古不化，与公众利益相反，从而对以这两个机构为代表的利益群体不管不问。同时，社会变化和政治话语也会导致其他利益群体产生，如富裕的消费者或大众资本家。政府可以对社会发展作出正确反应，但是也可以帮助定义新的利益群体。换言之，不同的利益和身份，或真实，或已经形成，之间的相互关系非常复杂。最重要的是，如果对1964~1979年的经济形势和税收体系怀有危机感，就能够理解政策方面发生的变化了。税收政策的主动权掌握在工党手中，1965年卡拉汉在其第一份预算中就开始对税收体系进行全面改革。虽然工党的策略和保守党的意见有些许相似，例如实施资本利得税和雇佣税，但是工党的财政政策基于其对经济增长和社会公平的看法，这和保守党的看法完全不同。

1951~1964年，保守党制定税收政策的特点是小补小弄，虽然其过程的时间跨度长，但是几乎没有实施变革②。税率总体呈下降趋势，这可能是经济增长以及国防支出和食品补贴下降造成的；但是重建税收体系则缺乏有条理的途径。因此在这13年间，有11年的财政预算都降低了利润税税率，改变

---

① PRO, T171/478, 'The budget and the TUC', S. C. Leslie, 4 Mar. and 11 Mar. 1957; 'The budget and the TUC', R. Hall, 7 Mar. 1957.

② Steinmo, *Taxation and Democracy*, p. 149.

======第八章 "英国经济体系中一个最有害的障碍":1951~1964年保守党与税收

了新工厂、新机器的购买补贴①。类似的,所得税政策也是一种"利率和补贴的间歇性紧缩"②。1964年的所得税标准税率水平低于1951年的;同时,以劳动所得收入计算,育有子女的已婚夫妇缴纳的税收较以往有所降低。但是所得税的降低大多具有迷惑性,因为通货膨胀导致更多人的收入超过了个税起征点,甚至面临着更高的税率,因此实际税率攀升(见图8.1和表8.2)③。无论是刺激积极性,还是用税收减免鼓励个人储蓄,政府几乎无动于衷。从间接税的结构或在财政收入中的占比来看,间接税并没有完全改变。虽然购置税在很多方面发生了调整,但是就算在1964年它的很多缺点仍和1951年的完全一样。其在财政收入中的占比也基本没有变化(见表7.2和表8.3)。1951年保守党政府掌权后,它就从工党那里接手了悬而未决的税收问题;而直至1964年保守党政府失权,它在消除这些问题上成效甚微。

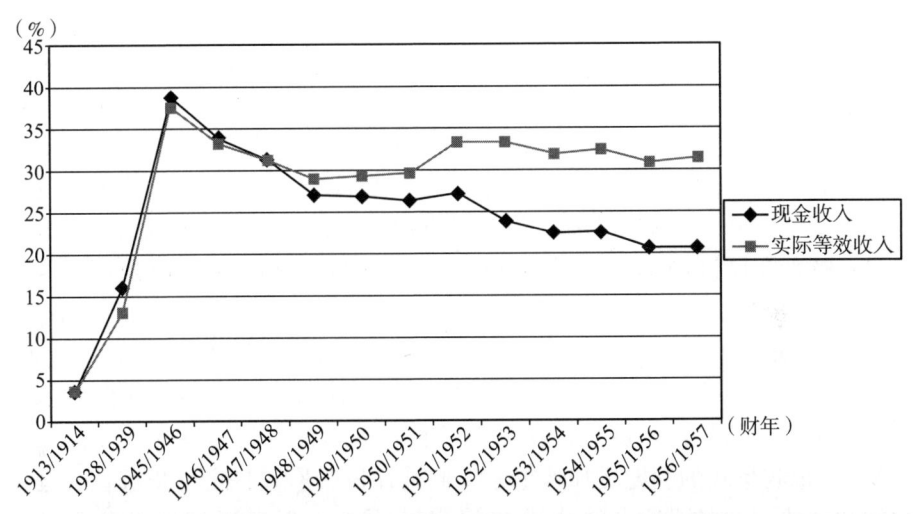

图8.1 1913/1914~1956/1957财年,两孩家庭的现金收入(2000英镑)和实际等效收入(以1947/1948财年水平为标准)的税率,包括所得税和超额税

资料来源:F. W. Paish, 'The real incidence of personal taxation', Lloyds Bank Review (1957), 4-5.

---

① Steinmo, *Taxation and Democracy*, pp. 150-1.
② B. E. V. Sabine, *A History of Income Tax* (London, 1966), p. 230.
③ F. W. 佩什,"个人的实际税负"(The real incidence of personal taxation),《劳埃德银行报告》(*Lloyds Bank Review*),第43期,1957年,出版社不详,1-16页;史坦莫,《税赋和民主》(*Taxation and Democracy*),第152页。佩什指出,收入最高的人群缴纳最高的税率,其收入占比也有所下降(7-14页)。

237

表 8.2　1938/1939、1945/1946、1950/1951、1956/1957 财年，两孩家庭的不同现金收入和实际等效收入（以 1947/1948 财年水平为标准）的税率，包括两种收入缴纳的所得税和超额税（％）

	1938/1939		1945/1946		1950/1951		1956/1957	
	现金收入	实际等效收入	现金收入	实际等效收入	现金收入	实际等效收入	现金收入	实际等效收入
£600	3.7	—	20.2	15.4	6.5	8.4	0.5	6.9
£1000	10.2	1.5	30.1	25.4	16.9	19.3	8.5	16.7
£1500	13.5	10.0	35.1	30.3	23.2	24.6	16.6	24.0
£2000	16.3	13.0	38.8	37.5	26.4	29.7	20.7	31.5
£5000	28.3	24.0	55.2	53.3	47.8	50.8	43.9	53.4
£10000	38.6	33.5	67.8	65.9	63.2	66.0	60.0	68.6

资料来源：F. W. Paish, 'The real incidence of personal taxation', *Lloyds Bank Review* (1957), 4–5.

保守党政府的财政大臣们愿意在现存财政体系框架中施政，这意味着现存制度在 20 世纪 50 年代末以前已经僵化。人们逐渐明白需要对财政体系进行根本变革。第一，税收体系应当变得更加灵活，用财政收入满足公众开支需求，特别是福利需求。一种相应措施或许是削减福利开支，但是保守党内的主流观点却是福利支出不可动摇，因此截至 20 世纪 50 年代末，英国在很多方面都可以说建成了高支出的福利社会。第二，截至 20 世纪 50 年代末，人们逐渐意识到英国正在经历相对衰落，税收体系因导致经济扭曲和低效而受到了广泛的批评。诚然，相对于税收水平（没有偏离其他欧洲国家的水平），税收形式的问题更加严重，人们批评税收形式打击了积极性，侵蚀利润和企业。这些评论出现于 20 世纪 50 年代末，但直到 1964 年以后才开始认真研讨税收政策。1964～1970 年的工党政府实施的一系列改革恰恰反映了其 1951 年以来作为反对党进行的内部研讨；保守党也对税收体系形式进行了调查。在接下来的两章，我们会探究 1964～1979 年这些不同形式的财政政策。

第八章 "英国经济体系中一个最有害的障碍": 1951~1964年保守党与税收

表8.3　1962/1963财年中央政府国库净征缴收入结构（%）

	1962/1963
所得税和附加税	45.7
利润	5.8
遗产税	4.1
印花税	1.5
机动车税	2.4
关税	24.9
消费税	15.7
总计	100.0

资料来源：PP 1962-3 xxvi, *Finance Accounts of the UK for the Financial Year* 1962-3, p.5.

第九章 "充满活力的现代经济政策"：1951~1970年工党与税收

许多人认为工党的党派政策就是提高税收。对于我们来说，最重要的是确定我们代表着更加公正的税收分配，这意味着减免一些人的税收，增加另一部分人的税收，但是这种增加会让税收分配更公平。

——LPA, Finance and Economic Policy Sub-Committee, RD139/Apr. 1961, 'Taxation of profits and income proposals for reform': memorandum by D. Houghton

没有证据表明高税收会抑制积极性。

——George Woodcock of the TUC：MRC, TUC MSS 292/410.2/2, 'Report of a meeting between the Economic Committee, the chancellor of the Exchequer and the minister of labour, 1 Apr. 1952', 4 Apr. 1952

1951年工党失去权力后，主要官员认为工党制定的财政政策对经济增长和效率造成了威胁。尽管工党政治家并不倾向于凭借提高收入来刺激自由市场经济，但是党内的很多人承认税务系统应该被重新评定。1951年，艾德礼政府建立了一个皇家利润税和所得税委员会①。工党的报告（主要由尼古拉斯·卡尔多完成）曾经遭到了异见反对和党内工作组的指正，这也形成了工党财政政策的主要框架。1964年工党重新执政后，工党实施了税收体系的改革，废除了保守党施加的约束，使财政系统更加复杂。工党制定政策时并未邀请公务员体系参与，称实施改革非常困难，维持税收体系平衡非常重要。但是英国的官文化十分严密，新的想法很难渗透其中。相反地，新的想法源于外部，只有受到大多数议员的支持才能影响政策，但是这些思想通常不会被官员和下议院议员仔细思考，也不会在专业团体或贸易组织的建议下进行调整。因此，官员们虽然强调政策的连续性，但也只能让步于突然的、欠考虑的政策变化。在政府的进一步变革中也可能发生同样的事情。事实上，保

---

① 三份报告在1952~1953年第xvii页，1953~1954年第xix页和1955~1956年第xxvii页.

第九章 "充满活力的现代经济政策": 1951~1970年工党与税收

守党政府当时的职责就像水坝,一直在避免改革。直到1964年保守党政府下台,"堤坝"崩溃了,无法对新观点起到引导作用,从而导致20世纪70年代末期之前的英国政府很难就财政体系达成一致意见,财政政策很难适应形势。由于情况变化,财政部和税收部门却未能调整自己的观念,这也是财政系统失去其正当性和可信度的部分原因。

要理解1964~1979年间关于财政政策的讨论,必须了解1951~1964年间激进变革的失败。尽管政府明白应当改革税收体系以控制公共开支增长和保持经济增长,但成就甚少。直接税和间接税的关系尚无定论,如何为社保筹集资金也缺乏明确的战略。不光政府完全没有应对政策,就连官员都认为改革的空间非常有限。财政部大多数官员和众大臣更关心税款征集的过程是否便利、如何维持现存的征税方式以及如何控制通胀型工资上涨的压力。因此,虽然财政部少数官员强烈支持变革,但是财政部大多数官员和众大臣仍对此表示反对。保守党未能提出一套切合形势、吸引选民的措施,工党因此得以实施自己的财政政策,强调积极性和社会公正,其关于刺激经济增长的方法也与保守党不同。

同时,1964年的选举失败也刺激了保守党,因而开始对财政政策展开搜索性分析,试图取消20世纪50年代的约束政策,找到替代工党政策的方法。20世纪六七十年代,财政政策成为这两大政党讨论的焦点,包括如何面对经济衰落和如何应对更新财政政策的需求。但是在讨论中,由于税收体系更多地被看作一种塑造经济和社会形态的手段,而不是财政收入的来源,因此涌现了更多问题。诚然,对于部分税种,两大政党都看到了其优点,如增值税、财富税、资本利得税和工资税等。只是社会对这些税收的看法各不相同,成为争论之源。政府机构的缺点是,官员们阻碍了变革,更多充满意识形态的观点涌现,使财政体系更加复杂混乱,而非合理连贯。一方面,经济事务部(Economic Affairs)的自由市场研究所抱怨道,社会普遍关注税收的横向、纵向公平,使政策过于细化和复杂,导致人们很难遵从,积极性降低。奈杰尔·劳森(Nigel Lawson)[①] 谴责了来自各党派和无党派的"社会公平规范的兜售者",指出过度的政府开支和高昂的税收必然意味着"资源配置不当、经济和

---

① 奈杰尔·劳森(1932年生)曾就读于威斯敏斯特学校和牛津大学基督教会学院,大学期间修读政治学,哲学,经济学。1956~1963年他是一名财经记者,1963~1964年他担任首相亚历克·道格拉斯-霍姆(Alec Douglas-Home)的演讲写手,1973年重归新闻业,后来在保守党总部担任特别政治顾问。1974~1992年他担任下议院保守党议员,1979~1981年任财政部的财政秘书,1981~1983年任国家能源秘书,1983~1989年任财政部长。后来他重归伦敦金融城。[*Who Was Who 2001*, pp.1211-12; Robbins(ed.), *Biographical Dictionary*, pp.259-61.]

社会衰弱、国家权力过大、侵蚀个人自由"等现象①。另一方面，工党成员则认为再分配程度并不够，同时应使用税收等政策使社会不再利益至上、更加公平。1964~1970年，两党都打算推出一系列改革措施，例如尼古拉斯·卡尔多对工党的提议和保守党工作组对未来经济政策的建议。然而，两党的措施都没有全部实施，相反，两党各自的对策都比较片面，而且还带有各自独特的意识形态色彩。由于政治对立在20世纪六七十年代造成了巨大的破坏，不同的对策和纲领被迫改写，使税收体系渐渐丧失了正当性。

1951~1964年对税收政策的重新定义

关于对个人利益的追求是经济增长的驱动力这一观点，工党或多或少地持否定态度；工党的财政策略强调公平对社会正义和经济效率的价值。如果工人们认为自己更加努力工作仅仅是为了增加股东们的分红，那么他们就不希望自己的工作发生变化。因此公平将会有助于化解这种生产力方面的矛盾。20世纪50年代和60年代早期，许多保守党政治家都认同应当在利润和生产力之间做出权衡，工党更是进一步地对盈利动机的必要性表达了质疑。事实上，工党可以称战后世界的繁荣源自更高程度的公平。在第一次世界大战之前，工党称财富的不均导致了消费不足、浪费和失业。二战之后，收入和财富的总体差距有所减小，社会创造的财富受到了打击，奠定了社会富足、充分就业的基础，工党对公平的强调也似乎开始奏效②。

工党的一些成员认为，只要财富不被挪用，不成为"非劳动所得"或社会创造的财富，那么公平就完全符合资本主义的自由市场秩序。另外一些成员则认为只有废除或者至少是严格限制私有制，公平才能实现。两者的重点不同，对财政政策产生了一定的影响：可以通过税收体系来抑制不公平，保证社会成员都能得到收入和财富吗？为了从源头使收入和财富不再流通，有必要把企业国有化吗？要回答这两个问题，就要先明确一个更重要的问题：要实现机会公平还是结果公平？若强调机会公平，就要强调教育机会公平而不是收入公平。20世纪50年代，工党对公平的定义展开了激烈的争论，公平

---

① A. R. Prest, 'What is wrong with the UK tax system?', in Institute of Economic Affairs, *The State of Taxation* (London, 1977), pp. 4, 11; W. Elkan, 'A public sector without bounds', in Institute of Economic Affairs, *The State of Taxation*, p. 42; N. Lawson, 'Taxation or government expenditure?', in Institute of Economic Affairs, *The State of Taxation*, pp. 30 – 1.

② 工党关于公平的思考，见埃里森（Ellison）,《公平主义思想》（*Egalitarian Thought*）, 第3–5章.

第九章 "充满活力的现代经济政策": 1951~1970 年工党与税收

的概念即政治的核心,因此任何政治家都很难提出一定程度的不公平才能带来经济增长。虽然工党认同公平的必要性,但是在创造公平的最佳方式上却达不成一致意见。

大多数工党评论员认为,依靠现存的税收和福利体系,已无法实现机会公平或结果公平。财富差距并没有缩小,而且收入更加公平的趋势有发生逆转的危险。20 世纪 50 年代,税前收入的差距开始扩大。在理查德·蒂特马斯和其他的一些人看来,税收和福利系统并没有缩小收入差距。尽管名义税率很高,但是养老金、保险政策和贷款利息的税收优惠则减少了中产阶级的税赋。曾经需要花钱购买中等教育和医疗服务的中产阶级家庭,现在也成为福利国家的受益者。英国这一"福利国家"实质上并没有表面上看上去那么注重再分配①。

工作组的基本观点是:非劳动所得导致了不公平,财富的过度集中则导致收入的再分配难以完成。讨论中对"非劳动所得"和"非理性地"滥用资源的抨击与爱德华时期的讨论类似。修正主义者的看法则有所不同,提出在一个富足的社会中公平关乎着机会,工人们都希望自己可以参与消费、积累财富。工作组提出了一个问题:如何创造一个平等的、没有阶级的社会。这个问题进而导致了另一个重要问题:

> 我们有多希望维持私有制?尤其是,我们有多希望维持工业财富的私有制?无论早晚,我们都要在继续分散所有权和更广泛地分配财富之间做出抉择。工党提出的政策不能明确这两者哪一个才是我们的最终目的,这一批评非常中肯②。

关于这两个政策的重要性,工作组内意见并不统一。

财政政策减轻了收入的不平等,所以目前应当征收资本利得税、一次性征收的资产税、调整过的遗产税或一切消费税,从而减轻财富的不平等。分散所有权也是有必要的,除了可以让大型国企实现国有化的方法外,还可以打造新的工业组织形式:"提到公平,必须消除财富分布的巨大差异,但是提

---

① R. M. Titmuss, 'The social division of welfare: some reflections on the search for equity', in his *Essays on the Welfare State*, pp. 34 – 55; F. Field, M. Meacher and C. Pond, *To Him Who Hath: A Study of Poverty and Taxation* (Harmondsworth, 1977); Meade, *Efficiency, Equality and the Ownership of Property*; Baldwin, *Politics of Social Solidarity*.

② 工党档案,工作组,财政,分类 i, Re5/1955 年 11 月,国内政策委员会,"对公平研究项目的简介" (A synopsis for the research project on equality)。该研究组由盖茨克尔领导;其他成员包括休·道尔顿、芭芭拉·卡斯尔 (Barbara Castle)、罗伊·詹金斯,伊昂·米拉多 (Ian Mikardo)、哈罗德·威尔逊、芭芭拉·伍顿和 W. A. 路易斯 (W. A. Lewis)。

到自由和积极性,则应当更多地改革所有制、实施调控措施。"工作组在初稿中着重强调了财政政策,提出应当用公有制扫除私人利润和积累起来的社会创造的财富。一些成员则对此持反对意见,认为必须用税收来"改正"私有制中的非正义现象,以打造一个公平公正的社会。有鉴于此,工作组在最终报告中调和了这两种立场,最终认同了"扩大公有制是社会公平公正的前提"。因此,税收成为改变所有制的方式,并且将社会创造的财富从个人手中转到国库中。工作组的考虑再次表明了存在于工党思想中的矛盾:税收,到底是保持私有财产、产生财政收入、进而提供福利的方式,还是实现公有制、清除资本主义不公正的有效方式[①]?

尽管重点不同,但是财政政策的主要框架在20世纪50年代末60年代初仍然获得了一致认可。一战末期存在的问题是征收一次性资产税是否能扩大公有制并取代资本主义,或者使闲置的、社会创造的财富土崩瓦解并分散所有权?诚然,一次性资产税在这两方面均有优势。类似地,工党在20世纪60年代早期制定的财政政策赢得了党内广泛的支持,但是其原因则与之不同甚至相反。这可以和现代化、经济增长、扩大公有制及摧毁社会创造的财富相联系起来。财政策略可以解决党派内部分歧,并克服保守党政府在财政改革中遇到的困难。确实,工党的财政计划和保守党工作组在20世纪60年代提出的"税收组合"有相同的部分,都提到了财产税、资本利得税和雇佣税。两者的不同之处在于解释这些税收为什么可以激发人们的积极性和创业心态、为什么可以促进社会公平公正。

无疑,工党财政政策的出发点十分传统老旧:抨击非劳动所得和社会创造的财富。由于收入积累不了巨额财富,因此巨额财富的定义并不是"省吃俭用换来的、凝聚着美好品格的个人财富"。采取高额的累进式所得税并不会触及财富的积累,也不能使社会更加公平。相反,考虑到巨额财富和通过资本升值带来的超额收入的积累过程,应当征收更多的资本税和利润税,降低个税和消费税水平。"我们在自欺欺人,"罗伊·詹金斯称:

> 英国所得税和附加税的名义额度非常高,但是税基十分狭窄,导致一些人的税赋沉重,另一些人的则较轻。我认为,这个税收体系不仅不公平,而且很多人也认为它不公平,因此我们可以利用情绪进行重大的税收改革,

---

[①] 三个版本的报告,来自于工党档案,工作组,财政,分类 i,Re36/1956年3月,关于公平的主题小组:有关公平的初始备忘录;Re54/1956年4月,关于公平的主题小组:公平(第二次草案)和 Re69/1956年5月,关于公平的主题小组:公平。亦见1956年4月10日和5月1日的会议纪要。

第九章 "充满活力的现代经济政策": 1951~1970 年工党与税收

从而使社会更加公平……税收改革的原则是:一个人认为可以使自己生存下来的生活质量才是衡量他的纳税能力的最佳尺度,其生活来源可以来自普通收入或者资本收益,来自挥霍资本收益或者各种骗税把戏①。

换句话说,国家需要对一切形式的消费征税,无论消费的来源是什么。正如詹姆斯·卡拉汉评论的那样,生前的所得税和死后的资产税的区别就是"一个虚构的金帘子"。1963 年工党会议上,一位代表说"我们应该采用这样的标准来衡量公平:减轻体力、脑力劳动者的税赋,增加靠投机或继承获得收入者的税赋。"通过这些方法,"高税党(high tax Party)"将不再是工党的外号,并且"让人们明白,工党意味着更加公平地分配税收;因此一部分人的税赋将减轻,另一部分人的税赋将加重"②。

在 1959 年大选中,工党提出,"保守党的政策让游手好闲和投机者逍遥法外,不必负担自己的开支,与之相比,工党的税收政策更加公平,减轻了工薪阶层的税赋。工党的政策减少了对劳动收入征收的税收,增加了对非劳动所得征收的税收,让最富有的人承担他们应当承担的税收。③"然而,1959 年工党在大选中失败,因此制定切合实际的财政政策非常紧迫。道格拉斯·霍顿相信"如果我们能够打造一个行之有效的税收体系,让该体系适合纳税人,使税收分配更加公平,那么这样的税收体系就会非常具有吸引力"④。在随后 1959~1964 年的广泛讨论中,一个工作组首先讨论了利润税,接着这一问题交由财政与经济事务小组委员会(Finance and Economic Affairs Sub-Committee),最终于 1963/1964 财年这个关于税收的工作组拍板定论,形成了先前工党希望打造的财政体系。

这些争辩的中心是尼古拉斯·卡尔多的"一体化"税收体系。卡尔多希望,在理想状态下可以对一切消费征收新的个人支出税(personal expenditure tax),但是他意识到,通过不同的消费能力征收一套不同的支出税同样可以完成税收的一体化,而且这种方法面临的行政和政治困难更少。他因此提议征收资本利得税、按年征收的财富税和赠予税。卡尔多的建议说明他希望使经济更现代、更灵活、更高效,因为如果征收这些新税,就可能需要废除附加税,高额边际

---

① 工党档案,财政,分类 i,关于公平的研究组,Re69/1956 年 5 月,"公平";《工党第 55 届年会报告》(*Report of the 55th Annual Conference of the Labour Party*, 1956),伦敦,1956 年,117-132 页。
② 《工党第 62 届年会报告,1963 年》,伦敦,1963 年出版,252-256 页;工党档案,RD139/1961 年 4 月,利润税和所得税改革提议:D. 霍顿的备忘录。亦见于《工党第 60 届年会报告,1961 年》,伦敦,1961 年,145-152 页。
③ Labour party, *Your Personal Guide to the Future Labour Offers You* (London, 1958).
④ 工党档案,RD139/1961 年 4 月,改革利润税和所得税的提议:D. 霍顿的备忘录。

245

税率将不复存在，不再抑制积极性。他希望自己推出的税收改革能够促进储蓄，鼓励承担商业风险，让人们努力赚钱。因此，对净财富征税带来的税收收入更多，因为无论收入多少，等值的资产应缴纳的税款是一样的①。这一套措施能够促进现代化，并吸引从事生产的中产阶级白领。工党财政政策的基础是改革税收体系，从而"减轻辛苦赚钱者的税赋，让那些通过资本利得、遗产继承和投机倒把轻松挣钱的人承担他们应当承担的税赋"②。这些提议的实际意义是有助于打造一个公正的社会氛围，从而减轻周薪上升带来的压力并抑制通胀③。

这些提议的目的是实现公平和刺激经济增长。在一些与工党有联系的经济学家看来，卡尔多的这套税收手段存在问题，即它更可能危及经济增长。追求公平是否会将储蓄者的钱交给更愿意消费的人，进而导致投资减少？托马斯·巴洛格（Thomas Balogh）④ 认为，1963/1964 财年间的研究组仅仅把焦点放在了社会公平上，而没有考虑投资和经济增长受到的影响，对此他表示担心：

---

① 工党档案，财政，财政和经济事务小组委员会，分类 ii，会议纪要，1958 年 11 月 25 日 ~ 1966 年 9 月 12 日，RD100/1960 年 12 月，财政和经济政策小组委员会：项目草案；RD139/1961 年 4 月，利润税和所得税：改革提案：D. 霍顿的备忘录（对先前的报告做了总结）；RD178/1961 年 11 月，项目草案；RD222/1962 年 3 月，资产利得税，D. 霍顿；RD470/1963 年 5 月，国家经济发展委员会（NEDC）对加快经济增长的条件的报告；RD579/1963 年 11 月，1963/1964 财年的项目草案和 1961 年 12 月 1 日、1962 年 3 月 16 日、1963 年 11 月 29 日、1964 年 5 月 1 日的会议纪要；财政，分类 iv，利润税工作组：文件和记录，1959 年 5 月 13 日至 7 月 15 日，Re556/1959 年 5 月，整体税收结构的提议：N. 卡尔多，1959 年 6 月 2 日的会议；Re560/ 1959 年 6 月关于资本利得税的问题，N. 卡尔多；Re567/1959 年 6 月，投资的税收政策，P. 斯特利顿（P. Streeten），Re589/1959 年 7 月，财产税；Re605/1959 年 10 月，税收形式工作组的报告，特别提到了利润税；会议记录，1959 年 5 月 13 日、6 月 2 日、9 月 19 日、29 日、7 月 21 日；财政，分类 iv，税收工作组，记录和文件，1963 年 12 月 17 日至 1964 年 3 月 19 日，RD623/1964 年 1 月，收入政策带来的税收意义，RD635/1964 年 1 月（修订版），关于税收和企业计划的报告；RD636/1964 年 1 月，关于税收和地区规划的报告；RD637/1964 年 1 月，关于财产税的说明，T. 巴洛格（T. Balogh）；RD677/1964 年 2 月，按年征收的财产税，N. 卡尔多；RDR695/1964 年 2 月，税收和收入政策的草案，和 RDR695/ 1964 年 3 月（第二次修订版）；N. 卡尔多，工资和红利的积极政策：致财政大臣的备忘录，1950 年 7 月 21 日，及会议纪要，1963 年 12 月 17 日、1964 年 1 月 7 日、14 日、21 日、2 月 21 日、3 月 19 日。开支税的建议出自卡尔多的《消费税》（An Expenditure Tax）；关于对资产和储蓄的可能影响，见 A. R. 普雷斯特，"支出税？"（A tax on expenditure?），选自《劳埃德银行评论》，出版者不详，第 42 期，1956 年，35 – 49 页。

② Labour Party Annual Conference, 1961, p. 152.

③ R. C. Whiting, 'The boundaries of taxation', in S. J. D. Green and R. C. Whiting (eds.), The Boundaries of the State in Modern Britain (Cambridge, 1996), p. 156.

④ 托马斯·巴洛格（1905—1985）出生于布达佩斯，其父是运输委员会主席。他曾就读于布达佩斯大学、柏林大学和哈佛大学。他先后在法兰西银行的研究部门、德意志帝国银行和美联储工作，后来还在伦敦金融城任职。1934 ~ 1940 年他担任伦敦大学学院的讲师。1939 年他至牛津大学担任教职，直至 1973 年退休。20 世纪 50 年代和 60 年代早期他与哈罗德·威尔逊共事，采取了与收入政策和干预工厂相关的手段，制定促进经济增长的政策；他提议建立一个有关经济扩张或者计划的独立内阁部门。1964 年，他加入了内阁办公室为经济事务提供建议。1974 年，他担任能源部大臣，1976 ~ 1978 年担任英国国家石油公司（British National Oil Corporation）的副主席。（DNB, 1981 – 5, ed. Blake and Nicholls, pp. 25 – 6.）

第九章 "充满活力的现代经济政策":1951～1970年工党与税收

如果说,我们已经走上了一条无可争议的均衡发展之路,企业家们相信自己可以从中挣钱,承担的风险也因为政府的精心管理而降低,那么在我看来,研究组的提议是经过深思熟虑的。不过我觉得,我们政策的首要目标应是实现经济协调增长。然而通过我们的预测,即使征收改良过的支出税并发放储蓄补贴,资本利得税和财富税仍然与"实现经济协调增长"的首要目标相矛盾。

巴洛格认为问题的关键是如何才能既实现经济更快发展又使分配更加令人满意。他的对策就是提高国家的地位①。

巴洛格认为,若想抑制通胀压力,应当采取国有化而不是限制工资的做法。国有化能够促进平等,使投资政策受到更多控制。他认为,社会所有制可以消除无意义的需求刺激,这是其最大的好处。和先前许多工党知识分子相似,巴洛格认为消费在某种程度上是不理性的,他认为不应牺牲教育和医疗的社会支出而换来投资的盈利。事实上,巴洛格对牟利的动机、私人投资和高额的个人消费抱有批判态度:

如果不能在享受安逸和增加集体或私人消费间达到更好的平衡,就不可能让人因收入提高而感到满意。要达到这种平衡,只能限制逐利目标对资源分配的影响。公司想要盈利,不光可以采取满足消费者存在已久的需求这一方式,还可以通过创造新需求来实现盈利②。

很多保守党政治家和一些工党政治家认为,这些旨在进入欧洲一体化市场的提议非常有望使英国进入更大、更高级的市场,有利于刺激国内需求和提升经济效率。对于巴洛格来说,欧洲经济共同体意味着英国丢掉了将经济改造成集体制、社会主义制的自由。

卡尔多的"一体化"税收体系被集体主义和经济规划的推崇者所抨击,甚至还有人观点完全相反,认为这种"一体化"税收体系过于集体主义。曾供职于关于公平的工作组的杰出经济学家 W. 亚瑟·路易斯(W. Arthur Lewis)③ 提出,应

---

① 工党档案,分类 ii,财政,财政和经济事务小组委员会会议纪要,1958年11月25日至1966年9月12日;RD764/1964年4月,对关于税收和收入政策报告的异见的说明,T. 巴洛格。
② 工党档案,RD360/1962年11月,除共同市场外的另一选择,T. 巴洛格。
③ W. 亚瑟·路易斯(1915—1991)生于圣卢西亚,父母均为教师。他获得了伦敦政治经济学院的奖学金,1938～1948年在该学院任教。他是费边社成员。1948年他前往曼彻斯特担任经济学教授。他批评计划经济,认为计划经济会使商品标准化、劣质化。他认为应当调控价格和资金流,从而调控市场并确保社会能广泛地享受到经济增长的好处。1959～1963年他担任西印度群岛大学学院(University College of the West Indies)的校长,1963年来到普林斯顿。1972年他获得诺贝尔经济学奖。[*American National Biography*, vol. xiii, ed. J. Garraty and M. C. Carnes (New York, 1999), pp. 609 – 11.]

247

当鼓励小储户而不是征收资本附加税,从而分散所有权,使社会更加平等:

> 一切新的财产都是由储蓄创造的。拥有财产的不公平源于储蓄的不公平,即绝大多数储蓄都是由富人积累的(或者由公司通过股票积累的)。因此在未来,改变财产分布的唯一途径,除了财产充公外,就是改变储蓄的分配:必须使富人的储蓄比例相对降低,并且使穷人和公共机关的储蓄比例相对提高……如果未来的储蓄状况没有变化,那么无论是征收资本利得税,还是提高遗产税或资本税,都根本不可能改变未来财富的分布情况。

路易斯认为,若实现社会平等,就要积极地鼓励尽可能多的人进行储蓄,而不能只靠摧毁现存的财富积累。虽然工党内几乎没有人认同这种观点,但他们也指出,充满保守党色彩的政策更符合民主社会的愿景。路易斯将财产所有权和平等主义结合了起来,而不是像保守党所强调的那样,把追逐私利作为促进经济发展的主要动机①。霍顿对资本税也抱有类似的疑虑:"纳税人奋斗了一辈子并谨慎投资,在人生的末期,他们的税后收入终于变成了可观的资产积蓄。如果对他们的这部分积蓄征收所得税,一定会引发很多人的反对。事实上,个人职业者的资产就相当于管理人员的养老年金。"代替公有制和公共投资,还可以通过分散所有权以鼓励小额储蓄。降低税赋,给予特定行业的新投资以免税待遇,鼓励联合托拉斯发展②。这里的很多观点都是撒切尔夫人的保守党政府在不同的意识形态背景中提出的。

这些关于财政政策的讨论始终离不开一个基本的矛盾:如何调和平等与增长、投资间的关系。在20世纪60年代早期,当所有的备选措施都无法让人接受时,寻找切合实际的税收政策就变得更加紧迫了。1963年,全国经济发展委员会提议,应当采用增值税和与工资挂钩的社会保障体制,从而刺激经济发展。不过,这两种措施都受到了工党的批评:增值税作为累退税,很容易遭到批判,特别是当全国经济发展委员还打算在征收增值税的同时废除利润税时。人们担心这样会加剧不公平。由于统一的工资税会使低收入工人的税赋非常沉重,因此一旦社会福利体系可能从依赖税收变成依赖人们缴纳的社保,人们就会表示坚决的反对。1963年,工党大会决定了下一届工党政

---

① 工党档案,财政,分类i,关于平等的研究小组,Re58/1956年5月,W. A. 路易斯致B. 罗伯特森的信,1956年4月27日。研究小组在最终报告中表示,希望扩大公有制来改善财富的分布情况,并扩大公共储蓄以改善社会创造的财富的分布状况;"通过推出企业年金(occupational pensions)、自有住房和契约型储蓄鼓励中小个人储蓄",这一观点在后记中提到了。

② 工党档案,财政,分类ii,RD222/1962年3月,资本利得税,D. 霍顿。

第九章 "充满活力的现代经济政策"：1951～1970年工党与税收

府的迫切任务，即打造一个能够"激励积极性、促进经济增长、使国民收入分配更加公平"的税收体系①。1964年工党以微弱的优势赢得大选后，工党便拥有了按照这些要求改变税收体系的机会。

1964～1970年工党执政时期

工党的税收观念基于卡尔多的"一体化"政策，特别是1965年的预算，当时的财政大臣卡拉汉对税收体系做出了改革，以让"经济政策更加现代化、更加充满活力"。理查德·克罗斯曼（Richard Crossman）称卡拉汉的改革是近30年内最复杂的财政改革②。卡拉汉称其目的是保证"那些依靠技艺和创业而获得高额回报的人理应享受到回报的好处，但前提是这种回报必须是劳动所得"③。1964年大选过后，卡尔多提议新增公司利润税、财富税、长期的资本利得税、赠与税（可能同时伴随着改革过的遗产税）等以增加财政收入，并解释了缘由。不过，1965年实施的税种是公司税和资本利得税，而非备受重视的财富税④。

在卡尔多和卡拉汉的财政政策中，核心是公司利润税改革。虽然保守党已于1958年起停止区分利润税，但是并未合并个人所得税和公司利润税。结果是，一切利润都面临着15%的税率，留存利润还会面临所得税标准税率，而且持股人在分红时也会面临税赋。1965年，卡拉汉宣布他将公司的利润税和所得税合并成单一的公司税，对于留存利润和分红征收35%～40%的税。股东拿到分红时，他们将只需缴纳个人所得税，公司已经缴纳的公司税则不必由股东承担。卡拉汉称，公司税"在预算的税收改革中最为重要。战后我国需求萎靡，很少出现创造性的成就，而公司税将成为我们财政历史的一座新里程碑。⑤"卡拉汉为什么这么看重公司税呢？

这种变化意味着政策通过另一种方式又回到了1947年道尔顿提出的差额利润税。留存利润税有所下降，只面临着35%～40%的公司税；分红面临的

---

① NEDC, *Conditions Favourable to Faster Growth*; *Labour Party Annual Conference*, 1963, pp. 225, 252.
② R. Crossman, *Diaries of a Cabinet Minister*, vol. i: *Minister of Housing*, 1964 – 66 (London, 1975), p. 228.
③ *Parliamentary Debates*, 5th ser. 710, 6 Apr. 1965, col. 245; A. R. Ilersic, 'Taxes, 1964–66: an interim appraisal', *British Tax Review* (1966), 365 – 73; R. C. Whiting, 'Ideology and reform in Labour's tax strategy, 1964 – 70', *Historical Journal* 41 (1998), 1121 – 40.
④ PRO, T171/804, 'First memorandum on tax reform', N. Kaldor, 29 Oct. 1964.
⑤ *Parliamentary Debates*, 5th ser. 710, 6 Apr. 1965, col. 254.

税收则上升了，获得分红的人需要缴纳更多的所得税。这么做的目的是为了提高公司利润的再投资额，以此促进经济发展并抑制工资上涨。在批判保守党停止区分利润税的做法时，巴洛格解释了他的理由，指出相对于大公司来说，充满活力的小公司更难从伦敦资本市场那里获得资金。而且，可用于再投资的资金可能会因为鼓励公司进行分配而减少，因为股东们将会消费掉一部分分红收益。减少公司的留存资金会让公司更依赖资本市场，在储蓄额总体减少的情况下，大公司在获得资金方面比小公司更具优势。巴洛格不同意留存资金会导致资金利用效率更为低下的观点，他认为与听从股票经纪人的建议而购买股票的私人投资者相比，能获得专业、实践性建议的公司能对新产品和新技术的发展情况做出更好的判断。最重要的是，他声称在新行业中，高额的留存资金可以使成长中的公司继续发展。巴洛格认为，差额利润税是一个促进经济发展、管理经济运行的政策，而分红的提高和上流社会的消费仅仅会刺激工资升高。巴洛格论文的逻辑和对皇家利润税和收入税委员会报告的异见备忘录的逻辑是一脉相承的①。

这一异见备忘录主要由卡尔多完成，他还在20世纪50年代末60年代初的党内辩论中仍然要求重新区分不同的利润税。他认为，英国的资本市场很活跃，不需要鼓励分配，而在市场孱弱、新兴公司难以集资的德国则相反。在英国，分红水平会更高，股票交易更加繁荣，而且资金来源不会发生巨大变化。卡尔多认为制定财政政策的目的不是消磨资本市场的积极性，而是让依赖贷款或红利再投资的活跃公司更快地成长。卡尔多认为，保守党的高红利政策会刺激通胀，工资水平会上升，使持股人的利益和国家利益对立起来，相比之下，降低留存利润的税率能为新兴的成功公司提供更多帮助。单独的公司税也符合工党对经济规划的重视，因为公司税并不受个人所得税的影响，有利于促进投资、增加留存利润或利润分配②。在一个现代、活跃的经济体中，公司税是什么样的？卡拉汉这样解释：为那些快速发展的、利润分配较少的公司减税，并让所有的公司都能用留存利润来扩大自身规模并提升效率。

---

① Balogh, 'Differential profits tax', 528 – 33; see LPA, Finance, Box iv, Working Party on Profits Taxation, minutes, 19 June 1959; the memorandum is in PP 1955 – 6 xxvii, *Royal Commission on the Taxation of Profits and Income*, *Final Report*, pp. 1086 – 202.

② 公共档案办公室 T171/806，"致财政秘书的简要说明：公司税"（Brief for the financial secretary: corporation tax），N. 卡尔多，1965年4月8日；T171/807，"双重税收"（Double taxation），N. 卡尔多，1965年6月1日。在德国，公司需对留存利润缴纳56%的税，并对利润分配缴纳25%的所得税。

第九章 "充满活力的现代经济政策"：1951~1970年工党与税收

这样会颠覆1958年保守党的政策，恢复道尔顿的差额征税政策①。

最终，这一受到巴洛格、卡尔多和卡拉汉共同影响的政策否决了皇家所得税和利润税委员会大多数成员的意见，即高额的留存利润只会导致浪费开支和公司过度扩张。巴洛格、卡尔多和卡拉汉认为，利润分配少会导致股值降低，导致内部和外部的回报率产生偏差，扭曲市场，而非鼓励投资。有了留存利润，公司可以放宽资金的使用，其获得的回报将高于必须依赖昂贵的外部资金的公司②。相似地，国内税收局仍然对公司税表示怀疑：公司税是否会导致利润留存而不是投资？如果公司确实进行投资，他们是否会在缺乏资本市场约束的条件下作出理智的决定？公司税是否会刺激公司并购行为，从而获得资金储备而不是让资金储备更合理？事实上，若将公司利润以分红的形式分发给持股人和外部资本市场，这部分利润可以得到更高效的利用。无论如何，英国的投资并不比德国的投资少很多；但是问题在于英国的投资效率更低，反映了"付出少，产出也少"的问题，因此英国需要出台更彻底的解决方法，而非仅仅对公司税税率进行调整③。

公司税的征收还导致了1965年起英国长期征收资本利得税。卡拉汉希望鼓励利润留存，从而刺激经济效率的提高，并推出"合理、公平"的工资政策。但是卡拉汉还需要让工会相信限制红利不会带来资本利得。资本利得税可以让社会更加公平，便于政府推行工资政策。在卡尔多看来，资本利得税存在的主要原因就是促进公平，但是资本利得税还通常和经济收益联系在一起。由于人们获得资本利得的能力不同，社会上将逐渐形成对财产所有者的优待和对工薪阶层的歧视；并且鼓励以生产为代价的投机买卖。长期的资本利得税将会让人们得到的回报和其劳动的社会价值更加相称，改善稀缺劳动力的分配情况。这项政策旨在限制红利和工资水平，控制通胀，让工会满意，使工会接受这一善款收入政策（voluntary income policy），而不是接受巴洛格的"异想天开的主张"：货币手段能够管控经济。当然，较高的留存利润意味着公司拥有大量的现金储备，这削弱了货币政策的作用。讨论的话题说白了

---

① *Parliamentary Debates*, 5th ser. 710, 6 Apr. 1965, col. 255.
② 最终报告的论点提纲在巴洛格的"差额利润税"的529-529页可见；关于该报告，见议会文件1955-1956 xxvii,《皇家利润税和收入税委员会，最终报告》，890-892页。
③ PRO, T171/806, corporation tax, A. Johnston, Inland Revenue, 6 Nov. 1964; N. R. F. Crafts, 'Economic growth', in N. R. F. Crafts and N. Woodward (eds.), *The British Economy since 1945* (Oxford, 1991), pp. 276-7, 289-90.

251

就是，应当利用货币政策还是直接调控来进行经济调控[①]？针对公司税的讨论还涉及激励措施、利润和外部资本市场的本质。虽然卡尔多称长期征收资本利得税并非为了影响资本市场的热度，但是工党对利润和市场参与的资源分配仍犹豫不决，一些人对高额的利润和利润分配表示了担心。因此最终政府没有采取鼓励小储蓄者和分散股权的做法来增加投资，很多工党党员仍然执着于1945~1951年将公有制和鼓励私企留存利润相结合的措施。

　　1965年实行的公司税和资本利得税并不是卡拉汉和卡尔多税收改革的重点。在1966年，一个全新的且饱受争议的税种出台了：特定就业税（SET）。和1965年的改革相似，特定就业税推动经济结构性改变而不是激励个人的积极性，以此促进经济增长。评价特定就业税的结构性改变，必须结合当时英国工业在出口市场上的颓势（这大大困扰了先前的保守党政府）。工党上台之后面临的赤字预期问题十分严重。当时一个明显的对策就是通过英镑贬值来恢复竞争力，但是威尔逊最初决定维持现有的汇率，并且找到其他对策。最开始受到关注的是增值税——虽然工党不常考虑这种税。

　　20世纪60年代初，增值税被认为是一种刺激出口的方式，只是公务员体系的内部讨论和流转税委员会的报告中均不这么认为。虽然出口企业可获得增值税退税，但是由于购置税并不对出口商品征收，所以购置税政策并没有受到改善。事实上，公司在获得退税之前必须缴税，并且要负担额外的管理费。委员会担心增值税会转嫁到商品价格上而不是由商家的利润承担，进一步削弱出口的竞争力同时导致工资上涨，因此否决了用增值税来替代利润税的对策[②]。增值税并没有仅仅用于鼓励出口，工党还看到了增值税的其他优点。增值税可以带来很多财政收入。经济事务部指出增加直接税一定会受到反对。而且，现存的间接税只对很少一部分商品征收，导致消费者选择和生产格局失常，政府很难扩大财政收入。应缴购置税的服务能带来的财政收入同样不多，而若想要扩大购置税的覆盖范围，这对于政府来说十分困难，因为还需要说明为什么要对一些享受免税待遇的商品征收购置税。将免税商品

---

　　① PRO, T171/804, note of meeting between the chancellor of the Exchequer and the TUC Economic Committee, 3 May 1965; T171/805, 'Arguments for and against the long-term capital gains tax', N. Kaldor, 24 May 1965; *Parliamentary Debates*, 5th ser. 710, 6 Apr. 1965 col. 245; Crossman, *Diaries of a Cabinet Minister*, vol. i, p. 228. See Balogh, 'Differential profits tax', 533; P. Streeten and T. Balogh, 'A reconsideration of monetary policy', *Bulletin of the Oxford University Institute of Statistics* 19 (1957), 336-7; P. Streeten, 'Report of the Royal Commission on the Taxation of Profits and Income', *Bulletin of the Oxford University Institute of Statistics* 17 (1955), 341-2.
　　② 关于流转税委员会的报告见本书211~212页。

第九章 "充满活力的现代经济政策"：1951~1970年工党与税收

看成一个集合并对其征收较低的税收是更加容易的。这样做的原因是，支出税可以缩小应税商品和免税商品之间的差异，让税收体系更好地应对未来消费的变化，因此支出税和所得税一样合理①。正如上文所说，凯恩克罗斯告诉即将下台的保守党政府：增值税可能会降低耐用消费品的税收，实际上给了消费者更多福利。

卡尔多则对英国工业丧失竞争力持悲观态度，指出就算生产力增速提高或者工资涨幅放缓，也不可能挽回经济竞争力，最多只能防止竞争力进一步丧失。由于卡尔多反对用货币贬值恢复出口竞争力，剩余的唯一选择就是用税收和补贴降低劳动力成本。因此卡尔多主张征收增值税以实现经济现代化并调节经济。1964年，他建议用增值税取代社保缴纳，将增值税用在地方人头补贴、社保福利和出口刺激上，起到调节经济的作用。卡尔多认为，增值税之所以具有吸引力，是因为雇主缴纳的社保费用会导致劳动力成本提高而且不能退款，征收增值税降低了雇主缴纳的社保费用，从而降低了出口成本。此外，社保基金的来源将从统一税率的"工资税"转移到增值税上。增值税的累进程度不如所得税，但高于现存的间接税和保险缴纳额。增值税可以在不扭曲生产和消费的情况下带来大量财政收入。此外，征收增值税相对于英镑贬值有一个主要的优势：征收增值税的同时可以根据雇佣人数发放工资补贴，降低劳动力成本，提高竞争力。对于国内消费者，工资补贴可以用于支付增值税；对于出口市场，成本下降了，而且不必缴纳增值税。因此这一措施的结果是减少国内贸易的利润，增加出口贸易的利润。此外，不同地区的补贴水平不同，有利于帮助贫困地区②。这种调整后的增值税覆盖范围广，虽然优点很明显，但是并没有足够重视实施税收的可行性。

但是，财政部的公共部门收入委员会并不相信用增值税取代缴纳社保的方式，同样不相信的还有财政部的官员委员会、关税和消费税委员会、贸易委员会、经济事务部等，这些部门1965年底又重新讨论了增值税和间接税。由于英国的社保缴纳额占国民生产总值的比例较低，已经低于西德和法国，英国社会希望雇主能提高使用劳动力的效率，并向资本设备投资，因此社会

---

① 公共档案办公室T320/455，间接税：经济事务部的说明初稿，日期不详。
② 公共档案办公室T320/455，1965-1966年直接税政策评价；PSI（64）7，"用于调整财政收支平衡的税收工具，1964年10月25日N.卡尔多的说明"（A tax instrument for adjusting the balance of payments, note by N. Kaldor, 25 Oct. 1964），在PSI（64）10中有进一步的说明，公共部门收入委员会：用增值税作为又一税收工具，尼古拉斯·卡尔多的说明（亦见T171/802）。

上要求增加劳工税收的声音很强烈①。官员们关心的是改变福利资金来源的社会后果。如果雇主使用大量的劳动力，那么他们就要缴纳更多社保；若实施增值税改革，物价就会上升，福利成本会从缴纳社保的雇员身上转移到需缴纳增值税的无业人群身上，主要是那些已婚女士和领取年金的退休者。诚然，财政部等部门希望保持福利和缴纳社保之间的联系。若没有社保缴纳制，如何才能在不进行经济审查（means test）的情况下确定社保的领取资格或者按照收入支付福利呢②？关税和消费税部反对改变现存的购置税和消费税政策，因为这两种税收管理起来很简单③。官方对卡尔多的改革方案的意见非常直截了当："对于这一改革方案，几乎每个人的第一反应都是'这真是个愚蠢的主意'。④"

　　1965年公共部门收入委员会收到了各种旨在助力出口的建议，包括：购置税或公司税是否应当由增值税代替？是否应当废除国家社保缴纳制，征收增值税？是否应当用增值税的税收来发放人头补贴？是否应当对经济繁荣的地区征收工资税，以改善落后地区的就业形势？另外，也可以给厂房、设备的使用者和生产者以补贴，从而替代现有的投资补贴。公共部门收入委员会否决了前三条建议，因为前三条建议的任务量巨大，公务员系统和公司都很难应对，而且扩大间接税对政局可能有不良影响。相反，委员会对补贴形式更为关注，例如对富裕地区或者对服务业征收的工资税。特别地，当英国北部及苏格兰地区失业率高于某一水平的情况下，对该地区所有的岗位发放临时补贴的做法也受到了委员会的关注，这一补贴的别名是"北方稳定器（northern regulator）"。当时，英国的通胀调控措施导致了英格兰北部和苏格兰地区失业率上升⑤。卡尔多和巴洛格对委员会的看法感到不满，认为委员会把

---

　　① 公共档案办公室 T320/455，PSI（64）8，财政部：公共部门收入委员会：理查德森再次来访，1964年12月18日；T320/382，公共部门收入委员会，D. J. S. 汉考克，1964年12月21日。
　　② 公共档案办公室 T320/455，PSI（65）4，大幅扩大间接税范围以代替民众缴纳国家社保：多位秘书的说明，1965年1月13日。
　　③ 公共档案办公室 T320/455，W. 阿姆斯特朗（W. Armstrong），1965年11月26日；未来对间接税的变革，1965年12月6日；未来对间接税的变革：会议纪要，1965年12月7日；未来对间接税的变革，1965年12月15日；增值税：关税和消费税的补充评论，1965年12月14日；对间接税政策的评论：会议纪要，1965年12月16日；卡尔多的会议记录，1965年12月29日；间接税，D. 麦基恩（D. McKean），1966年3月15日；间接税，W. W. M.，关税和消费税，1966年4月12日；记录说明，1966年4月25日；增值税：会议记录，1966年5月26日。
　　④ PRO，T320/382，'Payroll subsidy financed by VAT rebateable on exports imposable on imports'，Jan. 1965.
　　⑤ 公共档案办公室 T171/813，PSI（65）7，终版，刺激出口的财政措施：公共部门收入委员会的进度报告，1965年2月3日，和理查德·克拉克爵士（Sir Richard Clarke），方案 D、E 和 F，1965年7月14日，一组官员提交的总结报告，1965年7月14日。

第九章 "充满活力的现代经济政策"：1951~1970年工党与税收

他们提出的政策"改得一塌糊涂"①。

卡拉汉仍然计划改革间接税，1966年4月威尔逊还要求准备一套实施增值税的方案，尽管二人都面临着来自官方的反对意见。他们这样做的原因是国家急需实施出口退税政策，并降低超限度税种的水平。这一情况还使卡尔多改变了自己的提议，他不再主张通过征收增值税来减少雇主分担的福利并降低劳动成本，而是主张对服务业额外征收工资税。有了工资税收入，雇主便不再分担福利，有助于降低制造业成本。卡尔多称自己的建议可以将出口成本降低4%，还能抑制劳动力流入服务领域。在过去的十年间，新增就业的80%来自于服务业，但是卡尔多认为服务业的低生产力很难提升，称只有让劳动力进入工业才能使经济增长，原因是工业具有更高的生产力，还可以通过投资厂房和设备而实现自我提升。卡拉汉认为卡尔多的提议可以稳定物价，改变制造业工厂税赋过重、服务业税赋过轻的状况，并且在非生产性服务领域减少劳动力开支②。这样一来，卡尔多的提议再次被改动，转而对服务业的雇佣行为征收特定就业税。卡拉汉提出，这样有利于税收体系的结构性长期改革，并提供另一种主要的财政收入来源。英国服务业开支共有70亿英镑，但是仅仅缴纳1%的税收；消费者在需缴纳关税和消费税的商品上的消费达60亿英镑，然而其中的税款就有40%。应对这一现象可以对就业征收差额税，提高服务业的劳动力成本，降低工业的劳动力成本，从而改变消费和就业方面的这种不协调③。

1966年开征的特定就业税延续了1965年预算"通过结构改革促进经济发展"这一方式。至少在卡尔多看来，特定就业税和增值税都能拓宽税基，防止消费者的选择和工业产出形势变得畸形，但是特定就业税可以改变服务行业的用工情况；而很多工党党员和选民都反对增加间接税，导致征收增值税

---

① 公共档案办公室T171/813，卡尔多致财政大臣的信，1965年7月16日，和巴洛格致首相的信，1965年7月15日。
② 关于对经济增长的讨论，见N. 卡尔多，《大不列颠联合王国经济增长速度缓慢的原因：就职演说》，剑桥，1966年；对税收影响的探讨，见B. 雷德韦（B. Reddaway），《第一份报告，对特定就业税的影响：经销行业》(*First Report, on the Effects of Selective Employment Tax: The Distributive Trades*)，伦敦，1970年；J. D. 惠特利（J. D. Whitley）和G. D. N. 沃西克（G. D. N. Worswick），"特定就业税对生产力的影响"（The productivity effects of select employment tax），选自《国家经济研究所评论》(*National Institute Economic Review*)，第56期，1971年，36-40年；N. 伍德沃德（N. Woodward）的评论，见"1964-1970年间工党的经济成就"（Labour's economic performance, *1964-70*），选自R. 库匹（R. Coopey），S. 菲尔丁（S. Fielding）和N. 泰拉茨乌（N. Tiratsoo）编著，《1964—1970年威尔逊政府》(*The Wilson Governments, 1964-70*)，伦敦，1993年，88-89页。公共档案办公室T171/813，N. 卡尔多致财政大臣的信，1966年4月6日，"工资税和新的出口刺激的说法"（The case for a payroll tax and for a new incentive for exports）；A. K. 凯恩克劳斯，1966年4月18日和19日，I. P. 班克罗夫特（I. P. Bancroft）致温特，1966年4月5日；1966年4月19日会议纪要；记录说明：工资税，1966年4月18日。
③ *Parliamentary Debates*, 5th ser. 727, 3 May 1966, cols. 1453-4.

255

可能带来政治风险①。因此特定就业税相较于增值税更具优势。但是几乎没有人像卡尔多这样看好特定就业税。这次特定就业税未经政府机关的考量，也未接受其他团体的建议，在这种情况下贸然实施，必将像后来征收工资税那样寸步难行。克罗斯曼指出，不经讨论就贸然宣布征税"会让政府和内阁责任灰飞烟灭"，导致严重的体制问题②。但是，正是由于官员们经常阻止税制变革，才导致了财政大臣很容易听信卡尔多那颇具智慧但不切实际的措施。虽然在征收特定就业税后的几周后，国内并没有引发像工资税那样的反对浪潮，但是官员们已经开始讨论是否可能采取新的手段。

这样看来，增值税或许是最好的征税方法，可能带来的好处不仅限于使英国加入欧洲经济共同体。国内税收局指出，当时急需增加税收种类并且提高税收水平，而征收特定就业税显然欠考虑，而且带来的财政收入也可能不多③。1967年，卡尔多称1959年以来英国的税收并不多，只占国民生产总值的3%，很难让经济健康发展。经济学家罗伯特·内尔德（Robert Neild）④称，目前税基过窄，应当在不伤害经济发展和社会结构的前提下，征收工资税或其他间接税以拓宽税基。政府征收增值税，不再出于刺激出口的目的，而是为了提升预期税收，并提升税收在国民生产总值中的占比⑤。1974年保守党政府开始征收增值税时，税收体系偏向累退税，依靠个人积极性鼓励经济发展，整体的社会观念有所不同。正如1968年卡尔多指出："托利党和企业强势推动增值税的征收，试图改变直接税和间接税的比例。在社会主义者看来这是不可接受的。⑥"

1965年和1966年的改革标志着工党财政政策的两大亮点。随后，1967年的货币贬值来临，卡拉汉辞职。卡拉汉-卡尔多改革热过后，新任财政大

---

① 公共档案办公室 T320/455，增值税：经济事务部的提议，N. 卡尔多，1966年5月12日；出口刺激和增值税，国家经济发展办公室总干事的备忘录，N. 卡尔多，1966年5月18日。

② Crossman, *Diaires of a Cabinet Minister*, vol. i, p. 511.

③ 公共档案办公室 T320/455，增值税：1966年5月23日会议记录；国内税收局的 A. 约翰斯顿致阿姆斯特朗，1966年5月24日；增值税：1966年5月26日会议报告；T320/45，贸易委员会的 R. 鲍威尔（R. Powell）致阿姆斯特朗，1966年6月3日；国家经济发展委员会会议记录草稿，第一秘书，1966年6月15日；R. J. S. 科里（Corry）总管的增值税备忘录，1966年6月6日。

④ 罗伯特·内尔德（生于1924年），先后求学于切特豪斯公学（Charterhouse）和剑桥大学圣三一学院。1947~1951年他供职于联合国欧洲经济委员会秘书处，1951~1956年供职于内阁办公室和财政部经济司。1956~1958年间担任圣三一学院经济学讲师和教员，1958~1964年在国家经济研究所工作。1964年他回到白厅担任财政部经济顾问，1967年前往瑞典担任斯德哥尔摩国际和平研究所所长，直到1971年。1971~1984年再度担任剑桥大学经济学讲师。（*Who's Who 2001*，p. 1515.）

⑤ PRO, T171/820, 'The budgetary outlook in the longer term setting', N. Kaldor, 17 Mar. 1967; R. R. Neild, 22 Mar. 1967; T171/821, 'Value added tax and alternatives', 10 Aug. 1966.

⑥ Quote by Whiting, *Labour Party and Taxation*, p. 201 n. 89 from King's College, Cambridge, Kaldor Papers, 3/30/209.

===== 第九章 "充满活力的现代经济政策":1951～1970年工党与税收

臣罗伊·詹金斯对任何新变革都十分警惕,称"能让税收部门、个人、公司和职业顾问接受的改革是有限的。①"按年征收财富税颇具吸引力:拓宽税基、避免加重中产人士的税赋、激发中产阶级的积极性;相反地,全面下调所得税同时也会减轻食利者的税负。但是詹金斯也仍然力排压力,反对按年征收财富税。事实上,除了1968年的"特殊税收"之外,政府的成就微乎其微②。

卡拉汉-卡尔多改革几乎没有使财政收入增加,也没能显著刺激经济发展,也没能解决低收入人群的所得税税赋问题,其结果令人失望。人们担心间接税作为累退税的不良影响,但也因此看不清所得税的严重问题。当时,平均周薪不断上涨,越来越多的人收入都高于所得税起征点。工党上台后,1964/1965财年育有两孩的已婚夫妇面临的所得税起征点仅为成年男性体力工作者平均收入征税起点的78.1%;而工党下台后,1969/1970财年这一比例降至56.1%。与收入较高的群体相比,低收入群体的所得税上涨幅度更大③。1965年和1966年的改革虽然已经非常高明,但也几乎没能解决英国经济面临的难题,威胁到了税收体系的正当性。因此在1970年的大选中,无论是关注公平和扶贫的左派激进分子,还是来自右派的保守力量,都对工党大加批评。

工党政府的改革措施同样影响了保守党,让保守党愈加相信"留存利润让生活过于舒适,以至于降低了管理效率"的观点④。经济增长的基础是获得市场资本,需要分发红利,让持股人进行再投资。诺曼·圣·约翰-斯特瓦斯(Norman St John-Stevas)⑤ 和伊安·麦克劳德(Iain Macleod)⑥ 批判了特定就业税这一措施,称这说明工党泥古不化,对经济结构的看法荒诞不经。

---

① *Parliamentary Debates*, 5th ser. 761, 19 Mar. 1968, col. 274.
② Whiting, *Labour Party and Taxation*, pp. 190-5.
③ Whiting, *Labour Party and Taxation*, pp. 185-7.
④ E. Boyle, *Parliamentary Debates*, 5th ser. 710, 12 Apr. 1965, col. 978.
⑤ 诺曼·安东尼·弗朗西斯·圣·约翰-斯特瓦斯(Norman Anthony Francis St John-Stevas,生于1929年)曾就读于剑桥大学菲兹威廉学院(Fitzwilliam College)和牛津大学基督教会学院(Christ Church)。他1952年进入律师事务所工作,1952～1953年在南安普顿大学执教,1953～1956年进入伦敦国王学院执教。1959年他供职于《经济学人》杂志,1964～1987年担任保守党下议院议员。1972～1973年他担任教育科学部议会国家副秘书,1973～1974年担任国家艺术大臣,1979～1981年担任兰开斯特大公国法官、下议院领袖兼艺术大臣。1991～1996年担任剑桥大学伊曼纽尔学院(Emmanuel College)院长。(*Who's Who*, 2001, p. 1823.)
⑥ 伊安·诺曼·麦克劳德(Iain Norman Macleod, 1913—1970年)生于斯基普顿(Skipton)。他曾就读于费蒂斯公学(Fettes)和剑桥大学冈维尔与凯斯学院(Gonville and Caius College)。他1946年进入保守党研究部工作,1950年成为下议院议员。他是"同一个国家"组织中的重要人物,1952年成为卫生部大臣,1955年成为劳工部部长,1959年担任殖民地秘书。1961～1963年担任兰开斯特公爵郡大臣、下议院领袖兼党派领袖。后来参与编辑《旁观者》杂志(*Spectator*),担任朗巴德银行(Lombards Bank)行长,并成为反对党前排议员。1970年他被指派为财政部部长,不久后去世。(*DNB, 1961-70*, ed. Williams and Nicholls, pp. 700-4.)

二人指出，服务业之于工业并非独立存在，而且并不比工业低端，它依靠高效的银行或保险部门而存在。服务业逐渐扩大反映了经济的繁荣发展，税务则被讽刺为"老土的社会主义行为"[①]。增值税可以促进财政收入的增加，有利于英国融入欧洲，卡尔多和卡拉汉的财政政策则让这种优点更加显著。保守党曾许诺取消特定就业税，但这让征收工资税更加困难，让保守党再无法回头选择其他税收方案。对一些就业取消税收，是否会导致一切就业均需要缴税？这一点尚存疑惑。

有了卡拉汉预算的例子，保守党开始强调财富分配和小额储蓄方面的需求，并提高了间接税占财政收入的比例。保守党在 1964~1970 年作为反对党时，曾尝试着制定一系列财税政策供今后执政时解决问题，同时也供工党参考。1974 年工党重新掌权前，保守党政府废除了卡拉汉的一些政策方案，征收增值税，对税收体系做出重大变革。假如保守党确实实施了其作为反对党期间制定的政策，就可以实现麦克米兰的愿望：将财政收入用于发放社会福利，以促进社会融合并鼓励创业。然而保守党并没有成功实施其政策，使麦克米兰的希望落空。相反，至少在 20 世纪 80 年代经济发展、社会繁荣之前，激励经济发展成了重点，而那些可能因税收制度而受苦的人却没有受到关注。分配正义的方式彻底改变，穷人的遭遇很少受到关注，中高收入者税赋过重的看法却愈加强烈。

---

① Parliamentary Debates, 5th ser. 727, 3 May 1966, cols. 1511 – 12, 4 May 1966, 1648, 1655.

第十章　反思税收政策：1964～1979年 从机会国家到企业社会

"……将整个税收制度打散，然后将其再次整合，这样将会从根本上改变经济形势——奖罚框架。在此框架下，个人和公司的决定被采纳到经济体制中。"
　　——Bodleian Library, CPA, CRD 3/7/6/6, 'Swinton policy weekend 1967: report', J. Douglas, 26 Sept. 1967

"……个人税收应遵循两项非常完善的保守性原则。其一，提高个人奖励；其二，鼓励更普遍的资本所有权。"
　　——Bodleian Library, CPA, CRD 3/7/6/9, Policy Group on Future Economic Policy, 'Personal taxation: An agenda', William Rees – Mogg

"让持股者和食利者在安乐中灭亡的提议或许很好，在社会主义社会中，高额的净收入可能没有立足之地。这些都是合乎法律的目标，但是在追求这些目标时，对私人企业的功劳许以空头支票，同时保证促使经济运作的力量受到压制，这非常荒谬。仅当工党政府就它想要创造的社会和经济类型做出决定时，才会有可能评价其财政政策的相关性和妥善性。"
　　——A. R. Ilersic, 'Taxes, 1964–66: an interim appraisal', *British Tax Review* (1966), 373

"一种拒绝改变的税收体系（tax prison）"：1964～1974年在野与执政的保守党

　　保守党的财政政策基于这样的想法：个人承担商业风险和创业行为推动了自由市场的经济发展。因此，不公平是情有可原的，那些创造财产的人正是在不公平中获得了奖赏。然而，在20世纪50年代和60年代初，许多保守党人仍然相信，若想加强社会团结，就要警惕并限制利己主义思想。

这样，社会将能更好地处理经济问题，促使不同利益群体达成一致看法。在某种程度上，这切实地回应了限薪需要。直到1964年，在鼓励冒险和追求利润政策方面，仅仅有一些试探性动作。给予技术管理人员的税收补贴或许是一种激励，并为保守党获得选票，但工会可能因此分裂，破坏限薪政策。1964~1970年，在野的保守党希望制定一项政策，意在既不危害社会融合和内聚，还要给英国这个充满"机遇的国度"增加激励因素并鼓励商业风险。但是由于保守党这两种目的相互矛盾，因此想法未能实现，这也是后来撒切尔政府选择了机会而牺牲社会和谐的背景。更多激进派保守人士开始相信，维持社会整体和谐或许将会以经济增长为代价，最终使每个人更穷。

英国这一福利国家的特点是高度依赖中央政府税收提供的资金。20世纪60年代，工党和保守党开始被迫考虑福利国家和国家的财政体系能否继续兼容。随着20世纪60年代福利成本的增加以及按照更高边际税率缴纳所得税的人增多，若顾及中央政府税收的合法性，那么为福利提供资金的其他方法就会失效，长期受到高度认可的财政制度也许就会开始变得僵化。（见本书267页的表10.2）。20世纪60年代，保守党内讨论的中心变成了如何重新协商财政体系。特别是在1964~1970年保守党在野期间，由于在税收政策上发生了党内矛盾，保守党必须就其基本主张进行讨论，并就其核心意识形态进行唇枪舌剑[1]。尽管1970~1974年的希思（Heath）政府避免了许多最具有争论的议题，该政府的讨论已经为1979年后撒切尔的计划铺好了道路。

1960年，爱德华·波义耳准确地预测到："在20世纪60年代期间，税收将变成党内主要的争议点"。这里主要有两方面原因。波义耳意识到，20世纪50年代曾经存在的减税因素，目前已经不存在了。20世纪50年代，国防支出被削减，食物补贴和住房补贴被取消，为更高的社会支出和税收减免让出空间。波义耳担心政府未来的开支增长将会比国民生产总值的增长还快[2]。保守党也渐渐发现税收结构出现了问题，财政体系必须彻底修改。通过对比英国和其他国家可知，分歧不在于高比例的国民生产总值被政府拿去，而是拿

---

[1] 关于1964~1970年保守党政策的制定，见J. 拉姆斯登（J. Ramsden），《保守党政策的形成：自1929年以来的保守党研究部》（*The Making of Con-servative Party Policy: The Conservative Research Department since 1929*），伦敦，1980年。

[2] 保守党研究部，CRD 3/7/26/2，TPC (60) 7，税收政策委员会第四次会议纪要，1960年6月15日。

========第十章 反思税收政策：1964～1979 年从机会国家到企业社会

去的方式——正如1962年流转税报告的比较数据显示的那样（表10.1）。表面上，英国的税收制度处于正常状态：税收水平大体上与西欧其他国家持平，而且1974年在经合组织（OECD）15个主要经济体中排名第8位。另外，直接税和间接税比例类似。但《经济学人》的经济学人智库（Economist Intelligence Unit）认为这种"正常状态"掩盖了税收体制的缺点：间接税主要落在有限的货物上，如加在烟草、啤酒和汽油上的购置税或者消费税。这样的结果是，相较西欧其他普遍征收消费税或流转税的国家，英国的间接税更容易饱和。英国的直接税比西欧其他国家更重，需缴直接税的人收入范围更广。实际收入的提高导致许多人需要按标准税率纳税，因而"我们之所以能让我们的税收制度与国民收入相协调，是因为我们对中高等收入群体征收高额的边际税"，并对中产阶级家庭征收小部分税。而且，英国的一般税收占福利支出的比例远远超出了西欧其他国家。在西欧其他国家，个人的社保缴纳额更加重要，而且社会服务所需的资金来自劳动力成本，而不是利润税和个人所得税。1974 年，社会保险缴纳额仅占英国国民生产总值的6.1%，而在德、法两国此数据为13.3%和15.7%。因此，英国的一般税收体系很不灵活，承担了来自福利支出的压力。如果税收制度与国民收入相协调，那么当人们的收入应缴纳更高的税或者人们消费更多的征税商品，国家收入每增加1%将会使政府收入的增加超过1%。这样，增加政府支出不会造成损害，税率降低也有可能出现。20世纪60年代，税收制度不符合国民收入水平，并且工党的财政改革没能更有力地促进经济增长，使本就不容乐观的情况变得更加糟糕[1]。经济增长本身就是一个重大问题，因为20世纪50年代和60年代的英国国内生产总值的增长率低于法、德两国，政府愈加需要财政收入。此时，可以认为税收制度既能减缓经济增长，也能促进增长。

---

[1] 保守党档案，CRD 3/7/26/26，经济学人智库的报告，"税收对比研究：英国、法国、西德、瑞典和美国：总结报告"（Comparative studies in taxation: United Kingdom, France, West Germany, Sweden and USA: a summary report），1967 年4月；CRD 3/7/6/1，EPG/66/44，经济政策小组，关于斯温顿政策讨论周末文件的初稿，1967 年6月2日；CRD 3/7/26/38，EPG/66/114，经济政策小组，关于税收改革的最终报告初稿，1969年1月16日。1974年的数据来源于凯和金，《英国税收体系》（*British Tax System*），238 - 239 页。

表 10.1　　　1962 年英、法、德三国税收占国民生产总值（GNP）的百分比与税收构成

税收在国民生产总值中的占比（%）				
	总计	直接税	社保缴纳	间接税
英国	34.3	13.8	4.8	15.7
法国	41.1	6.9	14.6	19.6
西德	41.0	15.6	11.6	13.8
税收收入的构成（%）				
		英国	西德	法国
直接税				
个人缴纳		29.2	26.8	10.8
公司缴纳		11.2	11.2	6.1
社会保险缴纳		14.0	28.2	35.5
工资税		—	0.8	4.5
间接税				
流转税和销量税		6.7	16.1	22.7
烟草		10.3	3.5	2.1
酒		5.5	1.8	1.5
烃油		6.4	3.1	5.5
其他（包括地方税）		16.7	8.5	11.3
		100.0	100.0	100.0

资料来源：PP 1963-4 xix, *Report of the Committee on Turnover Taxation*, pp. 307, 309.

20 世纪 60 年代，随着人们意识到了英国财政体系的结构问题，政党之间的辩论发生了改变，而且由于保守党需要反对工党政府的新举措，辩论变得更加激烈。1964 年之前，保守党的税收政策委员会意识到需要找到更具有吸引力的办法，减少民众的不满，而不是继续选择一系列的"维持现状的预算"。由于需要能够吸引选民的财政政策，委员会于是试验性地提出了不同的改革：让雇员和雇主承担国民医疗保险系统的成本；要求国有化的工业为自身发展筹集更多资金；鼓励私人提供福利服务；对新建道路和桥梁收取过路费和过桥费[①]。税收政策委员会和专门负责直接税的议会财政小组下属委员会于是开始就以下问题展开讨论：工资税或销售税、改革公司税的可行性和如

---

① CPA, CRD 3/7/26/3, 'Expenditure and taxation', 30 Aug. 1960.

第十章 反思税收政策：1964~1979年从机会国家到企业社会

何为社会服务筹集资金①。但是委员会迟迟没有拿出一份提议，直到该届政府下台，人们才看出下定决心推出政策的必要，这将对许多领域的政策以及现存选举联盟有更为深远的意义。需要做的不仅仅是对现存的财政宪法的细微之处进行修改，而且还要进行根本性的修订，降低处于峰值水平已有100年之久的所得税②。改革需要形成一揽子切合实际的提议，要涉及令人生厌的具体细节，从而建立起一个全新的英国未来社会——基本上就像丘吉尔于1925年做的那样。出于此目的，未来经济政策小组（Policy Group on Future Economic Policy）以及特别是它的下属税收委员会于1965年成立。

20世纪60年代的保守党明显感觉到税收制度会抑制经济效率和人们创业。解决办法就是对税收制度进行重大调整。这是一项艰巨的任务，因为这意味着平衡复杂的利益群体，而且利益群体的打破和重构面临着巨大的政治风险③。当时有两项同样重要的要求。一方面，保守党需要将税收体系的实施细节关联到英国的社会转型，以此来说明重塑财政体系的合理性，帮助重新界定不同利益群体的身份认同，重新建立税收体系的合法性，为此赢得认同。另一方面，区分利益群体不能凭借空想得出，必须借助有组织的、物质上的利益才能构建新的群体。英国曾承诺提供鼓励措施并鼓励高效使用劳动力，而事实上英国的确在为"机会之国"的改革进行舆论宣传方面取得了进步。从中长期来看，人人都会从经济增长的收益和国家活力的恢复中受益。近期，福利制度将会得到改善，对遭受损失的人提供补偿。问题是，在内部政策辩论提出的这些激进提议，并没有被政府领袖当作近期的对策而接受。税收制度改革并没有影响到相关福利领域④，而且存在愈发巨大的疏离已有利益群体的危险。希思政府没有完全贯彻这些激进的改革提议。

---

① CPA, CRD 3/7/26/3, TPC (62) 4, 'A payroll tax' (undated); TPC (62) 5, 'A payroll tax', 24 July 1961; 'Note on the French payroll tax', 27 July 1961; TPC (62) 7, 'A payroll tax?', 27 Sept. 1961; TPC (62) 6, 'Indirect taxes', 26 Sept. 1961; J. Douglas to B. Sewill, 27 Oct. 1961; TPC (62) 12, 'Note on payroll tax: David Dear', 1 Nov. 1961; 'Payroll tax: a rejoinder by James Douglas' (undated); TPC (62) 13, 'Taxation policy 1962', final draft, 1 Nov. 1961, and TPC (62) 14, redraft of section on payroll tax, 7 Nov. 1961. For the Sub-Committee on the Structure of Direct Taxation, see CRD 2/10/17, 'Note on how to finance the social services for discussion on 12 April 1961'; 'Note on a payroll tax', 7 June 1961; 'Note on a sales tax for discussion on 28 June 1961'; 'The need for a corporation tax and a graduated income tax', R. Gresham Cooke, 14 Jan. 1961; 'A corporation tax', 1 Dec. 1960.

② 保守党档案，CRD 3/7/6/1, A. 科克菲尔德在经济政策小组第八次会议上的发言，1967年4月13日。

③ 关于重塑"分利集团"的问题，见奥尔森（Olson），《集体行动的逻辑》（*Logic of Collective Action*）和《国家的兴衰》（*Rise and Decline of Nations*）。

④ The discussion of welfare is covered by R. Lowe, 'Social policy', in S. Ball and A. Seldon (eds.), *The Heath Government: A Reappraisal* (London, 1996), pp. 191-214.

撒切尔夫人1979年上台后，实施了威廉姆·里斯-莫格（William Rees-Mogg）① 提出的提议——然而这项提议涵盖面更窄，且会导致社会分裂。莫格称应当提高对个人的激励，使资本持有更加普遍、广泛。他指出，保守党政府自1951年以来，更加关注激励因素，却忽视了财产所有制和对储蓄的鼓励。若改变关注的中心，保守党就需要从直接税转向间接税，从收入税和资本税转向开支税：

> 鼓励扩大资本的主要方式必须包括：鼓励扩大房屋所有制、鼓励小型企业的建立和发展、鼓励个人储蓄（特别是通过单位信托基金）……对于专业人士和企业管理者来说，想要取得小额的税后资本都已经相当困难了。然而，资本通常比收入更具有鼓励性……如今我们身处的情形是一个比较成功专业人士终其一生能够赚到25万英镑，但他能留下的遗产则仅有1/10。出于经济和社会原因，应对此做出改变②。

高昂的个人所得税税率让专业人士难以积累资产；他们会因为其储蓄而面临投资所得的差额税率（这种税率是惩罚性的）和高昂的遗产税，这都会消磨掉他们的努力。相反，已经拥有巨额财产的人则能够避免缴纳税收，以至于"现存制度对财富水平一般的资本家更加不公，反而对拥有巨额资产的资本家有所偏袒"③。实际上，麦克米兰对"存款和激励因素"的思考正在不断完善，而且保守党人反对工党关于对资本累增课税的政策。

政策小组的成员也宣称高昂的所得税带来了大量财政收入，使英国的收入分配相对公平。然而，对储蓄仍缺乏激励，这意味着财产分配仍然非常不合理④。工党同样认为财产分配不合理，但工党的方法几乎总是拿拥有巨大财产的人开刀，而不是鼓励拥有小额资产的人。保守党政策小组觉得现在需要

---

① 威廉姆·里斯-莫格（生于1928年）曾就读于卡尔特修道院学校和牛津大学贝利奥尔学院，在1952~1967年期间，从事新闻记者；在1956~1959年期间，他成为保守党的候选人；在1967~1981年期间，他担任《泰晤士报》（The Times）的编辑，同时他的政治观点从温柔的希思保守主义（Heathite Conservatism）支持者转向撒切尔的货币主义。离开《泰晤士报》后，1961~1986年他担任英国广播公司的副主席；1982~1989年担任艺术理事会（Arts Council）主席；1988~1993年担任广播标准局（Broadcasting Standards Council）的主席；1981~1997年担任英国通用电气公司总监。[Robbins (ed.), *Biographical Dictionary*, pp. 355-6; *Who's Who 2001*, p. 1728.]
② CPA, CRD 3/7/6/9, PG/8/65/7, 'An agenda', William Rees-Mogg (undated).
③ 保守党档案，CRD 3/7/6/10, PG/8/A/65/34, 未来经济政策小组A组，税收，报告草案，1965年9月23日；同见 CRD 3/7/6/9, PG/8/65/28, 未来经济政策小组第3次会议，1965年6月30日；CRD 3/7/6/1, EPG/66/44, 经济政策小组初稿，斯温顿周末政策讨论文件，1967年6月2日。
④ 保守党档案，CRD 3/7/6/10, PG/8/A/65/34, 未来经济政策小组A组，税收改革最终报告的初稿，1969年1月16日。

第十章 反思税收政策：1964～1979 年从机会国家到企业社会

制定一种税收制度，让人们最多可以积攒 25 万英镑而且不必缴纳惩罚性的税收。这样，"收购小额资本的行为第一次真正受到了积极的鼓励"。该项政策的支持者希望它将会改善英国的经济：

> 经济增长在根本上取决于人类的创造力、精力、努力和创业行为。一旦这些条件具备，经济增长往往就能实现了。正是由于我们国家缺失这些品质的人越来越多，英国的经济才变得如此不景气且停滞不前。税收制度要对经济增长承担最大的责任。但是人们的进取心和创业行为已经承担了太多的负担。我们提出的建议就是为了产生根本的改变，为我们经济的繁荣创造激励条件①。

有一种关于"机会之国"的看法具有明确的目标，可以增强人们的进取心：找到"一个巨大的财政收入源，从而减少所得税"②。但是，决定实现目标最好的方法要比明确目标更难实现，获得利益群体的拥护或党内领导人的支持也相当不易。

社会福利的资金来源是一个主要问题，这涉及另外一个严重的困难：税收制度与福利费用的关系。英国福利体系的基础，是人民缴纳或分摊医疗保险和失业保险。养老金则是一个例外，自 1908 年推行以来它就来源于税收。在约翰·麦克尼科尔看来，财政部成功抵御了对政府财政的威胁（财政部的看法），因为 1925 年财政部推行了养老金分摊政策，而且还因为贝弗里奇（Beveridge）通过改革实施了福利分摊制（意在限制政府支出和再分配）③。如果这正是财政部的目的，事情就不正常了，因为相对于欧洲其他国家，英国福利体系更少地依赖民众的缴费。

贝弗里奇支持社保缴纳制度，不像财政部那样悲观地限制支出。贝弗里奇的做法具有非常清晰的理论基础：贝弗里奇想实施一项具有自由主义、个人主义思想的福利政策，而这项政策看上去具有社会连带主义④。这一种策略也存在严重的

---

① 保守党档案，CRD 3/7/6/10, PG/8/A/65/34, 未来经济政策小组，下属 A 组，赋税，报告草案，1965 年 9 月 23 日。

② 保守党档案，CRD 3/7/6/10, PG/8/A/65/34, A. 科克菲尔德致经济政策小组的第 8 次会议，1967 年 4 月 13 日。

③ J. Macnicol, 'Beveridge and old age', in J. Hills, J. Ditch and H. Glennester (eds.), *Beveridge and Social Security: An International Perspective* (Oxford, 1994), pp. 74, 79 – 80, and *Politics of Retirement*; on the shift to taxes, see J. Harris, 'Political thought and the welfare state, 1870 – 1940: an intellectual framework for British social policy', *Past and Present* 135 (1992), 116; and Daunton, 'Payment and participation'.

④ P. Baldwin, 'Beveridge in the *longue dur'ee*', in Hills, Ditch and Glennester (eds.), *Beveridge*, pp. 45 – 6.

265

劣势，并在20世纪60年代变得更加明显。除了社保缴纳制度，贝弗里奇还根据收入审查的数据，从税收收入中划拨出福利金以此支持社会的边缘成员。税收制度与福利费的关系很快变得令人沮丧，因为福利金变得越发地重要，而且使福利体系愈发依赖税收。与此同时，保险金并不充足。按统一的比率缴纳社保意味着拿到的福利占收入的比例也是统一的，因此私人年金或企业年金成了中产阶级的首选，他们缴纳的社保越来越少，导致这项制度无法让富人与穷人更加融洽[1]。的确，有的人认为税收是为了支持社会中那些无法维持生计和不受尊敬的成员——然而这种观点直接忽视了私人年金方案或自住住宅享受的税收减免。

　　贝弗里奇的方案没有考虑到税收制度和福利体系的相互关系，这种缺点造成了诸多问题。所得税起征点并没有随着通货膨胀或者工资的增长而提高，结果导致了"贫穷陷阱"或"贫穷附加税"（见表10.2）。更多低收入者不光失去了额外的福利，还背上了所得税。收入的些许增长就能让贫困工薪家庭面临税赋，造成了高边际税率以及"财政负福利"。英国所得税起征点低，初始税率高，而且低收入者面临的边际税率高于其他国家。政府并没有真正确定最低的应税收入，皇家利润税和收入税委员会直至1954年才意识到：人们的收入不足以维持生计，就算这样人们仍然需要纳税。尽管已经意识到问题，但是皇家委员会担心一旦提高起征点，那么就难以给那些缴纳最高边际税率的人发放税收补贴[2]。其实，对策很简单：通过对高收入者降低税收起征点，从而减少高收入者得到的福利，或者将免税补贴仅限于缴纳标准税率的人[3]。真正的问题在于政治和意识形态：它涉及应该让谁获得税收减免、想要打造什么样的社会以及获得什么样的选举结果。保守党和工党的政治家以及政策顾问计划对福利和税收制度进行整合。一种观点是"社会红利"或者"负所得税（政府界定出一个最低收入线，然后按一定负所得税税率，对在最低线下的穷人根据他们不同的实际收入，给予一定的补助——译者注）"，由朱丽叶·里斯·威廉姆斯（Juliet Rhys Williams）[4] 提出，但皇家委员会却对此持

---

[1] H. Glennester and M. Evans, 'Beveridge and his assumptive worlds: the incompatibilities of a flawed design', in Hills, Ditch and Glennester (eds.), *Beveridge*, p. 70.

[2] PP 1953 – 4 xix, *Royal Commission on the Taxation of Profits and Income*, Second Report, pp. 248 – 9.

[3] J. Hills, *Changing Tax: How the Tax System Works and How to Change It* (Child Poverty Action Group, London, 1988).

[4] 朱丽叶·里斯·威廉姆斯（1898—1964）是流行小说家伊里·诺格林（Elinor Glyn）之女。她曾在多个政府单位担任过秘书，并曾活跃在慈善团体。1938年和1945年她曾以自由党党员身份参加其所在选区的议员。二战结束前，她活跃在自由党内，并更多地出现在"欧洲联合运动"（United Europe Movement）中。1952~1956年她担任英国广播公司的总裁，1955~1960年担任昆布兰发展公司（Cwmbran Development Corporation）主席团成员。（*Who Was Who 1961 – 70*, vol. vi, p. 951.）

第十章　反思税收政策：1964~1979年从机会国家到企业社会

反对态度。这种观点预想中的结果是"人人都需要纳税，人人会获得现金补贴，各种各样的现金福利和补贴会被削减"①。然而为实现这种观点要进行非常复杂的改革，而且政府惰性也很强，不愿改革，认为加重税赋就能轻松地带来更多财政收入，因此最后并没有做出什么改变。即便这样，调整税收起征点或找到其他财政收入源实际上更加困难且更具争议。

表10.2　1955/1956、1965/1966、1979/1980财年育有两个孩子的已婚夫妇家庭缴纳的所得税

	税收起征点占男性平均全职工作收入的百分比（％）	税收起征点占其他福利款项的百分比（％）	初始利率（便士/英镑）	标准起征点占平均收入的百分比（％）
1955/1956	96.0	224.6	9	179.3
1965/1966	70.5	137.5	15	109.8
1979/1980	46.8	96.9	25	62.6

资料来源：D. Piachaud, 'Taxation and social security', in C. Sandford, C. Pond and R. Walker (eds.), *Taxation and Social Policy* (London, 1980), p. 69.

可以看出，人们对税收制度和公共性消费的看法发生的改变，反映了收入分配、税收和选举系统等很多因素之间的关系变化。从20世纪50年代末开始，促进英国经济现代化和提高生产率这两大问题逐渐受到关注。正如我们在前面的章节所读到的那样，二战结束后，工会的合作使税收制度在控制通胀方面起到了重要作用。赋税或许也可以通过将成本转嫁到劳工雇佣上，鼓励资金流向节约劳动力的工厂，提高生产率，进而使经济现代化。人们同样希望激励社会中的富裕人群，前提是不能以穷人为代价。保守党的目标是促进社会融合，减少高额的所得税或利润税并征收间接税。保守党还会用更优厚的福利补偿穷人因缴纳社保而承受的打击。总之，激励手段不应该以扰

---

① J. Rhys Williams, *Something to Look Forward To: A Suggestion for a New Social Contract* (London, 1943); Meade, *Planning and the Price Mechanism*, pp. 42 – 6; PP 1953 – 4 xix, *Royal Commission on the Taxation of Profits and Income, Second Report*, pp. 205 – 14; D. Lees, 'Poor families and fiscal reform', *Lloyds Bank Review* (1967), 10 – 15; A. B. Atkinson, *Poverty in Britain and the Reform of Social Security* (Cambridge, 1969); A. R. Prest, 'The negative income tax: concepts and problems', *British Tax Review* (1970), pp. 352 – 65; A. W. Dilnot, J. A. Kay and C. N. Morris, *The Reform of Social Security* (Oxford, 1984); H. Parker, *Instead of the Dole: An Enquiry into the Integration of the Tax and Benefit System* (London, 1989); chancellor of the Exchequer and secretary of state for social services, *Proposals for a Tax Credit System* (London, 1972); D. Piachaud, 'Taxation and social security', in C. Sandford, C. Pond and R. Walker (eds.), *Taxation and Social Policy* (London, 1980), pp. 68 – 83; Lowe, 'Social policy', pp. 201 – 2.

乱社会、造成社会隔离为代价。

　　20世纪50年代末期曾经有人考虑的一项提议再次引起了人们的注意：把普通税收中的社会服务成本转移到工资税上，向西德和法国看齐。个中缘由是：高额的利润税和所得税会有损人们的积极性；而且给予劳动者隐形的补助会让雇佣者缺乏提高劳动生产力和控制工资需求的动机。据估算，1962年从普通赋税中划拨给社保的资金等同于价值10亿英镑的补贴，或者所有工资（周薪和月薪）总和的6.5%。与西德对比发现：若征收工资税以提供社会服务所需的资金，就可以少花6.47亿英镑的普通税，它能使每英镑的收入少缴纳6便士的税，废除利润税也成为可能。在亚瑟·科克菲尔德看来，"能够雇佣大量员工的人应该将部分劳动力的间接成本转移到全体纳税人身上"这种说法从道德上讲并不合理，从经济上讲也毫无必要。保守党研究部认为，"英国工业毫无疑问比一些国外竞争对手更浪费劳动力，大概是因为国家劳动力成本大部分落在诸如所得税和利润税的一般性税收，而非来自人们缴纳的社保"，这似乎就是英国劳动力使用效率不如欧洲的原因。取消补贴将会鼓励工业者更高效地利用劳动力，以及发展资本密集型生产，为未来社会的繁荣打下基础。由于来自工资税的收入会随着工资的增加而上涨，它还将解决社会服务资金问题，并恢复税收制度的活力[①]。

　　不过，并不是每个人都对这些激进的提议感到信服。通过将财政收入划拨给特定的开支，这种税收质押方法是否明智？若冒着物价上涨、引发政治敏感的危险，增加劳动密集型产业的成本是否可取呢？如果不提高工资税，节约人力成本是否现实？若这些激进的提议实施，本来就处于高位的劳动成本将继续增长，在短期内，将难以在国际市场上竞争。支持提议的人很自信地说，改变劳动密集和资本密集型工业之间的平衡、增强投资刺激以及推动经济增长的结

---

　　① CPA, CRD 3/7/26/3, TPC（62）4, 'A payroll tax', n. d.；TPC（62）5, 'A payroll tax', 24 July 1961；TPC（62）7, 'A payroll tax?', 27 Sept. 1961；TPC（62）12, 'Note on payroll tax', D. Dear, 1 Nov. 1961；J. Douglas to B. Sewill, 27 Oct. 1961；'Payroll tax: a rejoinder', J. Douglas（undated）；CRD 2/10/17, 'Note on how to finance the social services for discussion on 12 April 1961'；'Note on a payroll tax', 7 June 1961；CRD 3/7/6/11, PG/8/B/65/2, Future Economic Policy Sub – Group B, 'Effects of method of financing so-cial security services', J. Douglas, 22 Mar. 1965；PG/8/B/65/4, 'Notes on second meeting of Sub – Group B'；PG/8/B/65/28, Policy Group on Future Economic Policy Sub – Group B, interim report from Sub – Group B to main group, 30 June 1965；PG/8/B/65/9, K. Joseph to E. Heath, 1 Apr. 1965；A. Cockfield, CRD 3/7/6/1, EPG/66/43, 10th meeting of Economic Policy Group, 11 May 1967；CRD 3/7/26/18, SET, 30 Nov. 1966.

第十章 反思税收政策：1964～1979 年从机会国家到企业社会

果将会是长期获利①。但是目前，政治问题要比预想中的好处更加明显，并且现在还不清楚应当将工资税的财政收入用于何处。这笔收入可以用于社会服务，可以用于减少所得税，也可以用于减少公司税赋，帮助缓解因工资税增长造成的压力。研究社会服务改革政策的小组摒弃了社保税的想法，理由是社保税只会造成其他税收短暂减少后又回升至原先水平；实际上等于增收一项新税②。工党推行特定就业税也大大弱化了工资税的影响，保守党则致力于取消这种税：为什么在取消了服务业的雇佣税后，又对雇佣行为普遍征税？因此，征收选择雇佣税的计划受到了限制，转而略微提升了雇主缴纳的国家保险（提升至劳动力成本的 7.5%）。这种改革的意义微乎其微，没有根本性地改变财政结构③。

政策小组转而讨论新征销售税、流转税或增值税等间接税。在 20 世纪 60 年代早期，保守党内存在浓重的怀疑主义思想。间接税的提高增加了生活成本，可能会打击贫困人口和拿死工资的人，会让工党获得政治资本。现行的购置税直接对 7 万多批发商征收，因此具有的一个优势是方便管理。相反，任何其他的替代方案会更加复杂，并且会使当局与纳税人之间关系紧张。管理起来最简单的税收就是在最终的销售环节征收均一费率的税收，这会涉及 50 万零售商。德国的"重复征收的"流转税更加复杂——在商品从原材料到消费者手中的整个流程中，交易每完成一次就要缴纳一次税收。这种税收的缺点除了难以操作外，还包括可能鼓励纵向合并（vertical integration，生产的产品或提供的功能具有内在联系的企业间的合并，亦称垂直式合并——译者注）和垄断，因为只要货物仍然在一家公司，就不必纳税。其他可供参考的还有法国的增值税制度，不过它也有自身的管理复杂性④。

---

① 工资税的危险性在被此前记录引用的材料中有所讨论；也许应当注意，在美国工资税已经成为自 1945 年以来增长最快的税种，有人对此表示担心。美国较少地抵抗工资税，因为在纳税人看来，工资税比起所得税更能减轻纳税人的负担。事实上，在雇佣者分摊的工资税中，有大约一半都落在了工人身上。工资税不享受税收减免，是累退税。见 J. A. 布里顿（J. A. Brittain），《社保的工资税》(The Payroll Tax for Social Security)，布鲁金斯研究所，华盛顿特区，1972 年。

② CPA, CRD 3/7/6/11, PG/8/B/12, notes of the 4th meeting of Future Economic Policy Sub – Group B, 14 Apr. 1965, and PG/8/B/17, notes of the 6th meeting of Future Economic Policy Sub – Group B, 12 May 1965；CRD 3/7/26/33, PG/13/65/41, 4th meet-ing of Policy Group on National Insurance Scheme, 6 May 1965；PG/13/65/56, 7th meeting of the Policy Group on National Insurance Scheme, 7 Oct. 1965.

③ CPA, CRD 3/7/26/38, EPG/66/114, Economic Policy Group, first draft of the final report on the reform of taxation, 16 Jan. 1969.

④ Conservative party, The Campaign Guide 1964: The Unique Political Reference Book (London, 1964), p. 35；CPA, CRD 2/10/17, Conservative Parliamentary Finance Com-mittee, Sub – Committee on the Structure of Taxation, 'Note on a sales tax for discus-sion on 28 June 1961'；CRD 3/7/26/3, TPC (62) 1, 'Indirect taxation', 18 May 1961；TPC (62) 2, 'Indirect taxation', 19 June 1961；TPC (62) 6, 'Indirect taxes', 26 Sept. 1961.

1964 年，由于工党激进的税收改革议程改变了现实情况，并且保守党也需要找到工资税的替代税种，因此购置税失败。在这之前，保守党政府一直没有明确决定是否替换掉购置税。相较利润税或工资税，增值税的吸引力在于能为出口提供退税。考虑到国际竞争力和国际收支平衡，出口退税是极为关键的。而且，增值税的支持者们称，增值税会和人力成本一同加在利润上，并且增值税还能降低成本，减轻纳税义务，因此至少能对利润税作出改进。这一观点有些牵强。他们对此观点的论证如下：如果一家公司效率提升并降低产品价格，那么即使其利润保持不变甚至上升，增值也会变少，从而减少税收；相反，征收利润税意味着，随着边际利润提高，任何因效率提高带来的收入增加都会加重纳税义务。诸如此类的说法更多强调改变税收制度从而激发生产力，而这只会让问题更加难以根除。增值税的另一项吸引力在于它不太会造成市场过于扭曲，不像购置税那样只对小部分物品征收较高税率。由于奢侈品面临的购置税税率最高，而生活必需品享受免税待遇，因此购置税是累进税。虽然特定就业税对服务消费进行征税，它却影响了最低收入工作者的就业，而且税率是递减的。相比而言，购置税并不对服务消费征收。政策小组还称，增值税并不会对占了穷人绝大部分生活开支的食物、燃料和租赁征收，但是会对富人消费的服务项目征收，因此可以在不同的收入群体间保持"中立"。综上所述，政策小组相信，改变直接税和间接税的相对重要性将会恢复税收制度的灵活性："税收体系具有了灵活性，人们就不会希望它再次变得僵化，这会带来更多财政收入，有利于扩大公共开支。同时，其他税收（主要是直接税）会陆续降低……这会实现多年来的期望——将税赋从直接税转向间接税"。而且，"沉重的直接税会对人的精力、进取心和效率造成负面影响"，而间接税的这种影响将轻很多。因此，推行增值税会为改革税收制度中的其他要素提供基础，减少个税和公司税也会成为可能。很明显，之所以有人希望选择增值税，是因为他们希望英国同欧洲经济共同体保持步调一致，但是选择间接税还是因为国内存在这样的需求。当然，增值税也会有非常严重的缺点：它会增加生活成本，个税未降低的人群会面临新的压力。在 20 世纪 60 年代后期的讨论中，为了保持公平公正，政策小组认为进一步改变财政制度是至关重要的，这样才能保证财政制度的公平与正义，赢得人们的认可和制度本身的合法性。一个机会国家（即，充满机会的国家）不应当以伤害某些人的方式对

第十章 反思税收政策：1964~1979年从机会国家到企业社会

另一些人提供好处①。

创建一个机会国家，这两个问题非常重要：最好的激励措施是什么？鼓励什么样的机会出现？积累小规模资本的能力或许能比收入提供更强的激励。正因为如此，有必要允许有工资收入的专业人士在其收入和储蓄之外，积累适当额度的资本，正如"保守党的核心信条——拥有财产民主"②。其目标是鼓励人们积累新的适当财产，而不是保存已有钱财。财产分配模式上的这种改变会激励人们创业，不再受资本累积限制，当然这只是假想的情况。激励人们创业的目的在关于税收的辩论中是一个长期的话题，并且还产生了不少与原先设想相异的解决措施。它为非劳动所得和劳动所得应缴纳的差额税收提供正当理由：前者来自房产和投资，自然地从资产积累中产生；后者来自贸易、专业技能和就业，并不"稳定"而且会因人们患病或失业而消失。提倡差额所得税的人并不反对资本积累，但希望帮助那些从事贸易和专业技能工作的风险承担者，使他们的收入更加稳定，这样他们在无法赚钱之后仍能为自己和家人提供资金，而他们一旦开始从自己的存款中提取非劳动所得，就会面临高额的税收③。在20世纪60年代，保守党的税收委员会成员认为，对非劳动所得和劳动所得实行差额税率远没有激起人的进取心和活力，还使风险承担者受挫，该做法已不再奏效。高所得税阻碍了个体行使他们积累资本的基本权利。这项权利被看作是保守党思想的主要部分，也被看作是创造刺激因素和鼓励进取心的方式。为了允许更多人获得资本，减少所得税就十分必要，

---

① 保守党档案，CRD 3/7/6/10，PG/8/A/65/1，下属A组第一次会议的记录；PG/8/A/65/28，奈杰尔·劳森（Nigel Lawson）对增值税的记录，1965年7月9日；PG/8/A/65/34，未来经济政策小组，下属A组税收报告初稿，1965年9月23日；CRD 3/7/6/1，EPG/66/33，经济政策小组第8次会议，1967年4月13日；EPG/66/43，经济政策小组第10次会议，1967年5月11日；EPG/66/44，经济政策小组，关于斯温顿周末政策讨论文件初稿，1967年6月2日；CRD 3/7/6/3，EPG/66/87，经济政策小组第25次会议纪要，1968年6月13日；EPG/66/103，经济政策小组第27次会议纪要，1968年7月11日；EPG/66/85，经济政策小组对税收改革的修订版报告，1968年5月30日；EPG/66/95，经济政策小组，"增值税和零售销售税的各自优点：A. R. 普雷斯特的说明"（Relative merits of the value added tax and the retail sales tax: a note by Professor A. R. Prest），1968年7月4日；CRD 3/7/26/36，关于增值税的工作会议纪要，1969年6月16-18日；CRD 3/7/26/5，双向运动：关于讨论保守党未来政策的问题，编号4，1965年4月4日；CRD 3/7/26/16，VAT，CD，1968年11月22日。关于增值税和利润税之间的联系，见A. R. 普雷斯特（Prest），"增值税与商业利润税削减"（A value added tax coupled with a reduction in taxes on business profits），选自《英国税收评论》，1963年，336-347页。普雷斯特（他是下属委员会的成员）对增值税持怀疑态度。他对于公司税改革的观点更倾向于扩大购置税，限制公司的未分配利润，以及将净利润发给公司持股人然后以所得税对其征税。

② CPA, CRD 3/7/26/16, CRD: Conservatives and capital tax, T. E. B., 8 Aug. 1968.

③ Daunton, *Trusting Leviathan*, pp. 83-5, 91-101.

并且消除投资收入面临的差额税收①。这种差额税收主要来自于存款,使我们所鼓励的创业精神处于极其不利地位。这些主张是很容易被接受的。但是,政策小组用于恢复收入流失的最初提议却很难为人接受——按年向财产或资本征收税收。在政策小组的一名成员来看:"这项收入确实很关键"②。

初看之下,这项提议并不合理:为什么要先鼓励扩大资本所有权,再征收资本税呢?其原因在国家经济发展委员会提供的报告中有所阐述:资本税"或许有利于全面修订与经济增长相关的税收政策"。财产税主要对资产价值而不是对资产产生的价值征收,鼓励人们将资金投入高风险、高收益的股市中,使资金"带来更多收益"。无论收益如何,潜在的资本都会面临税赋,财产收益则会面临比过去更少的税收。"目前的税收结构并不能激励承担风险的行为……反而使闲置的财产积累面临更大的税收压力,因此当前要避免让新产生的财产承担主要的税赋。"财产税将会使替代对收入征收的附加税成为可能,激励劳动者更加勤勉地工作。财产税有其政治上的必要性,能够抵消给予高收入和食利者的优惠。许多保守党委员会成员喜欢这一作用,希望未来"能对资本征税,创造积累资本的条件",让普通人的储蓄更容易变成财富,鼓励财富的产生。"在任何并不会主动将私人收入视为邪恶之物的制度中,现行的所得税收水平都会显得荒诞"。实际上,"有些人持有的资金受到信托保护,那么财产税对他们也是有益的"。有人认为保守党不应仅仅保护已有的财富,还应当按年征收资本税或财富税,以此降低普通人的所得税水平,让普通人财富积累成为可能。对于其他资本税,可以通过取消投资收入面临的差额税收,降低曾经由工党实施的资本利得税。总体的资本税负担不会大幅减少,而是会用于重新分配,从而刺激资本积累。奈杰尔·劳森说,整体的结果有明显的改善,"因为现行税收体系毫不理性地对财产进行了再分配。委员会的提议将会弥补这一不足,使其更有逻辑③"。

---

① 保守党档案,CRD 3/7/26/38,EPG/66/114,经济政策小组,关于税收改革的最终报告的初稿,1969年1月16日。

② 保守党档案,CRD,3/7/6/9,PG/8/65/34,未来经济政策小组第6次会议,1965年10月27日,安格斯·莫德(Angus Maude)的评论。

③ NEDC, *Conditions Favourable to Faster Growth*, section E, especially para. 170; the case is assessed in R. C. Tress, 'A wealth tax is a wealth tax', *British Tax Review* (1963), 400 – 9, and A. Peacock, 'Economics of a net wealth tax for Britain', *British Tax Review* (1963), 388 – 99; CPA, CRD 3/7/6/9, PG/8/65/28, 2nd meeting of Policy Group on Future Eco-nomic Policy, 30 June 1965; CRD 3/7/6/10, PG/8/A/65/8, 'Note for Sub - Group A' (undated); PG/8/A/65/10, 3rd meeting of Sub - Group A, 14 Apr. 1965; PG/8/A/65/12, 'The taxation of capital', F. A. Cockfield (undated); PG/8/A/14, 4th meeting of Sub - Group A, 28 Apr. 1965; PG/8/A/65/34, 'Policy Group on Future Economic Policy, Sub - Group A, Taxation, draft report', 23 Sept. 1965.

第十章 反思税收政策：1964～1979 年从机会国家到企业社会

不过，让税收体系变得更有逻辑和使其从政治角度能被接受是两码事，特别是当经济状况还不确定的时候。尚不能确定适当降低劳动所得的边际税率是否会让足够多的人们做出改变。对投资征收财产税的决定同样也可能产生较小影响，因为大部分的资产是由那些更倾向于稳定而非冒险的老年人掌握的。任何的经济好处可能都不温不火，但是可能非常容易地实现并引发较小的争议：不再区分劳动所得和非劳动所得，或者调整超额税起征点。的确，财产税从其他角度看更有意义，可以改变目前财富分配高度不公平的现象，攻击了英国这一充满了有产者的老人社会。许多保守党人士虽然支持通过改革创造机会，但这具有社会主义色彩，令人生疑。毕竟，工党议员布鲁斯·米兰（Bruce Millan）① 提倡把财产税作为实施"激进的财富分配"的手段。里斯—莫格对此感到震惊，并借用了威廉姆·皮特（William Pitt）的格言："税收应该对准果实而不是树。在这里，所得税和资本利得税对财产的'果实'即收益征收；资本税则'直接侵犯了私人财产不受侵犯的权利……这样的税收与我心中我党的核心特点相悖……这种税的核心在于它是按年征收的一次性资产税'。保守党通常反对征收资本税，而且即使没有受到人们严重反对，基本上也不会推行一种常规且累进的税收。"里斯—莫格担心财产税与类似的一次性资产税一样值得怀疑，担心财产税会创造强大的社会主义和平等主义力量，让工党得以实行影响更加深远的社会主义财政政策。他也对高回报高风险的投资能产生怎样的经济收益表示怀疑。"我们想鼓励人们投资长期的项目，这样在资金获得回报之前的相当长时间里资本会被锁定……财产税会鼓励具有高投机性的投资，鼓励人们为自己资本保持一定的流动性。"的确，让选民相信"虽然资本税看起来不正常，但是它可以放大资本所有制的好处"是很困难的。委员会对此出现了意见分歧，影子内阁则最终于 1968 年放弃了财产税的提议。正如约翰·比芬（John Biffen）② 评价的，"这将严重挫败保守党政府的斗志"。伊安·麦克劳德觉得，"保守党应该把注意力集中

---

① 布鲁斯·米兰（生于 1927 年）曾就读于位于邓迪市的哈里斯学院（Harris Academy）。他是一名特许会计师，并在 1959～1988 年担任工党议员。1964～1966 年他担任国防部政务次官，1966～1970 年担任苏格兰国务大臣。1974～1976 年，他担任苏格兰事务部的国务大臣，1976～1979 年担任苏格兰国务大臣。1989～1995 年他担任欧洲共同体委员会的成员。（*Who's Who 2001*, p. 1433.）

② 威廉·约翰·比芬（William John Biffen，生于 1930 年）曾先后就读于布里奇沃特（Briagewater）的摩根博士学校（Dr. Morgan J School）和剑桥大学耶稣学院。1953～1960 年他就职于英国管道投资公司，1960～1961 年就职于《经济学人》的经济学人智库。1961～1997 年他担任下议院保守党议员。1979～1981 年他担任财政部首席秘书，1981～1982 年担任贸易国务大臣，1982～1983 年担任枢密院议长，1982～1987 年担任下议院领袖，1983～1987 年担任掌玺大臣。1987 年他重归商界。（*Who's who 2001*, p. 173）

到赚钱、财产拥有、储蓄和学习等重要方面。推行财产税的提议会转移保守党对这些目标的关注。①

个人积累资本在机会国家中是主要的刺激因素,但是鼓励个人积累一定数量的资本与现行的公司税赋结构却出现了矛盾。1965年,工党实行了公司税,意味着利润分配面临的税率有所升高:公司利润税升至40%,而且个人分红的所得税并不能为公司税提供税收抵免。工党的理由是,股份持有者要么把他们的分红花在过度的消费上,要么用于积累资本从而吃利息。资本利得税是公司税的补充,持股人若在股价上涨后出售股份,就需要对获得的留存利润缴纳资本利得税。工党党员普遍认为应该鼓励留存利润,以此获得投资资金,促进经济增长,这样,留存利润税就可以从个体获利那里获得财政收入②。但是,留存利润税实际上导致了个人积极性受挫,工党也无法清楚解释留存利润和经济增长之间的关系,因此此项政策受到了批评。分配并不一定有害,因为大部分红利会流入持股机构,机构会继而将其用于再投资;留存利润则可能让大型公司得以积累资产,使旧有且低效的产业公司继续生存,并使负责分配资源的资本市场发生扭曲。公司税实施起来非常复杂,这意味着社会中出现两种割裂的观点。工党希望切断私人持资的收入流,阻止大规模的财产积累,并偏向于让公司经理人而不是外部市场决定投资事宜③。相反,保守党更加支持市场分配,不会将红利从持股人手中拿走。相较鼓励公司持有留存利润,鼓励普通人积累和投资小额资产可以更好地刺激经济增长。正如爱德华·希思所说,留存利润"不会使体制变得'适者生存',而是'大者生存'。④"不过,积极鼓励分配可能有些过了,对此有些人表达了疑虑。麦德宁认为,公司已经大方地进行了分配,因此鼓励分配与提倡储蓄相互矛盾——为什么鼓励私有存款,同时又不鼓励公司存款呢?增加分配会导

---

① Peacock, 'Economics of a net wealth tax', 396 – 7, 399; Tress, 'A wealth tax is a wealth tax', 406 – 7; J. R. S. Revell, 'Assets and age', *Bulletin of the Oxford Institute of Statistics* 24 (1962), 363 – 78; B. Millan, *Taxes for a Prosperous Society* (Fabian Research Series, London, 1963); CPA, CRD 3/7/6/9, PG/8/65/26, 'Comments by Mr William Rees – Mogg on Sub – Group A's interim report to the main group on personal taxation', 28 June 1965; PG/8/65/28, Policy Group on Future Economic Policy, 3rd meeting, 30 June 1965; CRD 3/7/6/10, PG/8A/65/35, 'Comments by William Rees – Mogg on Sub – Group A's draft report', 27 Sept. 1965; CRD 3/7/6/10, PG/8/A/65/27, W. J. Biffen, 7 July 1965; CRD 3/7/6/3, EPG/66/87, minutes of 25th meeting, Economic Policy Group, 13 June 1968.

② Whiting, 'Taxation policy'; I. M. D. Little, 'Higgledy piggledy growth', *Bulletin of the Oxford Institute of Statistics* 24 (1962), 387 – 412.

③ 见保守党档案,CRD 3/7/26/5,两种方式运动:关于保守党未来政策讨论的问题,编号4,1965年4月4日;CRD 3/7/26/7,保守党研究部:资本利得税,1969年1月21日。

④ *Parliamentary Debates*, 5th ser. 710, 7 Apr. 1965, col. 497.

第十章 反思税收政策：1964~1979年从机会国家到企业社会

致限薪难度加大以及消费增加，可能导致通货膨胀①。

最终出台的提议是推行德国的公司税制度，这项制度正成为欧洲经济共同体借鉴的模式②。在德国，公司税对于不同的公司要素有不同的税率，如留存利润税为51%，利润分配税为15%，股东获得利润分配后还要缴纳所得税。当公司税和所得税合二为一时，留存利润和利润分配按照同样的税率纳税。因此，公司分配的利润越多，其应缴税款就会越低。英国工业联合会支持德国制度，理由是该制度会帮助那些从资本市场集资的公司，并且会惩罚依赖留存收益的公司。英国工业联合会认为，税收制度现在应该更加偏向于分配。这项提议不同于工党的公司税手段，利润分配会面临更低的税率，而未分配利润则面临更高的税收，防止利润收入被再次投入资金储备，导致资金面临市场规则的约束。一个充满机会的国家应当加大激励措施和加快经济增长，所以若想建立一个机会国家，改变公司税的征收方式非常重要③。

保守党的这套税收措施旨在实现三个目标。第一，减少利润税的比例并增加成本税的比例，从而提高征税效率；第二，少用一般税收发放福利资金，如就业补贴；第三，降低收益和已分配利润的税收，防止挫伤积极性。虽然人头税和财产税已经降低，但是人们还是希望通过推行增值税和取消投资收入与利润分配的差额税收，从而实现以上的三个目标，让人们更容易积累小额资产。这样，税收制度的灵活性将会恢复，高边际所得税率会减少，从而刺激人们的积极性。然而主要问题是：那些将会受到增值税冲击、且不能获益于所得税降低的社会成员该怎么办？

激励那些精力充沛、积极进取的人，是税收体系的目标，这样能够使经济更快地增长，惠及所有人。一整套税收的基础应当是使英国变得更加公平、充满活力。然而，还要防止任何社会群体因税收体制而受到伤害。"牺牲少数

---

① CPA, CRD 3/7/26/6, Maudling to Macleod, 31 Mar. 1969.
② *The EEC Reports on Tax Harmonisation: Report of the Fiscal and Financial Committee* (Amsterdam, 1963).
③ MRC, FBI MSS 200/F/3/E7/1/6, 'A UK corporation tax'; Taxation Committee, 5 Nov. 1964, Taxation Panel, 17 Nov. 1964; CPA, CRD 3/7/6/3, EPG/66/85, 'Revised report on the reform of taxation', 30 May 1968; EPG/66/87, Economic Policy Group, minutes of 25th meeting, 13 June 1968; EPG/66/88, 'The reform of corporation tax and capital gains tax', J. F. Chown, 17 June 1968; EPG/66/90, 'Revised report on the reform of taxation: note by Mr Cockfield: II: the "balance" of the package: investment income-the taxation of companies', 18 June 1968; CRD 3/7/6/10, PG/8/A/65/3, 'Notes on com-pany taxation', A. R. Prest, 23 Mar. 1965; PG/8/A/65/7, 'The taxation of companies', A. Cockfield (undated); PG/8/A/65/34, 'Policy Group on Future Economic Policy, Sub-Group A, Taxation', 23 Sept. 1965; PG/8/A/65/17 and 18, minutes of 6th meeting of Sub-Group A, 12 May 1965; CRD 3/7/26/38, EPG/66/114, Economic Policy Group, first draft of the final report on the reform of taxation, 16 Jan. 1969.

群体的利益而支持其他更大的群体（社会团体的分类按照传统惯例而定义——比如中等收入者，领退休金者，低收入工作者等），这不是我们的目标。我们愿意支持那些有活力、有才干、有上进心、勤奋工作的人，而不是好吃懒做、谨小慎微、自命不凡的人。①"鼓励那些创造了国家财富的中高收入群体，可以培养市场竞争、经济效率和生产力，促进经济增长，长期看来每个人都会过上更加富裕的生活。"在我们看来，通过更公平的收入分配来提高生活条件的政策，近年来被迫走向极端，在极端中弄巧成拙。②"然而，政策小组强调短期内任何人都不应该承受痛苦。物价上涨会冲击到所有人，先前缴纳较少直接税或没交直接税的人不会因物价上涨获得任何补偿。拒绝财产税、增值税代替工资税这两项措施扭曲了税收措施的平衡，还冲击了社会最贫困人群。为了保持平衡，有必要向受到间接税冲击的人提供福利金。这将对未来福利社会的结构产生重大影响。是否有必要停止普遍发放福利，转而对个别人提供福利？"我们推出的一系列税收改革措施有两个目的，一是激励那些创造了国家财富的人，二是对那些因某些原因必须从社会获得更多的人发放足够的福利补贴。当然，不能为了实现这两个目的而背离税收体系的普遍性原则。否则，我们一心想要打造的刺激因素将前功尽弃。③"停止普遍发放福利转而对个别人提供福利，这对于体系的可行性至关重要：如果为了帮助穷人就提高整体的福利水平，我们的税收政策将面临筹资难题。

保守党作为反对党时提出的这一系列改革措施符合实际且非常全面，有望建立一个基于经济增长、小额资产受到激励、没有人受到损失的机会国家。保守党宣称这套措施可以替代社会主义式干预和官僚主义式规划，恢复税收制度的灵活性，打破所得税不断增长的态势，将财政大臣从中解脱出来，使所得税变成额度更小、声誉更好、更不具危害的税收。经济增长和丰厚的税收收入会使税率降低和福利开支增加成为可能，使所有人受益：

> 从长期来看，这意味着我们将能够在社会期望的目标上花费更多。关于社会重建，如果我们能在政府和民众占有的资源份额之间达到恰到好处的平衡，我们肯定能够实现更高增长率。通过这样的方式，除了产生更多的国家收入，我们还能将更多的资金用于财政开支，而且不会增

---

① 保守党档案，CRD 3/7/6/3，EPG/66/85，税收改革的修订版报告，1968 年 5 月 30 日；同见 1969 年麦克劳德在企业董事协会（Institute of Directors）的演讲，CRD 3/7/26/38。
② 保守党档案，CRD 3/7/26/38，EPG/66/114，经济政策小组，税收改革最终报告的初稿，1969 年 1 月 16 日。
③ 保守党档案，CRD 3/7/6/3，EPG/66/85，税收改革的修订版报告，1968 年 5 月 30 日。

第十章 反思税收政策：1964～1979 年从机会国家到企业社会

加紧张态势①。

这项政策的基础并不是 20 世纪 80 年代产生的、纯粹的反国家主义（antistatism，恐惧并抵制国家对个人事务、对经济等领域的干涉——译者注）。按照罗德尼·洛的话说，这项政策试图将市场竞争和对穷人的怜悯联系起来②。相对于工党所倡导的基于公平和公有制的现代化过程和精英政治，保守党的这些政策是一种替代方案。

但是后来这一系列税收措施开始走向失败。麦克劳德意识到，若取消财产税，将无法负担最初提出的所有"理想之物"（废除非劳动所得的差额税、削减遗产税和实施多种公司税政策）。再加上替换特定就业税的承诺和经济增长减缓，回旋余地进一步受限。尤其是，基思·约瑟夫（Keith Joseph）③ 担心调整后的税收措施对较大的投资收入的减税力度过大，就算这样，"对于影响中层管理的中上等收入人群来说，这些税收减免益处也很有限"④。约塞夫是一名顽固的自由市场经济主义者，其主张是撒切尔主义的前身。尽管如此，约瑟夫仍担心人们认为税收措施会使富裕的投资者受益，并且对于财产税被否决感到遗憾，称财产税"在道德上是站得住脚的，不像现行措施"⑤。约瑟夫的这一观点是有道理的，因为保守党研究部得出的一项关于税收措施影响的评估给出了令人担忧的结论，富人得利于税收减免，穷人受益于福利补贴，但是收入在 560～1750 英镑的家庭的利益将受到损失。这些中产阶级家庭对于保守党赢得大选是至关重要的；在具有活力的新兴机会国家，中产阶级的参与也是必要的⑥。

工资税的取消意味着增值税和政府支出削减方面承担了更大的压力。税收制度没有像预期那样灵活，因为在数年内增值税并没有产生收入，而且社会服务的资金也很难摆脱对一般税收的依赖。因此，减少直接税显得遥遥无期，

---

① 保守党档案，CRD 3/7/26/38，EPG/66/114，经济政策小组，税收改革最终报告的初稿，1969 年 1 月 16 日。
② Lowe, 'Social policy', p. 213.
③ 基思·辛约翰·约瑟夫（Keith Sinjohn Joseph, 1918—1994）1962～1964 年担任住房大臣，1970～1974 年担任社会服务大臣。在这两次任职期间，他都负责开支，之后在 1974 年转而拥护甚至定义了撒切尔主义（Thatcherism）。他总是相信自由企业的优点。1974 年后，他认为穷人不应该受到公共资金的帮助，创造财产的只有企业家。1974～1979 年他通过政策研究中心（Centre for Policy Studies）找到了他喜欢的话题。1979～1981 年他担任工业大臣，1981～1986 年担任教育大臣。[Robbins (ed.), *Biographical Dictionary*, pp. 233-5.]
④ 保守党档案，CRD 3/7/6/3，EPG/66/93，经济政策小组第 26 次会议记录，1968 年 6 月 27 日；同见 EPG/66/97，科克菲尔德的记录，1968 年 7 月 8 日。
⑤ 保守党档案，CRD 3/7/6/3，EPG/66/108，经济政策小组第 28 次会议，1968 年 7 月 26 日。
⑥ 保守党档案，CRD 3/7/26/41，J. 道格拉斯致 E. 希思的信，1968 年 5 月 20 日，转引自洛，"社会政策"（Social policy），第 196 页。关于电脑预估，见 CRD 3/7/6/3，EPG/66/107 和 109；讨论结果记录在 EPG/66/108 中，经济政策小组第 28 次会议纪要，1968 年 7 月 26 日。

同时物价上涨亦会导致丧失人心。尽管需要对个别群体给予帮助,使之渡过因物价上涨和政府开支削减带来的困难,但是仍然缺少彻底变革政策的严肃思考①。的确,社会服务政策小组都忌讳对个别群体给予帮助,虽然小组的领导成员约瑟夫和撒切尔其实都明白,选择性的帮助才是税收改革的先决条件②。

另外一种可能的方式是实行负所得税或者税收抵免,这会保证没有人会因为财政制度的变化而受到损失。一些工党的评论员提议,停止根据人们经济状况而单独发放福利,这样就算人们的收入增加也能继续收到福利。一些保守党人竟然也同意这种提议。有些反常的是,约翰·诺特(John Nott)③ 称选择性地发放福利"本质上是一种官僚手段,代价巨大,侵犯了人们的隐私,让人们无法忍受。它的确是社会主义的信条,而不是保守党的。④"当然,由于完全改变这种做法代价巨大,因此工党提议应该通过减少儿童补贴为这种福利提供资金,而这样的提议对保守党人士毫无吸引力。

另外,可以征收"负所得税",这种方式是埃克斯·里斯·威廉姆斯(Lady Rhys Williams)的儿子、保守党议员布兰登·里斯·威廉姆斯(Brandon Rhys Williams)⑤ 提倡的⑥。布兰登·塞维尔(Brendon Sewill)称,"负所得税的优势在于,当收入增加时,它会使福利缓慢减少,并且保证激励因素一直存在。⑦"这项提议不只是创造了课税与福利的梯度,也限制了福利开销。

---

① CPA, CRD 3/7/6/4, EPG/66/115, Economic Policy Group, minutes of 31st meeting, 3 Dec. 1968; EPG/66/119, minutes of 33rd meeting, 6 Jan. 1969; EPG/66/121, 34th meeting, 30 Jan. 1969; CRD 3/7/6/7, R. Maudling to J. Douglas, 3 July 1968; CRD 3/7/6/8, E. Heath to B. Reading, 7 Feb. 1969; R. Maudling to I. Macleod, 13 Mar. 1970; CRD 3/7/26/37, 'Tax package: the development of our thoughts in opposition', 27 July 1970; 'Tax package: the main proposals and our commitments', 29 July 1970.

② CPA, CRD 3/7/6/11, PG/8/B/65/9, K. Joseph to E. Heath, 1 Apr. 1965; PG/8/B/65/11, 'Note for Mrs Thatcher and Mr Geoffrey Howe: Sub - Group B' s discussion of the eco-nomic effects of the present method of financing the social security services', J. Douglas, 15 Apr. 1965; PG/8/B/65/12, notes for 4th meeting held 14 Apr. 1965; PG/8/B/65/17, notes of the 6th meeting of Sub - Group B, 12 May 1965.

③ 约翰·威廉姆·弗雷迪·诺特(John William Frederic Nott,生于1932年)曾就读于布莱德菲尔德学院(Bradfield College)和剑桥大学三一学院(Trinity College)。1959年他获得了律师资格,1959~1966年在(S. G. Warburg)工作。1966~1983年他担任下议院保守党议员,1972~1974年担任财政部国务大臣,1979~1981年担任贸易大臣,1981~1983年担任国防大臣。之后,他进入商界。1983~1990年他担任拉扎德兄弟(Lazards Brothers)公司的经理,后来担任该公司的总裁兼首席执行官。1985~1991年他担任皇家保险公司的理事兼副总裁。他还在其他公司工作过。(Who's Who 2001, p.1544.)

④ 保守党档案,CRD 3/7/26/14,约翰·诺特致安东尼·巴伯的信,1968年9月9日。

⑤ 布兰登·里斯·威廉姆斯(Brandon Rhys Williams,1927—1988)伊顿中学接受教育,后来在英国化学工业公司(ICI),作为痉挛协会(The Spastics Society)的总监助理以及招募顾问;1968~1988年,担任保守党议员,并于1973~1984年担任欧洲议会(European parliament)成员。(Who Was Who, 1981 -90, vol. viii, p. 636.)

⑥ The proposal is in CPA, CRD 3/7/6/4, EPG/66/116, Economic Policy Group: the redis-tribution of income by the state: paper by Sir Brandon Rhys Williams, 11 Dec. 1968.

⑦ 保守党档案,CRD 3/7/26/10,B. 塞维尔致贝拉尔斯,海霍,帕滕和马腾,1968年9月6日。

第十章 反思税收政策：1964~1979年从机会国家到企业社会

里斯·威廉姆斯建议部分所得税应该受到国家保险基金（National Insurance Fund）的抵押，并具有可识别的收入以及合适的开销目标。至少，保守党政治家约翰·诺特对此表现积极：

> 我相信，如果特德·希思能将负所得税作为其会议发言的主题，这将对国家产生巨大且有益的影响……我个人的担忧是，社会主义者同样也在积极奋斗，以对国家产生巨大且有益的影响，他们将会反对我们"个别的福利"。为何我们不制定出这一体系，让它扎进公众的思想中，从而让公众认为是我们保守党的提议呢？[1]

这真的是保守党的提议吗？

负所得税的问题在于它不鼓励给私人发放福利，而且会增加税收。撒切尔夫人对自力更生的可能后果比较担心，因为这项计划要求社保总是由国家提供，而不能采取对私人年金或医疗保险削减税赋的方式。尽管里斯·威廉姆斯辩称"税收制度中，任何税收补贴都是对领取补贴者有利的，会让人丧失自立精神"，但是其他人则愿意容忍政府对某些活动的鼓励。巴尼·海霍（Barney Hayhoe）[2]认为：

> 国民的收入不属于国家政府，因此使用财政政策鼓励某些活动和国家为需要的人提供帮助是完全不同的两码事。一方面，在一些情况下，某些人的钱以税收的形式被政府拿走了；然而另一方面，其他人的钱也会被政府拿走，以补贴金的形式还给前者。

关于这一观点，私人养老金是留给人们自己的钱，因此减免私人养老金的税收是可接受的；给予补贴金则是另外一回事，特别是因为资金都给予了低收入者和高收入者，而资金成本却由中等收入人群承担[3]。原则和选民的利己主义一起阻碍了改革，使"贫困附加税"问题无法解决。

---

[1] 保守党档案，CRD 3/7/26/14，诺特致巴伯（Barber）的信，1968年9月9日。
[2] 伯纳德·约翰·海霍（Bernard John Hayhoe，生于1925年），又名巴尼·海霍，在伦敦南岸大学（Borough Polytechnic）接受教育，并且在一个工具车间当学徒；1944~1963年他在军需部的军备设计部门工作，并且担任军备检查员（inspectorate of armaments），1965~1970年在保守党研究部工作。1970~1992年他担任下议院议员，1972~1992年他出任下议会领导人私人秘书，以及上议院理事会主席。1979~1981年担任国防部议会国务次秘书长（parliamentary under-secretary of state for defence）和国务大臣，1981年担任公务员，1981~1985年在财政部工作，1985~1986年担任卫生部大臣（minister of health）。(*Who's Who 2001*, p. 933.)。
[3] 保守党档案，CRD 3/7/26/11，雷丁致海霍，"家庭津贴"（Family allowances），未标明日期；海霍致希思，1968年11月11日；EPG 66/116，"国家进行收入再分配"（The redistribution of income by the state），B. 里斯·威廉姆斯，1968年12月11日；负所得税小组：负所得税，研究部门的论文，1969年7月；负所得税：巴尼·海霍关于布兰登·里斯·威廉姆斯论文的评价，1969年7月11日；研究采用沿袭布兰登·里斯·威廉姆斯办法方案可能性的会议纪要。

当考虑到税制修订时，人们自然而然地会考虑特定的社会阶层的资产损益状况。在麦德宁看来，税收措施太过于理论化，而且没有足够重视税收对特定阶层纳税人的影响，严重限制了改革①，唯一能让所有人的状况都不会变得太好或太差的方法就是维持现存的税收体系②。保守党研究部的成员则更加激进，因为他们较少承担政治问责。他们支持一种更冒险的办法——从根本上修改财政体系，改变人们的工作态度并且提高劳动生产力。亚瑟·科克菲尔德评价称，"只有税收改革才是值得的。整个经济将因改革发生改变。如果仍不转变人们的工作态度，改革就会失败。③"希思怀疑税收改革能否改变人们的心态。他很好奇为什么不通过减少公共支出、实施储蓄方案并提高工资来得到相同结果④。

1970年之前，关于未来的税收形式和福利国家的政策都在改变。税收措施承诺实现经济增长，在中长期人人都会受益，先前其利益直接受损的人则能够得到补偿。一方面，一定程度上的经济繁荣实现了资本积累；另一方面，社会服务获得资金的方式也在发生变化，提高了经济效率。这两者是互相联系的。1970年后，对于"劳动效率和经济增长间的联系"和"鼓励持有房产"两件事，政府下了新的定义。政府加大了对自置居所的鼓励，扩大房贷税收减免，还开始发展养老金和免税储蓄。政府通过这些方式鼓励了小规模资产积累。去国有化也被纳入了税收措施。但是，保守党一心想实施私有化，却面临着难以找到下家的问题。解决方式就是将股权提供给大量的小投资者。塞维尔称，这些方式将会带来新的储蓄和所有制政策，为新的大选策略奠定基础：

> 就选举而言，最不利于保守党的因素是我们党被认为是一个富人组成的党，而工党则常常被列为"最可能照顾到所有阶级"的党派。我们应当让储蓄和所有制传达这样一种信息：通过表明我们的避险机制（escape mechanism）——自置居所、企业年金、储蓄安全——是所有人都能拥有的，将我们的弱势化为优势⑤。

私有化和"大众资本主义"因而在保守党的宣传中获得了新的意义。不

---

① 保守党档案，CRD 3/7/6/7，R. 麦德宁致J. 道格拉斯的信，1968年7月3日
② 保守党档案，CRD 3/7/6/7，B. 塞维尔致I. 麦克劳德的信，1968年7月8日。
③ 保守党档案，CRD 3/7/6/4，EPG/66/121，经济政策小组第34次会议记录，1969年1月30日。
④ 保守党档案，CRD 3/7/6/4，EPG/66/121，经济政策小组第34次会议记录，1969年1月30日，和CRD 3/7/6/8，E. 希思致B. 雷丁（B. Reading），1969年2月7日。
⑤ CPA, CRD 3/7/26/38, 'Saving and ownership', B. Sewill, 3 Jan. 1969.

第十章　反思税收政策：1964~1979年从机会国家到企业社会

像税收措施的提议那样，私有化和"大众资本主义"这项战略明显吸引着利己的中等人群，既很少考虑到创造效率，又很少考虑到改善穷人生活。用更加正面的方式说，社会渐渐地意识到，现在经济增长已经处于"瓶颈"期，而唯一的对策就是鼓励追求个人利益，提供刺激创业的因素。

1970年，保守党重新掌权，爱德华·希思政府需要将先前工党的部分改革推翻，并实施一些先前作为反对党时制定的计划。希思承诺废除特定就业税。有人建议通过增加雇主分摊的国家保险从而弥补财政收入的损失，但是这一建议受到了批评，因为它仅仅是提出了另一项就业税。可替换方案是以增值税代替特定就业税和购置税，最终增值税于1973年起开始推行。此时政策小组不再像先前那样小心谨慎，并且即使缺少对穷人的补助，增值税仍被认为是公平的税收。相比而言，购置税对物品而非服务征收；而如果试图对服务业征收特定就业税，注定会得罪人且不受欢迎。这样就凸显了增值税的好处：增值税涵盖了商品和服务，对食品、燃料、照明和房屋等生活必需品免征税收，因此增值税不是一种递减税。而且，征收增值税遵循平等原则，不像购置税那样浮动范围大，因此给予了消费者更大的自由[1]。不过，这样的理由并没有使所有人信服，因为购置税也免除了生活必需品的税收，并且对奢侈品征收更高的税。但是人们认为购置税造成了社会分裂，增加间接税，反而对生活更好的人提供税收减免。征收了增值税后，标准税率有所降低，劳动所得享受的税收减免因收入提高而增加，房产税有所降低，实际上并没有增加个人补贴，也没有取消贫困者负担的附加税。

这样一来，工党发出抱怨也就不奇怪了。工党抱怨道，保守党实施新的改革后，政府从穷人那里收税，却将其用于给富人的拨款。保守党本来希望创造刺激因素、促进经济增长、促进社会团结和融合，但是其措施却带来了社会冲突和经济崩溃，陷入困境。"平衡"税收措施的目标尚未实现：保守党这项涵盖范围很大的政策本来希望让每个人能够从较高的增长中获益，并且使资源能够用于高标准的社会服务，但是最终却令人失望[2]。就连已经有所改善的劳动力使用情况和已有所提高的生产力都因改革而承受了巨大的压力，因此需要对工会法进行改革并提高生产力和工资。其中，工会法改革与提高生产力的策略两不相关，另外工会法改革很容易被描述成对工人权利的侵犯。同时，工党的公司税在1973年也受到了调整：对商业利润征收公司税将使持

---

[1] S. Sherborne, *VAT: Fair for All* (Conservative Political Centre, London, 1972).
[2] Lowe, 'Social policy', pp. 194–200.

股者不再承担纳税义务，使利润分配不再面临更高的税率。保守党的这套改革措施本来旨在实现社会融合，但最终却不得不放弃这一目标，而且希思离任时，社会正处于前所未有的紧张状态①。

旨在"平衡"的税收措施最终结束，导致财政政策变得更加严酷，政府更愿意鼓励储蓄和激发积极性，却很少考虑穷人的利益。尽管后来穷人对保守党产生了敌对情绪，希思仍然否认了先前对平衡措施的"沉迷"（保守党人的意见)，这也奠定了撒切尔夫人的政策基调。有人相信在税收制度改革的尝试中能保证没人遭受损失。毕竟，经济崩溃和刺激因素消失有可能使所有的人都遭到损失。刺激因素比社会公平和财政平衡受到了更多关注——这是劳森（Lawson）的观点，相较先前出现了明显的变化。他认为当低收入者的收入增加，以至于需要缴纳所得税时，就不考虑"贫困陷阱"的影响了，因为穷人一旦需要缴纳所得税时，努力工作、获得更高收入、降低自己的边际税率才是王道。相反，收入最高者的收入必然面临着分配，他们努力工作和挣更多钱只会给自己带来极高的边际税率②。1979年之前已经有许多保守党政治家意识到，若不征税就很难找到额外的福利资金，但是税收又注定不受欢迎，因此或许根本不可能实现社会融合。这些政治家认为或许可以尝试其他措施。20世纪70年代，工人组织的"自私自利"和英国严重的经济问题暗示着融合已几近崩溃，需要采取彻底的改革措施。这样，牺牲社会融合而追求经济刺激因素成了可行之策。

1970~1979年，工党在野与当权

工党一直不接受保守党实施的政策。工党1974年再次当权后，第二届威尔逊政府继续实施他们未竟的财政改革项目。威尔逊就职后，特定就业税已经废除不用，公司税也已经被修改；由于英国是欧洲经济共同体的成员，增值税不得不保留，因此改革转向了财产税（与对财产转让征收的累积税相似)，以此重新建立一个公平的财政制度，并且在收入和财产分配中努力实现平等。正如1970年道格拉斯·杰伊所说的那样：

---

① 议会报告1970-1971 L 宣布了公司税改革，《关于公司税改革的绿皮书》（Green Paper on Reform of Corporation Tax）。议会报告1970-1971 L 还显示了对公司税的考虑，见《公司税特别委员会的报告》（Report from the Select Committee on Corporation Tax）。

② Lawson, 'Taxation or government expenditure?', pp. 29-30.

第十章 反思税收政策：1964~1979年从机会国家到企业社会

取得下一步的进步，必须主要通过资本税，而不是通过所得税。个中原因，一是目前的进展很少，财产分配不平等的问题比起收入分配来说仍然更加明显；二是对劳动所得征收更加累进的税收会带来更重的压力，使社会强烈反抗。现在的新情况我们甚至未能完全理解，那就是我国的货币渐渐贬值，就算直接税税率没有上涨，直接税缴纳者占社会成员的比例也逐渐变大，当然这并不包括最低收入人群①。

征收财产税合情合理，是一种恢复财政制度平衡的方式，理由是二战以来来自就业的所得税相较来自资本的所得税上升得更多。工党的资本税工作组1973年评价称，考虑到其带来的公平，财产税是合理的，但更多应考虑到：

> 工党运动独具的平等主义哲学……这里的平等主义不是指按照个人的纳税能力来分配税赋，而是指运用税收工具实现更大的社会公平。继任政府已经认同这一原则，即应使用直接税减少个人收入分配的不公平，完全不同于过去对个人财产分配不公的相对忽视②。

同时，工党建议提高最高所得税税率，与保守党的财产税政策截然相反。工党担心贫穷陷阱：一旦低收入者的收入超过税收起征点后他们就要支付高额边际税；人的收入越高，面临的所得税税率越低，直到人的收入达到较高水平，税收才开始变得累进。工党如何才能在不使收入较高者受益的情况下帮助低收入人群？工党工作小组支持税收减免或负所得税手段的并不多，大多数人担心这两项措施虽然会降低穷人负担的高边际税率，但却无法实现收入再分配。当然，保守党对能够消除"贫困陷阱"的负所得税更感兴趣，而不是寄希望于增加税收累进程度、推高高收入者的所得税。工党工作小组对此有不同的看法，他们更倾向于增加税收累进程度、推高高收入者的所得税，对人寿保险和按揭贷款不再实施税收减免，并提高对非劳动所得和利润分配征收的税收。"我们不认为提高高收入者的所得税会严重挫伤其积极性。相反，所得税提高更会挫伤低收入者的积极性：丧失'贫寒证明'的人越来越多，而且他们的所得税意味着高昂的边际税率。"这一策略会帮助收入在1000英镑以下、占选民的40%的人群，其中57%支持工党；它会冲击到收入在2000英镑以上且占12%选民的人群，其中仅有10%支持工党。无论是基于

---

① LPA, Finance, Box iv, Study Group on Taxation, Re571/Jan. 1970, 'Tax policy in the 1970's', D. Jay.

② LPA, RD732/Apr. 1973, capital taxation: the reform of capital taxation.

平等主义原则还是对大选的考量,实行更加累进的所得税和推行财产税都是更加可取的①。1973年,《工党为英国打造的方案》(*Labour's Programme for Britain*)提议增加最高所得税税率,对较低收入征收投资收入附加税;提议中还提出应征收累进式财产税,对拥有最多私有财产的人按年征收资产税。这种资产税会损伤资本主义,而不是对英国这一自由企业国家注入活力。工党之所以支持财产税,是因为工党的意识形态基础与保守党差异很大,与国家经济发展委员会"瓦解闲置的资本积累、鼓励积极创造,从而提高效率和激励积极性"的希望更是大相径庭②。

财产税和所得税的边际税率将会超过100%,而且正如保守党批评家对财产税抱有的担心那样,边际税率将会是"敲富人竹杠"的又一实例③。并不只是保守党抱有这样的担心,就连前工党议员迪克·塔弗恩(Dick Taverne)④创立的智库伦敦财政研究所(Institute for Fiscal Studies)也提醒了减少不平等可能产生的可怕后果。该研究所称财产税"将削弱私营企业部门",该研究所的一本出版物也表示,"努力工作和创业造成的不平等(以及储蓄)是公平

---

① LPA, Finance and Economic Affairs Sub – Committee minutes, 13 Mar. 1972, 24 Apr. 1972, 28 June 1972, 13 June 1973, 20 June 1973; RD302/Mar. 1972, negative income tax, D. Taverne; RD338/Apr. 1972, 1972 policy document: financial and economic sec-tion; RD357/May 1972, negative income tax and the tax credit system: proposals for a joint working party; RD486/Nov. 1972, programme of work, 1972/3; RD738/Apr. 1973, draft contribution to the policy statement: taxation; RD741/Apr. 1973, personal taxation: progressive and higher revenue, J. Sieve; RD772/May 1973, the poverty trap, income tax thresholds and reduced rate relief; RD806/May 1973, tax credit working party: interim report; RD822/June 1973, reduced rates of income tax; RD884/Sept. 1973, increased revenue from income tax; RD922/Nov. 1973, closing the tax loopholes: suggested lines of approach; joint working party on tax credits, minutes, 18 Oct. 1972, 30 Jan. 1973, 17 May 1973; the case for tax credits, J. Sieve; RD835/June 1973, interim statement; Re498/Feb. 1976, income taxation: high marginal low income rates and erosion of the tax base; Re605/Apr. 1976, increasing tax revenue.

② On the wealth tax, see N. Kaldor, *Indian Tax Reform*: *Report of a Survey* (New Delhi, 1956); NEDC, *Conditions Favourable to Faster Growth*; J. S. Flemming and I. M. D. Little, *Why We Need a Wealth Tax* (London, 1974); Peacock, 'Economics of a net wealth tax'; Tress, 'A wealth tax is a wealth tax'; J. F. Due, 'Net worth taxation', *Public Finance* 15 (1960), 313 – 7; Labour party, *Labour's Programme for Britain*: *Papers Presented at the Annual Conference* (London, 1973); Millan, *Taxes for a Prosperous Society*; PP 1974 xvii, *Green Paper on Wealth Tax*.

③ 保守党档案,CRD 3/7/26/16,保守党和资本税收,T. E. B.,1968年8月8日;同样CRD 3/7/26/9,反对财产税的实例。

④ 迪克·塔弗恩(生于1928年)先后就读于查特豪斯公学(Charterhouse)和牛津大学贝利奥尔学院;1954年他获得律师资格,1965年成为御用律师(QC)。1962~1972年他成为工党议员,期间他辞职,1973~1974年再次担任议员,但这次他代表民主工党(Democratic Labour)。1966~1968年他出任内政部政务次官(parliamentary under-secretary of state)。1968~1969年他出任财政部国务大臣(minister of state at the Treasury),1969~1970年担任财政秘书(financial secretary)。1970年他成为伦敦财政研究所的理事,1979~1980年担任总干事,1981~1982年担任主席。1981~1987年他担任社会民主党全国委员会委员,两次成为候选人。(*Who's Who 2001*, p. 2032.)

第十章 反思税收政策：1964~1979年从机会国家到企业社会

的，不会被社会中的大部分人所怨恨；对于大多数人来说，有人通过偶然获得资本或巨额遗产才是对他人的不公平"。伦敦财政研究所认为，将不平等和正义当成一回事是错误的。税收体系"将提高社会团结作为自己的目标，但很可能会适得其反。"财产税可能导致负储蓄现象，使富人消费增加。关于这一点，有人提出财产税的严重缺陷在于它减少了富人的财产，从源头打击了不平等，但却并没有增加穷人财产。"政府拿走了富人的财产，却并未将其转移到穷人手中，而是主要增加了经济公共部门的整体财产，减少了私营部门的财产。"[①]由于存在意识形态上的分歧，在平等问题上工作组再次持两派割裂的观点，而上次这一问题是在1955/1956财年出现的。一方面，一些人感觉简单地将财产从富人转移到穷人那里是不够的，因为富人人数少，拿走他们的部分财产，却要将其分发给大批民众，这是改变不了普通人的生活的。正如托尼所说的那样，更好的方式是让国家体制变得更有活力，抽取富人的财产，将财产作为福利，用于所需之处[②]。另一方面，还有的人，像塔弗恩和新成立了社会民主党（Social Democratic party）的前工党党员等，强调国家财富的增长，和选民对扩大财产分配的范围的期待是毫无关系的。用加雷思·斯特德曼·琼斯（Gareth Stedman Jones）的话说，这样的割裂解释了为什么工党处于混乱中。过去，工党能够凭借其工会主义（trade unionism）的属性和对不同工人的支持，为自己赢得选票。工人阶级文化从19世纪末期以来就自成一体，形成了斯特德曼·琼斯所称的"割裂的阶级观念"，认为雇主的利润与工人利益相对立。随着工会主义扩散至白领行业并在富裕的工业地区渐渐式微，琼斯的看法也开始改变；略显死板且自成一体的工人阶级文化和中产阶级文化变得更容易被接受。尽管战后工党得到了足够多的中产阶级支持，从而得以上台组阁，到了20世纪七八十年代工党却很难获得中产阶级支持。再分配政策和所得税的提高也不太可能吸引富足的工人阶级，因为这部分工人阶级已不具有先前的文化特质。中产阶级进步人士也逐渐地意识到，若想解决贫困问题，工会就应当解决移民、儿童、单亲以及年长者等无组织人士的贫困问题，而不是低工资待遇的问题。工会主义属性反而使工党难以适应

---

① C.T.桑福德（C.T.Sandford），J.R.M.威利斯（J.R.M.Willis）和D.J.艾恩赛德（D.J.Ironside），《年度财产税》（*An Annual Wealth Tax*），伦敦，1975年，279－281页；他们倾向于将财产增值税作为减弱不平等的方式，这将对接手来的财产和资本增值获得的财产征税；不像遗产税，它是对受益人征收税收。见桑福德、威利斯和艾恩赛德，《年度财产税》，281－282页，和他们的《财产增值税》（*An Accessions Tax*），伦敦，1973年。

② Whiting, 'Boundaries', pp. 161－2.

现实的变化，其推出的许多政策好像已经过时了①。

1974年，新一任工党大臣丹尼斯·希利（Denis Healey）② 宣布他打算对富人征收一种按年征收的财产税③。事实上，这种财产税与之前一次性征收的资产税一样，只是一种政治上的权宜之计，而且最终失败。希利将该计划提交给特别委员会（Select Committee）审议，但是没有达成一致，最终该项计划没有施行。对于财产税的本质，人们的观念存在本质的分歧。在欧洲，财产税"可被替代"，是一种平衡劳动所得和非劳动所得、并减少所得税的税收手段。特别委员会主席道格拉斯·杰伊更倾向于新征其他财产税，以此进一步对资本施压，促进平等。杰伊的报告初稿没有被特别委员会接受，而且保守党也提交了他们自己的报告，抱怨政府的提议混淆了公正和平等的概念。他们担心新增的税收将会由资本承担，从而破坏了混合经济，导致储蓄减少，大量资本以及财富集中到国家手中。保守党人士提出了不同的方法：不增加储蓄税，而是降低高收入者的税率，取消收入附加税和对长期资本利得征收的税收，以此提供激励因素。工党内同样出现了分歧。左派人士希望能够增强国家实力，改变混合经济中的平衡。委员会成员杰里米·布拉伊（Jeremy Bray）④ 认为，将富人的财富再分配给穷人将有利于投资，因为低收入者的大部分储蓄是合同制储蓄，不像高收入者的储蓄那样是自由的。他认为，若想公平分配财产和存款，伦敦金融城就应当推出改革，使社会由工人管理，创立新形式的工业民主。这种公有制和工人民主的观点毫无疑问地引发了工党大多党员的担心，认为这种观点标志着乌托邦主义与选举、经济现实等意识

---

① G. Stedman Jones, 'Why is the Labour party in a mess?', in his *The Languages of Class: Studies in English Working - Class History*, 1832 - 1982 (Cambridge, 1983), pp. 239 - 56; McKibbin, *Classes and Cultures*.

② 丹尼斯·温斯顿·希利（Denis Winston Healey, 生于1917年）出生在基斯利（Keighley），曾就读于布拉德福德文法学校（Bradford Grammar School）和牛津大学贝利奥尔学院，在校期间他主张社会主义。1945年，他称自己支持国际社会主义革命，但后来反而攻击同信仰社会主义的人。1945～1952年他在工党国际部门工作，1952～1992年担任下议院工党议员。1964～1970年，他在国防部工作，1974～1979年出任财政大臣。1976年国际货币基金组织危机爆发，他开始实施货币主义，试图实行限薪政策，但该政策在1978/1979财年失败。1980～1983年他成为工党副领袖。[*Who's Who 2001*, p. 937; Robbins (ed.), *Biographical Dictionary*, pp. 193 - 4.]

③ *Parliamentary Debates*, 5th ser. 871, 26 Mar. 1974, cols. 312 - 13. The White Paper is at PP 1974 xvii, *Wealth Tax*, pp. 525 - 62.

④ 杰里米·威廉姆·布拉伊（Jeremy William Bray, 1930—2002）曾就读于在阿伯里斯特威斯文法学校（Aberystwyth Grammar School）、金斯伍德中学（Kingswood School）和剑桥大学耶稣学院（Jesus College）。他研究纯数学，1956～1962年则担任英国化学工业集团（ICI）技术员。1962～1970年以及1974～1997年他担任工党议员，1966～1967年担任能源部政务次官，1967～1969年担任科技部联合政务次官。(*Who's Who 2001*, p. 243.)

第十章 反思税收政策：1964～1979年从机会国家到企业社会

形态的胜利①。

面对特别委员会的反对，希利只得为了避免税款征收和价值评估方面的政策成本和政治麻烦而放弃计划②。正如凯（Kay）和金（King）指出，财产税仅仅能对有价证券和银行存款等小额资产征收，而无法对房产、耐用品、养老金、人寿保险政策和艺术品征收。二人总结道，财产税不能带来可观的财政收入，也不能进行大范围的财产再分配③。不过，工党和保守党都认为，鉴于缴纳遗产税基本上依靠人们的自觉，应当改革遗产税。A. B. 阿特金森（A. B. Atkinson）1972年评价称，"有的人能得到合理避税的建议，只要支付少量税收，然而其他人则需要支付80%的遗产税税率。这丝毫不尊重税收公正。④"当然，有人尝试弥补税制漏洞，对去世前一个月至七年之内发生的赠与行为征税。即便如此，1968年的逃税额仍达到了1.77亿英镑，大约占所有已评估的房产净资产价值的10%⑤。1974年，赠与行为都要缴纳资本转让税，每年的免税额为2000英镑，以此修订了房地产遗产税。赠与税税率低于遗产税，而且大部分人能通过每年赠予达到免税限制的财产或建立信托基金来减少他们的税责。这样一来，这项资本转让税产生的财政收入并不多，对财产分配并没有造成显著影响。在工党政府对平等问题的持续关注下，皇家收入和财产分配委员会（Royal Commission on the Distribution of Income and Wealth）应运而生。它的研究报告非常深入，但是由于新上台的保守党政府持有不同的意识形态，它的报告并没有获得政府的注意⑥。

当然，由于1976年国际货币基金组织（IMF）危机带来了更紧迫的经济问题，工党政府备受压力。20世纪70年代末期，一些经济学家提交了最为详细的财政改革提议。这些经济学家都与财政研究所有关，如詹姆斯·米德和

---

① 议会文件1974-1975 xxxvi，《财产税特别委员会》（Select Committee on a Wealth Tax），1974/1975财年，第一卷，《委员会的报告和会议记录》（Report and Proceedings of the Committee），主席提交的报告初稿，573-612页；莫里斯·麦克米兰等人提交的报告初稿，650-699页；杰里米·布拉伊提交的报告初稿，636-647页。

② D. Healey, The Time of My Life (London, 1989), 404; Whiting, 'Boundaries', p. 156.

③ Kay and King, British Tax System, p. 169; see also G. S. A. Wheatcroft, 'Administrative problems of a wealth tax', British Tax Review (1963), 410-22, and A. R. Prest, 'The Select Committee on a wealth tax', British Tax Review (1976), 7-15.

④ A. B. Atkinson, Unequal Shares: Wealth in Britain (London, 1972), p. 129.

⑤ E. G. Horsman, 'The avoidance of death duty by gifts inter vivos: some qualitative evidence', Economic Journal 85 (1975), 521.

⑥ 凯和金，《英国税收制度》，157-162页；皇家收入和财产分配委员会报告出现在第8卷，在1974/1975财年至1979/1980财年之间。

两位年轻的经济学家：约翰·凯（John Kay）[①] 和默文·金（Mervyn King）[②]。前者主持了直接税调查，后两者提交的是税收制度研究。他们的主要提议是支出税，这与1956年卡尔多提出的相同——1956年，保守党研究部意识到它能够解决"追求平等必然会给储蓄造成高额税赋"这一社会主义者的困境[③]。实践中，工党基本上采取不鼓励储蓄的税收政策，并大力打击高收入者和巨额财产从而创造平等。1979年后，保守党对储蓄的鼓励造成了不平等。面对这种情况，财政研究所试图想出一种能够同时实现平等、公正和经济增长的方式。凯和金提倡"终身支出税"，作为衡量一个人一生使用的总资源，即消费、赠与物和遗赠的总和。当时存在的所得税和资本税是相互分开的，且税率不同：投资所得的最高税率为98%，资本利得税则为30%。英国对自住房屋、养老金和人寿保险征税更有优势，因为1972~1976年这几项占英国个人储蓄的88.9%——与美国1972年的数据56%形成了鲜明对比。相反，储存在公司和信托公司的个人存款很少。这些反常的所得税和储蓄税的现象可以随着支出税的实施而一律消除[④]。米德领导的委员会称支出税是"新的贝弗里奇方案"，可以解决贫困陷阱，设置能让所有公民接受的生活标准。为了达到这样的目的，税收门槛应该升高，避免使政府提供的额外津贴和所得税发生重叠，另外福利设置应当高于最低生活水平。支出税方案代价高，结果将推升税率，但委员会希望通过鼓励创业、对个人高消费征收高额税收来保障民众的最低生活水平[⑤]。

以上的这些方案，它们的提出者都宣称自己方案的中立性和可行性，旨在扫除现存财政制度中的混乱和异常现象。然而，怎样宣称是一回事，政治家怎样推行这些影响广泛的改革又是另一回事。工党和保守党都根据自己的观点，

[①] 约翰·安德森·凯（John Anderson Kay，生于1948年）曾就读于爱丁堡皇家中学（Royal High School, Edinburgh）、爱丁堡大学（University of Edinburgh）和牛津大学纳菲尔德学院（Nuffield College, Oxford）。1970年他成为牛津大学圣约翰学院的教员，1971~1979年担任经济学讲师。1979~1981年他担任财政研究所的研究室主任（research director），1981~1986年担任研究所主席；1986~1996年他担任伦敦商学院的教授；1997~1999年担任牛津大学赛德商学院院长。（*Who's Who 2001*, p.1130.）

[②] 默文·阿里斯特·金（Mervyn Allister King，生于1948年）曾就读于伍尔弗汉普顿文法学校（Wolverhampton Grammar School）和剑桥大学国王学院（King's College, Cambridge），1969~1984年成为剑桥大学应用经济学研究员，1976~1977年担任经济学讲师。1977~1984年他到伯明翰大学担任投资学教授，1984~1985年他在伦敦政治经济学院工作。1978年他进入米德委员会（Meade committee），1999年成为财政研究所的主席。1990年他成为英格兰银行董事，1998年成为副行长。（*Who's Who 2001*, p.1160.）

[③] 保守党档案，CRD 2/10/8，关于支出税的提议，1956年7月9日。

[④] Kay and King, *British Tax System*, pp.59-68, 87-104, 170-2.

[⑤] 财政研究所，《直接税的改革和结构》（*Structure and Reform of Direct Taxation*）。关于米德的想法，还可参考他的《聪明激进派的经济政策指南》（*The Intelligent Radical's Guide to Economic Policy*），伦敦，1974年。

第十章 反思税收政策：1964~1979年从机会国家到企业社会

采取了各自的方法，就连财政研究所提出的方法都具有其意识形态动机。财政研究所的目标与众多工党党员和保守党党员均有不同。相较前者，财政研究所的提议旨在刺激积极性、刺激创业、维持自由市场状态；相较后者，财政研究所在提议中强调应当保证所有公民的最低生活水平。刺激积极性并没有用来证明现存不平等的合理性，因此推进平等成为可能，而且为人所期待。不过，财政研究所认为，如果财富的所有人总是不断变化，那么适度的不平等也是合理的。凯和金说："左翼和右翼人士对税收结构的批评均存在合理性：一方的观点是税收结构没能改变财产和特权高度集中的现象，另一方的观点称税收结构剥夺了人们凭借努力和主动性可换得的回报。现存制度极大挫伤了较富裕人士的积极性，却几乎没有改善再分配问题，使左翼和右翼都面临最为糟糕的状况。[1]"尽管如此，他们的观点影响微乎其微，因为工党追求平等和公有制却最终下台，保守党则牺牲了社会公正和社会团结，尽可能地刺激积极性，带来了不平等。社会民主党在20世纪70年代提出的大规模税收体系改革鲜有政治可行性且多少有些不切实际。面对凯和金的挑战，工党没能给出一份能够实现平等、社会团结、公正和经济增长的财政战略。罗伊·詹金斯等许多追求这种方法的政治家在社会民主党内遭到边缘化，工党和保守党也都放弃了中间立场。

1979年以前，选民对工党财政政策的支持已经减弱。许多先前投票给工党的选民，现在更关注获得自己的财产以及自己的消费量，而不是将资源转移到活跃的国家手中。在他们看来，国家看上去效率很低且不值得信赖。使用税收制度从富人手中获得财政收入越来越难了。工党计划减少工人阶级的税赋，并将其转移至更有支付能力的富人阶层，因此所得税在工党的政策中占有中心地位。这项战略开始使工党的支持率大幅下跌，还改变了所得税和社会结构的关系。在第二次世界大战之前，所得税、房产税以及利润税大大冲击了中产阶级、食利者和土地拥有者，减轻了工人阶级的压力。战争期间，税收起征点降低，周薪增加以及所得税预扣制（PAYE）的推行又将更多工人纳入了缴纳所得税的范围。此后这个过程贯穿了20世纪五六十年代，使大部分财政收入都来自于低收入群体。1949~1975年，所得税纳税人人数从1750万上升至2050万，来自低收入群体的财政收入占据了更高的百分比。1949年，对于育有两个孩子的已婚夫妇，只要其收入不超过当时平均收入的187%，他们就不必缴纳所得税；到了1975年，若其收入超过当时平均收入的44.6%，二人就需按标准所得税税率纳税。1976年，每周劳动所得只要达

---

[1] Kay and King, *British Tax System*, pp. 70–1.

到31.4英镑就需要缴纳所得税——但是对于育有两个孩子的夫妇中的任意一人,如果他/她有工作,那么其贫困线就是43.5英镑;如果没有工作,那么其贫困线就是35.05英镑。尽管边际税率有所提高,但是收入在5000英镑以上的人缴纳的税收仅仅占政府收入的10%。在这种情况下,继续提高所得税将会冲击到"中等富裕"的中产阶级,会导致工党的支持率继续下跌。一种解决办法是对财产和资本征税。过去,一次性征收的资产税是专门针对食利者这一特别的社会人群的,工党可以因此宣称自己代表无产者和有创业精神的人,反对那些闲置无用的财产。不过,在20世纪50~70年代,由于社会主要的债务和持股人不再是"吸食民脂民膏"的富豪,而变成了保险公司和养老基金等机构,因此食利者不再是明显的被攻击对象。另外,政府借款的主要目的也变成了发放福利而不是打仗。正如怀廷评论的,这些改变注定要牺牲税收制度的平等主义目标,而且导致扩大资本税和财产税的税基更加困难[①]。同时,所得税改革非常具有进步性,注定触碰到了部分人的利益,因此很多中产阶级和自由职业者都反对所得税改革。保守党中央办公室(The Conservative Central Office)于1977年指出,由于通货膨胀速度快,房贷利率高,这些中产阶级和自由职业者认为不公平的税收制度伤害了自己的利益[②]。税收与收入分配的关系正在发生变化,一战爆发前后,中位选民收入尚可,并且不用支付所得税,因此当时用于再分配税收制度有很强的选民基础。但是到了撒切尔夫人上台前,中位选民需要支付所得税,因此往往不支持再分配。当然,也有人关心税收对经济增长和积极性的影响,认为阻碍经济增长的再分配不应继续存在下去。表10.3比较了英、法、德、美四国1976年的所得税结构(译者注)。

表10.3　　　　　　　1976年英、法、德、美四国所得税结构

	起征点(£)	初始税率(%)	最高税率(%)	来自最高税率的收入(£)
英国	1685	35	83	21685
法国	3550	3.6	54	46800
德国	2200	22	56	65700
美国	4000	25	50(包括地方税, 55.5)	29600

资料来源: *Parliamentary Debates*, 5th ser. 924, Written Answers to Questions, cols. 407–8.

---

① Lowe, *Welfare State*, pp. 287–8; Whiting, 'Boundaries', pp. 149, 155; J. C. Odling-Smee and C. Riley, 'Approaches to the PSBR', *National Institute of Economic Research* 113 (1985), 65–80; B. Eichengreen, *The Capital Levy in Theory and Practice* (Centre for Economic Policy, London, 1989).

② CPA, CCO 4/10/293, 'Personal taxation', 23 Feb. 1977.

第十章 反思税收政策：1964~1979年从机会国家到企业社会

正如凯和金评价的，工党下台前实施的税收制度表面上有很强的进步性，但实际上它虚伪无比。撒切尔夫人揭露了这一假象，并且建立了表里一致的税收制度：恢复低收入群体先前的费率基准，将最高的所得税税率从98%降至40%，将最低税率从33%降至25%；废除投资附加税，将资本收益税与通货膨胀挂钩，降低资本转让税；削减公司税，取消对雇主的国家保险附加税；人寿保险金不再享受免税待遇，税收减免对其他储存金实行，特别是通过私人股权投资计划（personal equity plans）的股权和信托形式实行。保守党在消除低收入者的贫困陷阱方面做的不多，间接税占财政整体收入的比例有所上升。经过这些改革，税收体系可能被认为是带上了累退性质，不过它也具有可操作性，而且还能很好地维护公共消费。凯和金指出，1978年增值税的基本税率是8%，所得税的标准税率为34%。结果出现了更大问题：人们更加遵从所得税规定，而不是增值税规定。二人因此提议，税率应该趋于一致。这一提议最终实现，增值税上升至17.5%。在面临公众对税收的抵触时，降低直接税比例、提高间接税比例的政策增加了财政收入，使财政收入最大化、政治成本最小化（见表10.4——译者注）。这一效果至少持续到2000年对燃料税的抗议游行。1978/1979财年，所得税收入占政府总收入的32%；到了1988/1989财年，这一比例已经降低到24%。所得税税率下降，对于富人这一降幅尤其明显；消费税上升；资本税的适用范围也有所扩大。税收制度改变了社会结构，但政府支出占国内生产总值的比例并没有降低。在撒切尔夫人当选首相时，政府支出占国内生产总值的42.2%，1995/1996财年，这一比例为42.3%[①]。尽管撒切尔夫人对自己的政策言之凿凿，但她并无法力挽狂澜。

表10.4　　　1969/1970、1978/1979、1988/1989财年中央政府国库净征缴收入结构（%）

税种	1969/1970财年	1978/1979财年	1988/1989财年
所得税和附加税	38.6	45.9	35.7
利润税	12.8	9.7	15.2
遗产税	2.7	0.1	0.9
印花税	0.9	1.1	1.9

[①] Kay and King, *British Tax System*, p.145; Steinmo, *Taxation and Democracy*, pp.21, 171, 173; Hills, *Changing Tax*, pp.11–13.

续表

税种	1969/1970 财年	1978/1979 财年	1988/1989 财年
机动车税	3.1	2.7	2.3
石油收入税	—	0.5	1.1
关税和消费税	37.0	33.7	40.9
资本利得税	1.0	0.9	1.9
资本转让税	—	0.8	—
特定就业税	3.9	—	—
国民额外保险税	—	4.7	—
总计	100.0	100.0	100.0

资料来源：PP 1970-1 1, 113th Report of the Commissioners of Inland Revenue for the year 1969-70, pp. 660-1; PP 1979-80 lxviii, 112nd Report of the Commissioners of Inland Revenue for the year ended 31 March 1979, pp. 26-7; Board of Inland Revenue, 131st Report for the year ending 31 March 1989, p. 54.

第十一章 "难以变革的壁垒"：地方税务政策

19世纪、20世纪之交，地方政府支出成本增加。税收几乎完全依赖房屋、商店、工程、铁路等产权税，给地方税基施加了极大的压力。有限的税基导致了一系列严重的政治矛盾，地方政府开支蚕食了下中产阶级的房屋所有者和商店店主的利润，使他们痛苦不堪，而其他形式的收入也只是杯水车薪。而且，累退税导致穷人家庭大部分收入都砸在房屋上。自由党政府征收了土地价值税，打击了土地所有者的非劳动所得，但这种税引起的政治争议多于其他政府收入，使地方税基改革极具争议。

产权税仍然是当时地方税收的基础。为了解决这一现象，英国有两种对策，一是出台养老金年金和保险方案，将地方济贫法导致的福利成本转移至中央，改革若成功，即可改变中央和地方的平衡①；另一种是中央政府对地方政府提供固定额度或与支出成比例的补贴。成比例发放补贴的危险在于，地方政府可能打破中央对国家预算的控制。财政部担心地方在进行开支时会不负责任，特别是在工党控制了贫民救济委员会（Boards of Guardians）和地方当局之后②。地方税收结构和中央的分摊额度问题成为1924~1929年保守党政府的主要议题。丘吉尔和张伯伦则持有不同观点。丘吉尔认为，地方财政改革减轻了地方产权税，助力生产行业，打破了政府只支持食利者和金融家的说法。张伯伦认为，降低工业的地方产权税可能会把原本用于激励可靠商人的手段转手给予地方议员。这些讨论终于在1929年盖棺定论，奠定了未来50年地方财政的基础，一直到后来"人头税"政策惨败才发生变化。

20世纪20年代国家预算面临的压力使保守党政府急于控制地方政府开支，以防中央补贴打乱预算平衡。内阁开支委员会1926年便认识到这一问题，对给地方的拨款占了国家开支的比例表示了关注。中央政府有必要为地

---

① Daunton, 'Payment and participation'.
② P. A. Ryan, ' "Poplarism", 1894-1930', in P. Thane (ed.), The Origins of British Social Policy (London, 1978), pp. 58-83.

方政府的某些事务支付一定比例的补贴,使市政当局采取耗资更大的政策,让中央政府为其支付(部分)费用。开支委员会对此解释:

> 这一体系妨碍了财政部对国家财政的控制,必定会减少地方政府的责任,导致行政费用上涨。即使扩大雇员规模,政府机构也无法进行监察。委员会认为必须及早结束这一体系,使财政拨款尽可能与各地方开支无关①。

实际上,若发放成比例的补贴,地方就几乎不需要控制开支;若发放定额拨款,地方政府则会有更大的自主权。然而,一直有人认为发放补贴是出于经济因素而非提高地方自主权,主要体现在整体拨款的具体形式以及输送给贫困地区的资源数量。

另一个意义重大的技术问题是应税产权估值问题:应当对应税产权的什么要素进行估值?以什么作为依据来进行估值?1896年,英国正处于农业长期萧条的末期,由于当时的农民必须拥有比其他行业从业者更大的土地才能获得类似的收入,因此国家颁布了政策,给农民1/2的地方产权税退税。工业界的地方产权税纳税人在行业陷入萧条时也可以申请类似的救助,这涉及是否将工厂厂房和机器纳入征税范围。在苏格兰,提供动力、热力、光等的工厂需要缴纳全额的地方产权税,而加工工厂则无须缴税。在英格兰则不确定:一些济贫法联合会对所有工厂全额征税;一些联合会则会给予加工工厂一定的税收减免。管理地方政府的大臣内维尔·张伯伦只局限于地方政策财政,希望重点改革补贴政策。而1925年有人提出了机器估值的标准化程序后,丘吉尔以此大做文章,以警醒张伯伦,希望张伯伦能制定影响范围更大的措施并说明政府恢复经济的手段②。这样,地方政府的财政改革成为1924~1929年保守党政府的主要基调,形成了新的中央—地方政府关系。

丘吉尔称内维尔·张伯伦只有在其他市长都不称职的情况下才是一名好的"市长大人"。丘吉尔这一轻蔑评价并不公正,因为张伯伦是一名成功的地方政治家,深明地方财政之道,致力于提高市政管理效率。1924年他拒绝了财政大臣一职而选择成为不那么光鲜的卫生部大臣。任职卫生大臣期间他致力于改革济贫法,根据不同行政区的人口和资源,为济贫工作和卫生工作制定了为期5年的整体拨款发放计划。张伯伦认为此举将使政府部门不再需要

---

① 公共档案办公室 CAB27/305,CP54(26),开支常务委员会的报告,1926年2月9日。
② 公共档案办公室 CAB27/207,CP27(23),地方税制改革委员会中期报告,1923年1月19日;CP230(23),第二次中期报告,1923年5月10日;RTG 3,卫生部长备忘录,1923年1月12日。

第十一章 "难以变革的壁垒"：地方税务政策

调查每项拨款请求以防资金浪费，给予各地方更大自由。当然，整体拨款水平要容许各地政府自由决定自己的开支。支柱产业衰落的贫困地区也会得到补助，使其各项工作资金达到国家最低标准①。另外，繁荣地区不再可能通过采取耗资巨大的新政策以期中央政府为其埋一部分单。张伯伦认为这一种改变是值得的，因为定额补贴会让行政部门担负起财政责任，防止地方议员将政策成本转嫁至全国的纳税人身上，改变国家预算。这样，由于地方政府对自身行为负有责任，使稳健的财政成为行政的基础，进而可能实现权力下放。最终，张伯伦认为"地方的大型卫生机关如果足够可靠，就能享受到日常管理、结合当地实际进行试验项目等广泛的自由"。他提出，地方管理的区域应从济贫法联合会扩大至县级，使富裕地区帮助穷困地区，并且让其他地区控制消费过高的联合会。这意味着，自由与责任相伴，消费须谨慎，国家也不必对支出进行严密的核查②。

财政部希望也给其他服务以整体拨款，通过统计计算拨款额度，额度和支出完全独立③。对于用整体拨款措施替代成比例补贴，丘吉尔这样解释：

> 情况多年来一直很糟糕，中央无法有利控制地方政府的政策，因此财政部不得不为地方政府的事业进行拨款。中央政府不会因发放巨额拨款而受到赞扬，只会刺激地方开支，很容易导致铺张浪费。

后来，新的提议不会马上获得资金支持，必须经过政府的仔细考量。由于政府提出进行高额拨款补贴，因此财政部和丘吉尔强调的控制显得不那么遭人厌恶了④。张伯伦担心："丘吉尔一贯倾向于制定更大的方案，会导致国家负担过重以至于破产。但我认为一旦国家的负担由他来承担，他就会不得不减轻国家负担。⑤"最重要的是，对整体拨款的协商必然导致财政部和开销部门产生矛盾，后者非常担心整体拨款意味着政策锁紧，自己的职责增多。地方政府职能被更高级的政府夺取后内部产生了小型反对群体，而且政府部门在保护自己的开支计划时都变得自私，这些都一点点地蚕食了丘吉尔的耐心。1927年，丘吉尔宣布：

---

① 公共档案办公室 CAB27/263，UPC，对机器设备征税，1925年2月25日；委员会会议，1925年6月16日；财政改革计划，卫生大臣备忘录，1925年5月29日。
② 公共档案办公室 CAB27/339，整体拨款内阁委员会，1927年，GC（27）第一次会议，1927年2月23日；CAB27/263，财政改革方案，卫生大臣备忘录，1925年5月29日。
③ 公共档案办公室 CAB27/305，NE4，教育董事会评估，财政部的说明，1925年10月26日；CP54（26），开支常务委员会报告，1926年2月9日。
④ 公共档案办公室 CAB27/305，NE40，克鲁因委员会关于评价教育的报告，1926年2月16日。
⑤ 伯明翰大学图书馆 NC18/1/505，内维尔·张伯伦致希尔达·张伯伦的信。

如果地方政府在招聘职员时权力过大、政府部门的特殊性被过分强调、白厅紧抓控制权不放、在每一环节都要用公众的钱与反对派达成不对等的妥协，那么财政部就不会再发放高额的整体拨款。即使我们的现存制度并不好，但它仍然可行；如果内阁坚决反对增加公安、教育、医疗等政府部门的拨款，内阁就不会面临新的巨大开支。现状难以变革而且耗资巨大，但如果我们不进行重大变革，社会就会回到先前的混乱，这并不符合财政部的利益①。

丘吉尔被整体拨款改革的问题搞得焦头烂额。但是随后推出的对工业减税的新政策则对选民更具吸引力，丘吉尔先前的沮丧也就抛之脑后了②。

人们认为产权税对生产不利，更加倾向于对工业减税。无论盈利情况如何，工厂都要交产权税，与支付税收的能力无关③。经济不景气的地区征收更高的产权税以救济失业者，结果削弱了工业的竞争力，失业率仍然攀升。国内税收局的一位官员认为，地方政府把大企业当成了摇钱树，指望它们为自己高昂的开支计划买单。实际上，生产部门承担了地方税赋，在政府中却不被代表，而且在产权税高的地区，生产部门更容易受到政府高昂开支的压榨，这些对于生产部门都是不公平的。丘吉尔认为减税能使工农业这种生产性行业摆脱沉重税赋，为下次大选赢得选票④。丘吉尔认为对生产工具征税是不经济的：

对工厂征收产权税等于征了两次税，只会引起反感。生产工具越来越笨重，雇佣的工人越来越多，产权税就会水涨船高，这便是导致长期失业的因素之一。相比银行、商店等门面不大而且不需要很多劳动力的行业而言，工业的利润下降幅度更大、速度更快，很多英国工人都面临着极大的困难。在当今的英国，人们一般认为雇了很多工人的雇主会为社会提供某种服务而不是从工人那里谋求特权。若要维持绝对公正，缴税量就应当取决于人们的消费额，而不是其职位的收入水平。这样，任何对社会有突出贡献的人和任何因繁重的税收而苦不堪言的人都不会吃亏⑤。

---

① 公共档案办公室 CAB27/339，财政大臣备忘录，1927 年 5 月 21 日。
② 公共档案办公室 CAB27/365，P（28）22，附件 iv，工业完全减税，莫伊董事会主席的说明，1928 年 3 月 27 日。
③ 公共档案办公室 CAB27/339，GC（27）第一次会议，1927 年 2 月 23 日。
④ 公共档案办公室 IR75/116，丘吉尔致 A. W. 霍尔斯特（Hurst），1927 年 6 月 4 日。
⑤ 公共档案办公室 CAB27/365，P（28）21，政策委员会第二次报告 CP105（28），附件 III，"工业不支付地方产权税是否公平明智？"（Is it equitable and wise that industry should make no contribution to local rates?），W. S. 丘吉尔，1928 年 3 月 28 日。

第十一章 "难以变革的壁垒"：地方税务政策

最重要的是，丘吉尔升华了减税的意义，即消除了其他政策（尤其是债务利息和回归金本位的决定）对高产值工业的威胁。减税实现了 1925 年的预算目标，实现财政体系的平衡：

> 我们通过恢复金本位帮助了商人、银行家（尤其是消费者），通过对每英镑所得税退换六便士的政策帮助了普通纳税人（特别是食利者），通过发放丧夫抚恤金和养老金给工薪阶层提供了又一层重要保障。但是我们还没有为生产商做什么，他们才是国家运转的动力源泉……本届议会应当制定出致力于帮助工农业生产者的财政政策，正是工农业的生产者顶住了巨大压力，其中基层生产者受到的压力是最大的。有人倡议建立一个保护国内制造业和国产食品的一般体系，但这会导致国内分裂，对保守党不利。还不如保持现状，维持社会主义和反社会主义两派的对立……相比于对食品征收保护性税收，正在考虑实施的给妇女投票权的政策更令人信服。

> 牺牲消费者的利益（或者他们主张的利益）而给予生产商优惠，和对生产者免除其不必承担的税赋，二者间差别巨大。19 世纪，自由主义政策的主要内容是打破束缚企业已久的负担和促进国家日益发展，因此在政治经济领域取得了长足的成功。用旧式法律减轻目前生产商的负担几乎就是现代政府的使命[1]。

这项政策旨在团结消费者和生产商，给予其新的效率和激励，以替代丘吉尔坚决反对的关税[2]。

丘吉尔认为张伯伦的济贫法体系限制较多，过于谨慎，难以长久为继，因此希望采取另一种将耗资 3000 万英镑的"大型、建设性措施"，资金将通过压缩开支和征收汽油税得到。丘吉尔认为，征税是反常做法，是一种"妥协、将就"。改革征税方式，只有通过主推大型财政计划对农民和制造业提供高额的福利，为地方政府提供好处[3]。丘吉尔的工业减税政策针对的就是张伯伦的改革，丘吉尔向鲍德温提出"一些利益群体阻碍整体拨款和产权税改革，然而这就好比螳臂当车，微不足道"[4]。张伯伦对此表示震惊，认为自己已经

---

[1] 公共档案办公室 CAB27/365，CP8（28），财政大臣备忘录，1928 年 1 月 20 日。
[2] 关于保护问题，见公共档案办公室 CAB27/365，CP72（28），财政大臣计划：国务卿关于统治的备忘录，1928 年 3 月 8 日。
[3] Cambridge University Library, Baldwin vol. 5, ff. 169-70, Churchill to Baldwin, 7 Jan. 1928.
[4] Cambridge University Library, Baldwin vol. 5, D2.2, ff. 116 - 19, Churchill to Baldwin, 18 Feb. 1927; ff. 121-4, Chamberlain to Churchill, 28 Mar. 1927; ff. 125-35, Churchill to Baldwin, 6 June 1927; Churchill to Chamberlain, 7 June 1927, Gilbert, *Churchill*, *V*, *Companion I*, pp. 1010-11.

走投无路，对新体系恐惧万分①。

国内税收局起初的意见是废除铁路、码头、工厂、油田和矿厂的6000万英镑地方产权税，转而对应税的净利润征地方税3000万英镑，丘吉尔的大型改革政策也能带来3000万英镑的财政收入。丘吉尔喜欢新的地方利润税方案，它不受地方控制，工厂可以建在合适的地区，而且无须考虑"当地富人的比例"和"大选时激进的政党能否获得成功"等问题。张伯伦说："新的地方税方案新颖、大胆、但含糊其辞，反映了丘吉尔的典型风格。"这一方案遭到了财政部的反对。霍普金斯指出，在这一方案下，给地方政府补贴仍然不正常，中央政府也无法在地方政府中推进经济改革。霍普金斯认为，若变地方产权税为利润税，最终纳税者并不明确，对工业没有帮助。他认为地方产权税的最终纳税者是消费者或土地所有人；相反，利润税的最终纳税者则是盈利的公司。若变地方产权税为利润税，效益糟糕的公司缴纳的税收会变少，但是效益好的公司交的税更多②。

最让霍普金斯担心的是该措施无法完全解决问题，并担心张伯伦的医疗改革会迁就地方政府，不利于加强政府权力，导致整体拨款额升高。霍普金斯和丘吉尔都认为，赢得张伯伦的配合对扩大地方财政改革极其重要③。丘吉尔认为对地方财政的改革必须建立在吸引更多选票的基础上：

> 大众根本不会理解这一点，也不会在这一点上费心。无疑，公众一定会为他们和地方财政的关系巩固感到高兴，但是其观念如何变化却与此无关。观念的变化取决于生产者得到的税赋减免和工业、就业受到的刺激，这才是整个体系的动力源泉，不容低估④。

丘吉尔和张伯伦辩论时锋芒毕露，内容复杂，他们互不相信，互相厌恶⑤。

---

① 伯明翰大学图书馆，NC2/22，1927年6月16日；亦见其对格里格（Grigg）和费舍观点的报告，1927年12月17日。

② PRO, T170/10, 'Local taxation: a scheme of reform', A. W. Hurst, 9 Mar. 1912; IR75/116, 'The reform of the rating system', A. W. Hurst, 8 June 1927; 'RVNH's draft reply,? 21 June 1927' and 'Rating reform', R. V. N. H., 21 Oct. 1927.

③ PRO, IR75/116, 'Rating reform', R. V. N. H., 21 Oct. 1927; Churchill to Chamberlain, 18 Oct. 1927, Gilbert, *Churchill*, *V, Companion I*, p. 1062.

④ 公共档案办公室 IR75/116, W. S. 丘吉尔致霍尔斯特和霍普金斯，1927年11月18日。

⑤ Cambridge University Library, Baldwin vol. 5, ff. 141–5, memorandum on the chan-cellor's scheme; memorandum by Neville Chamberlain, Christmas 1927; Birmingham University Library, NC18/1/600, N. C. to Hilda, 11 Dec. 1927; see, for example, Chamberlain to Churchill, 14 Oct. 1927 and 20 Dec. 1927, Gilbert, *Churchill*, *V, Companion I*, pp. 1061, 1148–9.

第十一章 "难以变革的壁垒":地方税务政策

丘吉尔最终还是放弃了利润税提议,接受了哈罗德·麦克米兰的提议:将现行地方税下调 2/3,对生产者征收一种全国性的产权税,减轻基层工厂的负担,让工厂可以在任何地区建厂。麦克米兰指出,新的利润税遭人厌恶,无异于勒索钱财,在税赋已经如此沉重的情况下,一直有人希望取消地方税剩余的 1/3[①]。张伯伦希望维持地方政府对地方工业的直接控制(这只有在征收统一的全国产权税后才会消失),对麦克米兰的说法不以为然。[②] 张伯伦担心,很多地方政府花掉的大多数资金都来自财政部,中央对地方的控制会日渐松懈,这对地方政府有重大威胁。当时,工厂只支付一部分地方税,对地方拥有一定的管理权。按新方案,穷困地区的工厂即使效益不好也要支付高额产权税,竞争力大大减弱,因此张伯伦说丘吉尔的方案存在逻辑问题。但是,张伯伦认为让工厂参与地方管理的好处多于坏处[③]。

丘吉尔的方案降低了地方政府收入。为了进一步向济贫法计划和卫生部门提供资金,他还采取了张伯伦的整体拨款措施。由于已经拥有了价值 300 万英镑的新征石油进口税,丘吉尔以其为筹码,与较大的地方政府就权责达成协议,并为其他服务项目整体拨款[④]。然而,保守党并没有因丘吉尔的方案赢得 1929 年的大选,工党再度建立少数党政府,地方税源并没有涌现,税基有所缩小,中央征税的趋势更加明显,标志着地方财政的重大变化。

1929 年新规出台,财政大臣只能供职五年。面临 1929 年来地方政府开支不断增加、到 1934 年中央给地方的拨款额可能共增长 50 万英镑的形势,财政部急切要求不再提高拨款额甚至削减拨款额。卫生部指出,在过去,改革虽然看上去复杂,实行起来却无比顺利,因此这次任何人都不用迫使地方政府接受改革后的中央补贴水平。但是,地方政府最多只能接到补贴增加将要推迟的通知,别无他法。令人大跌眼镜的是,大多白厅官员认为应当增加补

---

① Cambridge University Library, Baldwin vol. 5, ff. 146 – 56, Churchill to Baldwin, 4 Jan. 1928; ff. 160 – 5, H. Macmillan, 1 Jan. 1928.
② 公共档案办公室 CAD27/365, CP105 (28),内阁政策委员会,第二次报告,1928 年 3 月 29 日;伯明翰大学图书馆,NC2/22, 1928 年 3 月 21 日。
③ 伯明翰大学图书馆,NC2/2, 1928 年 3 月 21 日、1928 年 3 月 28 日、1928 年 4 月 4 日、1928 年 4 月 18 日、1928 年 4 月 20 日。
④ PRO, CAB27/365 P (28) 4, Cabinet Policy Committee, memorandum by president of Board of Education, 30 Jan. 1928; CAB27/365, P (28) 6, Cabinet Policy Committee, 'Fixed rate to be levied by local authorities and proceeds to go to them', memoran-dum by minister of health, 27 Feb. 1928; CAB27/365, P (28) 12, Cabinet, 2nd report of Policy Committee, annex i, first report of Policy Procedure Committee, appendix vi, memorandum by secretary of state for war, 11 Mar. 1928; CAB27/365, CP8 (28), mem-orandum by the chancellor of the Exchequer, W. S. C., 20 Jan. 1928; P28 (9), Cabinet Policy Committee, memorandum by chancellor of the Exchequer, 9 Mar. 1928.

299

贴，因为就算财政部已从削减教师工资中获利，也不值得为了人们那一点积蓄而破坏整体拨款的准则。霍普金斯同意这一点，但在再一轮削减措施上持保留意见①。换言之，地方财政没有因整体补贴政策的变化而面临1929年那般可怕的前景。

虽然地方财政危机对政局的直接威胁自爱德华七世时代就已经开始减弱，但是产权税的基本问题仍未解决。地方政府仍然依靠单一的、范围有所缩小的地方税，税收在政府可支配收入中的占比降低。到了危机中期，整体拨款掩盖了潜在的危险。而且，私人出租屋市场显出颓势，工业产权税有所下降。正因如此，工党批判了保守党对地方税的对策，认为地方税牺牲了地方产权税纳税人的利益，而让个税纳税人享受了好处。降低工业地方税，使本来就受到关税保护的富人负担更轻的税赋，而对房主、店主和社会各项设施的成本却毫无帮助。工党认为，地方和中央拨款比例的变化最为邪恶：

> 改变中央和地方的财政关系，明显是为了限制国家开支，阻碍社会事业扩大。巩固医疗补贴不光拿个别地区的钱补贴其他地区，还将政府的钱拿走，而政府正需要钱以大力保障公众健康。财政部五年来提供的稳定补贴很可能导致灾难性后果，让一些地方政府得以挪用本应用于教育等社会服务的资金，而另一些地方政府将难以迎来本应到来的良性发展。②

工党倾向于用中央税收偿付失业成本，通过地价税和扩大市政贸易增加地方政府收入③。

工党对地方政府财政的观点源于自由党的土地运动和对非劳动财富增长的打击。1920年，工党大会显示出，工党反对由各地区分别承担国家服务的花费，认为这种花费不公平，压迫纳税人，应当由房产所有者支付。房产所有者的土地/矿产租金会用于建立共同基金，基金的一部分将来会根据需求还给地方政府④。在1923年和1925年的工党会议上，有人提议对地方产权税进行温和的改革；同时对空置房屋、空闲建筑用地和因社会原因增值的土地征收更高的产权税⑤。但是各地方政府对于产权税的日后架构存在分歧，导致改

---

① 公共档案办公室 T161/590/S37869/1，E. S. 斯特罗蒙哥（E. S. Strohmenger）致吉尔伯特的信，1932年3月23日；吉尔伯特致费舍的信，1932年4月7日；R. V. N. 霍普金斯，1932年4月9日。
② Labour party, *Labour and the Nation*, pp. 9 – 10.
③ A. Greenwood, *The Tory Government's Higher Rates Scheme Exposed*! (London, 1929).
④ Labour Party: *Report of the Twentieth Annual Conference* (London, 1920), pp. 184 – 5.
⑤ Labour Party Annual Conference, 1923, pp. 242 – 3, 246 – 7, and Labour Party: *Report of the Twenty - Fifth Annual Conference* (London, 1925), pp. 271 – 5.

第十一章 "难以变革的壁垒"：地方税务政策

革几乎没有进展。20世纪30年代初期，艾德礼认为，本届工党政府作为一个社会主义政府，应当指派行政专员来主持地方事务。有人提出，国家应通过征收累进税，加大财政管控力度。还有人要求根据地区差异重新划分地方政府，从而更有效地管理地方事务，进行民主管理，形成新的财政收入来源①。人们的目光又一次转到了土地税上。斯诺登1931年采取了土地税政策，但1934年这一措施就被废除。20世纪30年代时期，由工党控制的地方政府重启该问题，要求对地价征税，因此1938年伦敦市议会草拟了一份征收地价税的法案②。当然，当时议会由保守党把控，因此并未通过这一法案。工党内部也对该法案存疑：应当征收土地税，还是将土地国有化？实际上，将土地国有化是工党的长久目标，而土地税便是实现土地国有化的手段或者短期目标③。

在卫生事业改革计划中能很明显地看到关于地方政府形式的讨论：这项事业应当交给地方政府办理，如伦敦市议会从20世纪30年代起就开始管理社会医疗的组织；还是应当新建一个由中央出资、非民选式的卫生体系？相似地，汽油和电力行业的市政公司是否应当国有化，并让国家指定其董事会？这样一来，很多公司都将由国家出资并管理，并不会扩大地方市政厅的所有权，不增加地方财政，各项设施收归国家所有。党内讨论并未找到针对目前棘手问题的对策。1942年，一份关于地方财政体系的党派报告要求对政府、土地和财政资源重新进行分区，在不增加成本的情况下对各地提供相同水平的服务④。这一提议的目的在于使地方税和全国水平保持大致一致，但是1943年一份关于地方财政的党内报告则反对对生活必需品征收累退税："国家很缺资金，但地方政府长久以来一直出于其私利而征税，我们凭什么支持这样的方案？"考虑到征收所得税最为公平，因此地方所得税是显而易见的解决方式⑤。事实上，让中央政府承担地方社会事业的花费更加容易，改革地方政府财政反而不是工党的当务之急。

相比于无休止地讨论中央政府税收体系，二战后的地方政府税收形式则鲜受关注。小额地方产权税得以保留，其目的在于改善地方和城市的规划。

---

① *Labour Party Annual Conference*, 1933, pp. 215–16, 236.
② For example, see the debates in LCC, *Minutes of Proceedings*, 1934（1），15–16 May 1934, p. 812；1934（2），16 Oct. 1934, p. 378；1936（2），14 July 1936, pp. 37–57；1937（1），9 Feb. 1937, p. 65；1938（2），26 July 1938, pp. 218–23；15 Nov. 1938, pp. 388–91.
③ 见工党档案，国内政策委员会，分类 i，会议摘要，1937年11月~1953年9月，1938年10月18日和1939年2月21日。
④ 工党档案 RDR118/1942年7月，地方政府附属委员会部门，重组后的地方政府财政体系：拨款建议。
⑤ 工党档案 RDR215/1943年5月，工党，地方政府附属委员会部门，产权税。

1942年，加斯提斯·乌斯沃特勋爵（Lord Justice Uthwatt）担任会长的赔偿和改善专家委员会（Expert Committee on Compensation and Betterment）解决了两个相关问题：土地征用赔偿条款，和对因公共政策或开支而受益的人征收增值税。委员会对此进行了积极回应，表示愿意将所有未开发的土地国有化，对其所有者按照当时的农田价格进行补偿。如果土地暂不开发，土地所有人还可以住在这片地上；如果土地需要开发，土地所有者就需要搬出土地并可以获得更多赔偿。只有国家才能购买这些土地并通过土地销售或租赁获利。而且，若房屋价值上涨，所有的产权所有者都要为房屋缴纳75%的增值税。

当时联合政府中的保守党人并不喜欢该建议；工党只得通过《1947年城镇和乡村规划法案》（Town and Country Planning Act, 1947）将该建议的一部分付诸实际。该法案将开发土地的权利国有化，但是国家并不能垄断土地购买：产权所有者同样可以把土地卖给私人开发商，土地开发的决定权则握在国家手中。很多土地所有者都无法从土地开发中获利，只有很少的人可以从土地增值中大赚一笔。为了实现公平，《1947年城镇和乡村规划法案》提出：第一，补偿丧失了开发权的业主；第二，对地产增值征收100%的开发税。这一体系十分复杂，难以实施。在该法案的影响下，1954年英国将面临3亿英镑的赔偿额，因此保守党政府决定于1953年废除这一法案。这样一来，得到开发许可的土地所有者就获得了巨额投机利润，而国家也并没有剥夺土地产生的非劳动性增值。从另一个角度看，如果征用的土地用于新修道路或新建学校，土地所有人获得的只是土地当时的使用价值而不是土地的开发价值，自然激发了人们的不满，直至1959年土地所有人可以按照市场价获得土地的全部价值后，这种不满才消失①。

工党针对土地问题的对策收效甚微，并未解决地方政府的财政问题。二战后，工党政府仅于1948年调整了整体拨款，采取了"财政部平衡拨款"（exchequer equalisation grant）措施，让各地政府的资源拥有量与全国可纳税平均值相近，使之与当地人口数量相协调。这一政策旨在让全国资源分配更均衡，在50年代末以前运作良好。1958年，保守党政府又一次修改了这一政策，实施了"税款缺口补贴"（rate deficiency grant），若资源拥有量仍与全国可纳税平均值相去较远，则基于人均需求提供整体拨款。然而这次，保守党

---

① 议会文件1941–1942 iv,《赔偿和增值专家委员会最终报告》（Final Report of the Expert Committee on Compensation and Betterment）；关于乌斯沃特的报告和1947年的法案，见P. 霍尔：《城市和地区规划》（Urban and Regional Planning），哈蒙德沃斯，1974年，100–103, 114–117页。

第十一章 "难以变革的壁垒":地方税务政策

控制的地区面临财政亏损,尤其当1963年国家重新估测产权税价值后。事实上,国家常对纳税价值进行估值,这成了日后矛盾之源①。

基思·约瑟夫承诺减轻国内产权税纳税人的负担。保守党掌权时期结束前不久,他组建了一个研究产权税影响的委员会,期望委员会提出可能的替代方案,如土地价值税、工资税、销售税、燃料税或人头税等。该委员会发现,产权税是一种累退税,对高收入者的产权税为2%,对低收入者却为8%,对于只有一两个成员的家庭是沉重的负担,因此该税并不公平。该委员会在提交新工党政府的报告中并未提供任何立即见效的措施。对不支付产权税的家庭成员征收人头税的提议受到了政府的反对,因为人头税是累退税,不人性而且难以征收。对汽油和电力的消费征税同样是累退税而且会打击工业,对机动车征收地方税会导致财政部收入减少并使地方政策复杂化。剩下的只有三种选择,但每种都存在严重的问题:地方销售税、所得税、工资税。如何根据住址而非工作地征收地方所得税?如果某一地区内销售税存在差异,导致购物者可以去税收低的地区购物,会出现什么问题?工资税会导致成本增加、地方政策不明,而且在工作地点而非住址征收。D. J. S. 汉考克并不愿让地方政府获得更多税收,指出"好税"的种类很少,把征税权交给地方是一种浪费。在英国这样的小国,给予地方政府更大的征税权却导致中央政府财税政策受限,这有何意义?换言之,产权税应是唯一的地方税,任何改革都要顾及中央拨款的分配方式②。

1966年,工党政府宣布,现在急切需要为税赋重的群体减轻负担,这个群体日益扩大,要防止其产权税日益上涨。政府打算制定政策,将产权税改为普遍税收,这一计划受到了白厅的支持。同时,在1967年的土地委员会法

---

① 关于这些计划的细节,见 J. H. 沃伦(J. H. Warren):《英国地方政府体系》(*The English Local Government System*),第六版,伦敦,1961年;A. 麦克康奈尔(A. McConnell):"战后英国地方税收危机重演"(The recurring crisis of local taxation in post-war Britain),选自《英国当代历史11》(*Contemporary British History* 11),no. 3,1997年,43-46页;T. 特拉韦尔斯(T. Travers):《地方政府的财政政策》(*The Politics of Local Government Finance*),伦敦,1986年,5-6、10-13页。关于产权税的消极影响,见议会文件1964-1965xxii,《调查委员会调查产权税对家庭的影响》(*Committee of Enquiry into the Impact of Rates on Households*)。亦见 S. J. 百利(S. J. Bailey)和 R. 帕丁森(R. Paddison)版:《英国地方政府财政改革》(*The Reform of Local Government Finance in Britain*),伦敦,1988年;A. 麦克康奈尔:《国家政策形成及工资税的起源》(*State Policy Formation and the Origins of the Poll Tax*),阿尔德绍特(Aldershot),1995年。

② 公共档案办公室 T230/389,中央和地方政府财政和税收体系评估;税种;T320/390,TWP(65)1(末篇),财政部对地方政府财政的研究:工人阶级对地方财政的报告,1965年1月1日;D. J. S. 汉考克,1965年1月15日;T320/462,地方政府财政报告,1965年4月8日;地方政府财政,1965年4月。

303

案中，土地问题又一次出现。一些政府人士打算完全实施乌斯沃特的提议，建立土地委员会购买开发用地。但是真正实施的提议并不那么激进：委员会会逐渐构建一个旨在开发土地的"土地银行"，卖方得利后需要缴纳45% ~ 50%的增值税。这一旨在激励土地所有人开发土地的做法对各地区有一定的好处，但是1947年这种激励就被取消了，而整个体系1970年被完全废除①。

虽然住房和地方政府大臣理查德·科洛斯曼（Richard Crossman）② 对土地委员会和新成立的土地和自然资源部持怀疑态度，但是后来，他改革地方政府财政的计划都失败了。起初他支持累进式地方所得税，后来则于1966年实行了产权税退税政策，认为应当主要用中央财税为穷人减轻税赋。人们认为这是实现更大税赋改革计划的基础，进而对现存中央政府拨款进行调整。由于税款缺口补贴难以实施，政府于是将它和普遍需求补贴合并成为了对产权税的单一补贴③。

诚然，这一解决方式只是一个权宜之计，于是工党政府组建了一个皇家地方政府委员会。在保守党和工党政府都面临着束缚之时，1969年委员会的报告似乎提供了突破束缚的机会。在委员会的要求下，希思政府将地方政府部门数量减少了2/3。报告指出应由高效的大型自治机构管理资源。皇家委员会指出，中央政府得到的税收都是税率不固定的渐进税，数额可观，而地方政府只能征收产权税，导致英国地方政府的自主程度位列欧洲最低。报告称如果想成立令人满意的地方自治政府，就需要一个健全的地方财税体系。然而，地方财政并不属于此范畴，人们更关心石油危机等更紧迫的问题。事实上，财政部通过加大控制力度，会更容易地从地方税收那里获得更多钱款。然而结果并不好：地方政府体系将全部改变，不受欢迎，而其财政却没有改

---

① 关于更多细节，见霍尔：《城市和地方计划》（*Urban and Regional Planning*），118 页；关于科洛斯曼的怀疑，见《一位内阁大臣日记》（*Diaries of a Cabinet Minister*），第一卷，78、101 - 102、239、260 页。

② 理查德·霍华德·斯坦福尔德·科洛斯曼（Richard Howard Stafford Crossman, 1907—1974）在温切斯特公学（Winchester）和牛津大学新学院求学。他后来在牛津大学新学院教授哲学，提出民主具有欺骗性，普通民众会被权威欺骗。他致力于让他人明白以选民的名义做决策的方式。后来他从牛津大学离职，进入工人教育协会和《新政治家》杂志（*New Statesman*）工作。1936 ~ 1940 年担任牛津市政厅工党领袖。1945 年担任工党下议院议员，直至其逝世。1964 年起他担任住房和地方政府大臣，1966 年起担任下议院领袖，1968 年起担任新成立的卫生和社会保障部秘书。1970 年他重返《新政治家》杂志，担任编辑，但两年后被调离该岗位。之后他编辑了自己的日记。[Robbins（ed.），*Biographical Dictionary*, pp. 112 - 14.]

③ PP 1965 - 6 xiii, *Local Government Finance*, *England and Wales*, p. 4; Crossman, *Diaries of a Cabinet Minister*, vol. i, pp. 72, 76, 303, 327 - 8, 349, 402, 419, 620; Travers, *Politics of Local Government Finance*, chapter 3; PP 1968 - 9 xxxviii, *Royal Commission on Local Government in England*, Volume I: Report and Maps.

第十一章 "难以变革的壁垒"：地方税务政策

变。虽然保守党在1974年的宣言中保证，取消国内产权税并使税赋更符合人们的支付能力，但是后来并没有更细致的提议出现①。

工党1974年赢得大选后就增加了政府补贴以缓解地方政府面临的通胀压力。工党另外指定了一个委员会，要求委员会提出一个长期可行的解决方案。该委员会提出，在开支是由中央还是地方承担的问题上，政府必须做出清晰的决策；关于税收，中央政府必须通过议会接受选民的问责，因为中央政府既不为地方政府提供可观的收入，也不会承担未来的开支。委员会的一份多数派报告提出加大地方税收，特别是地方所得税，才能实现良好的地方民主。对此意见，政府十分谨慎，对"应由中央还是由地方承担开支"的问题持反对意见，支持维持现状。报告反对废除地方产权税，因为转而征收国家税会破坏地方民主。报告并没有考虑能够维护地方民主的新型税收。1976年国际货币基金组织危机发生后，政府对限制开支有了更大的关注②。

这些实施计划对地方政府财政部门以外的部门影响甚微。地方税收对大多数人并不是大问题。人们看不到地方税基的有限和产权税改变之后的累退性，因此大多人对地方产权税水平并不在意。在20世纪70年代中期，产权税只占个人可支配收入的2%，大多选民对此并不关注。不过，80年代出现的问题让产权税问题变得扑朔迷离。地方税务不再上涨，而中央政府需要更多的资金，因此愈加希望控制地方的铺张开销。80年代，撒切尔政府旨在削减公共开支，尤其是很多由工党（甚至激进分子）控制的地方政府。1980年，整体拨款被废除，取而代之的是为各地方政府制订的开支目标；提供服务的单位成本获得了更多关注。1982年，政府获得了更多权力，在地方政府超支时削减对其的补贴，1984年开始规定税率上限。中央政府不光控制了中央补贴额，还撤销了地方政府设定税率的权力③。

地方政府的职能还被进一步剥夺。1931年之前，较大的地方政府的盈利是建立在小型组织亏损的基础上的，因为若政府较大，其便能承担更多缴税责任，效率也更高。因此地方政府拥有了这些职能后，还建立了失业救助委

---

① PP 1968 – 9 xxxviii, *Royal Commission on Local Government*, p. 173; PP 1969 – 70 xviii, *Reform of Local Government in England*; PP 1970 – 1 xxxii, *The Future Shape of Local Gov-ernment Finance*; Butler, Adonis and Travers, *Failure*, pp. 19 – 22; McConnell, 'Recurring crisis', 47 – 9; Travers, *Politics of Local Government Finance*, chapter 4.

② McConnell, 'Recurring crisis', 49 – 50; PP 1975 – 6 xxi, *Report of the Committee of Enquiry into Local Government Finance*; Butler, Adonis and Travers, *Failure*, pp. 23 – 4.

③ G. C. Baugh, 'Government grants-in-aid of the rates in England and Wales, 1889 – 1990', *Historical Research* 65 (1992), 235 – 7; Butler, Adonis and Travers, *Failure*, pp. 22 – 45.

员会（Unemployment Assistance Board，1934 年）、部委管理公路干线机制（transfer of main or 'trunk' roads to the ministry，1936 年）、英国国家医疗服务体系（1948 年）、地方设施国有化，以及将供水、排水系统、污水交由地方水务政府管理。然而在五六十年代，地方政府在住房、教育和私人社会服务方面仍拥有重大职能。这些职能在 1979 年之后遭到了冲击，原因是廉租房供给大幅削减、原有廉租房售给租户。市政厅通过此举获得了很多资金，但是却无处使用。学校能够选择脱离地方控制，自行集资，导致地方政府对学校的控制缩小。地方政府的自治权也进一步下降。

地方政府面临财政困难，部分原因包括产权估值时机不当和估值导致的纠纷。为了征收产权税，政府要定期对产权进行重新估值，但这一做法因二战被迫停止。1948 年，国内税收局继续对产权重新估值，并于 1956 年确定了估值细节。但是，政府担心新的估值水平较战前水平会发生急剧上涨，因此决定对家庭产权价值按照 1939 年的水平算，商铺和办公室价值按照 1955 年水平的 80% 算，工厂价值为 1955 年的 50%。这样一来在 1963 年房产重新估值之前一直没有问题出现。英格兰和威尔士的房产重新估值导致了很多政治难题，因为不同地区的房产价格有升有降，特别是一些繁荣的、由保守党控制地区通常面临着产权价值上升的局势，且没有从税款缺口补贴中获利。1974 年，地方政府开支上涨，通货膨胀率急剧上升，估值严重上涨问题被推向了高潮，推迟了当年的估值工作。纳税人愈加关心税收水平上涨和缴税能力受损，更有人认为税收体系运转不力，效率低下。这一问题后来得到了解决，原因是中央政府开始加紧限制工资和跟进支付纠纷问题，并加大了补贴和退款力度。虽然人人皆知地方政府需要变革，但是政府所做甚少①。

撒切尔政府 1983 年宣布，不存在替代产权税的可行方式，并且不打算做出改变，导致了预案体系最终于 1985 年破裂。当苏格兰对房产重新估值时，制造业衰落，房价上升，于是中央政府于 1980/1981 ~ 1985/1986 财年间削减了 16% 的补贴。这导致了家庭产权税在 1985 年上升了 21%，保守党政府和工党控制的苏格兰各地市议会就削减公共开支问题争执不休。由于支持保守党的选民力量较弱，地方财政轻易被工党掌握，给苏格兰造成了严重的危机。英格兰和威尔士在重新估值之前也可能发生类似困难。工党控制的市议会开始寻求法院支持和采取拒设税值的方式，反对设置产权税上限的做法。撒切尔夫人开始同矿工和大城市市政当局的工党领导人进行双线作战，地方政府

---

① McConnell, 'Recurring crisis'.

第十一章 "难以变革的壁垒"：地方税务政策

财政法律则首次变得充满了道德关怀[1]。地方财政体系陷入了混乱，使撒切尔政府"无为而治"的做法站不住脚。变革的呼声愈加紧迫，解决方式只有对社区收费或征人头税（一种对无房者征收的统一税）。

在一些场合中，征收人头税的方案因其累退性质和难于管理而遭到了反对，80年代早期还遭到了一些党派、政府和议会团体的反对。诚然，1983年的白皮书甚至提议，鉴于产权税的预期，建议将产权税作为地方财政的主要来源。但是人头税的概念在保守党智库那里已经开始萌发[2]。保守党智库认为应当将征收人头税看作一种使选民更加可靠审慎的努力。政府希望扭转局势，孤立左翼反对派，改革或废除产权税，防止产权税成为为地方政府控制经济并与中央作对的工具。然而，撒切尔夫人不仅想削弱地方政府力量，还希望改革地方政府财政，使地方政府变得更加可靠，让选民意识到政府开支的成本。在撒切尔夫人看来，英国的问题在于大多数地方选民没有支付地方税：缴纳地方税本应是家庭的责任，而现在他们甚至还能得到退税，这样并不合理。肯尼思·贝克尔（Kenneth Baker）[3]指出，英国大约有4000万选民，其中应缴地方税的有1800万，能获得退税的约有400万，因此实际缴纳地方税的只有1400万。市中心区多支持工党，各种公司缴纳大部分产权税，而可能有一半的家庭都能收到退税，实际缴纳地方税的人更少。在这种情况下，即使减少开支或税收也会有人坐收绝大多数利益，很多地方政府几乎不愿减少开支或税收，最终无政府现象日益扩大[4]。这种分析会让市政官们陷入空想和盲目恐惧，却忽视了市中心区真实存在的社会问题和开支需求。不过，分析指出了一种解决方式：只要是选民，就需要纳税，确保财政稳健，地方政府不必受到中央控制。尼古拉斯·雷德利（Nicholas Ridley）[5]说，这一新征税

---

[1] Butler, Adonis and Travers, *Failure*, pp. 41-6; McConnell, 'Recurring crisis', 50-4.
[2] Butler, Adonis and Travers, *Failure*, pp. 23, 25, 32-9.
[3] 肯尼思·怀尔弗雷德·贝克尔（Kenneth Wilfred Baker，1934年生），先后就读于圣保罗公学和牛津大学莫德林学院。1968~1997年担任保守党下议院议员，其中1974~1975年担任反对党领袖的议会私人秘书，1981~1984年担任国务大臣和贸易与工业部信息科技大臣，1984~1985年担任地方政府大臣，1985~1986年担任环境国务秘书，1986~1989年担任教育和科学国务秘书，1985~1990年担任兰开斯特公爵郡大臣，1989~1990年担任保守党主席，1990~1992年担任内政大臣。（*Who's Who 2001*, p. 89.）
[4] Butler, Adonis and Travis, *Failure*, p. 52.
[5] 尼古拉斯·雷德利（1929—1993）先后就读于伊顿公学和牛津大学贝利奥尔学院。他曾在土木工程公司工作，1959~1992年担任保守党下议院议员。1962~1964年担任教育大臣的议会私人秘书，1970年担任科技大臣的议会秘书，1970~1972年担任贸易和工业部政务次官，1979~1981年担任外交和英联邦办公室国务大臣，1981~1983年担任财政部财政秘书，1983~1986年担任交通国务大臣，1986~1989年担任环境国务大臣，1989~1990年担任贸易和工业国务大臣。（*Who Was Who 1991-5*, vol. ix, pp. 467-8.）

收是扩大地方政府自由度的一个好措施，选民们站得更紧了，也得以离地方政府远一些①。

征收人头税的提议言辞凿凿，但是提议的缺点却被人们轻易忽视了。人们不再谨慎，对人头税的反思变成了对既有观点的反抗。虽然内阁委员会参与了讨论，但在当时，由一小撮热衷者主导的非正式会议限制了讨论进程，导致内阁并未真正考虑这一问题。大臣们在任时间短，财政部和财政大臣更关心的是汇率问题，而不是地方财政。最关键的是，环保部对地方政府充满敌意。过去，环保部及其前身都站在地方政府一侧，反对财政部控制地方政府。80年代，地方政府的所作所为警醒了环保部，环保部于是开始打造一种财政体系以明确职责。然而，公务员的建议毫无用处，其他国家则对地方财政体系视而不见，环保部难以汲取经验教训。经济合作与发展组织中实行统一税率的成员国家一个没有，征收地方产权税的只有4个，征收地方所得税或利润税的为数过半。虽然财政部在征收新税收之前总会用心听取国内税收局与关税和消费税委员会的建议，但是并未成功获得地方财政官员的意见。环保部不再认为，现存的拨款体系的运作情况并不能证明人头税是一种对策。无论是从后座议员的影响、特殊委员会的调查、还是上议院议员的警告，都可以看出议会几乎失去了影响。议会的部分工党成员急于与激进的地方市政政策保持距离，不愿就人头税制造事端。然而，即使面临了部分保守党议员和财政大臣的反对，人头税政策仍然得到了推行②。

1989年苏格兰开始征收人头税，在英格兰和威尔士则是1990年③。人头税的施行时间很短，带来的影响并不理想，对撒切尔政府造成了极其严重的影响。人头税的缺点日益明晰：对于政府，人头税是比较公平的税收。但是丧夫者获得的社保额很低，为什么她们要上交和有多份收入的家庭一样的税收呢？退税可以轻易解决这一问题。统一的人头税意味着体力劳动者要上缴和富得流油的伦敦银行家一样多的地方税，因此这种税是累退税，意味着低收入家庭在面临不公平日益严重和失业威胁的情况下还要承受节节高升的税收。人头税只是政府众多措施的代表性例子，比如打击工会、让公共产业职员面临威胁。

后来，人头税被另一种新型市政税收取代。地方政府根据房屋价值给房

---

① Butler, Adonis and Travers, *Failure*, p. 266.
② Butler, Adonis and Travers, *Failure*.
③ Butler, Adonis and Travers, *Failure*, *passim*; McConnell, 'Recurring crisis', 55–7.

第十一章 "难以变革的壁垒"：地方税务政策

屋分类，为不同类型、不同尺寸的房屋设定不同的税收。即使这样，这一税收最终也消失了，但是能否再次实现地方自治并不清楚。由于中央政府严格限制开支、取消了大伦敦市政府并且设立了用非选举方式成立的机构，人们总是质疑人头税是否能让地方政府摆脱中央控制。人们放弃了"应当让纳税和选举联系得更加紧密"的观点，转而认为各地人民才是消费服务的人。确保可靠性的最好方法是依靠审计、国内市场、将业务外包或私有化，并且让公民会议和执政者设定标准。人头税的失败意味着地方自治水平进一步下降，对中央补贴的依赖增加，各地政府的开支水平要由白厅制定。

地方政府财政改革出现的问题和中央政府在六七十年代进行改革时面临的困难如出一辙：政府囿于自身机制，无法就财政体系进行理性、认真的讨论。官员们非常会解释什么不能做、如何维持现状、怎样阻挠变革，但却拒不深入思考现存体制的缺陷，还对一切新计划百般挑剔。这样只会让人们更加失望，只有那些未在公务员系统中身经百战的政客才能提出大胆的建议。事实上，公务员也已无法容忍现行体制，他们支持大规模变革。对这些提议的考虑都不公开，因此不受到议会的限制；若涉及人头税，工党领导人则忙不迭地与受激进分子控制的地方市政府保持距离。最终，在未经充分讨论的情况下，财政体系发生了重大变革，采取了大胆、有创意的政治手段，但却并没有足够重视先前税收机关大力强调的"人们的拥护"。人头税用极端的方式说明了，二战后英国政府对财政体系的改革是更加失败的。

309

第十二章 结　　语

　　1979年前，说英国财政体系既科学又公平的人几乎没有。相反，很多人认为这一体系十分混乱，甚至有害。经济学家对英国税收体制颇具微词，称这一体系异常复杂且漏洞百出，推高了人们按照该体系行事的成本，扭曲了经济行为。无论是新征税收还是出于短期目的修改既定税收，英国都没有在付诸实践以前对措施进行足够的商讨，导致各种不合适的变革来得十分突然。1978年，约翰·凯和默文·金提出，相对于经济，税收体系更容易因税收水平的影响而变得混乱且复杂。两人认为，税收不影响储蓄总量，但是人们的储蓄方式却深受储蓄税的影响，政府则会按照财政效率而非经济效率做出决定。凯和金认为，70年代末的明智之人都不会信任英国税收体系。"彼时的英国税收体系不是人为有意打造的，而且的确也并没有人这么做，这种体系的形成是历史的必然。即便如此，解释该体系的历史渊源并不能说明该体系的正当性，而只能说明，那些看上去个个都有理有据的决策在共同作用后能产生怎样荒唐的后果。①"

　　本书从历史角度详尽地解释了英国税收体系的渊源，说明了即使每一条决策都逻辑清晰、有理有据，最终仍然让1979年前的英国陷入混乱，不满日益增长。凯和金认为英国税收体系一开始就不成体系，各个时代的不同政策层层累积导致社会混乱，因此他们打算建立切合实际的政策，维护秩序，扫除混乱。他们二位对改革和将大事化小的建议看上去非常宏大，但可能会受到史学家的质疑。尼古拉斯·卡尔多等经济学家也曾提出过改革建议，但是在一个人看起来貌似符合逻辑、符合现实情况的建议，在另一个人看来很可能具有过浓的意识形态色彩。重要的是政府能否充分吸收经济学观念和知识。在某种程度上，卡尔多在担任詹姆斯·卡拉汉的顾问时就做到了这一点。凯和金的提议牵扯到财政研究所，所以主要受到了自由和社会民主党政治人士的青睐。因此，取得政治上的成功并非唾手可得，但是1979年撒切尔夫人赢得大选则标志着财政体系正在走向另一个方向。就长期而言，当时的财政研

---

① Kay and King, *British Tax System*, pp. 1, 238–41, 246.

第十二章 结 语

究所是一个学术研究所,其提出的经济观点不如经济事务所提出的那么多。

然而,拥有观点和知识,和在政策辩论中运用这些观点和知识是两码事。笔者认为,在制定政策时,一定要摸清观点和物质利益,这也是本书的成书基础。虽然不同的国家体系和机构都能或多或少接触到新知识和新观点,但是官方的观点则更加多样和持续。在英国,财政部本身具有强大的行政理念,而且雇员都来自精英学府,行政持续性高,这些因素意味着变革会受到阻力。保守势力反对那些提议改革的政治家和经济学家,强调谨慎、秘密行事。英国的文官传统主要形成于19世纪末期;我在《信任利维坦》中分析格莱斯顿的体系时就指出了这一传统的传统性。英国的公务员体系更加同质化,而在美国,政府的变化会带来行政队伍大洗牌,割裂政治体制,政府部门和行政机关内部的权力相互抵触[1]。

文官传统具有极大的权威,不光反对变革,还对改革大加阻挠。不过,虽然税收体系混乱,但是财政部和国内税收局共同打造的财政制度使遵守规定和追求公平蔚然成风,这一氛围在一战后重新稳定税收的过程中十分清晰。财政部和国内税收局最忌惮的就是某个阶级利用财政体系压迫另一个阶级,威胁国民的认同和信赖。一战结束后,英国债负沉重,无法就如何更好地偿债达成统一意见,因此平等、公平对于稳定英国社会和政治最为关键。英国利益群体有很多,伦敦金融城关注财政稳定,企业家关注自身竞争力,劳工或工会主张一次性征收资产税,普通纳税人则主张对铺张浪费说"不"。面对诸多利益群体,政府不应受制于某一利益群体。在这种情况下,本着对英国在货币市场中的金融地位和与纳税人的关系高度负责的精神,官员们将英国信用转危为安,稳定了与纳税人的关系,这比大多数其他国家做得更成功。

当务之急是让人民遵守政策和实现平衡,尽量免让纳税人怨恨税收,防止任何群体获得不当优势。一战后,官员最关注的是如何用税收手段从国民身上征税,而非重建经济和社会、刺激经济增长、实现公平等。政治家们的确希望通过税收体系找到社会的理想形态,进而形成不同于以往的标准观念,在选举中获得直接优势。总的说来,官员对于政治家们的计划相当包容,前提是他们的计划不会明显伤害财政体系的公平性,也不会丧失人们的认同。

---

[1] Furner and Supple, 'Ideas, institutions and state', pp. 7, 35; M. Weir, 'Ideas and the politics of bounded innovation', in S. Steinmo, K. Thelen and F. Longstreth (eds.), *Structuring Politics*: *Historical Institutionalism in Comparative Analysis* (Cambridge, 1992), pp. 188 – 216; see also M. J. Smith, *Pressure*, *Power and Policy*: *State Autonomy and Policy Networks in Britain and the United States* (Hemel Hempstead, 1993), pp. 6 – 11.

他们的计划还可以让人们的认同保持更久,让税收体系与选举、政治形势相契合,保障财政收入。因此,财政部和国内税收局同意对英国家庭实行普遍的税收减免。但是出于保证财政收入和维护财政体系公平性的原因,财政部和国内税收局不允许体系中出现明确的减税类型或漏洞。

为了证实其观点,财政部和国内税收局对国家贷款之源——金融体系关注较多,对于税收对经济的影响则关注较少。一战结束后,相较高额税收对工业竞争力的潜在影响,财政部更加警惕流动债务对财政稳定的影响。一些史学家称财政部和经济政策是由伦敦金融城决定的[1],然而情况远比这些史学家所评价的复杂。财政部明白流动债务会威胁货币稳定以及实体经济,称如果为了偿债和变短期流动债务为长期债务而征收高额税收,那么这一措施对工业的促进作用将无法弥补财政混乱对工业带来的破坏。英国银行和顶尖银行家们同样希望征收更高的税收以偿还债务,这反映出他们并非仅仅单方面维护金融城的利益。但一些政治家和官员明白高税收会限制自己施政,因此反对该方法。政治家们和官员们争取财政稳定的原因与金融城的不同,比如丘吉尔的目的是改变人们心中的既定印象,让人们不再认为金融城获得了更有利的政策。不过,当财政部称只有企业才有能力承受税收时,为了维持国家和财政体系的稳定,很少有人去关心工业对如何定义利润、收入、资本和贬值的抱怨。无论如何,利润税于1924年被废除,整体税收水平则于1929年降低。

两战间期涌现出的问题是,没有人尝试通过税收体系来刺激经济或管控经济。关于财政体系的讨论更多的与公平和正义相关,主要是如何用标准的方式理解经济的社会目的,特别是市场和竞争的作用以及如何分配收入和财富。这些讨论并非主要关于如何让经济立刻增长,而是如何定义经济对于道德和社会的深层意义。不过,即使定义了经济对于道德和社会的深层意义,也仍不能说明经济增长的性质和动力、为什么经济会增长,以及经济增长的目的是什么。1925年丘吉尔制订的预算和鲍德温的说辞,说明他们希望通过激励中产家庭来保持自由市场经济的活力。选择激励中产阶级的基础是将福利作为保护中产阶级的安全网,防止财富过剩。二人希望财富广撒英国社会,让所有英国人都受益。

相比而言,工党的政治家和经济学家认为社会上的巨额财富和巨额收入都是租金的庞大来源,而国家可以在不伤害经济的情况下收走租金。一个奉

---

[1]. For example, Cain and Hopkins, *British Imperialism*.

第十二章 结　语

行平等主义的社会可以通过消除贫困和不公平来提升国内消费，最终促进经济增长。但是，工党内部无法就市场和刺激手段对经济运行的作用达成一致意见，在"积极利润是否符合道德准则、能否带来理想的经济收益""是否应当用计划和国有化取代市场"和"平等能否让社会更加公平地区分消费者和手艺人"上尚无定论。总而言之，工党不认为资本市场能够产生社会财富，二战后更是优先选择维持大型公司的留存利润。刺激个人积极性可以激励人们的创业激情和积极性，使人们收入更高、让企业盈利更多，但是这不应成为促进经济增长的方式，而应当依靠高度的公平，让市场强劲，使社会团结。依靠外部资本市场会导致投机和浪费，因此遭到反对；留存利润受到了关注经济长期发展的经理人和技师们的控制。在 1945～1951 年工党政府执政末期，一些高级官员和一些工党顾问开始担忧这一方法对经济灵活性和发展动力的不良影响。

财政部和国内税收局对税收体系的认识存在局限性，这些局限性从 20 世纪 50 年代起变得更加明显。从 19 世纪中叶起直到 20 世纪，财政部和国内税收局逐渐在国内提高财政体系的正当性和信任度，这有利于商讨一战危机和战后社会稳定。然而，稳定从某种程度上说也可能会损害经济效益并导致经济停滞，而财政体系只是 19 世纪后期以来体制僵化的表现之一。在当时的英国，人们付出少，国家生产力低，利润被压低，工资需求不高；同时，贸易保护措施和进口管制则让公司免受竞争[①]，这些结果就是形成于 19 世纪下半叶的稳定体制的弊端。工会在工资谈判机构中受到了普遍认可，并在 19 世纪后期调解委员会形成后加入了工资谈判机构。由于 1906 年的《贸易纠纷法案》（Trade Disputes Act）中没有约束工会的罢工权，再加上工人支持，因此工会被赋予了更大的权力。但同时，各工会和工党则认为企业盈利意味着劳工们吃亏，这是一个零和的博弈，因此反对《贸易纠纷法案》。工会会让劳动力更可靠、更受尊敬，因此社会普遍认为与工会站在一条战线上有利于维护工业秩序，提高工业效益。虽然工程等行业仍然可能拒绝使用新型、生产效率高的机器，但是公众和知晓劳工组织力量的政治家们都普遍承认劳资关系体系很难打破。由于工会是工党资金的提供者，保守党不愿砸自己的脚以证实其对手的推测。即使大罢工已经结束，鲍德温仍然表示政府不应改变现存

---

① See Broadbery and Crafts, 'British economic policy'; Crafts, 'Economic growth' N. F. R. Crafts, 'Institutions and economic growth: recent British experience in an international context', *West European Politics* 15 (1992), 16–38. On import controls, see A. S. Milward and G. Brennan, *Britain's Place in the World: An Historical Inquiry into Import Controls, 1945–1960* (London, 1996).

的劳资关系。再考虑到二战期间各工会在战时经济管理中发挥了突出作用，那么很明显战后的工党政府仍然明白工会的作用，不仅因为工党和工会之间结构联系紧密，还因为工党需要控制工资水平。正因为如此，最终并未出现政府和各种团体共同管理经济的社团主义现象。相反，政府试图让劳资双方接受其推出的通胀控制手段，以防利润控制导致工会采取工资管制的措施，但是这一做法无疑对双方均无益处，而且还对经济运行有害。因此决不能采取硬性决定。只要英国市场能同时免于外国竞争和本国竞争，结果就不会差。20世纪50年代末期，物价大多由政府控制，如允许卡特尔现象存在（企业集团操纵价格或产品供应）、维持低零售价格等，因此国内竞争较小。同时，进口管制和贸易保护则让物美价廉的外国商品无法进入英国。这样的体系实行起来不费力，但生产率也低；企业利润和工人工资提到了合理水平，但英国经济增长却慢于其他主要工业国家[①]。五六十年代，政治家们仍然遵循19世纪末期制订的财政体系，并且限制体系变革。对高收入的个人和高利润的企业减免税收会导致人们主张更高的工资，一旦工资增长超过生产力增长，这一措施是否安全？工党政治家出于意识形态理由反对该做法，保守党政治家则囿于既定体系，甚至会接受这一做法的好处。只有通过打破当前低付出低产出的平衡才能彻底改变财政政策，打击工会权力，对私有和公有部门进行私有化改造，让其更富竞争力，打造更好的英国国内市场。

　　1960年以前人们日渐明白英国经济存在严重问题，需要向现代化发展。当时英国尚未对如何推行政策形成共识，政府部门设置并不完美，无法制订清晰的财政政策以解决英国经济存在的问题，也无法透彻地分析税收对经济的总体影响。五六十年代，英国史学家们认为政策制定十分复杂，协调困难，难以与先前政策保持一贯的风格。即使情况有变，各政府部门也不能灵活运用既定的措施和观点。税收机关担心，政策会面临行政阻碍，征税过程充满困难；一些财政改革建议旨在经济增长而不是增加财政收入，税收机关对此也表示抵制。税收机关的反对态度阻碍了重要变革的出现。虽然人们也有对现存制度进行局部调整，但是这也让全面改变财政体系更不可能。导致该问题的部分因素是国内税收局的专业性和地方公务员系统的神秘性，这既未免除私利影响，也未让人们谨慎行事，而是逐渐成为一种诅咒，导致知识面狭

---

① W. Lazonick, *Competitive Advantage on the Shop Floor* (Cambridge, Mass., 1990), and E. H. Phelps Brown, *The Origins of Trade Union Power* (Oxford, 1983).

第十二章 结 语

窄，缺乏与当下形势的结合①。税收机关和财政部仍然关心如何制定一个覆盖面更广的政策，以实现平衡、公平，并让人们遵守规定。官员们对于这一过程了如指掌，明白这一提议是无法实行的；他们在估计现行税收体系和改革倡议对经济的影响方面并不在行。他们最多能关注个税的经济影响，但不能对整个税收体系进行实践性考量。贸易委员会认为销售税扰乱经济的可能性较小，希望征收更多销售税，但是关税和消费税委员会却反对为了管理方便而对购置税进行大刀阔斧的改革。预算委员会着重讨论的是，在制订下一次预算时，是否需要置长期税收体系而不顾，而主要解决接下来的预算需求；如果讨论较大的变革，他们又常常在行政细则上达不成一致意见。极少数官员尝试着对税收体系推出一套系统性、有条理的改革政策，但他们也受到了官僚体制的阻挠和其上司的干扰。英国并不是一个单一的体系，受到不止一个群体的控制，国家与其他社会力量的关系是中立的，因此人们称英国社会没有中心。官员们的目的是调整现存体系，以维护国家的合法性②。

官员们常常担心政客们对眼前压力的反应缺乏远见，这是有道理的。但是如果大臣们回避高级官员的观点，坚持自己那狭隘的技术性建议，只会让政策更加反复无常。20世纪60年代早期，在英国和海外产生的竞争开始威胁到现存财政体系的结构基础。一些保守党政治家、官员和经济学家希望鼓励竞争以努力打破当前的低增长模式，但他们却没有预料到企业所需刺激的程度之大和企业对此的反应之小。在对经济增长的讨论中，税收体系是一个中心议题。可以说，20世纪六七十年代，税收体系和英国经济改革的出入之处导致了社会混乱。首先，1964年保守党政府没能成功进行税收结构改革；其次，政府部门的弱点导致政府在改革中无法采取主动。在这种情况下，1965年工党政府上台后采取了大刀阔斧的改革。50年代，人们虽然乐意达成共识，但是由于囿于现状，共识并不能解决问题。六七十年代，政治家们开始考虑是否需要扩大销售税，并开征财富税和工资税，在这一点上工党和保守党的思考是类似的。然而，官员们的改革方案不够可行、不够中立、有所偏向，因此无法就改革达成一致。总体而言，虽然官员们不喜欢现存制度造成的经

---

① 关于政府内部对私密性的讨论，见 D. 文森特（D. Vincent）：《1832—1998年英国私密性文化》(The Culture of Secrecy: Britain, 1832-1998)，牛津，1998年；唐顿，《信任利维坦》，第382页。

② See for example, P. Brigden, 'The state, redundancy pay, and economic policy making in the early 1960s', Twentieth Century British History 11 (2000), 256-8; R. Lowe and N. Rollings, 'Modernising Britain: a classic case of centralisation and fragmentation', in R. Rhodes (ed.), Transforming British Government, vol. i: Changing Institutions (Basingstoke, 2000), pp. 99-118; and Ringe and Rollings, 'Responding to relative decline'.

济影响，但实际上他们对这种影响并不了解。因此政治家们就算不听取官员的反对意见也同样会制定政策。不过，税收的中心是技术知识和时间的协调一致，而这正是政府部门缺乏的。恰恰相反，由于政治家不从高官那里听取意见，导致了财政官员推行自己提议时很少受到其他大臣或下议院的监督。六七十年代的政策开始产生了倾斜，但并没有解决"贫困附加税"（poverty surcharge）与"税收和福利间的关系"等根本性问题。税收政策缺乏前后一致性，以及对社会中的严重问题相对忽视，日益威胁税收的合理性。这正是一战后财政部所担心的。

20世纪70年代石油危机和经济衰退后，一方面国际问题有所扩大，另一方面英国还要面对自己的问题。此时的英国财政体制仍然符合"付出少，生产率低，利润和工资水平合理，经济增长较慢"的要求，但是英国面临的国内和国际竞争已远超20世纪初。60年代末工党政府未能成功改革劳资关系，险些让工会落入保守党更强硬的控制中。爱德华·希思曾雄心勃勃地打击工会权力，这引发了矿工们的反感，进而导致了1974年本政府的下台，改革工会法律的任务就落到了撒切尔政府身上。1976年国际货币基金组织危机后，控制通胀不再依靠收入政策，而是依靠货币主义和失业（依靠失业，控制工资推动型通胀这一方法先前还是不可明说的）。19世纪的财政体系意味着"付出少，产出也少"。政府打破了这种体系，但是也带来了失业，增加了社会经济负担。同时，财政体系改革鼓励了高收入阶层和储蓄行为，而且还不必给低收入者补偿性福利（这一政策是60年代有人提出的）。

对经济增长的关注和对社会体系和选举体系变化的反应导致了社会对税收体系的看法发生了变化。起初选民收入的中位数尚且低于税收起征点，很多选民并不需要缴纳所得税。工党可以用累进所得税和利润税以实现收入和财富的再分配，而保守党需要尽可能遏制这一做法。保守党能否遏制工党的这一措施尚不清楚，但保守党的部分成功在于其既征收累进税，并且还免于疏远保守党的核心支持者——普通中产家庭的男性。很多这些中产选民享受的教育和医疗好于两战间期的私立教育和医疗，对二战后的公共支出很满意并对此表示支持。70年代，这一情况则发生了变化。传统重工业岗位减少，服务业和白领行业岗位增加，英国逐渐变成了一个由富裕的消费者构成的社会，这导致了社会态度的变化。公共消费开始显得低效且昂贵，很多富有的选民都打算谨慎消费。同时，出于上调工资和使收入分配日益公平的需求，更多选民需要缴纳所得税。税收政治开始变化，工党呼吁征收累进所得税和利润税，但这一呼吁的效力已远不如从前。

第十二章 结　语

　　约翰·罗尔斯 1972 年在其有关公正理论中提出了一个根本问题：对社会公正和公平的追求可以在多大程度上以损害积极性和经济增长为代价[1]？他认为，英国应当明白打造一个公正的社会是否会伤害积极性，导致穷人的生活更加悲惨。无疑，二战后的财政政策的确伤害了积极性，导致穷人的生活更加悲惨。究其根本，是因为出于保持现状的鼓励和对分配的阻挠（无论是源于意识形态的敌意或是限制工资的实际需求）的需要，"低付出，低生产率"的平衡得以维持。重要的就是如何避免这一状况。1964~1970 年，保守党作为反对党提议推出一系列税收政策，从而让英国充满机会、更具积极性和包容性。这一提议本是一种解决方式，但却被生生错过了。工党的政策则忌惮私人利润和高额收入，这多少有些矛盾。一些工党高级官员和顾问建议打造公正公平的自由市场，广撒财富，但这一建议并未付诸实施。1979 年，工会滥用职权、公共部门的危机感、英国在国际上经济地位的弱势遭到了人们重重反对，导致政策更加关注于经济发展和个税削减。一些人辩解道，在经济增长时期，追求私利对每个人都有好处。一些评论家则担心追求经济增长会损害社会公正和包容，但是接受其观点的民众并不多。经济增长和公正、激励手段和公平间的平衡未来是否会发生变化，目前尚不为人知；欧盟税收一体化是否会彻底改变财政体系并改变政策制定中的制度流程，我们也不清楚。不过，打造一个公正的税收体系仍然是政治的核心内容。

---

[1]　J. Rawls, *A Theory of Justice* (Oxford, 1972).

附录：1908～1983年英国财政大臣和首相名录

	财政大臣		首相	
自由党政府				
	1908年4月16日	大卫·劳合·乔治	1908年4月7日	赫伯特·阿斯奎斯
	1915年5月27日	雷金纳德·麦肯纳		
联合政府				
	1916年12月11日	安德鲁·博纳·劳	1916年12月7日	大卫·劳合·乔治
	1919年1月14日	奥斯丁·张伯伦		
	1921年4月5日	罗伯特·霍恩		
保守党政府				
	1922年10月25日	斯坦利·鲍德温	1922年10月23日	安德鲁·博纳·劳
	1923年10月11日	内维尔·张伯伦	1923年5月23日	斯坦利·鲍德温
工党政府				
	1924年1月23日	菲利普·斯诺登	1924年1月22日	拉姆齐·麦克唐纳
保守党政府				
	1924年11月7日	温斯顿·丘吉尔	1924年11月4日	斯坦利·鲍德温
工党政府				
	1929年6月8日	菲利普·斯诺登	1929年6月5日	拉姆齐·麦克唐纳
国家联合政府				
	1931年11月9日	内维尔·张伯伦		
			1935年6月7日	斯坦利·鲍德温
	1937年5月28日	约翰·西蒙	1937年5月28日	内维尔·张伯伦
	1940年5月13日	金斯利·伍德	1940年5月10日	温斯顿·丘吉尔
	1943年9月28日	约翰·安德森		
工党政府				
	1945年7月28日	休·道尔顿	1945年7月26日	克莱门特·艾德礼
	1947年11月17日	斯坦福·克里普斯		
	1950年10月25日	休·盖茨克尔		

附录：1908～1983年英国财政大臣和首相名录

	财政大臣		首相
保守党政府			
1951年10月27日	理查德·巴特勒	1951年10月26日	温斯顿·丘吉尔
		1955年4月6日	安东尼·艾登
1955年12月22日	哈罗德·麦克米兰		
1957年1月14日	彼得·桑尼克罗夫特	1957年1月10日	哈罗德·麦克米兰
1958年1月7日	德瑞克·希思 科特·艾默里		
1960年7月27日	塞尔文·劳合		
1962年7月13日	雷金纳德·莫尔丁		
		1963年10月16日	亚历克·道格拉斯-霍姆
工党政府			
1964年10月16日	詹姆斯·卡拉汉	1964年10月16日	哈罗德·威尔逊
1967年11月30日	罗伊·詹金斯		
保守党政府			
1970年6月20日	伊安·麦克劳德	1970年6月19日	爱德华·希思
1970年7月25日	安东尼·巴伯		
工党政府			
1974年3月5日	丹尼斯·希利	1974年3月4日	哈罗德·威尔逊
		1976年4月5日	詹姆斯·卡拉汉
保守党政府			
1979年5月5日	杰弗里·豪	1979年5月4日	玛格丽特·撒切尔
1983年6月11日	奈吉尔·劳森		

参考文献

ARCHIVES

birmingham university library
Austen Chamberlain Papers
Neville Chamberlain Papers
bodleian library, oxford
Conservative Party Archive
british library of economic and political science
Dalton Papers
cambridge university library
Baldwin Papers
churchill college archives
McKenna Papers
house of lords record office
Bonar Law Papers
Lloyd George Papers
people's history museum, manchester
Labour Party Archive
modern records centre, university of warwick
FBI Papers
TUC Papers
nuffield college, oxford
Fabian Society Papers
public record office, kew

Boards of Stamps, Taxes, Excise, Stamps and Taxes, and Inland Revenue
IR63 Board of Inland Revenue: Budget and Finance Bill Papers, 1869 – 1967
IR64 Board of Inland Revenue: Statistics and Intelligence Division: Corre-

spondence and Papers, 1858 – 1977

IR74 Board of Inland Revenue: Private Office Papers: Memoranda, 1700 – 1967 IR75 Board of Inland Revenue: Private Office Papers: Committee Papers, 1894 – 1972

IR113 Board of Inland Revenue: Directors of Statistics: Budget Papers, 1919 – 34
Cabinet Office

CAB23 War Cabinet and Cabinet: Minutes, 1916 – 39 CAB24 War Cabinet and Cabinet: Memoranda, 1915 – 39

CAB27 War Cabinet and Cabinet: Miscellaneous Committees, 1915 – 39 CAB37 Cabinet Office: Cabinet Papers, 1880 – 1916

CAB129 Cabinet Memoranda, 1945 – 70 Prime Minister's Office

PREM11: Prime Minister's Office: Correspondence and Papers, 1951 – 64
Treasury

T161 Supply Department: Registered Files, 1905 – 61

T170 Papers of Sir John Bradbury, 1870 – 1922

T171 Chancellor of the Exchequer's Office: Budget and Finance Bill Papers, 1859 – 1979

T172 Chancellor of the Exchequer's Office: Miscellaneous Papers, 1792 – 1962

T176 Papers of Sir Otto Niemeyer, 1906 – 30

T227 Social Services Division: Registered Files, 1913 – 69

T230 Cabinet Office, Economic Section and Treasury, Treasury Economic Advisory Section: Registered Files, 1939 – 70

T320 Treasury: Public Income/Outlay Division: Registered Files, 1960 – 9
PARLIAMENTARY PAPERS

PP 1914 1, *Finance Accounts of the UK for* 1913 – 14.

PP 1919 xxiii pt i, *Royal Commission on Income Tax, First and Third Instalment of Minutes of Evidence.*

PP 1919 xxiii pt ii, *Royal Commission on Income Tax, Fifth Instalment of Minutes of Evidence.*

PP 1919 xxxii, *Finance Accounts of the UK for* 1918 – 19.

PP 1920 vii, *Report from the Select Committee on Increases of Wealth (War).*
PP 1920 xviii, *Report of the Royal Commission on the Income Tax.*

PP 1920 xix, *Report from the Select Committee on Land Values.*

PP 1920 xxvii, *Finance Accounts of the UK for the year ended* 31 *March* 1920.

PP 1921 xiv, 64*th Report of the Commissioners of Inland Revenue for the year ended* 31 *March* 1921.

PP 1927 xi, *Report of the Committee on National Debt and Taxation.*

PP 1929 – 30 xv, 72*nd Report of the Commissioners of Inland Revenue for the year* 1928/29.

PP 1929 – 30 xviii, *Finance Accounts of the United Kingdom for the year ended* 31 *March* 1929.

PP 1938 – 9 xii, 82*nd Report of the Commissioners of Inland Revenue for the year ended* 31 *March* 1939.

PP 1938 – 9 xvi, *Finance Accounts of the UK for the year ended* 31 *March* 1939.

PP 1941 – 2 iv, *Final Report of the Expert Committee on Compensation and Betterment.* PP 1945 – 6 xv, *Finance Accounts of the UK for the year ended* 31 *March* 1946.

PP 1948 – 9 xvii, 91*st Report of the Commissioners of Inland Revenue for the year ended* 31 *March* 1948.

PP 1950 – 1 xvi, *Report of the Commissioners of Inland Revenue.*

PP 1950 – 1 xx, *Report of the Committee on the Taxation of Trading Profits.*

PP 1950 – 1 xxi, *Finance Accounts of the UK for the Financial Year* 1950 – 1.

PP 1952 – 3 xvii, *Royal Commission on the Taxation of Profits and Income, First Report.*

PP 1953 – 4 xix, *Royal Commission on the Taxation of Profits and Income, Second Report.*

PP 1955 – 6 xxvii, *Royal Commission on the Taxation of Profits and Income, Final Report.*

PP 1962 – 3 xxvi, *Finance Accounts of the UK for the Financial Year* 1962 – 3.

PP 1963 – 4 xix, *Report of the Committee on Turnover Taxation.*

PP 1964 – 5 xxii, *Committee of Enquiry into the Impact of Rates on Households.*

PP 1965 – 6 xiii, *Local Government Finance, England and Wales.*

PP 1968 – 9 xxxviii, *Royal Commission on Local Government in England, Volume I: Report and Maps.*

PP 1969 – 70 xviii, *Reform of Local Government in England*.

PP 1970 – 1 xxxii, *The Future Shape of Local Government Finance*. PP 1970 – 1 1, *Green Paper on Reform of Corporation Tax*.

PP 1970 – 1 1, *Report from the Select Committee on Corporation Tax*.

PP 1970 – 1 1, 113*th Report of the Commissioners of Inland Revenue for the year 1969 – 70*.

PP 1974 xvii, *Green Paper on Wealth Tax*.

PP 1974 – 5 xxvi, *Report of the Commissioners of Inland Revenue for the year ended* 31 *March* 1974.

PP 1974 – 5 xxxvi, *Select Committee on a Wealth Tax*, 1974/5, *Vol.* 1, *Report and Proceedings of the Committee*.

PP 1975 – 6 xxi, *Report of the Committee of Enquiry into Local Government Finance*.

PP 1979 – 80 lxviii, 122*nd Report of the Commissioners of Inland Revenue for the year ended* 31 *March* 1979.

OTHER OFFICIAL PAPERS

Appendices to the Report of the Committee on National Debt and Taxation (London, 1927).

Chancellor of the Exchequer and secretary of state for social services, *Proposals for a Tax Credit System* (London, 1972).

The EEC Reports on Tax Harmonisation: *Report of the Fiscal and Financial Committee* (Amsterdam, 1963).

Minutes of Evidence Taken Before the Committee on National Debt and Taxation (2 vols., London, 1927).

NEDC, *Conditions Favourable to Faster Growth* (London, 1963).

OTHER SERIALS

American National Biography.

Annual Conferences, *Labour Party*.

Dictionary of National Biography.

LCC, *Minutes of Proceedings*.

Parliamentary Debates.

Who's Who.

Who Was Who.

PRIMARY PRINTED SOURCES

Arnold, S., 'A capital levy: the problems of realisation and valuation', *Economic Journal* 28 (1918).

Atkinson, A. B., *Poverty in Britain and the Reform of Social Security* (Cambridge, 1969).

Unequal Shares: Wealth in Britain (London, 1972).

Balogh, T., 'Differential profits tax', *Economic Journal* 68 (1958).

Barna, T., 'Those "frightfully high profits"', *Oxford Bulletin of Statistics* 11 (1949). Bentham, J., *Constitutional Code for the Use of All Nations and All Governments*

Professing Liberal Opinions (London, 1830).

Bower, F., 'Some reflections on the budget', *Lloyds Bank Review* n. s. 65 (1962). Brailsford, H. N., Hobson, J. A., Creech Jones, A. and Wise, E. F., *The Living Wage* (ILP, London, 1926).

Bruce, D., 'A review of socialist financial policy, 1945 – 49', *Political Quarterly* 20 (1949).

Cairncross, A. (ed.), *The Robert Hall Diaries*, 1947 – 1953 (London, 1989).

The Robert Hall Diaries, 1954 – 1961 (London, 1991).

Caradog Jones, D., 'Prewar and postwar taxation', *Journal of the Royal Statistical Society* 90 (1927).

Carter, G. R. and Houghton, H. W., 'The income tax on wages by quarterly assessment', *Economic Journal* 28 (1918).

Chambers, S. P., 'Taxation and incentives', *Lloyds Bank Review* n. s. 8 (1948). 'Taxation of the supply of capital for industry', *Lloyds Bank Review* n. s. 11 (1949).

Churchill, W. S., *Liberalism and the Social Problem* (London, 1909). Clark, C., *A Socialist Budget* (London, 1935).

Conservative party, *The Campaign Guide* 1959: *The Unique Political Reference Book* (London, 1959).

The Campaign Guide 1964: *The Unique Political Reference Book* (London, 1964). Cox, H., *The Capital Levy: Its Real Purpose* (National Unionist Association, n. d.).

Crosland, C. A. R., *The Future of Socialism* (London, 1956).

Socialism Now, and Other Essays (London, 1974).

Crossman, R., *Diaries of a Cabinet Minister*, vol. i: *Minister of Housing, 1964–66* (London, 1975).

Dalton, H., *Some Aspects of the Inequality of Incomes in Modern Communities* (London, 1920).

'The measurement of the inequality of incomes', *Economic Journal* 30 (1920).

Capital Levy Explained (London, 1923).

Principles of Public Finance (6th edn, London, 1930). *Practical Socialism for Britain* (London, 1935). *Financing Labour's Plan* (London, 1946).

'Our financial plan', in H. Morrison et al., *Forward from Victory! Labour's Plan* (London, 1946).

Davenport, N., *Memoirs of a City Radical* (London, 1974).

Dilnot, A. W., Kay, J. A. and Morris, C. N., *The Reform of Social Security* (Oxford, 1984).

Due, J. F., 'Sales taxes in western Europe, II: the multiple-stage sales taxes', *National Tax Journal* 8 (1955).

'Net worth taxation', *Public Finance* 15 (1960).

Durbin, E. F. M., *How to Pay for the War: An Essay on the Financing of War* (London, 1939).

Problems of Economic Planning: Papers on Planning and Economics (London, 1949). Edgeworth, F. Y., *Papers Relating to Political Economy*, vol. ii (London, 1925). Elkan, W., 'A public sector without bounds', in Institute of Economic Affairs, *The State of Taxation* (London, 1977).

Fabian Society, *Capital and Land* (Fabian Tract 7, London, 1888).

English Progress Towards Social Democracy (Fabian Tract 15, London, 1890).

The Unearned Increment (Fabian Tract 30, London, 1891).

The Difficulties of Individualism (Fabian Tract 69, London, 1896).

Socialism and Superior Brains (Fabian Tract 146, London, 1909).

Field, F., Meacher, M. and Pond, C., *To Him Who Hath: A Study of Poverty and Taxation* (Harmondsworth, 1977).

Flemming, J. S. and Little, I. M. D., *Why We Need a Wealth Tax* (London, 1974). Galbraith, J. K., *The Affluent Society* (London, 1958).

The New Industrial State (London, 1967).

Gilbert, M., *Winston S. Churchill*, Volume V, Companion Part I, Documents: *The Exchequer Years*, 1922–29 (London, 1980).

Greenwood, A., *The Tory Government's Higher Rates Scheme Exposed*! (London, 1929).

Grigg, P. J., *Prejudice and Judgment* (London, 1948).

Hall, R. L., *The Economic System in a Socialist State* (London, 1937). Hayek, F. A., *Road to Serfdom* (London, 1944).

Healey, D., *The Time of My Life* (London, 1989).

Henderson, H. D., *Inheritance and Inequality*: A Practical Proposal (London, 1926). [Henderson, H. D.], 'The limits of insular socialism', *The Nation* 46 (30 Nov. 1929).

Hicks, J. R., 'The empty economy', *Lloyds Bank Review* n. s. 5 (1947). Hicks, U. K., *The Finance of British Government*, 1920–36 (London, 1938). Hirst, F. W., *The Political Economy of War* (London and Toronto, 1915).

Hobson, J. A., *Taxation* (London, Labour party, n. d.).

The Evolution of Modern Capitalism (London, 1894). *Imperialism*: A Study (London, 1902).

The Economics of Distribution (London, 1906).

The Industrial System: An Enquiry into Earned and Unearned Income (London, 1909).

Taxation in the New State (London, 1919).

The Economics of Unemployment (London, 1922).

Hook, A., 'A tax on capital and redemption of debt', *Economic Journal* 28 (1918). Horsman, E. G., 'The avoidance of death duty by gifts *inter vivos*: some qualitative evidence', *Economic Journal* 85 (1975).

Ilersic, A. R., 'Taxes, 1964–66: an interim appraisal', *British Tax Review* (1966).

Institute for Fiscal Studies, *The Structure and Reform of Direct Taxation*: Report of a Committee Chaired by Professor J. E. Meade (London, 1978).

Jay, D., *The Nation's Wealth at the Nation's Service* (London, 1938).

Paying for the War (London, Labour party, 1940).

Jenkins, R. , 'The investment programme', *Socialist Commentary* 13 (1949). *Fair Shares for the Rich* (Tribune pamphlet, London, 1951).

Jones, T. , *Whitehall Diary*, vol. i: 1916 – 1925, vol. ii: 1926 – 1930, ed. K. Middle-mass (London, 1969).

Kaldor, N. , *An Expenditure Tax* (London, 1955).

Indian Tax Reform: *Report of a Survey* (New Delhi, 1956).

'A positive policy for wages and dividends', in N. Kaldor, *Essays in Economic Policy*, vol. i (London, 1964).

Causes of the Slow Rate of Economic Growth of the United Kingdom: *An Inaugural Lecture* (Cambridge, 1966).

The Economic Consequences of Mrs Thatcher (London, 1983).

Kay, J. A. and King, M. A. , *The British Tax System* (Oxford, 1978).

Kennan, K. K. , *Income Taxation*: *Methods and Results in Various Countries* (Milwaukee, 1910).

Kennedy, C. M. , 'Monetary policy', in G. D. N. Worswick and P. H. Ady (eds.), *The British Economy*, 1945 – 1950 (London, 1952).

Keynes, J. M. , 'The end of laissez-faire', reprinted in his *Essays in Persuasion* (London, 1931).

General Theory of Employment, Interest and Money (London, 1936). *How to Pay for the War* (London, 1940).

The Collected Writings of John Maynard Keynes, vol. xvi: *Activities* 1914 – 1919: *The Treaty and Versailles*, ed. E. Johnson (London, 1971).

A Tract on Monetary Reform (London, 1923), in *Collected Writings of John Maynard Keynes*, vol. iv (London, 1971).

The Collected Writings of John Maynard Keynes, vol. xvii: *Activities*, 1920 – 22: *Treaty Revision and Reconstruction*, ed. E. Johnson (London, 1977).

The Collected Writings of John Maynard Keynes, vol. xxii: *Activities*, 1939 – 45: *Internal War Finance*, ed. D. Moggridge (London, 1978).

The Collected Writings of John Maynard Keynes, vol. xxvii: *Activities*, 1940 – 46: *Shaping the Post – War World*: *Employment and Commodities* (London, 1980).

Keynes, J. M. and Henderson, H. D. , *Can Lloyd George Do It? An Examina-*

tion of the Liberal Pledge (London, 1929).

Knauss, R., Die deutsche, englische und französische Kriegsfinanzierung (Berlin and Leipzig, 1923).

Kolthammer, F. W., Memorandum on Problems of Poverty No. 1: Some Notes on the Incidence of Taxation on the Working – Class Family (Ratan Tata Foundation, London, 1913?).

Labour party, Labour and the War Debt: A Statement of Policy for the Redemption of War Debt by a Levy on Accumulated Wealth (London, n. d.).

Labour and the New Social Order (London, 1918).

National Joint Council of the General Council of the TUC, Executive Committee of the Labour Party and Parliamentary Labour Party, Labour and National 'Economy' (London, 1922).

Labour and the Nation: Statement of the Labour Policy and Programme (London, 1928).

Currency, Banking and Finance (London, 1932).

Labour Believes in Britain: A Statement of Policy for Discussion at the Labour Party Conference (London, 1949).

Your Personal Guide to the Future Labour Offers You (London, 1958).

Labour's Programme for Britain: Papers Presented at the Annual Conference (London, 1973).

Lawson, N., 'Taxation or government expenditure?', in Institute of Economic Affairs, The State of Taxation (London, 1977).

Lees, D., 'Poor families and fiscal reform', Lloyds Bank Review n. s. 86 (1967). Lees – Smith, H. B., The Surtax (London, 1928).

Liberal party, Britain's Industrial Future: Being the Report of the Liberal Industrial Inquiry (London, 1928).

Little, I. M. D., 'Higgledy piggledy growth', Bulletin of the Oxford Institute of Statistics 24 (1962).

McKenna, R., Post – War Banking Policy: A Series of Addresses (London, 1928). Mallet, B. O. and George, C. O., British Budgets, Second Series, 1913/14 to 1920/1 (London, 1929).

Marshall, A., Principles of Political Economy (London, 1893). Meade, J. E., Planning and the Price Mechanism (London, 1948).

Efficiency, Equality and the Ownership of Property (London, 1964). *The Intelligent Radical's Guide to Economic Policy* (London, 1974).

Mill, J. S., *Principles of Political Economy* (London, 1948).

Millan, B., *Taxes for a Prosperous Society* (Fabian Research Series, London, 1963). Mitchell, A. A., 'A levy on capital', *Economic Journal* 28 (1918).

Paish, F. W., 'The real incidence of personal taxation', *Lloyds Bank Review* n. s. 43 (1957).

Parker, H., *Instead of the Dole: An Enquiry into the Integration of the Tax and Benefit System* (London, 1989).

Peacock, A., 'Economics of a net wealth tax for Britain', *British Tax Review* (1963). Pethick – Lawrence, F. W., *A Levy on Capital* (London, 1918).

The National Debt (London, 1924).

National Finance (Fabian Tract 229, London, 1929).

An Emergency Tax on Wealth (London, 1939).

Pigou, A. C., *Wealth and Welfare* (London, 1912).

'A special levy to discharge war debt', *Economic Journal* 28 (1918).

A Capital Levy and a Levy on War Wealth (London, 1920). Pigou, A. C. (ed.), *Memorials of Alfred Marshall* (London, 1925).

Prest, A. R., 'A tax on expenditure?', *Lloyds Bank Review* n. s. 42 (1956).

'A value added tax coupled with a reduction in taxes on business profits', *British Tax Review* (1963).

'The negative income tax: concepts and problems', *British Tax Review* (1970). 'The Select Committee on a Wealth Tax', *British Tax Review* (1976).

'What is wrong with the UK tax system?', in Institute of Economic Affairs, *The State of Taxation* (London, 1977).

Reddaway, B., *First Report, on the Effects of Selective Employment Tax: The Distribu-tive Trades* (London, 1970).

Revell, J. R. S., 'Assets and age', *Bulletin of the Oxford Institute of Statistics* 24 (1962).

Rhys Williams, J., *Something to Look Forward To: A Suggestion for a New Social Contract* (London, 1943).

Ricardo, D., *On the Principles of Political Economy and Taxation* (1817), ed. P. Sraffa (Cambridge, 1951).

Rickards, G. K., *The Financial Policy of War: Two Lectures on the Funding System and on the Different Modes of Raising Supplies* (London, 1855).

Rignano, E., *Di un socialismo in accordo colla dottrina economica liberale* (Turin, 1901).

Per una riforma socialista del dritto successario (Bologna, 1920).

The Social Significance of Death Duties, Adapted from Dr Shulz's Translation from the Italian by J. Stamp (London, 1925).

Robertson, D. H., 'The Colwyn Committee, the income tax and the price level', *Economic Journal* 37 (1927).

Ruskin, J., *Unto This Last* (London, 1860).

Samuel, H., 'The taxation of various classes of the people', *Journal of the Royal Statistical Society* 82 (1919).

Sandford, C. T., Willis, J. R. M. and Ironside, D. J., *An Accessions Tax* (London, 1973).

An Annual Wealth Tax (London, 1975).

Schumpeter, J., 'The crisis of the tax state', in A. Peacock, R. Turvey, W. F. Stolper and E. Henderson (eds.), *International Economic Papers*, vol. iv (London and New York, 1954).

Seers, D., 'Undistributed profits', *Socialist Commentary* 15 July 1951.

Self, R. C. (ed.), *The Austen Chamberlain Diary Letters: The Correspondence of Sir Austen Chamberlain with his Sisters Hilda and Ida*, 1916–37 (Royal Historical Society, London: Camden 5th ser. 5, 1995).

Sherborne, S., *VAT: Fair for All* (Conservative Political Centre, London, 1972). Shirras, G. F. and Rostas, L., *The Burden of British Taxation* (Cambridge, 1942).

Shoup, C. S., *The Sales Tax in France* (New York, 1930).

Sidgwick, H., *Principles of Political Economy* (2nd edn, London, 1887).

Snowden, P., *Wealth or Commonwealth: Labour's Financial Policy* (London, n. d.).

Labour and National Finance (London, 1920).

Labour and the New World (London, 1921).

An Autobiography, vol. ii: 1919–1934 (London, 1934). Stamp, J. C., *British Incomes and Property* (London, 1916).

'The special taxation of business profits in relation to the present position of national finance', *Economic Journal* 29 (1919).

'Taxation of capital and "ability to pay"', *Edinburgh Review* 20 (1919).

Fundamental Principles of Taxation in the Light of Modern Developments (London, 1921).

Wealth and Taxable Capacity (London, 1922).

Studies in Current Problems in Finance and Government (London, 1924).

The Christian Ethic as an Economic Factor: The Social Service Lecture (London, 1926).

Taxation during the War (London, 1932).

Streeten, P., 'Report of the Royal Commission on the Taxation of Profits and Income', *Bulletin of the Oxford University Institute of Statistics* 17 (1955).

Streeten, P. and Balogh, T., 'A reconsideration of monetary policy', *Bulletin of the Oxford University Institute of Statistics* 19 (1957).

Tawney, R. H., *The Acquisitive Society* (London, 1921). *Equality* (London, 1952 edn).

Titmuss, R. M., *Poverty and Population* (London, 1938).

Problems of Social Policy (London, 1950). *Essays on the Welfare State* (London, 1958).

Tress, R. C., 'A wealth tax is a wealth tax', *British Tax Review* (1963).

Walker, F. A., 'The source of business profits', *Quarterly Journal of Economics* 1 (1886 – 7).

Webb, S., 'The rate of interest', *Quarterly Journal of Economics* 2 (1887 – 8). 'The rate of interest and the laws of distribution', *Quarterly Journal of Economics* 2 (1887 – 8).

National Finance and a Levy on Capital: What the Labour Party Intends (Fabian Tract 188, London, 1919).

Webb, S. and B., *Problems of Modern Industry* (London, 1898).

A Constitution for the Socialist Commonwealth of Great Britain (London, 1920).

Wedgwood, J., *The Land Question: Taxation and Rating of Land Values* (London, TUC and Labour party, 1925).

The Economics of Inheritance (London, 1929).

'How far can a Labour budget go?', *Political Quarterly* 1 (1930).

Wheatcroft, G. S. A., 'Administrative problems of a wealth tax', *British Tax Review* (1963).

Whitaker, J. K. (ed.), *The Correspondence of Alfred Marshall, Economist*, vol. iii: *Towards the Close*, 1903 – 1924 (Cambridge, 1996).

Whitley, J. D. and Worswick, G. D. N., 'The productivity effects of select employment tax', *National Institute Economic Review* 56 (1971).

Wootton, B., *In a World I Never Made: Autobiographical Reflections* (London, 1967).

Young, M., *Small Man: Big World. A Discussion of Socialist Democracy* (London, 1949).

SECONDARY SOURCES

Anderson, O., *A Liberal State at War: English Politics and Economics during the Crimean War* (London, 1967).

Arnold, A. J., 'Profitability and capital accumulation in British industry during the transwar period, 1913 – 24', *Economic History Review* 52 (1999).

Arrow, K., *The Limits of Organization* (New York, 1974).

Bailey, S. J. and Paddison, R. (eds.), *The Reform of Local Government Finance in Britain* (London, 1988).

Balderston, T., 'War finance and inflation in Britain and Germany, 1914 – 18', *Economic History Review* 2nd ser. 42 (1989).

Baldwin, P., *The Politics of Social Solidarity: Class Bases of the European Welfare States*, 1875 – 1975 (Cambridge, 1990).

'Beveridge in the *longue dur'ee*', in Hills, Ditch and Glennester (eds.), *Beveridge*. Baugh, G. C., 'Government grants-in-aid of the rates in England and Wales, 1889 – 1990', *Historical Research* 65 (1992).

Beer, S., *Britain Against Itself: The Political Contradictions of Collectivism* (London, 1982).

Modern British Politics: Parties and Pressure Groups in the Collectivist Age (London, 1982).

Bellamy, C., *Administering Central – Local Relations, 1871 – 1919: The Local Govern-ment Board in its Fiscal and Cultural Context* (Manchester, 1988).

Booth, A., 'Inflation, expectations, and the political economy of Conservative Britain, 1951 – 64', *Historical Journal* 43 (2000).

Bresciani – Turroni, C., *The Economics of Inflation: A Study of Currency Depreciation in Post – War Germany*, trans. M. E. Sayers (London, 1937).

Brigden, P., 'The state, redundancy pay, and economic policy making in the early 1960s', *Twentieth Century British History* 11 (2000).

Brittain, J. A., *The Payroll Tax for Social Security* (Brookings Institute, Washington DC, 1972).

Broadberry, S. N., 'The impact of the world wars on the long-run performance of the British economy', *Oxford Review of Economic Policy* 4 (1988).

Broadberry, S. N. and Crafts, N. F. R., 'British economic policy and industrial performance in the early post-war period', *Business History* 38 (1996).

'The post-war settlement: not such a good bargain after all', *Business History* 40 (1998).

Brooke, S., 'Problems of "socialist planning": Evan Durbin and the Labour government of 1945', *Historical Journal* 34 (1991).

Brownlee, W. E., 'Economists and the formation of the modern tax system in the US: the World War I crisis', in Furner and Supple (eds.), *The State and Economic Knowledge*.

Federal Taxation in America: A Short History (Cambridge, 1996).

'Reflections on the history of taxation', in W. E. Brownlee (ed.), *Funding the Modern American State, 1941 – 1995: The Rise and Fall of the Era of Easy Finance* (Cambridge, 1996).

'Tax regimes, national crisis, and state building in America', in W. E. Brownlee (ed.), *Funding the Modern American State, 1941 – 1995: The Rise and Fall of the Era of Easy Finance* (Cambridge, 1996).

Brudno, W. W. and Hollma, L. D., 'The taxation of capital gains in the United States and the United Kingdom', *British Tax Review* (1958).

Bulpitt, J., *Territory and Power in the United Kingdom: An Interpretation* (Manch-ester, 1983).

Butler, D. and Kavanagh, D., *The British General Election of* 1992 (Basingstoke, 1999).

Butler, D., Adonis, A. and Travers, T., *Failure in British Government: The Politics of the Poll Tax* (Oxford, 1994).

Cain, P. J. and Hopkins, A. G., *British Imperialism: Innovation and Expansion*, 1688–1914 (London, 1993).

Cairncross, A. and Watts, N., *The Economic Section, 1939–1961: A Study in Economic Advising* (London, 1989).

Cannadine, D., *Class in Britain* (London and New Haven, 1998). Cawson, A., *Corporatism and Welfare* (London, 1982).

Clarke, P. F., *Liberals and Social Democrats* (Cambridge, 1978).

'The Treasury's analytical model of the British economy between the wars', in Furner and Supple (eds.), *The State and Economic Knowledge*.

Collini, S., *Liberalism and Sociology: L. T. Hobhouse and Political Argument in England, 1880–1914* (Cambridge, 1979).

English Pasts: Essays in Culture and History (Oxford, 1999).

Corry, B. (ed.), *Unemployment and the Economists* (Cheltenham, 1996).

Cowling, M., *The Impact of Labour, 1920–24: The Beginning of Modern British Politics* (Cambridge, 1971).

Crafts, N. F. R., 'Economic growth', in N. F. R. Crafts and N. Woodward (eds.), *The British Economy since 1945* (Oxford, 1991).

'Institutions and economic growth: recent British experience in an international context', *West European Politics* 15 (1992).

Crewe, I. and Grosschalk, B. (eds.), *Political Communications: The General Election Campaign of 1992* (Cambridge, 1994).

Cronin, J. E., *The Politics of State Expansion: War, State and Society in Twentieth-Century Britain* (London, 1991).

Cross, C., *Philip Snowden* (London, 1966).

Crystal, D. (ed.), *The Cambridge Biographical Encyclopaedia* (2nd edn, Cambridge, 1998).

Daunton, M. J., 'Introduction', in M. J. Daunton (ed.), *Councillors and Tenants: Local Authority Housing in English Cities, 1919–39* (Leicester, 1984).

'How to pay for the war: state, society and taxation in Britain, 1917–24', *English Historical Review* 111 (1996).

'Payment and participation: welfare and state formation in Britain, 1900–51', *Past and Present* 150 (1996).

Trusting Leviathan: The Politics of Taxation in Britain, 1799–1914 (Cambridge, 2001).

Daunton, M. J. (ed.), *Cambridge Urban History of Britain*, vol. iii: 1840 – 1950 (Cambridge, 2000).

Davenport – Hines, R. P. T., *Dudley Docker: The Life and Times of a Trade Warrior* (Cambridge, 1984).

Davis, J., 'Central government and the towns', in Daunton (ed.), *Cambridge Urban History of Britain*, vol. iii.

Dewey, C., 'The end of the imperialism of free trade: the eclipse of the Lancashire lobby and the concession of fiscal autonomy to India', in C. Dewey and A. G. Hopkins (eds.), *The Imperial Impact: Studies in the Economic History of Africa and India* (London, 1978).

Doyle, B. M., 'The changing functions of urban government: councillors, officials and pressure groups', in Daunton (ed.), *Cambridge Urban History of Britain*, vol. iii.

Duffy, A. E. P., 'New unionism in Britain, 1889 – 90: a reappraisal', *Economic History Review* 2nd ser. 14 (1961).

Durbin, E., *New Jerusalems: The Labour Party and the Economics of Democratic Socialism* (London, 1985).

Eckstein, H., *Pressure Group Politics: The Case of the British Medical Association* (London, 1960).

Edgerton, D., *England and the Aeroplane: An Essay on a Militant and Technological Nation* (Basingstoke, 1991).

Eichengreen, B., *The Capital Levy in Theory and Practice* (Centre for Economic Policy, London, 1989).

Ellison, N., *Egalitarian Thought and Labour Politics: Retreating Visions* (London, 1994).

Feinstein, C., *Statistical Tables of National Income, Expenditure and Output of the UK, 1855 – 1965* (Cambridge, 1972).

Ferguson, N., 'Public finance and national security: the domestic origins of the First World War revisited', *Past and Present* 142 (1994).

Paper and Iron: Hamburg Business and German Politics in the Era of Inflation, 1897 – 1927 (Cambridge, 1995).

The Pity of War (London, 1998).

The Cash Nexus: Money and Power in the Modern World, 1700 – 2000 (London, 2001).

Fforde, M., Conservatism and Collectivism, 1886 – 1914 (Edinburgh, 1990).

Finer, S. E., 'Adversary politics and electoral reform', in S. E. Finer (ed.), Adversary Politics and Electoral Reform (London, 1975).

Flemming, J. S., 'Debt and taxes in war and peace: the case of a small open economy', in M. J. Boskin, J. S. Flemming and S. Gorini (eds.), Private Savings and Public Debt (Oxford, 1987).

Forsyth, D. J., The Crisis of Liberal Italy: Monetary and Financial Policy, 1914 – 22 (Cambridge, 1993).

Francis, M., 'Economics and ethics: the nature of Labour's socialism, 1945 – 51', Twentieth Century British History 6 (1995).

French, D. W., British Economic and Strategic Planning, 1905 – 15 (London, 1982). British Strategy and War Aims, 1914 – 16 (London, 1986).

The Strategy of the Lloyd George Coalition (Oxford, 1995).

Furner, M. O. and Supple, B., 'Ideas, institutions, and state in the United States and Britain: an introduction', in Furner and Supple (eds.), The State and Economic Knowledge.

Furner, M. O. and Supple, B. (eds.), The State and Economic Knowledge: The American and British Experience (Cambridge, 1990).

Gamble, A. M. and Walkland, S. A., The British Party System and Economic Policy, 1945 – 83: Studies in Adversary Politics (Oxford, 1984).

Gilbert, B. B., 'David Lloyd George: the reform of British land-holding and the budget of 1914', Historical Journal 21 (1978).

Gilbert, M., Churchill's Political Philosophy (Oxford, 1981).

Glennester, H. and Evans, M., 'Beveridge and his assumptive worlds: the incompatibilities of a flawed design', in Hills, Ditch and Glennester (eds.), Beveridge.

Gospel, H. F., Markets, Firms and the Management of Labour in Modern Britain (Cambridge, 1992).

Green, E. H. H., 'Radical conservatism: the electoral genesis of tariff reform', Historical Journal 28 (1985).

The Crisis of Conservatism: The Politics, Economics and Ideology of the British

Conservative Party, 1880 – 1914 (London, 1995).

'The Conservative party, the state and the electorate', in M. Taylor and J. Lawrence (eds.), *Party, State and the Electorate in Modern Britain* (Aldershot, 1996).

'The Treasury resignations of 1958: a reconsideration', *Twentieth Century British History* 11 (2000).

Green, S. and Winter, D., *Agency Costs and Tax Compliance – Should We Care About Accountants?* (Administration, Compliance and Governability Program Working Paper 15, Australian National University, Canberra, 1993).

Hall, P., *Urban and Regional Planning* (Harmondsworth, 1974).

Harling, P. and Mandler, P., 'From "fiscal-military" state to laissez-faire state, 1760 – 1850', *Journal of British Studies* 32 (1993).

Harris, J., 'The transition to high politics in English social policy, 1889 – 1914', in M. Bentley and J. Stevenson (eds.), *High and Low Politics in Modern Britain* (Oxford, 1983).

'Enterprise and the welfare states: a comparative perspective', *Transactions of the Royal Historical Society* 5th ser. 40 (1990).

'Political thought and the welfare state, 1870 – 1940: an intellectual framework for British social policy', *Past and Present* 135 (1992).

Harrison, R., 'The War Emergency Workers' National Committee, 1914 – 20', in A. Briggs and J. Saville, (eds.), *Essays in Labour History*, 1886 – 1923 (London, 1971).

Hay, R., 'Employers and social policy in Britain: the evolution of welfare legislation, 1905 – 14', *Social History* 4 (1977).

Hennock, E. P., *British Social Reform and German Precedents: The Case of Social Insurance*, 1880 – 1914 (Oxford, 1987).

Hills, J., *Changing Tax: How the Tax System Works and How to Change It* (Child Poverty Action Group, London, 1988).

Hills, J., Ditch, J. and Glennester, H. (eds.), *Beveridge and Social Security: An International Perspective* (Oxford, 1994).

Hobson, J. M., 'The military-extraction gap and the wary Titan: the fiscal-sociology of British defence policy, 1870 – 1913', *Journal of European Economic History* 22 (1993).

Houghton, D., 'The futility of taxation by menaces', in A. Seldon (ed.), *Tax Avoison: The Economic, Legal and Moral Inter-relationships between Avoidance and Evasion* (Institute of Economic Affairs, London, 1979).

Howson, S., 'The origins of cheaper money, 1945-7', *Economic History Review* 40 (1987).

Hutchison, T. W., *Economics and Economic Policy in Britain, 1946-66* (London, 1968).

Jacobs, M., 'The politics of plenty: consumerism in the twentieth-century United States', in M. Daunton and M. Hilton (eds.), *The Politics of Consumption: Material Culture and Citizenship in Europe and America* (Oxford, 2001).

James, H., 'The causes of the German banking crisis of 1931', *Economic History Review* 2nd ser. 37 (1984).

The German Slump: Politics and Economics, 1924-36 (Oxford, 1986).

Jarvis, D., 'Mrs Maggs and Betty: the Conservative appeal to women voters in the 1920s', *Twentieth Century British History* 5 (1994).

'British Conservatism and class politics in the 1920s', *English Historical Review*, 111 (1996).

Johnson, P., 'Risk, redistribution and social welfare in Britain from the poor law to Beveridge', in M. J. Daunton (ed.), *Charity, Self Interest and Welfare in the English Past* (London, 1996).

Kavanagh, D., *Thatcherism and British Politics: The End of Consensus?* (Oxford, 1987).

'The postwar consensus', *Twentieth Century British History* 3 (1992). Kavanagh, D. and Morris, P., *Consensus Politics from Attlee to Thatcher* (Oxford, 1989).

King, M. A., *Public Policy and the Corporation* (London, 1977).

Kruedener, J. von, 'The Franckenstein paradox in the intergovernmental relations of imperial Germany', in P.-C. Witt (ed.), *Wealth and Taxation in Central Europe: The History and Sociology of Public Finance* (Leamington Spa, 1987).

Krugman, P., *Peddling Prosperity: Economic Sense and Nonsense in the Age of Diminished Expectations* (New York, 1994).

Lacey, M. J. and Furner, M. O. (eds.), *The State and Social Investigation in Britain and the United States* (Cambridge, 1993).

Langford, P. , 'Politics and manners from Sir Robert Walpole to Sir Robert Peel', *Proceedings of the British Academy* 94, 1996 *Lectures and Memoirs* (Oxford, 1997).

Laursen, K. and Pedersen, J. , *The German Inflation*, 1918 – 23 (Amsterdam, 1964). Lawrence, J. , 'Class and gender and the making of urban Toryism, 1880 – 1914', *English Historical Review* 108 (1993).

Lazonick, W. , *Competitive Advantage on the Shop Floor* (Cambridge, Mass. , 1990). Lindert, P. H. , 'The rise of social spending, 1880 – 1930', *Explorations in Economic History* 31 (1994).

'What limits social spending?', *Explorations in Economic History* 33 (1996). London and Cambridge Economic Service, *The British Economy: Key Statistics*, 1900 – 70 (London, 1971).

Lowe, R. , 'Resignation at the Treasury: the Social Services Committee and the failure to reform the welfare state', *Journal of Social Policy* 18 (1989).

'Taxing problems', *Labour History Review* 57 (1992).

'Social policy', in S. Ball and A. Seldon (eds.), *The Heath Government: A Reappraisal* (London, 1996).

The Welfare State in Britain since 1945 (2nd edn, Basingstoke and London, 1999).

Lowe, R. and Rollings, N. , 'Modernising Britain: a classic case of centralisation and fragmentation', in R. Rhodes (ed.), *Transforming British Government*, vol. i: *Changing Institutions* (Basingstoke, 2000).

Lynch, F. M. B. , 'A tax for Europe: the introduction of value added tax in France', *Journal of European Integration History* 4 (1998).

McConnell, A. , 'The recurring crisis of local taxation in post-war Britain', *Contemporary British History* 11, no. 3 (1997).

State Policy Formation and the Origins of the Poll Tax (Aldershot, 1995). McDonald, A. , 'The Geddes Committee and the formulation of public expenditure policy, 1921 – 22', *Historical Journal* 32 (1989). Mackenzie, R. T. , *British Political Parties* (London, 1965).

McKibbin, R. , 'The economic policy of the second Labour government, 1929 – 31', *Past and Present* 68 (1975).

'Class and conventional wisdom: the Conservative party and the "public" in interwar Britain', in his *Ideologies of Class*.

The Ideologies of Class: *Social Relations in Britain*, 1880 – 1950 (Oxford, 1990). *Classes and Cultures*: *England*, 1918 – 51 (Oxford, 1998).

Macnicol, J., 'Beveridge and old age', in Hills, Ditch and Glennester (eds.), *Beveridge*.

The Politics of Retirement in Britain, 1878 – 1948 (Cambridge, 1998).

Maier, C., *Recasting Bourgeois Europe*: *Stabilization in France, Germany and Italy after World War I* (Princeton, 1975).

Mann, M., *The Sources of Social Power*, vol. ii: *The Rise of Classes and Nation States*, 1750 – 1914 (Cambridge, 1993).

Manzer, R. A., *Teachers and Politics*: *The Role of the National Union of Teachers in the Making of National Educational Policy in England and Wales since 1944* (Manchester, 1970).

Marquand, D., *Ramsay MacDonald* (London, 1977).

Marsh, D. and Grant, W., 'Tripartism: reality or myth?', *Government and Opposition* 12 (1977).

Marsh, D. and Rhodes, R. (eds.), *Policy Networks in British Government* (Oxford, 1992).

Matthew, H. C. G., *The Liberal Imperialists*: *The Ideas and Politics of a Post – Gladstonian Elite* (Oxford, 1973).

Matthew, H. C. G., McKibbin, R. I. and Kay, J. A., 'The franchise factor in the rise of Labour', *English Historical Review* 91 (1976).

Melling, J., 'Welfare capitalism and the origins of the welfare states c. 1870 – 1914', *Social History* 17 (1992).

Middlemass, K., *Politics in Industrial Society*: *The British Experience since 1911* (London, 1979).

Power, Competition and the State, vol. i: *Britain in Search of Balance*, 1940 – 61 (Basingstoke, 1986).

Middleton, R., *Towards the Managed Economy*: *Keynes, the Treasury and the Fiscal Policy Debate of the 1930s* (London, 1985).

Government versus the Market: *The Growth of the Pubic Sector, Economic Management and British Economic Performance*, c1890 – 1979 (Cheltenham, 1996).

The British Economy since 1945: *Engaging with the Debate* (Basingstoke,

2000). Milward, A. S. and Brennan, G. , *Britain's Place in the World: An Historical Inquiry into Import Controls*, 1945 - 1960 (London, 1996). Mitchell, B. R. , *British Historical Statistics* (Cambridge, 1988).

Mitchell, B. R. and Deane, P. , *Abstract of British Historical Statistics* (Cambridge, 1962).

Morgan, E. V. , *Studies in British Financial Policy*, 1914 - 25 (London, 1952). Murray, B. K. , *The People's Budget*, 1909/10: *Lloyd George and Liberal Politics* (Oxford, 1980).

Nottingham, C. J. , 'Recasting bourgeois Britain? The British state in the years which followed the First World War', *International Review of Social History* 31 (1976).

Odling - Smee, J. C. and Riley, C. , 'Approaches to the PSBR', *National Institute of Economic Research* 113 (1985).

Offer, A. , *Property and Politics*, 1870 - 1914: *Landownership, Law, Ideology and Urban Development in England* (Cambridge, 1981).

Olson, M. , *The Logic of Collective Action: Public Goods and the Theory of Groups* (Cambridge, Mass. , 1965).

The Rise and Decline of Nations: Economic Growth, Stagflation and Social Rigidities (New Haven and London, 1982).

Peden, G. C. , *British Rearmament and the Treasury*, 1932 - 39 (Edinburgh, 1979).

'The "Treasury view" on public works and employment in the interwar period', *Economic History Review* 2nd ser. 37 (1984).

'The Treasury view in the interwar period: an example of political economy?', in Corry (ed.), *Unemployment and the Economists*.

The Treasury and Public Policy, 1906 - 1959 (Oxford, 2000).

Pedersen, S. , *Family, Dependence, and the Origins of the Welfare State: Britain and France*, 1914 - 45 (Cambridge, 1993).

'From national crisis to "national crisis": British politics, 1914 - 31', *Journal of British Studies* 33 (1994).

Phelps Brown, E. H. , *The Origins of Trade Union Power* (Oxford, 1983). Piachaud, D. , 'Taxation and social security', in C. Sandford, C. Pond and R. Walker (eds.), *Taxation and Social Policy* (London, 1980).

Pimlott, B., 'The myth of consensus', in L. M. Smith (ed.), *The Making of Britain: Echoes of Greatness* (London, 1988).

Pond, C., 'Tax expenditure and fiscal welfare', in C. Sandford, C. Pond and R. Walker (eds.), *Taxation and Social Policy* (London, 1980).

Ramsden, J., *The Making of Conservative Party Policy: The Conservative Research Department since 1929* (London, 1980).

Rawls, J., *A Theory of Justice* (Oxford, 1972).

Rhodes, R., *Understanding Governance* (Buckingham, 1997).

Rhodes, R. and Dunleavy, P. (eds.), *Prime Minister, Cabinet and Core Executive* (Basingstoke, 1995).

Ricci, D. M., 'Fabian socialism: a theory of rent as exploitation', *Journal of British Studies* 9 (1969 - 70).

Ringe, A. and Rollings, N., 'Responding to relative decline: the creation of the National Economic Development Council', *Economic History Review* 52 (2000).

Ritschel, D., *The Politics of Planning: The Debate on Economic Planning in Britain in the 1930s* (Oxford, 1997).

Robbins, K. M. (ed.), *The Blackwell Biographical Dictionary of British Political Life in the Twentieth Century* (Oxford, 1990).

Roberts, R. O., 'Ricardo's theory of public debts', *Economica* n. s. 9 (1942). Rogow, A. and Shore, P., *The Labour Government and British Industry* (Oxford, 1955).

Ryan, P. A., '"Poplarism", 1894 - 1930', in P. Thane (ed.), *The Origins of British Social Policy* (London, 1978).

Sabine, B. E. V., *A History of Income Tax* (London, 1966).

Semmel, B., *Imperialism and Social Reform: English Social-Imperial Thought, 1895 - 1914* (London, 1960).

Skidelsky, R., *Politicians and the Slump: The Labour Government of 1929 - 31* (London, 1967).

Oswald Mosley (London, 1975).

John Maynard Keynes, vol. i: *Hopes Betrayed*, 1883 - 1920 (London, 1983). *John Maynard Keynes*, vol. iii: *Fighting for Britain*, 1937 -46 (London, 2000).

Skocpol, T., 'Bringing the state back in: strategies of analysis in current research', in P. B. Evans, D. Rueschmeyer and T. Skocpol (eds.), *Bringing the*

State Back In (Cambridge, 1985).

Protecting Soldiers and Mothers: The Political Origins of Social Policy in the United States (Cambridge, Mass., 1992).

Smith, M. J., *Pressure, Power and Policy: State Autonomy and Policy Networks in Britain and the United States* (Hemel Hempstead, 1993).

The Core Executive in Britain (Basingstoke, 1999).

Smith, T., *The Politics of the Corporate Economy* (Oxford, 1979).

Solomou, S., *Themes in Macroeconomic History: The UK Economy, 1919 – 1939* (Cambridge, 1996).

Spaulding, H. B., *The Income Tax in Great Britain and the United States* (London, 1927).

Stebbings, C., "'A natural safeguard': the General Commissioners of income tax', *British Tax Review* (1992).

Stedman Jones, G., 'Why is the Labour party in a mess?', in his *The Languages of Class: Studies in English Working – Class History, 1832 – 1982* (Cambridge, 1983).

Steinmo, S., 'Political institutions and tax policy in the United States, Sweden and Britain', *World Politics* 41 (1988 – 9).

Taxation and Democracy: Swedish, British, and American Approaches to Financing the Modern State (New Haven, 1993).

Steinmo, S., Thelen, K. and Longstreth, F. (eds.), *Structuring Politics: Historical Institutionalism in Comparative Analysis* (Cambridge, 1992).

Stopforth, D., 'Sowing some of the seeds of the present anti-evasion system-the 1920s', *British Tax Review* (1985).

'Charitable convenants by individuals-a history of the background to their tax treatment and their cost to the Exchequer', *British Tax Review* (1986).

'Settlements and the avoidance of tax on income-the period to 1920', *British Tax Review* (1990).

'1922 – 36: halcyon days for the tax avoider', *British Tax Review* (1992).

Stout, D. K., 'Incomes policy and the costs of the adversarial system', in S. E. Finer (ed.), *Adversary Politics and Electoral Reform* (London, 1975).

Supple, B. E., *The History of the British Coal Industry*, vol. iv: *1913 – 1946: The Political Economy of Decline* (Oxford, 1987).

Surridge, K. T., *Managing the South African War*, 1899 – 1902: *Politiciansv Generals* (Woodbridge, 1998).

Tanner, D., *Political Change and the Labour Party*, 1900 – 18 (Cambridge, 1990). Taylor – Gooby, P., *Public Opinion, Ideology and State Welfare* (London, 1985). Thane, P., 'The working class and state "welfare" in Britain, 1880 – 1914', *Historical Journal* 27 (1984).

Thompson, N., 'Hobson and the Fabians: two roads to socialism in the 1920s', *History of Political Economy* 26 (1994).

Tomlinson, B. R., *The Political Economy of the Raj*, 1914 – 47: *The Economics of Decolonisation in India* (London, 1979).

Tomlinson, J., 'Planning: debate and policy in the 1940s', *Twentieth Century British History* 3 (1992).

'Mr Attlee's supply-side socialism', *Economic History Review* 47 (1993).
'Attlee's inheritance and the financial system: whatever happened to the National Investment Board?', *Financial History Review* 1 (1994).

'Welfare and economy: the economic impact of the welfare state, 1945 – 51', *Twentieth Century British History* 6 (1995).

Democratic Socialism and Economic Policy: The Attlee Years, 1945 – 51 (Cambridge, 1997).

Tomlinson, J. and Tiratsoo, N., ' "An old story, freshly told?" A comment on Broadberry and Crafts' approach to Britain's early post-war economic performance', *Business History* 40 (1998).

Toye, R., 'Keynes, the Labour movement and how to pay for the war', *Twentieth Century British History* 10 (1999).

Travers, T., *The Politics of Local Government Finance* (London, 1986).
Trentmann, F., 'Wealth versus welfare: the British left between free trade and national political economy before the First World War', *Historical Research* 70 (1997).

'Political culture and political economy: interest, ideology and free trade', *Review of International Political Economy* 5 (1998).

Turner, F., *Contesting Cultural Authority: Essays in Victorian Intellectual Life* (Cambridge, 1993).

Turner, J., 'The politics of "organised business" in the First World War', in J. Turner (ed.), *Businessmen and Politics: Studies of Business Activity in British Politics*, 1900 – 45 (London, 1984).

British Politics and the Great War: Coalition and Conflict, 1915 – 18 (New Haven and London, 1992).

Vincent, D. , *The Culture of Secrecy: Britain*, 1832 – 1998 (Oxford, 1998).

Ward, P. , *Red Flag and Union Jack: Englishness, Patriotism and the British Left*, 1881 – 1924 (Woodbridge, 1998).

Warren, J. H. , *The English Local Government System* (6th edn, London, 1961). Webster, C. , *The National Health Service: A Political History* (Oxford, 1998). Weir, M. , 'Ideas and the politics of bounded innovation', in Steinmo, Thelen and Longstreth (eds.), *Structuring Politics*.

Wheatcroft, G. S. A. , 'The tax treatment of corporations and shareholders in the United States and Great Britain', *British Tax Review* (1961).

Whiting, R. C. , 'The Labour party, capitalism and the national debt, 1918 – 24', in P. J. Waller (ed.), *Politics and Social Change in Modern Britain: Essays Presented to A. F. Thompson* (Brighton, 1987).

'Taxation and the working class, 1915 – 24', *Historical Journal* 33 (1990). 'Taxation policy', in H. Mercer, N. Rollings and J. Tomlinson (eds.), *Labour Governments and Private Industry: The Experience of* 1945 – 51 (Edinburgh, 1992).

'The boundaries of taxation', in S. J. D. Green and R. C. Whiting (eds.), *The Boundaries of the State in Modern Britain* (Cambridge, 1996).

'Ideology and reform in Labour's tax strategy, 1964 – 70', *Historical Journal* 41 (1998).

The Labour Party and Taxation: Party Identity and Political Purpose in Twentieth – Century Britain (Cambridge, 2000).

Williamson, P. , *Stanley Baldwin: Conservative Leadership and National Values* (Cambridge, 1999).

Wilson, T. and Hopkin, B. , 'Alexander Kirkland Cairncross, 1911 – 1998', *Proceedings of the British Academy* 105, 1999 *Lectures and Memoirs* (Oxford, 2000).

Winkler, J. T. , 'The corporate economy: theory and administration', in R. Scase (ed.), *Industrial Society: Class, Cleavage and Control* (London, 1977).

Winter, J. M. , *Socialism and the Challenge of War: Ideas and Politics in*

Britain, 1912 – 18 (London, 1974).

Wolfe, W. , *From Radicalism to Socialism: Men and Ideas in the Formation of Fabian Socialist Doctrine*, 1881 – 9 (New Haven, 1975).

Woodward, N. , 'Labour's economic performance, 1964 – 70', in R. Coopey, S. Fielding and N. Tiratsoo (eds.), *The Wilson Governments*, 1964 – 70 (London, 1993).

Wrigley, C. J. , *Lloyd George and the Challenge of Labour: The Post – War Coalition*, 1918 – 22 (Hemel Hempstead, 1990).

THESES

Francis, M. , 'Labour policies and socialist ideas: the example of the Attlee government, 1945 – 51', DPhil thesis, University of Oxford, 1993.

Pemberton, H. , 'The 1961 budget', MA dissertation, University of Bristol, 1991. Short, M. E. , 'The politics of personal taxation: budget-making in Britain, 1917 – 31', PhD thesis, Cambridge, 1985.

Thompson, J. , 'The idea of "public opinion" in Britain, 1870 – 1914', PhD thesis, University of Cambridge, 1999.

Toye, R. J. , 'The Labour party and the planned economy, 1931 – 51', PhD thesis, University of Cambridge, 1999.